KB160362

The Pacific Basin

# 환태평양 지역학 입문

이 책은 2020년 대한민국 교육부와 한국연구재단의 지원을 받아 수행된 연구임
(NRF-2020S1A5C2A02093112).

The Pacific Basin

# 환태평양 지역학 입문

셰인 바터, 마이클 와이너 편

박상현, 문기홍, 현민, 박지훈, 백두주, 전지영, 정현일, 김소현, 김윤경
김은환, 리웨이밍, 야마다마린, 왕단단, 이상보, 주멍위, 최영돈 옮김

이담북스

『환태평양 지역학 입문 *The Pacific Basin: An Introduction*』은 새롭게 출현하는 태평양 세계에 대한 학제적이고 비교의 관점에서 그 개관을 제공하는 새로운 교과서이다. 최근 환태평양지역에 대한 관심이 눈에 띄게 증가하였다. 이는 주로 미국의 세계적 라이벌로서 등장한 중국과 보다 일반적으로는 아시아의 발전으로 인한 것이다. 미국 서부뿐만 아니라 동아시아의 성장을 통해 태평양연안은 역동적인 경제권으로 진화해가고 있다. 이러한 변화를 이해하기 위해 이 책은 다음에 초점을 둔다.

- 환태평양지역을 정의하고 학술적 연구 내에 이를 위치 지어 그 중요성을 설명한다.
- 환태평양지역과 그 하위지역의 역사적 기원과 진화를 다룬다.
- 이 지역을 특징짓는 역사적·현대적 관계, 연속성과 차이점을 연구자에게 소개한다.
- 식민주의와 제국주의, 이주와 정착, 경제발전과 무역, 국제관계, 전쟁과 기억, 환경정책, 도시화, 정신건강 및 공중보건, 젠더, 영화, 문학에 대한 분석을 통합한다.
- 이 광대한 지역의 다양한 사람을 연결하고, 그들의 공통된 과제와 도전에 대한 다양한 대응을 탐구하며, 환태평양지역의 생생한 인류의 모습을 들여다볼 수 있는 창을 제공한다.

『환태평양 지역학 입문』은 환태평양지역(Pacific Basin), 환태평양(Pacific Rim), 국제학, 지리학, 세계 역사, 세계화에 대한 핵심 교과서다.

셰인 바터(Shane J. Barter)는 미국 소카대학교의 조교수이다. 저서로는 『남북전쟁에서의 민간인 전략』(2014), 『가톨릭과 개신교 식민지 개척자들의 유전자 발자국에 관한 설명』(2015) 등이 있다.

마이클 와이너(Michael Weiner)는 소카대학교의 동아시아 역사 및 국제학 교수이자 교무부처장이다. 저서로는 『제국 일본의 인종과 이주』(1994), 『현대 일본의 인종, 종족성, 이주』(2004), 『일본의 소수자: 동질성의 환상』(1997, 2009) 등이 있다.

본서의 번역은 글로벌지역학BK교육연구단(단장 노용석) 참여교수 및 계약교수, 글로벌지역학BK교육단에 참여 중인 글로벌지역학과 대학원 재학생, 연구협력기관인 글로벌지역학연구소(소장 박상현)의 전임연구원 등이 공동으로 작업하였으며 대학원생과의 세미나를 거친 결과물이다. 글로벌지역학과 대학원생 중 학석사연계과정생인 최영돈은 21장, 석사과정생인 야마다 마린은 16장, 이상보는 7장, 주명위는 8장, 박사과정생인 김소현은 6장, 김은환은 14장, 김윤경은 17장과 19장, 리웨이밍은 20장, 왕단단은 4장과 13장의 번역 작업에 참여하였다. 학생들이 참여한 장의 경우 글로벌지역학BK교육연구단 참여교수인 노용석, 문기홍, 서지현, 박상현, 정호윤, 현민 그리고 글로벌지역학연구소 전임연구원인 박지훈, 백두주, 전지영, 정현일 등이 교정 및 감수하였다. 교정 및 감수에 더하여 본서의 번역에 직접 참여한 이들은 문기홍, 박상현, 현민(이상 글로벌지역학BK교육연구단), 박지훈, 백두주, 전지영, 정현일(이상 글로벌지역학연구소)이다.

본서의 핵심 키워드인 *Pacific Basin*은 환태평양지역을 원칙으로 하되 문맥에 따라 태평양연안, 태평양연안지역, 환태평양 등으로 번역하였다. *Pacific Basin*의 번역어에는 띄어쓰기를 적용하지 않았다.

셰인 바터(Shane J. Barter)는 미국 소카대학교(Soka University of America) 부교수이자 환태평양연구센터(Pacific Basin Research Center)의 부소장이다. 그는 남북전쟁의 민간인 전략과 더불어 동남아시아 분리주의적 갈등과 민주주의와 관련된 여러 논문을 저술하였다. 저서로『남북전쟁에서의 민간인 전략 *Civilian Strategy in Civil War*』(Palgrave, 2014),『가톨릭과 개신교 식민지 개척자들의 유전자 발자국에 대한 설명 *Explaining the Genetic Footprints of Catholic and Protestant Colonizers*』(Palgrave, 2015) 등이 있다.

조지 버센버그(George J. Busenberg)는 미국 소카대학교 환경관리 및 정책 부교수이다. 그의 연구는 해양 기름오염, 자연보전, 야생 화재와 같은 주요 환경문제에 초점을 맞춰 정책변화의 과정과 결과를 조사한다. 저서로『알래스카의 석유와 황야: 천연자원, 환경보호, 그리고 국가 정책역학 *Oil and Wilderness in Alaska: Natural Resources, Environmental Protection, and National Policy Dynamics*』(Georgetown University Press, 2013)이 있다.

리언 애슐리 캘드웰(Ryan Ashly Caldwell)은 미국 소카대학교의 사회학 부교수이다. 문화연구, 사회이론, 젠더와 섹슈얼리티, 페미니즘과 퀴어 이론, 정체성 연구, 권력에 대한 철학적 연구 등이 그녀의 관심 분야이다. 캘드웰 박사는『폴걸스: 아브그레이브에서의 젠더와 고문 방식 *Gender and the Framing of Torture at Abu Ghraib*』(Ashgate, 2012)의 저자이며『문화사회학: 법의학사회학과 심리학 핸드북 *Cultural Sociology: The Handbook of Forensic Sociology and Psychology*』등 여러 저서에 참여하였다. 그녀는 또한 끝없는 방종의 로스앤젤레스 자매들(The Los Angeles Sisters of Perpetual Indulgence)의 회원이기도 하다.

홍이 첸(Hong-Yi Chen)은 미국 소카대학교 경제학 교수이다. 발전경제학, 제도경제학, 아시아·태평양 경제발전, 중국의 경제개혁과 발전 등이 그녀의 연구 관심사이다. 중국의 경제발전에 대한 그녀의 논문은 『발전경제학학회지 Journal of Development Economics』와 『옥스퍼드 중국학 서지학회지 Oxford Bibliographies in Chinese Studies』 등에 실려 있다.

토마스 크로우더-타라보렐리(Tomas Crowder-Taraborrelli)는 캘리포니아 어바인대학교(University of Irvine, California)에서 스페인어와 포르투갈어로 박사학위를 받았다. 그는 학회지 『라틴아메리카 퍼스펙티브 Latin American Perspectives』의 편집위원이며 동 학회지의 영화 분야 공동편집장이다. 그는 또한 『영화와 학살 Film and Genocide』(University of Wisconsin Press, 2012), 『아르헨티나, 칠레, 우루과이의 정치적 다큐멘터리 El Documental Político en Argentina, Chile y Uruguay』 (LOM Ediciones, 2015)의 공동편집자이다. 현재 그는 미국 소카대학교 라틴아메리카연구의 방문교수로 재직 중이다.

사라 잉글랜드(Sarah England)는 미국 소카대학교 인류학 부교수이다. 그녀는 중앙아메리카의 인종, 젠더, 이주에 대한 연구를 전문으로 하며 『뉴욕의 아프로-중앙아메리카인: 인종화된 공간에서의 초민족적 운동에 대한 가리푸나 이야기 Afro-Central Americans in New York City: Garifuna Tales of Transnational Movements in Racialized Space』 (University Press of Florida, 2006) 등의 저서가 있다. 현재 과테말라 여성에 대한 폭력의 미디어 재현에 관한 책을 집필 중이다.

에드워드 피셀(Edward M. Feasel)은 미국 소카대학교 학무부총장 겸 교무처장이자 경제학 교수이다. 그의 연구는 오렌지 카운티와 캘리포니아의 지역적 차원의 경제적 쟁점, 경제적 성과와 사회적 가치를 비롯하여 경제성장, 통화 및 재정정책의 효과 등 다양한 분야를 다룬다. 저서로는 『일본의 원조: 경제성장, 발전 그리고 정치경제를 위한 교훈 *Japan's Aid: Lessons for Economic Growth, Development, and Political Economy*』(Routledge, 2015)이 있다.

존 헤프론(John M. Heffron)은 미국 소카대학교의 역사학과 교수이자 교육리더십 및 사회변화 석사과정의 책임자이다. 그의 연구 관심사는 아시아와 태평양에서의 미국관계사, 해외원조와 발전, 세계화 속의 교육의 역할과 변화 등이다. 그는 『발전 사고의 진화: 통치, 경제학, 원조 그리고 안보 *The Evolution of Development Thinking: Governance, Economics, Assistance, and Security*』(Palgrave, 2016)의 공동 저자이다.

존 케런(John Kehlen)은 2002년부터 미국 소카대학교에서 아시아문학 강사로 재직 중이며 이전에는 노스웨스턴대학교와 콜로라도대학교 볼더캠퍼스에서 강의하였다. 그의 가장 최근 작업은 고전극과 서정시 경전의 번역을 비롯하여 중국 시학의 발전에 관한 작업이다.

에드워드 로우(Edward Lowe)는 미국 소카대학교의 인류학 부교수이다. 그의 연구는 정치, 경제, 사회, 문화적 변화가 개인과 가족의 행복을 어떻게 형성하는지를 탐구한다. 그의 가장 최근 논문은 "공공 문제를 알리는 방법: 빈곤에 대한 생태문화적 접근 (Methods to Inform Public Problems: Toward an Ecocultural Framing of Poverty)"으로 헤이(M. C. Hay)가 편저한 『중요한 방법: 보다 효율적인 사회과학연구를 위한 혼합방법의 통합 *Methods that Matter: Integrating Mixed Methods for More Effective Social Science Research*』(University of Chicago Press, 2016)에 실려 있다. 2012년 이래 그는 『에토스: 심리인류학 학회지 *Ethos: The Journal of Psychological Anthropology*』의 편집자로 활동하고 있다.

리사 맥레오드(Lisa MacLeod)는 미국 소카대학교 국제학 부교수로서 국제관계, 국제법, 인권, UN, 분쟁해결에 대한 과목을 가르치고 있다. 그녀의 연구 관심사는 UN, 평화활동, 국제 규범 등이며 저서로는 『평화의 건설: 엘살바도르와 캄보디아에서의 UN의 평화구축 *Constructing Peace: Lessons from UN Peacebuilding Operations in El Salvador and Cambodia*』(Lexington, 2006)이 있다.

디케 피터스(Deike Peters)는 미국 소카대학교의 환경계획과 실무 조교수이다. 컬럼비아대학교에서 도시계획과 국제적 사안으로 석사학위를 취득하였고 럿거스대학교에서 도시정책개발로 박사학위를 받았다. 그녀는 국제개발기관 자문, 지속가능교통 옹호 등 20년간 실무자로서 활동한 경력과 더불어 독일과 미국의 대학에서 가르친 교육자이자 책을 출판한 학자로서 환대서양적인 경력을 겸비하고 있다.

이언 리드(Ian Read)는 미국 소카대학교 라틴아메리카 연구 부교수이다. 질병과 건강, 노예제, 인종 등의 역사가 그의 관심 분야이다. 2012년『1822-1888년 브라질 산토스의 노예제도 *The Hierarchies of Slavery in Santos, Brazil 1822-1888*』(Stanford)를 출판하였다. 현재 그는 1849년에서 1899년 사이 브라질을 강타하여 국가를 변화시킨 낯설고도 끔직하게 파괴적이었던 전염병의 파장에 관한 책을 집필 중이다.

마이클 와이너(Michael Weiner)는 동아시아 역사 및 국제학 교수이자 미국 소카대학교 교무부처장이다. 그는 다수의 학술지 편집위원으로 활동하고 있으며 일본포럼의 전임 편집장이다. 주요 저서로는『일본의 국제화 *The Internationalization of Japan*』(1992),『제국 일본의 인종과 이주 *Race and Migration in Imperial Japan*』(1994),『현대 일본의 인종, 종족성, 이주 *Race, Ethnicity and Migration in Modern Japan*』(2004),『일본의 소수자: 동질성의 환상 *Japan's Minorities: The Illusion of Homogeneity*』(1997, 2009) 등이 있다.

크리스티 윌슨(Kristi Wilson)은 미국 소카대학교의 수사학 및 글쓰기 부교수이다. 그녀의 연구 및 교육 관심사는 고전, 영화연구, 젠더연구, 문화연구, 수사학 등이다. 그녀는『이탈리아 네오리얼리즘과 세계의 영화 *Italian Neorealism and Global Cinema*』(2007)와『영화와 학살 *Film and Genocide*』(2011),『라틴아메리카의 정치적 다큐멘터리 *Political Documentary Cinema in Latin America*』(2014) 등의 공동 편집자이다. 그녀는 또한『라틴아메리카 퍼스펙티브 *Latin American Perspectives*』의 영화리뷰 편집자로도 활동하고 있다.

AFTA (ASEAN Free Trade Area) 아세안자유무역지대

APEC (Asia-Pacific Economic Cooperation) 아시아태평양경제협력체

ASEAN (Association of Southeast Asian Nations) 동남아시아국가연합

CEDAW (Convention on the Elimination of all forms of Discrimination towards Women) 유엔여성차별철폐협약

EEZ (Exclusive Economic Zone) 배타적경제수역

ELN (*Ejército de Liberación Nacional*, National Liberation Army, Colombia) 콜롬비아 국민해방군

EP (Export Promotion) 수출진흥

EU (European Union) 유럽연합

FARC (*Fuerzas Armadas Revolucionarias de Colombia*, Revolutionary Armed Forces of Colombia) 콜롬비아 무장혁명군

FDI (Foreign Direct Investment) 외국인직접투자

GATT (General Agreement on Tariffs and Trade) 관세 및 무역에 관한 일반 협정

GaWC (Globalization and World Cities Network) 세계화와 세계도시 네트워크

GDP (Gross Domestic Product) 국내총생산

GNI (Gross National Income) 국민총소득

GVC (Global Value Chain) 글로벌가치사슬

ICJ (International Court of Justice) 유엔국제사법재판소

ILO (International Labor Organization) 국제노동기구

IMF (International Monetary Fund) 국제통화기금

IPR (Institute of Pacific Relations) 태평양문제조사회

ISDS (Investor-State Dispute Settlement) 투자자-국가 분쟁해결제도

ISI (Import Substitution Industrialization) 수입대체 산업화

MERCOSUR (Southern Common Market *Mercado Común del Sur*) 남미공동시장

NAFTA (North American Free Trade Agreement) 북미자유무역협정

OAS (Organization of American States) 미주기구

OECD (Organization for Economic Cooperation and Development) 경제협력개발기구

POW (Prisoner of War) 전쟁포로

PPP (Purchasing Power Parity) 구매력평가

PRC (People's Republic of China) 중국

RCEP (Regional Comprehensive Economic Partnership) 역내포괄적경제동반자협정

ROC (Republic of China, Taiwan) 타이완

ROK (Republic of Korea, South Korea) 대한민국

SOE (State Owned Enterprise) 공기업/국영기업

TPP (Trans-Pacific Partnership) 환태평양경제동반자협정

UN (United Nations) 국제연합

UNCLOS (UN Convention on the Law of the Sea) UN해양법협약

UNESCO (UN Educational, Scientific, and Cultural Organization) 유엔교육과학문화기구

US (United States) 미국

VAW (Violence Against Women) 여성폭력

WTO (World Trade Organization) 세계무역기구

## ─── 목차

# 1장 환태평양지역에 관한 소개

셰인 바터, 마이클 와이너(Shane J. Barter and Michael Weiner)[1]

1985년 9월에 일본의 퇴직 공무원 사카모토 카즈히코는 자신의 보트 카즈마루를 타고 일본 남부지역에 위치한 자신의 고향 오와세를 출발했다. 불행히도 사카모토는 그 뒤 다시는 돌아오지 못했다. 1987년 3월에 캐나다의 프린스 루퍼트 해안을 순찰하던 경비정이 서해에 떠 있는 선박을 발견했다. 그 배는 카즈마루였다. 선장은 없었지만 배는 거의 온전한 상태였다. 그 배는 캐나다 북서부에 도착하기 전에 태평양의 해류를 따라 7,200km 이상을 여행했다. 역설적이게도 오와세와 프린스 루퍼트는 1968년 이래로 자매도시를 맺어 다양한 교류 활동을 벌이고 있었다. 오늘날 카즈마루는 일본의 관리 및 사카모토 가족의 협력을 통해 복원되어 환태평양 유대의 상징으로 프린스 루퍼트에 전시되어 있다.

카즈마루 이야기는 몇 가지 이유에서 중요한 의미를 갖는다. 그 배는 자연적 해류를 따라서 단일 지리적 단위로서는 세계 최대의 단위인 태평양을 가로질렀다. 비록 격렬한 폭풍의 발상지이기도 하지만, 그 배의 여정은 그 바다의 평화적 본성에 따라 포르투갈 탐험가들이 '태평'이라고 명명했던 대양의 명칭에 신임장을 제공한다. 또 그런 여정은 우리가 초기 폴리네시아인들이 어떻게 아시아를 떠나서 칠레 근처의 이스터섬처럼 멀리 떨어져 있는 섬

---

1 [역자주] 편집자들은 연구보조와 피드백을 준 많은 SUA학생에게 감사의 인사를 전한다.

들을 식민화할 수 있었는가를 이해하는 데 기여한다. 사카모토의 여정은 바다가 어떻게 사람, 문화, 나라를 실제로 연결할 수 있는가에 대한 우리의 이해를 심화시킨다. 우리는 종종 산맥이나 국경에 의해 분단되기도 하는 대륙의 가시적인 통일성에 현혹되는 경향이 있다. 동시에 우리는 실제로는 사람과 장소를 연결시키는 경향이 있는 바다를 자연적 장벽으로 간주하는 경향이 있다. 그러나 인간적 관계들을 대양과 같은 지리적 실체의 관점에서 이해해야 하는 역사적·현재적 이유가 있다. 국내총생산(GDP)이 1조 달러가 넘는 15개 국가 중에서 9개 국가가 태평양연안에 인접하거나 그 내부에 위치한다. 그들의 국내총생산을 모두 합치면 세계경제의 75%에 이르며, 그만큼의 무역, 이주, 문화교류, 공통의 과제 등이 생겨나고 있다. 따라서 태평양 연안은 점차 세계화되고 있는 세계에 대한 우리의 이해에 있어 본질적이다.

『환태평양 지역학 입문』은 현재 출현 중인 태평양 세계에 관해 비교의 관점에서 다분과적인 소개를 제공한다. 태평양 그 자체와 마찬가지로 이 책은 거대한 지역의 다양한 사람들을 연결시킨다. 이 책의 주요 장들은 환태평양 지역과 그 하위지역들의 역사적 기원과 진화라는 문제를 해명하는 동시에 식민주의, 제국주의, 이주, 정착, 경제발전, 무역, 국제관계, 전쟁과 기억, 환경정책, 도시화, 정신건강 및 공중보건, 젠더, 영화, 문학 등을 포괄한다. 이 교과서는 환태평양지역 내에서 역사와 현재의 인간 경험의 모든 양상을 총괄하려고 하기보다는 공동의 도전과 그런 도전에 대한 다양한 대응을 탐구한다. 이 서문은 이후에 등장할 각 장들을 개설하는 동시에 몇 가지 핵심적인 개념과 질문을 다룬다. 가장 먼저 제기되는 질문은 '환태평양지역(Pacific Basin)이란 **무엇**인가?'라는 것이다. 다음으로 '우리는 **어떻게** 환태평양지역을 연구할 수 있는가?'라는 질문이 제기된다. 마지막으로 '환태평양지역을 연구하는 것이 **왜** 중요한가?'라는 질문이 제기될 수 있다.

# 환태평양지역이란 무엇인가?

환태평양지역은 태평양 근처에 있는 사람과 나라의 지리학적 집합이다. 그것은 '불의 고리', 즉 뉴질랜드에서 동남아시아와 동아시아를 거치고 알래스카를 건너 로키산맥을 따라 내려가서 남쪽으로 칠레에 이르는 말발굽 모양의 화산과 해구의 원호를 따른다. 이 같은 원호 내에서 태평양은 수많은 동물종을 위한 하나의 생태계가 된다. 다양한 종류의 고래, 바다거북, 여타 동물 등이 매년 이들 대양 평원을 가로질러 이주한다. 예를 들어 장수거북은 매년 오스트레일리아와 아시아 사이에서 오리건 해안으로 16,000km 이동한다. 따라서 태평양은 하나의 거대한 생태계로 이해될 수 있으며, 그런 생태계가 수천 년 동안 인간의 활동을 틀 지어 왔다.

이처럼 방대한 지역을 이해하기 위해서는 서로 내용이 중첩되는 용어법을 다룰 필요가 있다. 한 가지 공통된 용어는 '환태평양(Pacific Rim)'이라는 용어다. 그것은 태평양의 내부나 지역의 근접성이 아니라 태평양의 가장자리들을 강조한다. 우리는 또한 '아시아태평양경제협력체(Asia-Pacific Economic Cooperation, APEC) 국가들'이라는 참조점에 접하기도 한다. 그것은 공식적으로 초지역적인 경제적 집합으로 아시아태평양경제협력체의 일부가 되는 나라들을 지칭하는데 여기에는 경제적으로 취약한 태평양 도서 국가들, 상대적으로 규모가 작은 아시아 국가뿐만 아니라 중앙아메리카 국가는 배제된다. 가장 대중적인 용어인 '아시아 태평양'은 종종 '태평양 아시아'로 통용되기도 하면서 주로 동아시아(동아시아 및 동남아시아)를 지칭한다. 동아시아에서 실제로는 매우 소수의 나라들이 태평양에 접촉하고 있기 때문에, 그것은 이상한 용어다. 그리고 만약 우리가 '태평양'을 느슨하게 사용한다면 아시아의 대부분은 이미 태평양이다. '아시아 태평양'도 매우 다양한 맥락에서 상이하게 활용되고 있으며, 종종 호주, 뉴질랜드, 미국 등과 같은 나라들을 동아시아에 추가시키고 있다. 이처럼 더 확장적인 정의는 불완전하며, 강력한 태평양 연계를 갖고 있는 소규모 오세아니아 나라들, 캐나다, 라틴아메리카 등을 간과하는 경향이 있다. 태평양연안(The Pacific Basin)은 태평양에 접해 있는 모든 나라들뿐만 아니라 태평양과 친밀한 연계를 가진 그들의 이웃 나라들도 지칭한다는 점에서 환태평양, 아시아태평양경제협력체, 아시아 태평양 등보다 더 포괄적인 용어다.

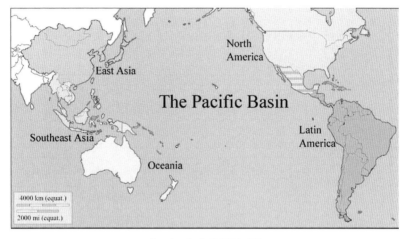

[그림 1.1] 태평양연안지역

태평양연안에는 어떤 나라들이 포함되는가? 환태평양과 달리 태평양연안은 태평양의 내부, 즉 오세아니아를 포함한다. 이상하게도 오세아니아는 전형적인 태평양 국가이지만 종종 태평양이라는 구성물에서는 제외되는데, 특히 경제적 쟁점에 초점을 둘 때 그러하다. 태평양연안의 경우 오세아니아의 섬들은 중요한 장소이며, 그곳의 사람들이 제기하는 도전은 대단히 중요하다. 이와 유사하게 아시아 태평양은 전형적으로 미국, 호주, 뉴질 랜드, 동아시아 등을 지칭하지만, 태평양연안도 동남아시아, 오세아니아, 캐나다, 라틴아메리카 등을 주요 지역으로 한다. 따라서 태평양연안은 오세아니아, 동남아시아, 동아시아, 북아메리카, 라틴아메리카 등의 전통적인 지리학적 '지역들'을 포함한다. 태평양연안의 이들 지역은 [그림 1.1.]에 표현되어 있다. 물론 세계지역들은 유동적이며 그 경계를 둘러싸고 쟁투를 벌이고 있다. 그래서 파푸아뉴기니는 동남아시아와 오세아니아의 일부로 표상되고 멕시코는 북아메리카인 동시에 라틴아메리카로 표상된다. 우리는 또한 남서부 미국을 부분적으로 라틴아메리카에 포함하거나 베트남을 동아시아에 포함할 수도 있다.

태평양연안을 사고하는 한 가지 방식은 더 전통적인 '지역연구'의 최상층에 또 하나의 층을 추가하는 방식이다. 태평양연안은 바다에 의해 연계되는 지역들의 지역 또는 다양한 세계지역의 메타-지역이다. 연안(basin)이라는 사고방식은 신축적이기 때문에 태평양연안은 태평양에 접해 있는 나라들 이상을 포괄할 수 있다. 게다가 태평양은 인간적 가상 속에서 베링해, 남중국해, 태국만, 자바해, 인도양 등과 분리되어 그 자체로 객관적 현실이 되기 어렵다. 역사가 에드워드 알퍼스(Edward Alpers, 2013: 1)가 관찰한 것처럼, "대양적 경계들은 대륙적인 땅덩이들과 달리 문자 그대로 유동적이다." 이 때문에 연안이라는 더 신축적인 관념이 특히 유용해진다. 남한과 태국은 태평양 해변이 없지만 이들 중요한 나라를 태평양 세계에서 제외하는 것은 오류일 것이다.

우리는 '만다라' 유형의 정의, 즉 다양한 포괄수준을 허용하는 방사상의 범주화를 선호한다. '가장 태평양 연안적인' 지역은 태평양에 접해 있으며 환태평양 이주, 투자, 문화교류의 원천이 되는 장소, 즉 태평양 도서 국가, 칠레, 일본, 미국 등을 포괄한다. 어떤 나라가 태평양에서 멀어질수록 그 나라는 태평양연안에 상대적으로 덜 속하게 되는데, 아마도 브라질, 카리브해, 러시아, 인도를 비롯한 남아시아 국가들이 거기에 포함될 것이다. 만다라 접근의 한 가지 장점은 그것이 민족국가 내부 수준의 변이에 대해서도 말할 수 있다는 것이다. 중국, 캐나다, 미국, 인도네시아의 일부는 다른 부분들보다 더 '태평양적'이다. 캘리포니아는 버몬트나 미니애폴리스보다 아시아에 더 많이 연계되며, 마찬가지로 홍콩은 티베트나 내몽골보다 태평양연안에 더 강하게 포함된다. 그 결과 [그림 1.2.]는 태평양연안의 일부가 되는 정도들을 표상한다. 이 그림은 태평양연안의 구성원인가 아닌가라는 이분법을 명시적으로 거부하며 민족국가 내부의 변이도 허용한다.

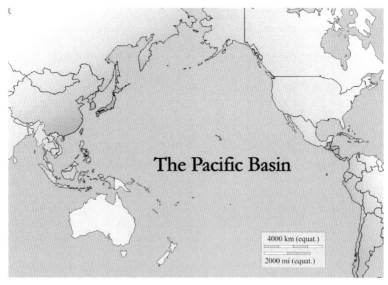

[그림 1.2] 태평양연안에 대한 방사성 관점

우리의 관점에서 태평양연안은 태평양의 수로학(水路學)에 의해 형성된 나라들로 느슨하게 정의된다. 그것은 전체 지역, 즉 오세아니아, 동남아시아, 동아시아, 북아메리카, 라틴아메리카 등을 포괄하지만 동시에 이들 지역을 넘어서까지 확장된다. (따라서 일부 장들은 인도와 카리브해를 언급하기도 한다) 태평양연안 개념의 가치는 태평양과의 연계성과 상호작용이라는 측면에서 이들 지역 내에서도 다양한 편차를 갖는다.

## 환태평양지역을 어떻게 연구할 것인가?

인문학과 사회과학을 포괄하는 다양한 현상을 연구하는 데에는 대략 두 가지 방식이 존재한다. 하나는 역사학이나 경제학 같은 특정한 분과적 렌즈를 연마하여 특정한 주제에서 출발한 다음 관련된 이론들을 통해 사건을 분석하는 것이다. 또 다른 방식은 특정한 나라나 지역에 대한 전문성을 개발하면서 특정한 장소에서 출발한 다음 분과적 이론들을 적용하는 것이다. 우리는 주제나 장소 중에 어느 하나를 더 우선시할 수 있다. 주제에 우선권을 두는 것이 전통적인 학문분과의 세계인 반면 장소에 우선권을 두는 것은 국제지역학의 세계다. 정치학, 역사학, 문화연구 등과 같은 학문분과는 포괄적인 이론들에 가치를 부여하는 경향이 있는 반면, 지역연구는 특정한 장소에 대한 정확성에 가치를 부여하는 경향이 있다. 이들 접근은 상이한 감수성을 반영하지만, 각각이 세계에 대한 지식을 산출하는 데 중대한 가치를 갖고 있다. 물론 현실은 좀 더 미묘하다. 학자들은 일반적으로 특정한 분과뿐만 아니라 특정한 지역도 전공으로 삼으며 양자에서 얻어진 감수성을 결합하여 세계에 대한 더 풍부한 이해를 가능케 한다.

태평양연안은 하나의 지리적 지역 또는 더 정확히 말하자면 지역들의 집합이다. 따라서 그것은 국제지역학에 연계된다. 지역연구자들은 현지의 맥락에 부합하고 정책의 생산에 기여할 수도 있는 통찰을 산출하려고 하면서 이론들을 특정한 장소에 뿌리내리게 하려고 오랫동안 노력해왔다. 그러나 지역연구는 또한 몇몇 중대한 결점에 시달렸다. 한 나라나 지역의 전문가는 인근 지역들에 대한 충분한 지식을 갖고 있지 못할 수 있으며, 그 결과 자신이 알고 있는 지역을 알지 못하는 지역으로부터 인위적으로 분리시킬 수 있다. 이로 인해 지역 전문가는 초민족적 현상을 이해할 준비 또는 다양한 쟁점들이 지역을 가로질러서 작동하는 방식을 이해할 준비가 되어 있지 않을 수 있다. 예를 들어, 멕시코 전문가는 중국에서 텔레노벨라의 인기를 분석할 준비가 되어 있지 않을 수 있으며, 인도네시아 전문가는 K팝 같은 동아시아의 문화적 수입물의 중요성을 충분히 포착하지 못할 수도 있다. 세계화된 세계에서 고정된 민족적·지역적 경계는 특히 문제가 되며, 이 때문에 학자는 우리가 지역들을 연구하는 방법을 재사고할 필요가 있다.

지역연구가 직면한 도전들에 대한 한 가지 대응방식은 지역들을 태평양 연안처럼 더 넓고 지리적으로 정의된 메타-지역 내부에 재위치시키는 것이다(Barter, 2015). 지중해 세계의 역사를 제시한 페르낭 브로델의 선구적인 작업 덕택으로 우리는 유럽, 중동, 아프리카 개념을 재사고할 수 있었다. 우리는 유럽, 중동, 아시아가 동일한 대륙의 일부가 아닌 것처럼 가장하면서 대륙들을 구별되는 장소로 간주하는 경향이 있다. 그러나 브로델은 인간 역사의 상당 부분이 '바다라는 평원'을 통해 이루어져 왔다는 사실을 지적한다. 무역, 문화교류, 제국 등이 바다를 통해 형성되었다(Braudel, 1995: 103). 브로델은 지중해를 따라 유럽을 재구성함으로써 인간 역사의 많은 양상뿐만 아니라 이주, 안보, 무역과 연관된 당대의 도전들도 재사고할 수 있었다. 이는 장소를 새로운 방식으로 이해하고 지역 사이의 연계성을 더 잘 이해하는 방법을 제공했고, 그 결과 많은 연구자가 바다를 분석의 단위로 활용하게 되었다. 최근 연구들은 인도양(Alpers, 2013)뿐만 아니라 대서양(Green and Morgan, 2009)도 역사적 · 동시대적 분석의 단위로 파악한다. 대서양을 인간활동의 특정한 지역으로 연구함으로써 우리는 유럽의 식민주의, 노예무역, 동시대교역, 안보쟁점 등을 더 잘 이해할 수 있게 되었다. 대양을 가로지르는 인간적 연계성에 대한 분석은 이론보다 장소에 우선권을 부여하면서도 전통적인 지역구분을 재사고함으로써 본질적으로 지역연구를 탈안정화한다.

이 책은 이 같은 새로운 학문의 길을 반영한다. 데이비드 이글러(David Igler, 2013: 1)가 지적했던 것처럼, "태평양을 연구하는 것은 '대서양 세계'라는 용어와 유사한 분석적 장점을 제공한다." 그것은 또한 분과연구와 지역연구를 분석에 통합하는 새로운 방법을 제공한다. 분과학문적 감수성에 더 끌리는 학자들은 그들의 이론을 지역들에 착근시켜야 하지만, 그때 지역은 지역연구에 헌신해온 특정한 장소들이 아니다. 따라서 분과학문적 연구는 태평양을 가로지르는 현상을 탐구하거나 그런 현상이 지역에 따라 어떻게 다양한 양상을 보이는가를 비교할 수 있다. 예를 들어, 아시아에 관심을 갖고 있는 정치학자는 동남아시아와 라틴아메리카에서 민주화의 과정이 어떻게 차이가 나는가를 고려할 수 있고, 문학 연구자는 콜럼비아, 인도네시아, 남한에서의 포스트-식민주의 소설들을 비교할 수도 있다. 동시에 태평양연안은 지역 전문가들이 더 광범위한 지역적 맥락을 고려할 것을 요구한다. 태평양연안이라는 렌즈는 우리가 특정한 국가나 지역에 고립적으로 집중하기보다는 그것을 더 광범위하고 초지역적인 맥락 속에서 파악할 것을 요구한다. 예를 들어, 우리는 베트남을 하나의 단일사례로 접근하는 대신에 동남아시아 기구들 내에서의 역할, 중국과 일본으로부터의 영향, 미국과의 관계, 캘리포니아의 베트남 디아스포라 등을 분석할 수 있다. 태평양연안을 연구하는 것은 따라서 광범위한 지역에 토대를 두는 다분과적 연구를 포용하는 것이다. 이 교과서는 우리의 분석단위를 한 단계 상향시킴으로써 분과학문과 지역연구의 경계를 허무는 일종의 중간노선을 표방한다.

## 왜 환태평양지역인가?

'무엇'이나 '어떻게'라는 문제와 비교해볼 때, '왜' 우리가 태평양연안을 연구해야 하는가라는 문제는 상대적으로 답하기가 쉬울 수 있다. 태평양연안이나 여타의 지역적인 지리적 범주를 정의하는 것은 성가실 수 있고 우리가 태평양연안을 연구하는 방법을 설명하는 것은 다소 복잡할 수 있지만, 태평양연안이 왜 우리의 관심을 끄는가에는 분명한 이유들이 존재한다.

태평양을 연구해야 하는 한 가지 중요한 이유는 세계적인 부와 무역의 재균형화와 쌍을 이루는 경제발전에 있다. 역사적으로 아시아는 기술, 문화, 무역 등의 관점에서 볼 때 많은 측면에서 세계의 중심이었다. 부분적으로 식민주의는 상대적으로 주변적이고 후진적이었던 유럽인들이 중국과 인도가 지배하는 세계경제에 참여하려는 노력이었다. 유럽 식민주의는 이미 존재했던 네트워크들을 단절시켰고 중국과 인도를 예속시켰으며, 부를 유럽으로 이전시키고 서양문화를 확산시켰으며, 아메리카와 오세아니아를 하나의 새로운 세계적 체계로 통합시켰다. 권력이 유럽과 이후 미국 동부에 위치하게 되면서 세계는 수 세기 동안 대서양-중심적이었다. 21세기에 이런 관계는 변화했고 예견 가능한 미래 동안 이동이 계속될 것이다. 아메리카 서부에서의 발전은 서반구 내에서의 동학을 변경시켰다. 밴쿠버, 시애틀, 로스앤젤레스, 리마, 산티아고는 중요한 '관문' 도시로 등장하고 있다. 1960년대 일본의 '기적'은 '아시아 호랑이들', 즉 남한, 대만, 홍콩, 싱가포르의 기적으로 이어졌고 말레이시아, 태국, 인도네시아라는 소위 '호랑이 클럽'이 그 뒤를 따랐다. 보다 최근 중국과 베트남 및 인도의 극적인 흥륭은 부와 권력의 세계적 재분배로 나아가고 있다. 이처럼 현재 진행 중인 변형과정을 이해하기를 원하는 연구자에게는 태평양연안을 아는 것이 본질적이다.

태평양의 중요성은 경제발전을 넘어서고 있다. 아시아의 다양한 문화와 사회는 그 자체로 주목할 필요가 있다. 최근 수십 년 동안 일본, 남한, 중국은 문화생산의 중요한 세계적 중심으로 등장했으며, 세계 최대의 영화산업은 인도에 위치해 있다. 우리는 교육, 이주, 여행, 세계적 정보통신 등에서의 변화를 포함한 세계적 권력의 재분배와 함께 혼종 문화의 계속된 발전을 목도하고 있다. 어느 누구도 '태평양 연안인(Pacific Basiner)'을 자기정체성으로 삼지 않지만, 하와이, 밴쿠버, 로스앤젤레스, 홍콩, 방콕, 마닐라, 시드니 등에는 '태평양적인 것'에 대한 강한 감각이 존재한다. 스리라차소스(우스터소스) 같은 생산물들도 점차 여러 곳에서 사용되고 있다. 그 레시피는 태국에서 시작되어 베트남으로 확산되었다. 베트남전쟁으로 일군의 베트남 난민들이 캘리포니아로 옮겨갔고, 그곳에서 어느 중국-베트남계 미국인이 자신의 레시피를 병 속에 담았는데, 이것이 이제는 아시아로 되돌아온 세계적 브랜드의 효시다. 그러는 동안 스리라차 맛이 나는 하인즈 케첩, 감자칩, 심지어 맥도날드 버거 등이 출현하면서 스리라차소스는 미국화되었다. 이런 과정은 혼종 문화가 태평양연안을 가로지르면서 얼마나 빠른 속도로 출현하게 되는가를 예증해준다.

하나의 분석단위로서 태평양연안은 연구자에게 하나의 새로운 전망을 제공한다. 교실은 점점 다양해지고 있으며, 태평양연안을 연구하는 것은 북아메리카, 아시아, 오세아니아, 라틴아메리카 사이의 연계성을 탐구하는 하나의 장소를 제공하는 것을 통해 이런 다양성에 대한 이해를 도울 수 있다. 그것은 아시아계의 이주, 하이픈(-)이 그어진 정체성들, 혼종화된 문화 등을 해독하는 데 기여할 것이다. 유럽중심적·대서양중심적 교육이 많은 고등학교와 대학교 교육과정을 지배하고 있다는 점을 고려할 때 이는 특히 중요하다. 태평양연안이라는 전망은 캐나다나 미국의 태평양 해안을 주변부로 간주하는 것이 아니라 그 지역을 진화 중인 새로운 태평양 세계의 통합적 일부로 재구성한다. 태평양연안이라는 전망 덕택에 우리는 대서양중심적 세계관을 재사고하거나 적어도 보충할 수 있다.

## 환태평양지역에 관한 소개

지금까지의 절들은 태평양연안이 무엇인가를 정의하고 그것을 학술연구 속에 위치시키며 그것의 중요성을 설명함으로써 이후에 도래할 장들을 위한 무대를 확립했다. 이 교과서는 21개의 상대적으로 짧은 장들로 조직되어 있는데, 이는 다수의 주제들을 포괄하는 동시에 독자들에게 태평양연안에 관한 광범위한 일련의 전망을 제공하려는 의도를 반영한 것이다.

이 책은 지역과 주제라는 두 부분으로 나뉘며, 지역 접근과 분과 접근 양자를 통합한다. 1부는 태평양에서 지역연구에 대한 소개로 이해될 수 있다. 이들 장은 태평양연안을 구성하는 지역들에 대한 개요를 제공하며, 가끔은 서로 고립된 형태로 각 지역의 지리, 기원, 진화에 초점을 맞춘다. 에드워드 로우(Edward Lowe)는 종종 무시되어 온 태평양연안의 내부지역에서 출발해서 오세아니아, 즉 태평양의 심장을 대표하는 섬들을 개괄한다. 오세아니아의 나라들은 관광 안내 책자에 그려져 있는 목가적인 파라다이스와는 거리가 멀며 중요한 도전들, 즉 지속된 식민주의, 빈곤, 이주, 보건위기, 기후변화 등에 직면해 있다. 3장에서 셰인 바터(Shane Barter)는 동남아시아를 소개한다. 바터는 동남아시아가 매우 다양하지만 동시에 태평양연안에서 가장 구체적이고 자기 의식적인 지역이라고 지적한다. 4장에서 마이클 와이너(Michael Weiner)는 종종 '동아시아'라고 지칭되는 지역에 초점을 맞추어서 그것의 역사적 진화와 현재적 의미를 살펴본다. 이 장은 일본, 한국, 중국을 개괄하면서 세계화하는 세계 속에서 그들의 지역적 관계를 탐색한다. 5장에서 존 헤프론(John Heffron)은 북아메리카를 검토하면서 대륙의 대서양 역사와 태평양 연계의 발전 사이의 균형을 맞춘다. 그는 사회적 배제와 정치적 장벽의 역사를 배경으로 서부 북아메리카를 향한 아시아계 이주의 중요성을 강조한다. 6장에서 사라 잉글랜드(Sarah England)와 이언 리드(Ian Read)는 라틴아메리카에 대해 유사한 방식으로 접근한다. 라틴아메리카는 오랫동안 지속된 불평등과 저항에 직면했지만, 북아메리카 및 아시아와 점점 연계되는데 이는 새로운 기회를 제공하는 태평양을 향한 이동의 일부다.

주제별 장들은 지역별 장들에 기초를 두고 연계, 공통적 도전, 유사성(그리고 중요한 차이들) 등을 보여주면서 이들 지역을 상이한 세계들로 탈안정화하려고 한다. 7장은 태평양연안 내에서 식민주의의 영향에 초점을 맞춘다. 셰인 바터는 식민주의의 상이한 형태, 즉 정착 대 지배라는 형태를 개관하면서 식민주의의 의미 자체가 태평양 각지에서 다양하다는 것을 지적한다. 8장에서 마이클 와이너는 역사가 정치적 이해 관심에 의해 틀 지어지는 방식을 보여주면서 태평양전쟁의 기억이 어떻게 민족들 내부와 사이에서 상쟁하는 전장으로 남아 있는가를 탐구한다. 9장에서 사라 잉글랜드와 마이클 와이너는 태평양 이주의 현재적 유형을 역사적 맥락 속에 위치시킨다. 태평양연안 내부에서 현재적 이주는 다양한 형태를 취하지만 모두 새롭고 혼종적인 문화의 발전 및 정치적·경제적 네트워크에 통합되어 있다. 도시를 향한 이주의 부분적 결과로 태평양연안은 현재 도시화를 향한 거대한 변화를 경험하고 있다. 도시화는 10장에서 논의된다. 거기서 디케 피터스(Deike Peters)는 태평양연안 내에서 도시화의 유형들이 결코 동질적이지 않으며 아시아에서의 도시화가 아메리카 대륙과는 구별되는 방식으로 전개되고 있다는 점을 강조한다.

　태평양연안은 여러 가지 측면에서 점증하는 경제적 상호 연계성의 산물이다. 이는 11장과 12장에서 해명된다. 11장에서 홍이 첸(Hong-Yi Chen)은 경제발전 유형에 초점을 맞춘다. 여기서 첸은 라틴아메리카 수입대체 전략과 아시아 수출주도전략 사이의 중요한 차이들을 묘사하는데, 수출주도 접근은 아시아 경제의 급속한 성장을 촉진했다. 12장은 이러한 기초 위에서 환태평양경제동반자협정(Trans-Pacific Partnership, TPP)이라는 형태를 띠는 경제교류와 상호 연계성의 새로운 유형들을 검토한다. 여기서 에드워드 피셀(Edward Feasel)은 이 같은 획기적인 협정이 어떻게 출현했는가를 기록하고 '동반자 관계'를 미·중 경쟁의 맥락 속에 위치시킨다. 명백히 경제발전과 무역은 정치적 이해 관심 및 권력과 서로 뒤얽혀 있다. 13장에서 리사 맥레오드(Lisa MacLeod)는 영토분쟁이라는 렌즈를 통해 태평양을 가로지르는 국제관계를 검토한다. 맥레오드는 아메리카 대륙 국가들이 점차 그런 분쟁을 평화적으로 해결하고 있는 반면, 아시아에서는 쟁투의 대상이 되는 영토들이 평화에 대한 주요한 위협으로 남아 있다는 것을 보여준다. 14장에서는 셰인 바터가 환태평양지역을 가로지르는 무력 갈등에 초점을 맞춘다. 바터는 어떻게 해서 국가 사이의 전쟁이 크게 감소했으며 전쟁의 위협이 대체로 동아시아로 제한되게 되었는가를 설명한다. 그러나 이것이 환태평양지역이 평화 상태에 있다는 것을 의미하지는 않는다. 다양한 형태의 국가 간 갈등이 여전히 오세아니아, 동남아시아, 라틴아메리카에 만연하다.

기후변화, 환경, 환경보호는 모든 나라의 국경을 뛰어넘는 우려의 영역이다. 이를 반영하여 조지 버센버그(George Busenberg)는 15장에서 태평양연안 나라들이 환경정책에 어떻게 접근해왔는가를 살펴본다. 버센버그는 연무로 가득 찬 중국의 도시 중심에서 알레스카와 코스타리카의 야생지역 보존 노력에 이르기까지 공통의 도전이 어떻게 극단적으로 다른 정책대응을 낳았으며 그것이 현지인들에게 어떤 중요한 결과를 낳았는지를 세부적으로 살펴본다. 보건의 영역은 16장에서 더 심층적으로 탐구된다. 여기서 이언 리드와 마이클 와이너는 민족국가 형성과 점증하는 초지역적 연계라는 더 광범위한 맥락 내에서 일본과 칠레의 공중보건체계의 확립과정을 논의한다. 공통의 역학적 도전이 상이한 현지의 대응을 낳았지만, 두 사례는 모두 질병통제, 국가권력, 민족적 정체성 사이의 연관을 반영한다. 비록 종종 무시되어 왔지만, 보건의 또 다른 측면은 심리적인 것이다. 17장에서 에드워드 로우는 세계화와 정신건강 사이의 관계를 검토한다. 로우는 오세아니아, 인도, 일본의 자료들에 근거해서 도시화와 경제적 세계화에 의해 야기된 공통의 도전과 그것이 낳은 차별적 대응을 규명한다.

인간보건과 인권의 중요한 영역은 젠더 정체성 및 성적 선호와 연관된다. 18장에서 리언 캘드웰(Ryan Caldwell)과 크리스티 윌슨(Kristi Wilson)은 태평양연안을 가로지르는 트랜스젠더 정체성의 의미를 검토한다. 그들은 타이티, 하와이, 사모아, 태국, 미국 등과 같은 현지에서 매우 상이한 의미를 갖는 트랜스젠더의 문화적 차원을 강조한다. 다시 한번 이 장은 국가들 내부와 국가들 사이의 유사성과 연계성뿐만 아니라 다양성도 강조한다. 19장에서 사라 잉글랜드는 인권의 맥락 내에서 과테말라와 인도의 경험을 비교하면서 태평양연안 주변들에서의 젠더폭력을 분석한다. 과테말라와 인도 모두에서 극단적으로 높은 여성에 대한 폭력의 비율은 경제적·정치적·사회적 관계들에서의 최근의 변화와 더불어 명예와 치욕에 대한 전통적 통념에 의해 부분적으로 설명될 수 있다.

마지막 장들은 환태평양지역을 가로지르는 정치와 예술 및 문화의 교차성에 초점을 맞춘다. 20장에서 존 케런(John Kehlen)은 중국에서의 유배/망명 문학을 탐구한다. 그는 유교 문화 내에서 비판적 학자들의 오랜 전통, 그리고 그런 유배 또는 망명 재야인사들의 오랜 전통을 기록한다. 시간이 흐르면서 망명의 거리는 늘어났고, 비판적 학자들은 점차 태평양연안을 가로질러서 북아메리카의 서안에 거주하게 되었다. 21장에서 토마스 크로우더-타라보렐리(Tomas Crowder-Taraborrelli)는 정치 다큐멘터리 영화의 형태에서 정치와 예술의 교차성을 검토한다. 그는 아시아와 라틴아메리카에서 정의를 위한 공동의 투쟁을 규명하면서 태평양연안을 가로지르는 내용과 스타일에서의 점증하는 연계성을 보여준다.

『환태평양 지역학 입문』은 광범위한 지역의 지리적·학문적 영토를 포괄한다. 이 교과서는 단순히 경제학과 정치학에 초점을 맞추기보다는 태평양연안의 살아 있는 인류를 향한 창을 제공한다. 이처럼 외연이 넓은 지역에 대해 완벽한 설명을 제공하는 것은 우리의 의도가 아니다. 우리는 그런 설명을 시도하고 있다고 과장하지도 않는다. 이 책은 지역들의 지역, 즉 점차 상호 연계되고 있으며 경제적·문화적으로 활력이 넘치는 현대세계의 일부로 개념화되는 태평양연안에 관한 다분과적 설명이다.

## 토론을 위한 질문

• 우리는 태평양연안을 하나의 지역으로 지칭할 수 있는가? 태평양연안은 지나치게 다양하지 않은가?

• 태평양연안은 대서양 중심의 관점에 대한 교정물로 어떻게 기능하는가?

• 태평양 정체성이 출현 중인가?


## 심화학습

Alpers, Edward. (2013). *The Indian Ocean in World History* (Oxford University Press).

Barter, Shane J. (2015). "Area Studies, Asian Studies, and the Pacific Basin", *Geographical Review* 105: 1; 105-119.

Borthwick, Mark. (2013). *Pacific Century: The Emergence of Modern Pacific Asia* (Westview Press).

Braudel, Fernand. (1995). *The Mediterranean and the Mediterranean World in the Age of Philip II: Volume I* (Berkeley: University of California Press).

Green, Jack, and Philip Morgan, editors. (2009). *Atlantic History; A Critical Appraisal* (Oxford University Press).

Igler, David. (2013). *The Great Ocean; Pacific Worlds from Captain Cook to the Gold Rush* (Oxford University Press).

1부
—

환태평양의 지역들

# 2장  오세아니아: 개관

에드워드 D. 로우(Edward D. Lowe)

이 장에서는 태평양연안지역 중 오세아니아에 대해 다음과 같은 세 가지 목표를 갖고 개관하고자 한다. 첫째는 오세아니아의 지리적 위치에 대한 설명이고, 둘째는 선사시대로부터 유래한 그 지역의 종족문화적 다양성에 대한 개괄이며, 셋째는 이 지역이 자본주의, 세계화, 그리고 (탈)식민주의와 같은 근대적 과정에 어떻게 통합되었는지에 관한 포괄적 해명이다. 오세아니아는 문자 그대로 태평양연안의 심장부에 속하기 때문에 그 광활한 지역을 이해하는 출발점으로 적합한 곳이다.


## 지리적 위치

오세아니아는 지리, 지질, 해양, 생물, 역사, 그리고 문화적 특징에 의해 정의된다. 일각에서는 이 지역이 서구 학계의 허구적 이미지를 재현한 것에 불과하다고 주장하지만 선사시대부터 행해진 인간 및 비인간의 이동과 이주, 그리고 상호작용은 오세아니아에 '해양 대륙'으로서의 응집성을 부여한다(Fischer, 2013).

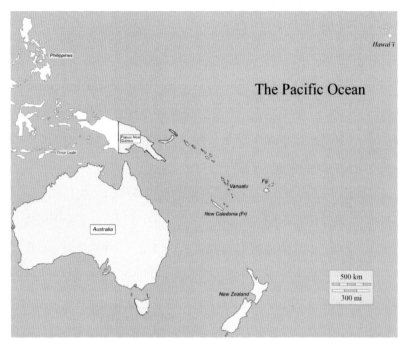

[그림 2.1] 오세아니아 지도

이 지역은 드넓은 열대 태평양지역을 포괄한다. 대략적으로 말하면 오세아니아는 서쪽으로 뉴기니와 팔라우, 북쪽으로는 마리아나 제도와 하와이 제도, 동쪽으로는 라파누이(이스터섬), 그리고 남쪽으로는 호주, 뉴질랜드, 채텀 제도를 경계로 하는 지역이다. 또한, 오세아니아는 종족언어를 기준으로 호주, 멜라네시아, 미크로네시아, 그리고 폴리네시아라는 네 개의 하위지역으로 나뉜다(〈표 2.1.〉 참고). 호주는 그 자체의 대륙 그리고 ― 태즈메이니아를 포함한 ― 배스해협 남쪽의 섬들로 이뤄져 있다. 멜라네시아에는 뉴기니, 비스마르크 군도, 솔로몬 제도, 바누아투, 뉴칼레도니아가 속한다. 미크로네시아는 서쪽의 팔라우, 얍, 마리아나 제도 주변의 작은 군도, 동쪽의 캐롤라인 제도, 마셜 제도, 길버트 제도를 포함한다. 폴리네시아는 동부 오세아니아의 넓은 지역을 포괄하는데, 피지, 통가, 사모아가 예부터 이 지역의 심장부였다. 또한, 토켈라우, 투발루, 쿡 제도, 소사이어티 제도, 마르케사스 제도, 하와이 제도, 투아모루, 망가레바, 라파누이도 폴리네시아에 속한다.

〈표 2.1〉 오세아니아의 나라들과 지역들

| 지역 | 섬 | 지위 | 범위(km²) | 인구 |
|---|---|---|---|---|
| 호주 | 호주 | 독립국 | 7,741,220 | 23,268,319 |
| 멜라네시아 | 나우루 | 독립국 | 21 | 9,378 |
| | 파푸아뉴기니 | 독립국 | 462,840 | 6,310,129 |
| | 솔로몬 제도 | 독립국 | 28,896 | 584,578 |
| | 바누아투 | 독립국 | 12,189 | 256,155 |
| | 뉴칼레도니아 | 프랑스령 해외자치주 | 18,575 | 256,275 |
| 미크로네시아 | 미크로네시아 연방공화국 | 미국 자유 연방 | 702 | 106,487 |
| | 마셜 제도 | 미국 자유 연방 | 181 | 68,480 |
| | 팔라우 공화국 | 미국 자유 연방 | 459 | 21,032 |
| | 괌 | 미국령 | 544 | 183,268 |
| | 북마리아나 제도 | 미연방 | 544 | 183,268 |
| 폴리네시아 | 피지 | 독립국 | 18,274 | 890,057 |
| | 뉴질랜드 | 독립국 | 267,710 | 4,570,038 |
| | 사모아 | 독립국 | 2,831 | 194,320 |
| | 통가 | 독립국 | 747 | 106,146 |
| | 투발루 | 독립국 | 26 | 10,619 |
| | 미국령 사모아 | 미국령 | 199 | 67,242 |
| | 쿡 아일랜드 | 뉴질랜드 자유 연방 | 236 | 11,124 |
| | 키리바시 | 독립국 | 811 | 101,998 |
| | 하와이 섬 | 미국 | 28,311 | 1,404,054 |
| | 프랑스령 폴리네시아 | 프랑스 자치령 | 4,167 | 294,935 |
| | 니우에 | 뉴질랜드 자유 연방 | 260 | 1,311 |
| | 라파 누이 | 칠레령 | 164 | 6,148 |
| | 토켈라우 | 뉴질랜드령 | 12 | 1,384 |
| | 왈리스에푸투나 제도 | 프랑스 자치령 | 142 | 15,398 |

# 기원 그리고 초기 원주민의 발전

네 개의 종족언어적 지역들은 어떻게 서로 다른 특징들을 갖게 되었을까? 그 답은 지난 몇백 년 동안 이뤄진 유럽과의 조우에 앞서 수천 년 동안 각 지역별로 고유하게 이뤄진 정착 및 발전의 역사에서 찾아질 수 있다. 아래는 지역별 선사시대에 대한 개괄이다.

## 호주

인류는 약 5만 년 전 마지막 빙하기에 동남아시아에서 호주 대륙으로 건너왔다. 이들은 수천 년에 걸친 기후 및 환경변화에 대한 대응으로 경제도구와 자원기반을 변경하면서 사냥, 낚시, 채집을 하던 수렵인들이었다(Bellwood and Hiscock, 2013). 18세기 후반 유럽이 호주를 식민화할 무렵 그 지역은 수렵인들로만 채워진 마지막 대륙이었다. 경제적으로 호주 원주민들은 '원시적'이지 않았다. 호주 원주민들은 광범위한 무역망을 발전시켰다. 일부 품목은 공식 시장에서 물물교환된 반면, 다른 것들은 의식행사들을 전후로 교환되었다. 지난 1,000년에서 2,000년 사이 원주민 무역이 성장함에 따라 이들의 경제활동과 사회생활도 시장에서 교환 가능한 잉여재화의 생산을 중심으로 변모했다(Bellwood and Hiscock, 2013). 또한, 원주민 집단은 복잡한 친족관계, 의식행사와 관련된 지식, 그리고 종교적 믿음을 발전시켰는데, 이들 중 일부는 30,000년 된 원주민 암면미술에 보존되어 있다. 유럽의 식민화 전 호주에는 240개에서 250개 정도의 언어가 존재했으며, 그 중 절반은 오늘날에도 구어(口語)로 사용된다(Dixon, 2004).

## 멜라네시아

멜라네시아의 초기 개척자들은 호주 개척자들과 거의 같은 시기에 도착했다. 이후 수천 년 동안 멜라네시아는 오세아니아에서 종족언어적 다양성이 가장 풍부한 지역이 되었다. 현재 멜라네시아에는 약 1,200개의 언어가 있는데 뉴기니에서 가장 많은 언어가 사용된다. 1,200개의 언어 중 약 800개는 파푸아 언어들이고 400개가량은 오스트로네시아 언어들이다(Fischer, 2013). 부분적으로 이러한 종족언어적 다양성은 이 지역으로의 초기 정착이 서로 구분되는 두 개의 시기에 이뤄졌음을 반영한다. 처음에는 파푸아인의 조상들이 그리고 이후에는 오스트로네시아어를 사용하는 이들이 이 지역에 도착했다(Bellwood and Hiscock, 2013).

파푸아인의 선조들은 토란과 바나나를 중심으로 화전농업과 늪지원예를 발전시켰으며 사탕수수와 참마 재배를 통해 이를 보완했다. 원예의 발달은 더 많은 사람들로 하여금 해당 지역에 정착할 수 있도록 했다. 또한, 연쇄 칼데라, 고지대의 비옥한 산간 계곡, 저지대의 풍토병인 말라리아와 같은 뉴기니의 독특한 지질과 생태는 상대적으로 소규모 고립 인구들이 고지대에 정착하는 계기가 되었다. 이러한 산악농업의 문화적 복합체는 뉴기니 동쪽에서부터 솔로몬 제도까지 확산되었다. 무역은 넓은 범위의 여행보다 신뢰할 수 있는 상대와의 근린 네트워크 교환에 의해 촉진되었을 가능성이 높다. 험준한 산악지역, 영구 정주의 가능성, 그리고 ― 외부인들의 마법에 대한 두려움과 그들을 향한 의심, 심지어는 그들에 대한 공격성을 강조하는 ― 문화적 신념들은 파푸아인의 선조들로 하여금 풍부한 언어문화적 태피스트리(tapestry)를 형성하고 발전시킬 수 있도록 했다(Fischer, 2013).

조상 대대로 오스트로네시아 언어를 사용한 사람들은 신석기시대 해안가에 거주하면서 바다를 항해하던 농경민과 어부였다. 이들은 대략 5,000

년 전 대만에 처음으로 정착했으며, 약 3,500년 전에는 근대 이전 그 유례를 찾기 어려울 정도로 놀라운 항해 및 해안가 정주 기술을 발전시켰다. 또한, 대략 3,340년 전 오스트로네시아인들은 필리핀, 보르네오, 술라웨시, 왈라세아 제도, 뉴기니 해안, 애드미럴티 및 비스마르크 제도, 솔로몬 제도 등 동남아시아 해안 및 섬 일부에도 정착지를 구축했다. 그중 뉴기니 동부 해안에 정착한 이들은 '라피타(Lapita)'라 불리는 독특한 해양 문화 복합체를 만들었다. 이 명칭은 모래 혹은 조개껍질로 만든 도자기 이름에서 유래한 것이다. 한편, 이들은 토란, 참마, 바나나와 같은 작물들을 재배했으며 돼지, 개, 닭과 같은 가축들도 들여왔다. 또한, 그들은 해양자원에 상당 부분 의존하는 숙련된 선원이자 어부이기도 했다.

라피타 집단과 문화 중 파푸아인들 그리고 원시 해양 인구들은 대체로 서로 동떨어진 채 살아갔다. 하지만, 시간이 지남에 따라 이들은 교역 네트워크를 통해 연결되었다. 이러한 상호 교류에 의해 시간이 지남에 따라 멜라네시아에서는 다수의 독특한 혼종문화 집단들이 출현하게 되었다. 대략 2,275년 무렵 라피타 문화는 형형색색의 혼종문화에 자리를 내어주게 되었다. 그로부터 오늘날에 이르기까지 수천 년 동안 변화하는 기후 및 생태 조건들에 대한 복잡한 적응의 역사가 멜라네시아의 놀라운 사회문화적 다양성을 형성했다.

## 미크로네시아

미크로네시아 개척은 세 국면에 걸쳐 진행되었다(Fischer, 2013). 최초 이 지역에 도착한 이들은 필리핀과 인도네시아 도서지역에서 건너온 항해사들일 가능성이 높다. 이들은 오스트로네시아어를 사용했으며, 대략 3,300년 전 팔라우, 얍, 그리고 마리아나 서쪽 섬들에 정착했다. 두 번째 이주자들은 산타크루즈 제도에서 온 라피타 사람들의 후손일 가능성이 높다. 해양 언어를 사용하던 이들은 약 2,000년 전 그 지역에 도착한 것으로 보인다. 이 집단은 길버트 제도에서 출발한 후 수백 년 동안 마셜 제도와 캐롤라인 제도를 향해 북쪽과 서쪽으로 이동했을 가능성이 높다. 세 번째 집단은 약 1,100년 전 누쿠오로와 카핑아마랑이의 외딴섬으로 이주한 폴리네시아인이다(Petersen, 2009).

미크로네시아의 섬들은 대부분 저지대 산호 환초들이다. 하지만, 서쪽으로는 팔라우, 얍, 마리아나와 같은 소규모 대륙도들이 있고, 중앙의 캐롤라인 군도(추크 라군, 폰페이, 코스래)에는 몇 개의 작은 화산섬들도 있다. 크기, 제한된 천연자원, 그리고 주기적 가뭄과 파괴적 태풍을 감안하면, 미크로네시아 섬들은 "지구상에서 가장 점령하기 어려운 장소들"에 속한다(Fischer, 2013: 27). 그럼에도 미크로네시아인들은 자신들의 사회문화적 독창성과 기술로 그 작은 섬들에서 생존할 수 있었을 뿐만 아니라 번영을 이루기도 했다. 이러한 사회문화적 적응력과 혁신은 미크로네시아에 종족문화적 지역으로서의 응집성을 부여한다.

미크로네시아 내부 경제는 타로와 빵나무 중심의 원예업 그리고 해양자원 이용에 크게 의존했다. 또한, 미크로네시아인들은 교환 및 교역 체계들을 광범위하게 연결함으로써 스스로를 부양해왔다. 이들의 교환 및 무역체계들은 인류 역사에 있어서 가장 정교한 항해 기술 중 하나를 발전시킴으로써 가능했다. 그러한 기술 중 일부는 오늘날에도 일부 외딴 산호섬들에서 활용되고 있다. 한편, 이들에게는 이중적 교환체계가 각별히 중요했다. 첫 번째 유형의 교환은 상대적으로 가까운 섬들 간 현지 교환과 관련이 있다. 여기에는 상품과 천연자원의 교환 그리고 정기적인 소규모 의식행사 및 사교적 방문이 포함되는데, 이는 확장된 친족 네트워크를 형성하고 강화했다. 두 번째 유형의 교환은 하나의 단일한 교환 네트워크 내에서 상대적으로 큰 지역들을 연결하는 대규모 의식절차적 교환 네트워크다. 이러한 이중교환체계를 통해 생산된 잉여가 각 섬의 여러 공동체에 재분배되었다. 이는 그들에게 더 나은 생존을 보장했다.

## 폴리네시아

폴리네시아는 오세아니아 네 종족문화권 중 문화적 동질성이 가장 높은 지역이다. 부분적으로 이는 폴리네시아인들이 피지, 통가, 사모아 동쪽의 태평양 외딴섬들을 상대적으로 최근 들어서야 빠르게 식민화했다는 점을 반영한다. 폴리네시아 문화는 약 3,000년 전 통가와 사모아에 도착한 라피타족에 기원을 두고 있다(Bellwood and Hiscock, 2013). 이곳에 정착한 라피타족은 대략 1,000년 동안이나 솔로몬 제도 동쪽의 태평양지역으로 진출하지 않았다. 태평양 섬들에 대한 식민화가 중단된 1,000년간 사모아, 통가, 피지인들 사이에서는 상호작용, 경쟁, 교류가 활발히 이뤄지는 '항해권'(Fischer, 2013)이 형성되었다. 그 속에서 독특한 원시 폴리네시아 문화도 출현했다.

자원이 풍부한 대규모 섬에서의 거주, 토란과 빵나무 열매 재배를 중심으로 한 성공적 해양 및 원예 경제의 발전, 그리고 섬들 간 무역과 교환의 활성화에 힘입어 폴리네시아인들은 번영을 누렸다. 이러한 경제적 번영은 또한 폴리네시아인들로 하여금 오세아니아의 다른 지역들보다 훨씬 더 뛰어난 사회정치적 복합성을 발전시킬 수 있도록 했다. 이로 인해 항해기술에서도 비교 불가능 수준의 혁신이 이뤄졌다. 그러한 혁신에는 사모아, 통가, 피지를 넘어 광활한 해양으로까지 나갈 수 있게 한 정교한 항해기술, 식량 보존과 저장 방법, 그리고 이중선체를 가진 놀라운 카누가 포함된다. 이들의 카누 중 일부는 30명 이상의 남녀가 한 달 이상 바다에서 생존할 수 있을 정도의 크기였다(Fischer, 2013). 이러한 기술의 발전은 장거리 원양 항해, 나아가 다른 섬들에 대한 신속한 식민화를 가능케 했다.

사회문화적 혁신이 이뤄지자 폴리네시아인들은 피지, 사모아, 통가 지역으로부터 북쪽, 동쪽, 남쪽으로 신속히 이동했다. 사모아 사람들은 동쪽으로 약 3,200km 이상 떨어진 마르케사스 제도를 거주지로 삼았다. 마르케사스 정착민들은 남동쪽의 라파누이섬과 북쪽의 하와이섬까지 거주지역을 확장했다. 약 1,000년 전에는 소사이어티 제도에도 정착했다. 그 후 타히티는 더 많은 탐험과 섬들 간 교류와 상호작용을 위한 주요 거점 역할을 했다. 타히티에 정착한 시점부터 뉴질랜드 이주까지는 약 700년 정도가 소요되었다.

폴리네시아의 확장은 근대 유럽의 팽창 이전에 인류가 이룩한 가장 인상적 발견과 식민지 개척의 업적 중 하나다. 약 500년에 걸쳐 폴리네시아인들은 몽골 제국에 이어 두 번째로 넓은 지역을 식민화했다(Fischer, 2013). 시간이 지남에 따라 각 섬의 집단들은 독특한 사회문화적 특징들을 발전시켰다. 그러나 이러한 사회문화적 발전의 원심적 측면은 두 개의 주요 권역 내에서 이뤄진 군도들 간 상호작용과 교환에 의해 상쇄되었다. 그중 하나의 교환 권역은 서폴리네시아와 동폴리네시아를 하나로 묶은 범위였다. 다른 권역은 동폴리네시아에만 한정되는데, 이는 동폴리네시아 하위지역들의 사회문화적 독특성을 낳았다. 이러한 항해 권역들에 속하는 것은 폴리네시아 공동체들의 생존에 필수적인 경우가 많았다. 왜냐면, 무역과 교환을 통해 그들은 해당 지역에서 확보할 수 없었던 필수자원들을 얻을 수 있었을 뿐만 아니라 본 거주지에서의 생존을 위협하는 심각한 생태적 혹은 사회정치적 위기가 발생했을 시 피난처도 찾을 수 있었기 때문이다.

# 유럽과의 조우

유럽의 탐험가와 상인들은 16세기에 태평양을 횡단하기 시작했다. 스페인은 1668년 괌에 초기 식민지를 건설했다. 그러나 오세아니아와 유럽 간의 조우는 1771년 제임스 쿡의 첫 번째 태평양 항해가 끝난 후에야 활발히 이뤄졌다. 19세기와 20세기를 거치면서 오세아니아는 산업 자본주의의 세계화, 근대적 관료 국가, 그리고 새롭게 출현한 국제정치경제체계에 조금씩, 하지만 결국에는 완전히 편입된 것으로 보인다. 이러한 '유럽의 침입'(Fischer, 2013: 83)은 오세아니아 사람들의 삶과 사회를 근본적으로 변화시켜 많은 경우 비가역적이고 파괴적인 해악을 끼치기도 했지만, 동시에 그들로 하여금 현대 세계에서 스스로를 재구성할 수 있는 엄청난 기회를 주기도 했다.

## 환태평양 무역과 19세기 초의 근대성들

19세기 전반기의 유럽인들과의 교류에서 노골적으로 토지를 몰수하고 현지인을 지배한 일은 거의 없었다. 1788년 뉴사우스웨일스에 영국 식민지가 건설된 호주는 예외적 사례였다. 대부분의 오세아니아 원주민들에게 19세기 초 이뤄진 유럽 및 미국인들과의 대면은 급증하던 중국과의 무역 과정에서 적하물의 무게를 측정하던 지점으로 기능하던 섬들에서 이뤄졌다. 이 섬들에서는 주로 포경업 그리고 북아메리카의 시장으로 향하는 고래기름 무역이 대중국 무역의 뒤를 이었다. 하와이와 타히티는 빠르게 성장하던 환태평양 무역의 초기 중심 허브들로 자리 잡았다. 그에 반해 다른 많은 섬들은 19세기 초 환태평양 무역의 영향을 거의 받지 않았다.

오세아니아의 원주민들은 유럽 상인들이 거점을 마련한 곳에서 그들과 활발히 교역했다. 원주민들은 방문자들이 필요로 하는 자원과 다양한 재화(철제 도구, 직물, 총포, 그리고 배 등)를 교환했다. 나아가, 이들은 유럽인들로부터 새로운 사회, 정치, 경제적 발상을 배우려 했다. 폴리네시아에 위치한 여러 섬의 수장은 경쟁자들을 정복하기 위해 새로운 도구, 무기, 그리고 발상을 활용했다. 또한, 그중 일부는 전체 군도를 단일 정치권 아래 통합하는 데도 성공했다. 가장 유명한 사례는 1796년 최초로 근대적 군주정을 설립한 하와이의 왕 카메하메하 1세다. 그러한 정체의 성립은 거의 100년간 하와이의 주권으로 유지되었고, 이는 토착민들의 사회정치적 업적이었다.

한편, 새로운 전염병이 유입되어 지역 인구를 황폐화시키기도 했는데 19세기 중반 무렵에는 인구의 절반에서 3분의 2가 줄어든 곳도 있었다. 19세기 초에서 중반까지의 시기에는 전염병의 파괴적 영향만이 아니라 급속히 성장하던 항구도시에서의 부적절한 생활방식 및 그 영향들이 기독교 선교사들에게 기회를 제공하기도 했다. 처음에는 폴리네시아에서, 이후에는 미크로네시아에서 기독교로의 개종이 빠르게 이어졌다. 선교사들은 한편으로 섬 주민의 삶과 문화의 여러 측면을 비난하며 돌이킬 수 없을 정도의 문화적 손실을 초래하기도 했지만, 다른 한편에서는 서양 의학, 현지어로 된 글쓰기, 정규 교육, 유럽의 법과 통치에 대한 이해를 제공하기도 했다. 또한, 현지 지도자들은 종종 선교사들의 적극적 조언과 지원 덕분에 외국 기업이나 정부의 식민지 야욕에 저항할 수도 있었다. 오늘날 오세아니아 지역에서 기독교는 거의 보편화되어 있으며 일상생활의 주요한 부분을 차지하고 있다.

## 세계화의 첫 번째 시기

유럽과의 조우에 있어 다음 국면은 대략 1850년부터 1914년 사이의 '첫 번째 세계화'(Firth, 2000: 181) 시기다. '세계화'는 초국적 자본의 급격한 증가, 무역 및 시장 서비스(특히 은행 및 금융)의 극적인 성장을 포함한다. 그것은 운송과 통신 기술의 혁신에 의해 촉진된다. 이러한 경제적 그리고 기술적 변화는 초국적 기업들의 성장을 수반한다. 근대 관료제 국가 및 군대와 함께 이들은 사회적으로 필요한 여타 재화들을 희생시키면서 이윤을 창출한다.

강력한 서구 기업들이 태평양 전역으로 빠르게 퍼져나갔다. 그들은 주로 영국, 미국, 프랑스, 그리고 독일의 농업 및 광업 기업들이었는데, 그들 중 많은 수는 초기 무역인들과 선교사들의 후손들에 의해 설립되었다. 이는 원주민 통제하에 있던 두 생산 요소들, 즉 토지와 노동에 대한 안정적 접근을 필요로 했다. 그러나 현지 지도자들은 토지와 노동에 대한 자유 접근을 허용하지 않으려 하거나 자신들의 정치투쟁에만 골몰하고 있었다. 한편, 앞서 언급한 기업들은 유럽 내 다른 국가나 아시아 국가와도 강도 높은 긴장 상황에 처해 있었다. 결국 이 기업들은 자국 정부에 도움을 요청했고, 이들의 본국은 섬을 점령하고 식민기구들을 설치했다. 1914년까지 영국, 프랑스, 네덜란드, 미국, 독일은 오세아니아를 분할 정복했다. 초기 식민지 정부는 규모가 작았을 뿐만 아니라 만성적인 재정 부족에 시달렸기에 특별한 사회복지를 제공하지 못했다. 외관상이나마 법과 질서를 유지하던 경찰과 법원이 있었지만, 근대적 '축복'의 대부분은 상업세력과 기독교 국제선교단체에 의해 공급되었다.

### 양차 세계대전과 전후 시기

제1차 세계대전은 이러한 세계화 시대에 종말을 고했다(Firth, 2000). 그 후 일본, 미국, 영국, 호주, 뉴질랜드, 프랑스과 같은 산업 강대국의 전략적 그리고 군사적 이해관계가 지배적인 시대가 도래했다. 세계대전들이 발생한 시기 그리고 그 이후 20여 년 동안 강대국들은 오세아니아를 주로 전략적 그리고 군사적 이해관계의 관점에서 조망했다. 특히 1946년 이후, 이는 냉전에 대한 우려에서 기인했다. 이 시기 많은 식민지 정부들이 강화되었다. 또한, 이들은 본국으로부터도 더 많은 지원금을 받았다. 이로 인해 식민지 정부들은 더 나은 서비스(특히, 교육과 의료)를 제공할 수 있었을 뿐 아니라 근대적 인프라에도 투자할 수 있게 되었다. 이러한 프로그램은 사회, 정치, 그리고 경제의 측면에서 식민지 정부에 대한 완전한 종속을 유도하기 위해 고안되었다. 1946년 이후 영국, 미국, 프랑스는 그들이 소유한 여러 섬에서 핵폭탄과 수소폭탄 실험을 했는데, 이로 인해 현지의 섬 주민들은 막대한 피해를 입었을 뿐만 아니라 토지를 잃기도 했다. 1960년대 초 영국과 미국은 태평양에서의 핵실험을 중단했다. 하지만, 프랑스는 국제사회와 지역의 비난에도 불구하고 1996년까지 프랑스령 폴리네시아에서 핵무기 실험을 계속했다.

식민지에서는 독자적인 상업이익 추구가 엄격히 규제되었다. 군사기지건설과 식민지 정부의 직접원조를 제외하면, 경제발전은 거의 이뤄지지 않았다. 정규교육수준은 향상되었지만, 식민지 서비스 부문을 제외하면 일자리는 제한되었다.

## 독립과 (탈)식민지 시기를 향하여

1960년 유엔은 "식민지 국가 및 국민에게 독립을 부여하는 선언"을 발표했다. 이는 전 세계 식민지 사람들의 완전한 정치적 독립에 대한 요구였다. 하지만, 오세아니아에서 이 목표는 불균등하게 실현되었다. 호주와 뉴질랜드는 이미 영연방의 독자적 구성원으로 자리 잡았지만, 소수 원주민들은 소외되고 탄압받았다. 이후 20년 동안에는 ― 1960년을 기준으로 영국, 호주,

뉴질랜드의 통치를 받던 — 여타의 섬도 독립을 했다. 그러한 사례에는 (서)사모아, 피지, 통가, 파푸아뉴기니, 솔로몬 제도, 바누아투, 키리바시, 투발루와 같은 신생 국가들이 포함된다. 그러나 쿡 제도 그리고 니우에라는 작은 섬은 뉴질랜드와의 '자유 연합'이라는 혼종 형태를 선택했다. 이 섬들은 뉴질랜드 시민권을 유지하면서 지역 수준의 정치적 자치권을 얻었다. 이에 대한 반대급부로 뉴질랜드는 국방 및 경제원조를 제공했다. 한편, 토켈라우는 완전한 뉴질랜드 시민권을 택했다.

미국이나 프랑스의 식민 지배를 받던 지역들은 진정한 의미의 정치적 독립을 획득하지 못했다. 미국령 사모아, 괌, 북마리아나, 하와이는 주(state)나 영토 혹은 연방(commonwealth)의 형태로 미국에 완전히 통합되었다. 팔라우 공화국, 미크로네시아 연방국 그리고 마셜 제도와 같은 미크로네시아의 신생국들은 미국과 "자유롭게 연합한" 국가들로 존재한다. 이 나라들은 어느 정도 정치적 자율성을 확보했고, 미국의 노동시장과 사회 서비스에 대한 특별 접근 권한도 보유하고 있다. 하지만, 대부분의 경제 및 안보 수요는 상당 부분 미국에 의존하고 있다. 더욱이, 미국은 미크로네시아 국가들에 대해 절대적인 군사 권한을 유지하고 있다. 뉴칼레도니아, 왈리스푸투나, 프랑스령 폴리네시아와 같은 프랑스령 식민지들은 프랑스의 현지 통치하에 있다. 이들은 프랑스의 속령으로 간주된다.

오세아니아의 여러 신생국의 정치독립은 정치적 불안정성과 상대적으로 약한 민주주의 국가의 출현을 수반했다. 간혹 신생국들에서는 — 파푸아뉴기니의 통치에 저항한 부겐빌(Bougainville)의 봉기와 같은 — 폭력적 분리주의 운동이 일어나기도 했다. 외세의 식민 지배하에 남게 된 섬 주민들 사이에서는 원주민 주권 운동이 일어나기도 했다. 대부분의 경우, 이들의 운동은 비폭력적이었다. 하지만, 유럽의 지배세력은 이를 폭력적으로 진압했다. 프랑스의 경우 특히 그러했다.

경제적 변화는 가장 최근의 시기에도 중요했다. 1960-70년대 들어 세계화가 다시 시작되어 현재까지 지속되고 있다(Firth, 2000). 이 시기에는 국제금융기관, 은행, 초국적 기업 그리고 투자자들이 오세아니아의 새로운 정치체들로 하여금 투자시장을 개방하고, 관세, 해외원조에 대한 의존, 정부의 크기, 그리고 복지 서비스를 줄이거나 없애도록 압박을 가하고 있다. 일부 섬 지역에서는 수출 농업에 대한 투자 증가가 장려된다. 예컨대, 사탕수수와 같은 작물들, 후추 혹은 바닐라와 같은 특산품들, 혹은 카바 뿌리와 같은 의학용 작물들은 투자와 무역의 주요 자원이다. 자원이 풍부한 대형 섬들의 경우, 대량의 채굴과 벌목이 재개되었다. 그중 참치처럼 수요가 높은 어종이 풍부한 미크로네시아에서는 대규모 수산업도 재개되었다. 끝으로, 거의 모든 지역에서 ─ 이국적 음식 그리고 현지 예술가나 무용인의 '정통' 문화공연을 제공하는 고급 리조트 건설에 대한 투자 등을 포함한 ─ 관광산업 진흥이 독려되고 있다.

외국인 투자에 대한 시장 개방은 외국 상품과 서비스에 대한 현지 시장 개방을 의미하기도 한다. 이 지역 경제 중 많은 곳에서 값싼, 그리고 건강에도 이롭지 않은 수입 식품과 싸구려 완제품이 범람하고 있다. 이는 현지 산업의 발전을 제약한다. 소규모의 섬나라들은 공공 및 여행 부문 등 외부에서 일자리를 창출하기 위해 고군분투하고 있다. 외국인 투자는 특히 건설업에서 노동력의 수입을 동반하는 경우가 많기에 현지인에게는 고용기회가 제한적으로만 주어진다.

복지국가의 축소가 강제되는 일도 흔하다. 대부분의 필수적 서비스가 현지와는 멀리 떨어진 뉴질랜드, 호주, 미국 대도시 중심지에서만 제공되기에 복지국가의 축소는 그러한 서비스를 이용하려면 대도시로 이동해야만 하는 사람들 혹은 아예 서비스를 받지 못하는 사람들의 선택지를 제한한다.

새로운 시대의 세계화는 오세아니아 사람들에게 세계적 유동성, 무역과 교환, 그리고 세계정치경제에 통상적 참여 가능성을 전례 없는 수준으로까지 높이기도 했다. 많은 이들에게 그것은 지금까지 결여되었던 사회경제적 기회로의 새로운 통로를 열어줬다. 또한, 유동성의 증가는 새로운 디아스포라의 형성으로 이어졌다. 사람과 자원의 순환적 흐름은 앞서 설명한 격차 중 일부를 완화하는 데 도움이 되기도 했다. 또한, 유동성 증가는 섬 주민의 정체성을 재규정하고 재확인할 수 있는 가능성도 열어줬다. 몇몇 사례에서 이는 태평양 섬 주민 예술과 문화의 르네상스 및 원주민 권리의 재확인으로까지 이어졌다. 여기에는 유럽과 미국의 식민주의 물결 속에서 강제로 빼앗긴 원주민 토지와 자원의 반환이나 섬 주민들이 신성시하는 장소의 공식 인정을 위한 투쟁도 포함된다. 이러한 발전은 향후 오세아니아인들이 자기 자신과 스스로의 미래에 대해 보다 온전히 규정할 수 있을 것이라는 희망적 신호에 해당한다.

## 토론을 위한 질문

- 폴리네시아인들은 어떻게 광활한 태평양을 정착지로 만들 수 있었을까?
- 미크로네시아 공동체는 멜라네시아 및 폴리네시아와 어떻게 다른가?
- 서구의 식민주의가 오세아니아 대부분 지역에서 지속되는 이유는 무엇인가?
- 오세아니아 지역에서 새로운 세계화 시대의 문제점과 가능성은 무엇인가?

## 심화학습

Bellwood, Peter and Peter Hiscock. (2013). "Australia and the Pacific Basin during the Holocene." In C. Scarre (ed.), *The Human Past: World Prehistory and the Development of Human*

*Societies*. 3rd Edition. pp. 264-305. London: Thames and Hudson.

Dixon, Robert M. W. (2004). *Australian Languages*. Cambridge Language Surveys. Cambridge (UK): Cambridge University Press.

Firth, Stewart. (2000). "The Pacifi c Islands and the Globalization Agenda." *The Contemporary Pacific*, 12(1): 178-192.

Fischer, Steven R. (2013). *A History of the Pacific Islands*. 2nd Edition. London: Palgrave-Macmillan.

Petersen, Glen. (2009). *Traditional Micronesian Societies: Adaptation, Migration, and Political Organization*. Honolulu: University of Hawai'i Press.

# 3장 동남아시아: 다양성 속의 통일성

셰인 J. 바터(Shane J. Barter)

동남아시아는 어느 정도는 퍼즐과 같다. 이는 태평양연안에서, 아니 어쩌면 세계에서 가장 다양성이 있는 지역으로 볼 수 있기 때문이다. 이 지역은 10개의 국가로 구성되어 있으며, 언어, 문자체계, 종교, 식민지 유산, 발전 수준, 정치 체계 등이 매우 다양하다. 또한 이 지역은 힌두교, 불교(상좌부불교 *Theravada* 또는 소승불교와 대승불교 *Mahayana*),[1] 기독교(가톨릭과 개신교), 이슬람교 인구가 공존하고 있다. 동남아시아 국가들은 포르투갈, 스페인, 네덜란드, 영국, 프랑스, 미국, 일본의 식민지 통치를 견뎌낸 반면, 태국은 (식민지 경험이 없는) 독립국가였다. 미얀마와 라오스 같은 최빈국뿐만 아니라 싱가포르와 브루나이 같은 세계에서 가장 부유한 일부 국가도 있다. 정치적으로는 군부와 공산당이 주도하는 권위주의 체제, 군주제, 민주주의 등이 공존한다. 이러한 다양성으로 동남아시아는 연구자에게 이해하기 어려운 지역이지만 연구할 가치가 있는 지역으로도 평가된다. 이러한 광범위한 다양성과 갈등의 역사에도 불구하고 동남아시아는 태평양연안에서 가장 일관되고 구체적인 지역이다. 동남아시아 국가들은 동남아시아국가연합(Association of Southeast Asian Nations, ASEAN)을 통해 조직화되어 점

---

1 [역자주] 통상 대승불교와 소승불교로 번역할 수 있으나 소승불교라는 용어가 대승불교의 입장에서 테라바다(Theravada, 상좌부 불교)를 폄칭한 것이기에 이 장에서는 상좌부 불교로 번역한다.

차 한 목소리를 내고 있다.


## 지리


태국의 고산지역이나 발리의 해변을 유람하는 배낭여행객이란 묘사는 어느 정도 고정관념일 수도 있지만 동남아시아가 오랫동안 전 세계의 관광객들을 불러들이는 데는 이유가 있다. 이 지역은 아름다운 해변, 무성한 열대우림, 이국적인 동물, 그리고 환대하는 지역 문화가 있다. 또한 과거부터 향신료, 석유, 목재, 고무 등 천연자원이 풍부하여 교역의 중심지이기도 했다. 비록 이 지역이 외국인에게 매력적이긴 하지만, 빈곤, 부패, 그리고 산림 파괴와 같은 시급히 해결해야 할 사회 · 생태적 문제도 그 특징이다.

동남아시아에는 미얀마, 태국, 라오스, 캄보디아, 베트남, 말레이시아, 싱가포르, 브루나이, 인도네시아, 필리핀 10개국이 포함된다(〈표 3.1.〉 참고). 동티모르와 파푸아뉴기니는 일반적으로 이 지역의 주변부로 간주된다. 동남아시아의 6억 1천만 명의 인구는 수십만 개의 섬, 수많은 하곡(河谷), 고산 등 270만 제곱킬로미터에 흩어져 살고 있다.

〈표 3.1〉 동남아시아 국가

| 국가 | 수도 | 면적 (km²) | 인구 (백만 명) | 주요 종교 | GDP | 정치 |
|---|---|---|---|---|---|---|
| 브루나이 | 반다르스리브가완 | 5,800 | 0.43 | 이슬람교 | $38,800 | 절대왕정 |
| 캄보디아 | 프놈펜 | 181,000 | 15.2 | 불교(상좌부) | $934 | 준민주주의 |
| 인도네시아 | 자카르타 | 1,905,000 | 245 | 이슬람교 | $3,660 | 민주주의 |
| 라오스 | 비엔티안 | 237,000 | 6.4 | 불교(상좌부) | $1,450 | 사회주의 |
| 말레이시아 | 쿠알라룸푸르 | 330,000 | 29 | 이슬람교, 불교(대승) | $10,580 | 연성 권위주의 |
| 미얀마 | 네피도 | 676,000 | 64 | 불교(상좌부) | $850 | 군부선거민주주의 |

| 국가 | 수도 | 면적 (km²) | 인구 (백만 명) | 주요 종교 | GDP | 정치 |
|---|---|---|---|---|---|---|
| 필리핀 | 마닐라 | 300,000 | 98 | 가톨릭교 | $2,460 | 선거 민주주의 |
| 싱가포르 | 싱가포르 | 720 | 5.4 | 도교 | $50,000 | 연성 권위주의 |
| 태국 | 방콕 | 513,000 | 64.5 | 불교(상좌부) | $5,580 | 입헌군주제 |
| 베트남 | 하노이 | 331,000 | 90 | 불교(대승) | $1,523 | 사회주의 |

동남아시아의 초기 역사의 대부분은 인도와 중국이라는 두 개의 중요한 문명의 교차로에 위치함으로써 형성되었다. 동남아시아의 열대몬순 계절풍은 매년 몇 달 동안 동남아시아에서 서쪽으로 이동하고, 그 후 동쪽으로 이동한다. 이러한 계절풍 덕택에 인도와 중국의 상인들이 경제적·문화적으로 교류하기 위해 동남아시아에서 만났으며 상호 간에 또는 동남아시아인과 교류하였다. 남아시아와 동아시아의 무역상들과 신비주의자들(mystics)

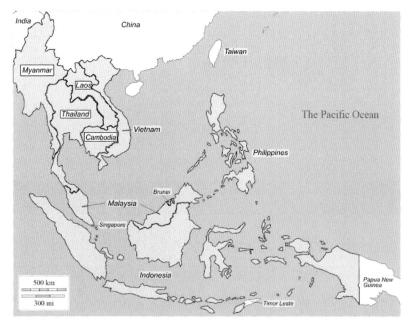

[그림 3.1] 동남아시아 지도

이 오랫동안 동남아시아 지역사회에 정착하면서 현지인들은 두 고대 문명을 그들만의 문화와 융합할 수 있게 되었다. 남아시아와 동아시아 사이의 지리적 위치는 오늘날에도 여전히 중요하다. 예를 들어, 인도네시아의 수마트라와 말레이시아·싱가포르 사이의 좁은 해로인 말라카해협은 매년 세계 상품무역의 4분의 1이 통과하는 지역이다.

동남아시아는 때때로 대륙부 동남아시아(미얀마, 태국, 캄보디아, 라오스, 베트남)와 해양부 동남아시아(말레이시아, 싱가포르, 브루나이, 인도네시아, 필리핀) 두 영역으로 구분된다. 대륙부 동남아시아는 중국과의 북쪽 국경을 따라 거대한 고원 지역과 남쪽으로 이어진 산맥으로 형성되어 있다. 이 산맥 사이에는 하곡이 형성되어 있으며, 이곳이 대륙부 동남아시아 왕국들의 터전이다. 특히 대륙부 동남아시아는 불교의 영향을 크게 받으면서 세계 상품무역으로부터 상대적으로 고립되었다. 반면에, 해양부 동남아시아는 수많은 작은 섬들로 광범위하게 형성되어 있다. 이 섬들은 태국 남부에서 인도네시아를 거쳐 필리핀으로 뻗어 있는 거대한 군도다. 이러한 군도에서 생활한다고 교통이 불편하진 않다. 섬들 사이의 잔잔한 물길을 건너는 것이 산악지대를 통과하는 것보다 훨씬 쉽다. 그 결과, 동남아시아의 저지대(해양부 동남아시아와 대륙부의 해안지역과 저지대)는 공통된 세계를 공유하지만, 내륙 고지대는 역사의 상당 기간 고립되어 있었다. 해양부 동남아시아는 힌두교·불교의 기원을 가지고 있으며, 이슬람교와 기독교는 무역과 초기 식민지 접촉을 통해 이후 전파되었다.

## 초기 역사

대륙부와 해양부의 구분은 초기 지역 역사를 이해하는 데 특히 중요하다. 대륙부 동남아시아는 몬족, 크메르족, 참족 세 가지 초기 문명을 가지고 있다. 각각은 초기 인도화된 힌두 왕국을 지배했으며, 크메르 문명은 앙코르와트로 잘 알려져 있다. 12세기에 건설된 앙코르와트는 세계 최대의 종교 건축물이다. 이 시기에 전쟁과 인구의 압력으로 인해 현재의 중국 국경지대로부터 종족집단들이 이주하기 시작했다. 버마인, 태국인, 베트남인은 남쪽으로 이동하여 몬족, 크메르족, 참족과 접촉했다. 몬족은 버마인의 공격에 굴복하고, 크메르족은 태국과 베트남 왕국 사이에서 압박을 받았으며, 참족은 19세기에 베트남인에게 마침내 패배했다. 몬족과 참족은 패배하여 지역에 흩어지면서, 오늘날 크메르족만이 그들의 나라(캄보디아)를 유지하고 있다. 이후 15세기까지 미얀마, 태국, 베트남은 대륙부 동남아시아에서 지배적인 왕국으로 부상하였다. 이 왕국들은 중요한 측면에서 서로 다르지만 일부 유사한 특징을 가지고 있다. 모두 불교 신자들이며, 비교적 많은 인구(하곡에서 광범위한 벼농사 가능)를 특징으로 하며, 강력한 중앙집권적 국가에 의해 통치되고 있다. 이들 국가와 함께 전쟁이 찾아왔다. 대륙부 동남아시아 왕국들은 수많은 전쟁을 치르며 이웃 영토를 흡수하였고 상호 간에 지속적인 경쟁국가로 발전하였다. 특히 미얀마와 태국은 전쟁의 역사로 점철되는데, 1765년 미얀마가 태국의 수도인 아유타야를 파괴하는 사건도 있었다.

해양부 동남아시아의 역사는 매우 다른 양상을 보인다. 대부분의 경우, 해양부 동남아시아는 작고 독립적인 왕국과 세계적 차원의 영향력이 혼재되어 있는 특징을 가지고 있다. 예외적으로 인도네시아의 자바섬은 화산 토양으로 인해 광범위한 벼농사, 대규모 인구, 강력한 왕국들이 가능하였다. 그러나 대부분의 해양부 동남아시아에는 강력한 왕국이 부재하였다. 대신에 작은 지역 왕국들이 불교 도시인 스리위자야(Sriwijaya, 650-1377)를 중심으로 조직되었다. 해양부 동남아시아는 다양한 말레이족들이 거주하고 있었으며, 이들의 영향력은 동부 인도네시아, 필리핀, 오세아니아를 거쳐 수마트라와 태국 남부, 그리고 아프리카의 마다가스카르까지 이어졌다. 해양부 동남아시아는 오랜 기간 세계적 무역으로 특징지어졌다. 여기에는 말라카해협을 따라 인도와 중국이 교역했을 뿐만 아니라 지금의 인도네시아 동부에서 유래한 풍부한 향신료가 거래되었다(Reid, 1993). 이러한 상품들은 전 세계 상인을 유혹하였으며 이들과 함께 평화적 무역을 통해 확산된 이슬람을 포함한 풍부한 문화가 전파되었다.

대륙부와 해양 제국의 관점에서 동남아시아를 이해하는 것은 여러 면에서 유용하지만, 고립된 공동체(community cuts)라는 세 번째 유형이 이 지역을 가로지르고 있다. 동남아시아는 주로 저지대 왕국의 노동과 세금으로 인해 산지로 떠밀려간 다양한 고산족들이 살고 있다. 외부 세계의 영향을 덜 받는 고산족은 작은 규모의 이동성이 높은 정착형태로 특징지을 수 있다. 오늘날 이들은 때때로 화려한 의상과 신체 변형으로 알려져 관광경제의 일부가 되기도 하지만 외딴 산악지역에까지 이제는 그 영향력을 행사하는 현대 국가에 대처하기 위해 고군분투한다. 많은 고산족 중 카렌족과 허몽족은 저지대 국가들에 대항하여 무장 저항을 계속하고 있다. 그중 허몽족은 베트남전쟁 당시 미국의 지원을 받았으며, 이후 수십만 명이 미국으로 이주했다.

## 식민주의

인도네시아 동부 향신료 시장에 매혹된 이들로 인해 동남아시아는 세계에서 가장 긴 기간 동안 가장 다양한 식민지를 경험하였다. 1511년부터 브루나이가 영국으로부터 마침내 독립을 선언한 1984년까지 유럽인들이 동남아시아 영토를 지배했다. 4세기에 걸친 식민지시기 동안 동남아시아는 포르투갈, 스페인, 네덜란드, 영국, 프랑스, 미국, 일본의 식민 지배 영향을 받았다. 심지어 덴마크와 독일도 동남아시아의 가장자리에 있는 지역(안다만 제도와 파푸아뉴기니)을 식민지로 지배하였다. 벨기에를 제외한 모든 식민지 세력이 동남아시아에 있었으며 현지인을 착취하고 지역 문화의 혼융(mélange)을 더욱 가중시켰다.

포르투갈은 동남아시아에 도착한 최초의 유럽 강대국이었다. 1511년 포르투갈은 현재 말레이시아의 무역 중심지인 말라카를 침공하고, 그 후 향신료와 종교 개종자를 찾아 동쪽으로 그 세력을 확장시켰다. 수 세기에 걸친 이들 지배의 영향은 오늘날에도 이어지고 있으며, 포르투갈어, 가톨릭교, 그리고 유전자가 이 지역 전역에서 발견된다. 1641년 네덜란드와 현지 동맹국들은 말라카에서 포르투갈을 동쪽으로 몰아냈다. 포르투갈은 1973년까지 지배하였던 작은 식민지인 동티모르만을 유지하였다. 네덜란드는 무역을 독점하기 위해 현지 왕국들과 동맹을 맺으며 영토를 확장했다. 네덜란드 동인도 회사는 자바에 본사를 두고 아시아 전역에 외부 기지를 설립했다. 네덜란드 상인들은 정향, 향신료, 후추, 커피, 차, 담배, 설탕, 고무 등의 무역을 독점하기 위해 군도(群島)의 자원을 착취했다. 19세기에 네덜란드는 현재의 인도네시아를 개척하여 그 자원으로 이 작은 유럽 국가를 부흥시켰다.

이 무렵 영국도 동남아시아에 도착했다. 19세기에 영국은 말라카를 장악하고 싱가포르 무역 기지를 설립하며, 말레이 술탄들과의 조약을 통해 서서히 영토를 확장했다. 영국이 인도와 중국으로부터 수만 명의 노동자들을 수입하면서 말레이 사회를 영구적으로 변화시켰으며, 그 후손들은 오늘날에도 말레이시아 사회에서 자신의 설 자리를 찾기 위해 노력하고 있다. 한편, 영국은 미얀마로도 영토를 확장했는데, 미얀마의 식민화는 별개의 식민지가 아닌 영국령 인도의 일부가 되었다는 점에서 독특하다. 이로 인해 인도 출신의 관리자와 상인들에 의해 실질적으로 지배를 받은 미얀마인들 사이에서 영국에 대한 증오가 생겼다.

19세기 말 프랑스도 동남아시아에 진출했다. 프랑스는 메콩강을 통해 중국과 비공식적으로 교역하는 것에 관심이 있었다. 그 결과, 라오스, 캄보디아, 베트남으로 구성된 인도차이나라는 식민지가 만들어졌다. 프랑스인들은 현지 왕들을 추켜세우며 라오스와 캄보디아를 간접적으로 통치한 반면, 베트남 지역은 더 수익성이 높다고 보고 여기에서는 보다 강력한 통치체제를 유지하였다.

1494년 스페인과 포르투갈은 대체로 유럽의 동쪽은 포르투갈이, 서쪽은 스페인이 갖기로 합의했다. 스페인은 아메리카 대륙에서부터 시작하여 세계를 서쪽으로 돌면서 필리핀에 도착했다(필리핀은 필립 2세의 이름을 따서 명명됨). 스페인 사람들은 동쪽으로 여행하지 못했기 때문에 멕시코를 통해 통치되었는데, 필리핀은 중국과의 갤리온 무역에서 안전한 중간 경유지로서 그 주요한 목적이 있었다. 식민지 지배 이전에 동남아시아와 상대적으로 관계가 약했던 필리핀은 이 지역의 나머지 부분과는 분리되어 로마 가톨릭교에 의해 변화되었다. 19세기 후반 필리핀 국민들이 스페인에 대항하여 독립 전쟁을 일으켰고 유럽 식민지 세력을 몰아낸 최초의 아시아 세력이 되었다. 그러나 이후 그들의 동맹국 미국이 섬을 지배하며 필리핀을 재식민화하게 되었는데, 필리핀의 식민 역사를 '수도원에서의 400년과 할리우드에서의 40년'이라 요약하기도 한다.

동남아시아는 식민지 통치를 받지 않은 중요한 나라도 포함하고 있다. 당시 '시암(Siam)'으로 알려진 태국은 영리한 왕들 덕분에 유럽인들로부터 배우며, 영국과 프랑스의 경쟁을 이용하여 독립을 유지했다(Wyatt, 2010). 태국은 북부 도시인 치앙마이를 본거지로 둔 란나, 남쪽의 말레이 술탄국인 파타나 등과 같은 인근 왕국을 흡수하여 국경을 견고하게 지켰다. 오늘날, 이 나라는 오랜 독립과 영향력 있는 군주제에 대해 매우 자랑스러워한다.

동남아시아에 있어서 제2차 세계대전은 유럽의 식민지 지배자에서 아시아 지배자로 바뀌는 재식민화를 의미했다. 일본은 동아시아 전역으로 확장한 뒤 남쪽으로 눈을 돌렸다. 유럽 강대국들이 나치 독일과 전쟁을 치르는 동안, 1941년부터 1942년 사이 단 몇 달 만에 일본은 동남아시아에 진출했다.

일본은 "아시아는 아시아인들을 위한 것"이라는 반식민주의 구호와 함께 도착했다. 이 구호는 가장 억압당한 식민지인 미얀마와 인도네시아에 가장 큰 공감을 불러일으켰지만, 필리핀과 말레이시아, 싱가포르에서는 크게 수용되지 않았고 이러한 지역들은 일본의 지배에 저항했다. 동남아시아 사람들은 곧 일본 점령의 혹독한 현실을 깨닫게 되었고, 1945년 일본이 항복할 때까지 일본의 동남아시아 동맹국들은 반란을 일으켰다. 일본의 식민지 통치로 유럽의 식민지 통치의 족쇄는 풀렸지만, 잠시 존재한 일본의 유산이 오늘날까지도 기억되기 때문에 아시아인들 사이의 잠재적인 연대를 약화시켰다.

# 독립

이러한 다양한 식민지 경험은 독립한 동남아시아 국가들에 복잡한 결과를 초래했다. 우리는 특히 세계 문화를 흡수하고 변형해온 수 세기의 역사적 경험을 가진 지역에서의 식민주의 영향을 과장해서는 안 된다. 아프리카와 아메리카 대륙과 달리 동남아시아의 식민지 지배자들은 필리핀과 싱가포르를 제외하고는 자신들의 언어를 거의 남기지 않았고 신앙 또한 오직 필리핀과 인도네시아 동부의 일부에만 남겼다. 가장 중요한 식민지 유산 중 일부는 경제적·정치적 측면이었다. 신생국은 거리상 멀고 더 발전된 국가들을 위한 상품을 생산하는 경제에 중점을 두었는데 많은 경우 자신의 경제가 과거 식민지배국에 결박되어 있었다. 동남아시아 경제가 서구의 지배로부터 벗어나기 위해 고군분투하는 와중에 이러한 연계를 단절하는 것은 큰 어려움을 야기했다.

식민주의의 또 다른 중요한 영향은 정치적인 면에서 드러났다. 말레이시아, 싱가포르, 필리핀과 같은 일부 국가는 평화적으로 독립을 달성했다. 이러한 국가들은 식민모국으로부터 정상적으로 작동하는 관료체제와 정부를 물려받음으로써 독립 당시에 어느 정도 질서가 유지되었다. 다른 국가, 특히 인도네시아와 베트남은 독립을 위해 싸워야 했으며 이들의 혼란스러운 독립전쟁은 국가발전을 후퇴시키고 식민지 이후 정치에서 군부가 권력을 유지하는 결과를 낳았다. 베트남은 일본 점령에서부터 프랑스와의 독립 전쟁, 미국과의 이념 전쟁, 그리고 심지어 1979년 중국의 짧은 침공까지 다른 어떤 나라와도 비교할 수 없는 전쟁을 겪었다.

태국은 여타 동남아시아 국가와 비교할 수 있는 중요한 사례를 보여준다. 태국은 식민지화되지는 않았지만, 다른 국가와 동일한 많은 도전(부패, 반란, 군부 통치, 종속성 등)에 직면해왔다. 이는 식민주의의 그림자가 오랜 기간 지속될 수 있지만, 모든 탈식민화의 도전 과제가 단순히 유럽의 직접적인 통제로 설명될 수 없음을 시사한다.

## 다양성

식민지 시대는 분명히 착취적이긴 했지만, 동남아시아 사회의 복잡하고 다채로운 풍경에 더해졌다. 동남아시아 문화의 다양성을 과장하기는 어렵다. 이 지역은 중국 남부에서 진화한 해양부 동남아시아의 성조언어와 이보다는 덜 복잡한 해양부 동남아시아의 말레이어 계통의 언어를 포함하여 수천 개의 언어와 방언의 발상지. 이러한 다양성은 문자체계에도 반영되는데, 버마, 태국, 라오스, 캄보디아는 인도에서 유래한 문자를 사용하는 반면 말레이시아, 싱가포르, 인도네시아, 필리핀은 그들의 식민지 경험에서 로마자를 채택하였다. 베트남은 한자 대신에 꾸옥응어(Quốc ngữ)로 알려진 성조 표시가 있는 수정된 로마자 문자를 도입했다. 동남아시아의 일부 지역, 특히 태국 남부와 브루나이에서는 아랍문자를 현지 문어로 활용하기도 하며 어떤 지역에서는 한자를 사용하기도 한다. 따라서 동남아시아는 놀랍도록 다양한 구어와 문어가 존재하는 지역이다.

동남아시아 사람들을 구별하여 각기 다른 종족집단으로 분류하는 것은 불가능한 일이다. 예를 들어 필리핀은 셀 수 없이 많은 종족집단이 있으며 지배적 지위를 가진 민족적 정체성은 없다. 섬들은 너무 다양하여 일부 분류에서는 다수의 섬이 '기타' 범주로 분류된다. 인도네시아에서는 보다 넓은 말레이 정체성이 바탁족, 미낭족, 자바족, 부기족 등 수없이 많은 종별적 종족집단을 아우르며 이들의 모습을 가리고 있다. 동남아시아의 수많은 유동적인 종족집단 외에도 이 지역 전역에 걸쳐 산재되어 있는 인도인, 중국인, 아랍인, 유럽인 공동체의 존재에 주목하는 것이 중요하다. 특히 중국계(화교)의 존재는 특히 중요한데, 이들은 상당한 경제적 권력을 행사하기도 하여 때로는 분노에 찬 원주민들의 표적이 되기도 한다.

동남아시아의 다양성은 무엇보다 종교적 측면에서 가장 두드러진다. 대륙부 동남아시아는 불교 국가와 사회로 특징지어진다. 심지어 여기에서도 우리는 다양성을 발견한다. 미얀마, 태국, 라오스, 캄보디아는 모두 보다 엄격하고 더 중앙집중적 형태의 종교인 상좌부 또는 소승불교를 따르고 있으며, 베트남은 동아시아에서 유래된 보다 느슨한 형태인 대승불교의 영향을 받고 있다. 상좌부 불교 내에서도 태국의 형태는 국가와 밀접하게 연결되어 있지만, 다른 지역에서는 그렇지 않다. 또한 이 지역은 인도 이주민과 발리(인도네시아) 등의 원주민 공동체 사이에 힌두교 공동체가 아직도 존재한다. 해양부 동남아시아에는 '아브라함' 신앙이 존재하며 이 지역 전체에 걸쳐 이슬람교가 발견된다. 인도네시아 동부와 필리핀이 가톨릭을 수용하였기에 기독교도 존재하며, 외딴 산악공동체와 도시 엘리트 사이에서는 여러 형태의 개신교가 성장하고 있다.

동남아시아의 종교적 조화를 과장하지 않는 것이 중요하다. 미얀마와 태국은 불교도와 이슬람교도 간의 격렬한 충돌이 있었고, 인도네시아 동부에서는 기독교와 이슬람교 간의 산발적인 폭력이 목격되기도 하고, 해양부 동남아시아는 이슬람 극단주의에 직면해 있다. 하지만 동남아시아는 종교에 대한 관용적인 면이 두드러진다. 동남아시아 사회는 종교적 다원주의의 긴 역사를 가지고 있으며, 이 지역은 종교적 경계를 넘어 사람들을 결속하는 여러 문화적 특징을 가지고 있다. 이슬람에 대한 서구의 논의에서 종종 간과되는 것은 세계에서 이슬람 인구가 가장 많은 국가가 인도네시아라는 사실이다. 사실 세계 이슬람교도 8명 중 한 명이 인도네시아인이다. 이 광대한 이슬람 국가는 또한 민주적이고 활기찬 시민사회와 관용의 전통을 가지고 있다.

## 경제

다양성이라는 주제는 경제적 측면에서도 계속된다. 세계에서 1인당 국민소득이 가장 높은 국가 중 일부인 싱가포르와 브루나이가 동남아시아에 있다. 두 국가는 완전히 다른 방식으로 부를 달성했는데, 싱가포르는 무역을 유치하고 인적 자원에 투자함으로써 이를 달성하였고 반면에 브루나이는 때때로 '쉘복지 국가(Shellfare State)'라고도 불리는 석유자원의 풍부함의 축복을 받았다. 이러한 부유한 국가와 함께 이 지역은 또한 세계에서 가장 가난한 국가 중 일부인 라오스, 캄보디아, 미얀마를 포함한다. 라오스의 빈곤은 공산주의의 잘못된 관리뿐만 아니라 내륙 국가로서 자원이 부족한 점과도 관련이 있다. 캄보디아는 파괴적인 내전으로부터 아직도 회복 중이며, 미얀마는 풍부한 자원을 가진 나라임에도 불구하고 군부 통치자의 약탈로 인해 여전히 가난한 상태다.

동남아시아는 또한 다양한 발전 속도를 특징으로 한다. 태국, 베트남, 말레이시아, 인도네시아는 부패가 고착화되어 있음에도 불구하고 놀라운 경제성장을 보여주고 있다. 특히 태국과 말레이시아는 수십 년간의 발전을 거쳐 중산층과 다양한 산업을 창출했다. 한편, 필리핀은 한때 동남아시아에서 가장 부유한 국가 중 하나였지만 오랜 기간 경제적으로 침체된 상태에 머물러 있다. 극심한 부패, 비효율적인 정부, 그리고 통제되지 않은 인구 증가가 필리핀을 뒤처지게 만들었다. 오늘날 필리핀 경제의 상당 부분은 해외 노동자의 송금에 의존하고 있다. 남성은 유전과 선박에서 일하는 한편 여성은 간호사와 가정부로 일하며 가족을 뒤로한 채 앞으로 나아가는 방법을 찾고 있다.

## 권력과 정치

동남아시아의 다양성은 특히 권력과 정치에서 두드러진다. 동남아시아 국가는 그 규모 면에서 매우 다양한데 인도네시아는 세계에서 인구가 가장 많은 네 번째 나라로 2억 5천만 명의 인구가 살고 있으며, 면적은 190만km²로 15번째로 면적이 큰 국가다. 또한 싱가포르와 라오스는 700만 명 미만의 인구를 가진 가장 작은(인구 측면에서 [역자주]) 국가 중 일부이며, 브루나이의 인구는 50만 명에 불과하다. 한편 싱가포르의 영토는 불과 720km²다.

동남아시아는 세계 어느 지역보다 다양한 정치체제가 존재하기 때문에 정치학자들에게 오랫동안 관심의 대상이었다(Slater, 2010). 몇몇 권위주의 정권의 본거지이며, 심지어 권위주의의 형태도 다양하다. 미얀마는 선거 개혁이 진행 중이지만 여전히 군부의 지배를 받고 있으며, 라오스와 베트남은 공산당이 통치하고 있으며, 브루나이는 술탄과 그의 가족이 지배하는 절대군주국이다. 인도네시아만이 자유민주주의를 누리고 있지만, 최근 몇 년간 필리핀에서 찾아볼 수 있는 부패가 만연한 저질 민주주의로 전락하고 있다. 태국은 선거와 군사 쿠데타를 비극적일 정도로 빈번하게 오가는 복잡한 사례다. 말레이시아와 싱가포르는 선거를 치르지만 야당의 승리를 결코 허용하지 않는 연성 권위주의(soft-authoritarian)를 특징으로 한다. 싱가포르와 말레이시아의 선거는 누가 통치할 것인가를 결정하기보다는 집권당과 그 지도자의 성공 여부를 가늠하는 선거다. 말레이시아와 싱가포르는 비민주적으로 야당을 통제하면서도 빈곤이 거의 없는 살기 좋은 현대적이고 세계화된 국가로 또한 주목받고 있다. 이는 민주주의가 안정성을 위한 유일한 길이 민주주의뿐만은 아니라는 사실을 일깨워준다.

정치학에서 가장 중요한 발견 중 하나는 발전이 민주주의로 이어진다는 것이다. 사회가 부유해지고 교육 수준이 높아질수록 권위주의 통치자는 통제력을 상실하게 되고 인민들은 민주주의를 요구한다. 그러나 브루나이와 같은 예외도 있는데 브루나이의 석유는 부를 창출하였지만 교육받은 중산층이 없는 것으로 널리 알려져 있다. 동남아시아에는 정치학자를 당혹스럽게 하는 사례가 많다. 태국은 민주주의를 늘 상실하는 가장 부유한 국가이다. 태국에서는 종종 농촌 유권자에 의해 선출된 부패한 정부에 대항한 군사 쿠데타를 교육받은 중산층이 지지하는 경우가 있다. 싱가포르와 말레이시아는 결코 민주화되지 않는 가장 부유하고 가장 교육 수준이 높은 국가이다. 이들 나라에서는 경제적 자유에도 불구하고 종족분쟁에 대한 두려움과 경제성장을 보장하는 국가의 역할로 인해 도시 중산층은 민주주의를 요구하지 않았다. 이는 중국의 관심을 끌었는데 중국은 대중선거에 굴복하지 않으면서 경제성장, 교육, 그리고 세계적인 영향력으로부터 혜택을 받기를 원한다. 이러한 점이 싱가포르와 말레이시아의 정치체제를 이해해야 하는 중요한 것으로 여겨지게 하며 학계에서 풀어야 할 난제이자 많은 정치적 지도자의 모델이 되게 하고 있다.

# 통일성

이 장에서는 동남아시아는 다양성이 중요하다고 주장했다. 이 지역에서 가장 큰 국가인 인도네시아는 '다양성 속의 통일성'이라는 국가 모토를 내세우며 이러한 아이디어를 포용한다. 동남아시아는 서로 다른 정치 제도, 경제적 영향, 종교, 언어 등의 오랜 역사를 지니고 있으며 이러한 차이는 오늘날에도 동남아시아 국가 사이에서, 또한 그 내부에서 여전히 발견된다. 동남아시아 전역에는 요리, 패션, 예술, 건축, 여성의 높은 지위, 그리고 가부장적인 지배자와 같은 많은 문화적 유사성이 기저에 깔려 있지만, 때로는 통일성보다는 다양성이 이 지역을 규정하는 것처럼 느껴지기도 한다.

동남아시아는 그 다양성에도 불구하고 여하튼 태평양연안에서 가장 통일되고 일관된 지역으로 두드러진다. 이는 부분적으로는 ASEAN에 기반한 것이다. 1960년대 대체로 반공기구에서 출발하여 1990년대 ASEAN은 진정한 지역기구로 발전하였다. ASEAN은 정치적 행동을 취하기보다는 경제 성장과 국가 간의 소통을 촉진하는 역할을 하는 것으로 유명하다. 유럽연합이 회원 자격을 획득하기 위해 정치적·경제적 자유화를 요구하는 반면 ASEAN은 스스로를 가족적 결합관계로 파악하며 미얀마와 같은 문제적 형제를 기꺼이 가족성원으로 받아들인다.

동남아시아의 모든 국가는 ASEAN의 회원이며, 이들 국가는 동남아시아인이라는 것을 자기 정체성으로 삼으면서 이웃 국가와 협력한다. ASEAN은 점차 국제적으로 한목소리를 내고 있으며, 이는 개별 회원국이 단독으로 행사할 수 있는 영향력을 넘어 이 지역이 세계적인 영향력을 행사할 수 있게 한다. 동아시아와 라틴아메리카는 문화적으로 더 일관되지만 강력한 지역적 목소리는 결여되어 있다는 사실은 참으로 당혹스러운 일이다. 반면 동남아시아의 예외적으로 다양한 지역은 다양한 사람들을 지속적으로 이어주는 일종의 응집성에 대한 감각, 다양한 지역이 명확히 지역적 집단의 일부분이라는 감각이 있다.


## 토론을 위한 질문

• 동남아시아의 다양성을 설명하는 요인은 무엇인가?
• 군사 쿠데타, 국경분쟁, 종족분쟁 등으로 어려움을 겪어온 태국이 탈식민지 세계를 이해하는 데 매우 중요한 이유는 무엇인가?
• 동남아시아의 교육받은 중산층이 민주주의를 요구하지 않는 것의 함의는 무엇인가?
• ASEAN의 중요성은 무엇인가?


## 심화학습

Reid, Anthony. (1993). *Southeast Asia in an Age of Commerce*, 1450-1680: *Expansion and Crisis* (New Haven, CT: Yale University Press).

Sardesai, D. R. (1997). *Southeast Asia: Past & Present* (Boulder, CO: Westview Press).

Slater, Dan. (2010). *Ordering Power: Contentious Politics and Authoritarian Leviathans in Southeast Asia* (Cambridge, MA: Cambridge University Press).

Wyatt, David K. (2003). *Thailand: A Short History* (New Haven, CT: Yale University Press).

# 4장 동아시아: 수렴과 분화

마이클 와이너(Michael Weiner)

　동아시아를 특징짓는 지리적 · 정치적 · 사회적 · 종교적 · 민족적 · 경제적 다양성과 더불어 유럽보다 긴 역사를 지니고 있음을 감안하여 이 장에서는 중국, 한국, 일본 등 핵심 국가에 초점을 맞추고자 한다.

　지리적으로 동아시아는 약 1,200만km²에 달하며 15억 명이 넘는 인구가 살고 있다. 중국만 해도 960만km²의 면적에 14개국과 국경을 접하고 있으며 13억 5천만 명이 넘는 인구를 먹여 살리고 있다. 동부 지역은 큰 강이 바다로 흘러 들어가며 형성된 삼각주, 평원, 언덕이 특징인 반면 서부 지역은 사막, 산맥, 대초원이 주를 이루는 등 중국은 지형과 기후가 매우 다양하다. 마찬가지로 기후도 다양하여 남쪽의 열대 기후부터 북쪽의 아한대 기후까지 거의 모든 기후대를 포함하고 있다. 또한 인구의 90% 이상이 경제적으로 발달한 동부 지역에 거주하고 있는데 이곳의 면적은 전국 면적의 3분의 1에 불과하다.

　일본의 인구는 1억 2,700만 명으로 세계 11위인 반면 국토 면적은 미국 캘리포니아주와 비슷하다. 일본의 국토는 4개의 주요 섬과 수천 개의 작은 섬으로 구성되어 있다. 아시아 대륙의 본토(한국)와 일본의 가장 가까운 지점은 불과 190km밖에 떨어져 있지 않다. 국토의 대부분이 산악지대인 관계로 국토의 약 12%만이 농업에 적합하며 대부분의 인구는 주로 혼슈 섬의 간토와 간사이 평야를 연결하는 회랑을 따라 집중되어 있다. 일본은 1km²

당 334.7명의 인구가 거주하고 있어 세계에서 인구밀도가 가장 높은 국가 중 하나다.

한반도는 지리적으로 중국과 러시아 두 국가와만 국경을 공유하고 있다. 한국의 인구는 약 5천만 명으로 세계 인구 순위에서 26위를 차지하고 있다. 2014년 기준 북한의 인구는 약 2,500만 명으로 세계 50위다. 한국의 지형은 일본과 마찬가지로 산악지대가 주를 이루고 있으며 전체 면적의 약 16%만 이 농업에 적합하다. 한반도의 주요 양곡 생산 지역은 광물이 풍부한 북부 보다는 따뜻하고 습한 기후를 가진 남부에 집중되어 있다.

⟨표 4.1⟩ 동아시아 국가

| 국명 | 수도 | 면적(km²) | 인구(백만) | 주요 종교 | 1인당 GDP | 정치 체제 |
|------|------|-----------|-----------|-----------|-----------|-----------|
| 중국 | 베이징 | 9,596,961 | 1350 | 불교/중국 신앙 | $9,800 | 공산주의 |
| | 홍콩 | 1,108 | 7.1 | 중국 신앙 | $55,200 | 복합 |
| | 마카오 | 28.2 | .059 | 중국 신앙 | $88,700 | 복합 |
| | 타이완 | 35,980 | 23.4 | 불교/중국 신앙 | $43,600 | 민주주의 |
| 일본 | 도쿄 | 377,915 | 127 | 불교/신토 | $37,700 | 민주주의 (입헌 군주제) |
| 북한 | 평양 | 120,538 | 24.9 | 세속종교/불교 | $1,800 | 공산주의 |
| 대한민국 | 서울 | 99,720 | 49 | 불교/기독교 | $35,400 | 민주주의(공화국) |
| 몽골 | 울란바토르 | 1,564,116 | 2.9 | 불교 | $10,200 | 민주주의(의회) |

## 동아시아: 수렴과 분화

전통적인 동아시아 사회는 2천 년 동안 중국 문화가 중심을 이루고 있었 다는 의미에서 종종 중화권(Sino-centric)으로 지칭된다. 그러나 그와 동시 에 한국과 일본에서 발전한 문화적·정치적·경제적 형태는 중국식 유형의 복

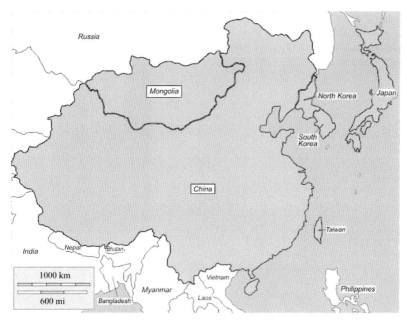

[그림 4.1] 동아시아 지도

제가 아니라 변형으로 간주되어야 한다. 처음에 중국 문명은 동부의 황하와 양쯔강 수계를 따라 발전했다. 중국은 후일 만리장성이 될 요새를 건설하기 시작한 진시황제에 의해 처음 통일되었지만, 제국 확장의 첫 번째 시기를 알린 것은 2200년 전 한나라가 건국되면서부터였다. 수 세기에 걸친 한나라의 한반도에 대한 영향력과 지배[1]는 중국 문화, 관료적 통치, 쌀농사, 제철 기법의 한반도 전역 나아가 일본으로의 전파를 가속화했다.

7세기에 한국과 일본에서 통일국가가 출현한 것은 중국으로부터 영감을 받은 것이었지만 그 발전은 중요한 차이점이 있다. 세 나라의 역사에서 불교는 두드러진 특징이지만 각각 현지 적응과 토착 민간신앙과의 동화를 반

---

1 [역자주] 원문에는 한나라가 한반도에 '정착(settlement)'이라고 표현되어 있으나 한사군의 존재와 위치에 대한 이견이 존재하기에 '영향력'으로 바꾸어 번역하였다.

영하고 있다. 마찬가지로 유교 또는 신유교가 세 국가의 통치 이데올로기로 채택되었지만 그 형태가 동일하지 않았고 같은 시기에 채택된 것도 아니었다. 한국에서는 샤머니즘이 일상생활의 일부로 남아 있고 일본에서는 불교와 유교가 19세기 후반 국교의 지위로 격상된 신도와 공존하였다. 또한 중국은 천 년 이상 의미 있는 이슬람 공동체들의 본거지 역할을 했으며 이에 더하여 민간종교와 도교가 제국 내 종교적·문화적 신념의 풍성한 그림을 형성했다(Lipman, 1998). 한편 중국과 일본은 모두 16세기부터 기독교 공동체를 수용했으며 현재 한국에서 복음주의 개신교를 대표로 하여 기독교가 빠르게 성장하고 있는 중이다.

역사적으로 동아시아에서 고전 중국어(한자)는 엘리트계층의 문자로 그 기능을 했지만 일본과 한국에서는 언어적 차이를 반영하는 표음식 음절체계가 포함된 문어를 사용했다. 또한 한국과 일본 모두 중국 황실 관료제의 근간을 이루는 능력주의 과거시험 제도를 채택하지 않았다.[2] 오히려 두 나라 모두 세습 특권제도를 유지했다. 이로 인해 한국에서는 글을 읽을 줄 아는 소수의 지주계층이 지배층으로 군림했고 일본에서는 궁정 귀족의 통치 이후 무사계급의 등장과 함께 교체되었으며 이들은 19세기 중반까지 나라를 지배하였다.

중국 인구의 90% 이상은 한족이 차지하고 있지만 그 외에도 55개의 소수민족이 거주하고 있다. 신장, 티베트, 내몽골을 포함한 소수민족 자치구는

---

2 [역자주] 한국은 고려시대와 조선시대에 과거제를 시행하였다. 한국의 경우 고려시대 광종 9년(958년)에 군주권을 강화하고자 처음으로 과거제를 실시하였다. 한국의 과거제는 조선의 고종 31년(1894년) 갑오개혁으로 폐지될 때까지 천여 년 동안 대표적인 관리 선발 방식으로 기능했다. 근대 이전 시험을 치러 능력 있는 자를 등용하는 과거제는 전 세계적으로 보편적인 현상은 아니었으며 중국, 한국, 베트남에서 시행되었다. 과거제가 처음 실시된 것은 587년 수나라 문제 때다.

중국 내에서 원칙적으로 자치체로서의 지위를 가지고 있다. 마찬가지로 과거 영국과 포르투갈의 식민지였던 홍콩과 마카오는 특별행정구로 인정되어 제한된 자치권을 갖고 있다. 한편 일본과 한국의 인구는 비교적 동질적인 단일민족으로 구성되어 있지만 두 나라 모두 토착민과 소수민족이 존재한다.

따라서 동아시아 국가를 중화권이라고 지칭할 때는 반드시 경제적·문화적·정치적 다양성의 역사도 함께 고려해야 한다. 이러한 차이점은 19세기 유럽과 미국의 제국주의에 대한 동아시아 각국의 대응에서 가장 잘 드러나고 있다. 동아시아의 패권국이었던 청나라는 두 차례의 아편전쟁(1839년과 1842년)에서 굴욕을 당하여 영국, 독일 및 기타 유럽 열강에 영토를 양도하고 자국 내의 아편 판매를 허용해야 했다. 한반도의 이씨 왕조는 러시아와 일본 두 제국주의 국가의 이해관계가 충돌하는 전쟁터가 되었고 결국 1910년 일본에 병합되었다. 그렇다면 일본은 왜 제국주의 열강 대열에 합류할 정도로 급속한 근대화를 이룰 수 있었을까? 이 질문에 대한 단일한 원인은 없지만, 가장 설득력 있는 설명은 도쿠가와 막부(1603-1867) 치하의 이전 수 세기 동안의 통치 기간에 일어난 경제, 정치, 사회관계의 변혁에서 찾을 수 있다.

19세기 초에는 현재의 일본이 존재하지 않았다. 오키나와나 홋카이도는 아직 일본에 편입되지 않았고 본토의 주요 섬들은 그 자체로 약 270개의 자치 구역으로 나뉘어 있었다. 이런 사회적 구조는 사무라이 계급의 우위를 유지하기 위해 고안되었지만 그들의 사회적 지위는 경제적 부와 비례하지 않았고, 시간이 지남에 따라 불완전 고용과 빈곤으로 인해 특히 하급 사무라이들의 불만이 팽창했다. 한편 도쿠가와 제도는 자치구역 번(藩) 간의 경제적 경쟁을 장려하여 지역산업과 시장경제의 발전을 촉진했다. 결과적으로 정치에 참여하는 부르주아 계급은 결여되어 있었지만 도시화된 상인 계급의 부상은 도쿠가와 통치의 기반을 흔들었다. 마찬가지로 모든 계급의 어린 이들은 다양한 형태의 교육을 받을 수 있었다. 쇄국(Sakoku)정책은 흔히 생각하는 것처럼 효과적이지 않았다. 의학, 과학, 기술, 철학, 통치에 대한 유럽의 사상이 교육받은 엘리트들 사이에서 점차 확산되었다. 결국 19세기 초반에 이르면서 사회적 지위와 부의 격차 증가, 광범위한 시장경제의 확산, 모든 계급에 걸쳐 상대적으로 높은 문해력 등은 급속한 근대화를 위해 전제조건을 제공했다. 이는 중국과 한국에는 부재한 조건이었다.

동아시아에서 20세기 전반기는 거대하고 때로는 폭력적인 변화로 특징지어졌다. 1911년 청나라가 무너지고 중화민국이 건국되면서 민주주의에 대한 희망이 보였지만 국민당 정부는 결코 전국 통일을 이루지 못했다. 1919년 한국에서는 3·1 독립운동이 잔혹하게 진압되었다. 일본에서는 경제적 불평등과 불안정이 심화되었고 미국과의 긴장 고조로 인해 이미 취약한 의회 시스템이 약화되고 국내적으로 제국주의 야욕이 고조되었다. 1931년부터 1945년까지 지속된 동아시아의 14년 전쟁은 간혹 일본과 미국의 갈등이라는 협소한 서사 안에 종속되어 있지만 사실상 수천만 명의 죽음을 가져온 거대한 비극이었다. 이 전쟁에서 생물학 무기가 사용되었고 민간인에 대한 무분별한 폭격이 이루어졌으며 수백만 명의 노동자가 강제징용되었다. 특히 전쟁의 최후에는 인류 역사상 최초로 원자무기가 사용되면서 인간의 야만성과 잔학성을 적나라하게 드러냈다.


## 전후부터 현재까지

1945년 일본의 항복으로 태평양전쟁은 끝났지만 결코 동아시아에 평화를 가져다주지는 못했다. 중국에서의 공산당과 국민당 세력 간의 내전은 결과적으로 국민당이 대만으로 후퇴하고 1949년 중화인민공화국이 본토에서 수립되면서 막을 내렸다. 1950년 발발한 한국전쟁은 3년 동안 큰 사상자만 남긴 채 휴전으로 이어졌고 한반도는 북위 38도선을 경계로 북부의 조선민주주의인민공화국과 남부의 대한민국으로 분단되었다.

## 일본

일본제국의 종말은 수백만 명의 인명 손실을 동반했다. 이전 제국의 일부 지역과 제국 군대가 점령했던 영토에서는 수백만 명의 인명이 그냥 방치된 채 정부로부터 버려졌다. 교토를 제외한 일본의 거의 모든 주요 도시가 막대한 피해를 입었다. 의회를 비롯한 정부조직은 기능을 계속했지만 궁극적인 권한은 연합국 최고사령부(Supreme Commander Allied Powers, SCAP)의 형태로 연합국 점령군(1945-1952)이 장악하였다. 그러나 사실 이름만 연합군이었을 뿐 실제 통치권은 미국이 갖고 있었다. 이러한 사실은 몇 가지 중요한 결과를 가져왔다. 첫째, 미국의 권력에 대한 유일한 견제 역량은 미군의 점령에 따른 개혁에도 상대적으로 영향을 받지 않은 일본 관료가 행사하는 권한이었다. 둘째, 태평양전쟁을 일으킨 히로히토 천황의 범죄 책임이 면제되었다. 셋째, 미국은 원폭의 피해를 입은 히로시마와 나가사키에 관한 정보를 엄격하게 검열함으로써 국제사회에서 미국 예외주의의 서사를 강화할 수 있었다. 마지막으로 점령지에서 다른 전승 국가를 효과적으로 배제함으로써 원래는 본질적으로 아시아 지역의 분쟁이었던 것을 미일전쟁으로 변질시키는 역사적 서사의 출현을 촉진하였다.

미국의 명시적 점령 목표는 일본의 비무장화와 민주화였으며 초기 2년 동안 점진적인 개혁이 성공적으로 이루어졌다. 여기에는 토지개혁, 노동조합

권리, 경찰 및 지방정부의 분권화, 교육개혁, 국교로서의 신도(神道) 폐지, 가족 소유 대기업, 즉 재벌의 부분적 해체 등이 포함된다. 1947년 미국이 작성한 헌법에 따라 주권이 국민에게 이양되고 기본적 인권이 보장되었으며 여성에게 참정권이 부여되고 천황은 다만 국가의 상징으로 유지되었다. 특히 헌법 제9조의 규정에 따라 일본은 국가정책 수단으로서의 전쟁을 포기하게 되었다. 그러나 1948년 세계적 범위의 냉전체제가 등장하면서 헌법 중에 포함되었던 진보적인 정책이 폐기되었다. 좌파는 숙청되었고 반대로 이전 공식 지위에서 해임되었던 우파는 복직되었다. 일본이 군사적 점령에서 벗어나 의회민주주의 국가로 거듭나는 동안 관료 권력구조와 그 구조에 속한 사람들은 상대적으로 변하지 않았고 이후 이른바 '경제기적'에서 핵심적인 역할을 맡게 되었다. 일본의 전후 정치는 1990년대 초반의 짧은 기간을 제외하고 1955년부터 현재까지 자민당이 지배해왔다.

일본은 태평양전쟁의 파괴로부터 가장 먼저 회복된 나라다. 1972년까지 미군정하에 있었던 오키나와를 제외하고 1952년 샌프란시스코 평화조약에 의해 일본은 주권을 회복했다. 이러한 정치적 권리는 미국이 일본의 안보를 보장하는 '미일 상호 협력 및 안전보장 조약'과 함께 병행되었다. 또한 국방비 지출 제한, 무력사용에 대한 헌법적 제한, 높은 1인당 저축률 덕분에 역대 일본 정부는 재산업화와 경제성장에 집중할 수 있었다. 1950년대와 1960년대에 걸쳐 미국의 기술과 시장에 대한 비교적 자유로운 접근, 수입품에 대한 높은 관세, 대규모 공공사업 프로젝트, 교육받은 노동력, 정부 개입주의 산업정책은 전례 없는 수준의 경제성장을 가져왔다. 1960년대 경제성장률은 평균 10%에 달했으며 1980년대 말 일본은 세계에서 두 번째로 큰 경제 규모를 보유하게 되었다.

현대 일본은 시민의 권리가 헌법적으로 보장되는 완전한 민주주의 국가다. 또한 일본은 세계적인 문화생산의 주요 중심지이며 전 세계 어린이 세대는 디즈니만큼이나 미야자키 하야오의 애니메이션에 익숙하다. 이 외에도 일본은 경제협력개발기구(Organization for Economic Cooperation and Development, OECD)와 주요 7개국(G-7)의 회원국이며 유엔의 주요 공여국이다. 경제 분야에서 250개 이상의 일본 기업이 포브스 글로벌 2000 리스트에 이름을 올렸다. 1990년대의 '잃어버린 10년'과 그 이후의 저성장, 디플레이션, 경기 침체에도 불구하고 일본은 로봇 공학, 하이브리드 자동차, 반도체, 생명공학 등 첨단 기술을 중심으로 한 제조업 분야의 글로벌 리더로 남아 있다. 자동차 산업이 여전히 수출을 주도하고 있지만 서비스 부문이 전체 경제활동의 70퍼센트 이상을 차지하고 있다.

그러나 일본도 21세기에 들어 엄청난 도전에 직면해 있다. 10년간의 개혁에도 불구하고 공교육은 아직 세계화되고 이질화된 사회의 현실을 수용하지 못하고 있다. 역사교과서의 내용은 일본 내에서뿐만 아니라 이웃 나라들과도 여전히 논쟁의 대상이 되고 있다. 출산율 저하와 급속한 고령화로 인해 특정 유형의 노동에 대한 구조적 수요가 증가했지만 외국인 노동자에 대한 기피 정서는 여전히 사회 전반에 광범위하게 퍼져 있다(OECD, 2015). 일본 국토의 0.6%에 불과하지만 미군의 60% 이상이 주둔하고 있는 일본 최남단 오키나와는 일본이 직면한 또 다른 과제다. 오키나와의 이익을 미일 안보동맹의 이익에 종속시키려는 도쿄와 워싱턴의 수십 년간의 공모는 오키나와의 주변부적 위치를 공고화했을 뿐만 아니라 지역 경제발전 또한 왜곡해왔다. 전부는 아닐지라도 이 중 일부는 보다 광범위한 외교적·안보적 의미를 지닌다. 중국, 러시아, 한국과의 지속적인 영토분쟁과 맞물린 (13장 참고) 평화헌법의 재해석과 미일동맹의 확대(8장 참고) 그리고 태평양전쟁 추모에 대한 지속적 분쟁 등은 오래된 분열을 강화하는 동시에 새로운 분열을 야기했다.

## 대한민국

20세기 대부분의 기간 동안 한반도는 권위주의 정부가 지배했다. 35년간의 일제 식민통치가 종식된 이후 한반도에서 전개된 냉전의 경쟁은 1948년 상호 이념적으로 적대적인 정권 수립으로 이어졌고, 결국 1950년 6월 민족 상잔의 내전으로 비화했다. 1953년 휴전협정이 체결되고 비무장지대가 설정되기까지 수백만 명의 실향민과 이산가족이 발생하고 수십만 명이 희생당했다. 특히 한반도 북부의 도시들은 폭격으로 인해 거의 황폐화되었다.

세계에서 가장 권위주의적인 국가 중 하나이자 핵보유국인 북한은 현재까지도 여전히 건국자 김일성 일가에 의해 지배되고 있다. 남북한 관계는 장기간 상호 불신으로 특징지어져 왔으며 서로 인접한 비무장 지역은 세계에서 가장 요새화된 지역 중 하나로 남아 있다. 한국은 건국 후 40년 동안 비교적 짧은 기간의 민주정부와 장기간의 군부 권위주의 통치를 경험했다. 그리고 1987년 이후 완전한 민주주의 국가로 변모해갔다.

한국은 전후 아시아 최빈국에서 현재는 세계에서 가장 부유한 국가 중 하나로 발전했다. 한국의 경우 수십년의 급속한 경제성장 기간 동안 생활의 모든 영역에서 정부의 개입은 뚜렷하였으며 자본과 기술에 대한 접근 통제, 수입 제한, 그리고 수출지향적 경제정책을 시행하였다. 경제발전 초기에는 중공업에 중점을 두었는데 이 같은 정책의 수혜자는 바로 삼성, LG, 대우, 현대와 같은 수직적으로 조직화된 대기업, 즉 재벌들이었다. 이들은 정부와 긴밀한 관계를 유지하며 현재까지도 여전히 국민총생산(Gross National Product, GNP)과 총수출의 60% 이상을 차지하고 있다. 다른 한편 산업 발전과 노동력 수요는 점차 중산층을 형성해나갔다. 급속한 경제성장과 사회

발전에도 불구하고 한국은 1980년까지 핵심적인 모순을 안고 있었다. 생활수준과 기대수명이 향상됨에 따라 세계적 수준의 대학이 운영되고, 두 자릿수 경제성장률을 기록하며 '아시아 네 마리의 호랑이'로 자리 잡았지만, 경제적 번영은 불균등하게 분배되었고 1980년 1인당 GDP는 2,300달러에 머물렀을 뿐이다.

군부 통치 기간 동안 한국의 인권 상황은 극도로 열악했다. 정치적 반대파와 노동조합에 대한 탄압, 언론자유의 축소, 사법부에 대한 통제 등은 대북위협이라는 인식에 근거하여 정당화되었다. 학생과 노동자가 군부에 대항하게 한 광주민주화항쟁의 잔혹한 진압은 군부 통치에 반대하는 이들의 강력한 결집점이 되었고 궁극적으로 민주적 선거로 이어졌다. 1987년 대통령 선거에서 군부 출신의 노태우 전 장군이 승리했지만, 1993년 김영삼 대통령이 당선된 후에야 한국의 민주주의가 공고해졌다.

오늘날 대한민국은 안정된 자유민주주의 국가이며 1948년 이래 종종 개정된 헌법에 따라 시민의 자유가 온전히 보호되고 있다. 1997년 아시아 금융위기로 인해 특히 한국의 경제는 큰 타격을 입었고 국제통화기금의 구제금융과 경제적 구조조정이 이루어졌다. 아시아 금융위기를 겪으면서 한국의 경제성장률은 '한강의 기적'이 일어났던 수십 년 전으로 돌아가지 못했지만 2008-2009년 글로벌 금융위기에서 비교적 빠르게 회복했다. 한때 국제사회의 경제원조를 받아야만 했던 한국은 현재 1인당 GDP가 3만 5천 달러가 넘는 선진 고소득 국가로 성장했다. 주요 무역 파트너는 중국, 일본, 미국이며 그중 미국과는 상호 방위동맹을 맺고 있다. 한국은 OECD와 G20의 회원국이며 전체 GDP로 측정한 경제규모는 세계 11위다. '굴뚝 산업'으로 상징되는 예전의 제조업 외에도 자동차, 가전제품, 무선통신, 컴퓨터, 반도체 등의 생산 및 수출 분야에서 글로벌 리더로 자리했다. 또한 지난 10년 동안 한류로 불리는 문화수출은 태평양연안 전역으로 기하급수적인 한국의 소프트파워 증대를 가져왔다(Marinescu, 2014).

현대 한국 또한 대내외적으로 엄청난 도전에 직면해 있다. 1997년 아시아 금융위기 이후 채택된 신자유주의 경제정책으로 인해 삼성, 현대와 같은 글로벌 대기업의 힘은 한층 강화되었지만 노동은 약화되었다(Asian Development Bank, 2016). 가장 큰 피해를 입은 것은 전체 노동력의 약 절반을 차지하는 임시직 노동자 그중에서도 여성들이다. 이들의 고용은 불안정하고 소득이 낮으며 노동 보호는 제한적인 것이 특징이다. 이 외에도 노동인구의 약 30%를 차지하는 자영업자도 비슷한 상황에 처해 있다. 여기에 더해 급속한 고령화 사회로 인해 특히 농업, 제조업, 건설업 등 저임금 육체노동에 대한 구조적인 수요는 동남아시아를 중심으로 한 외국인 노동력의 수입을 부추기고 있는 상황이다. 2015년에 약 25만 명에 달한 이주노동자는 증대하는 하층계급의 가장자리를 차지하며 생계를 유지하고 있다.

한국은 김대중 대통령 집권 시기(1998-2003년)에 북한을 향해 '햇볕정책'을 시행하면서 남북관계 개선을 시도했지만 이후 국가안보에 대한 우려 때문에 이러한 노력은 사라지고 말았다. 비밀스럽고 종종 예측할 수 없는 핵무장력을 가진 북한의 행동은 비무장지대 양 진영에서 냉전적 태세가 되살아남에 있어 대체로 책임이 있다. 하지만 동시에 미일 동맹, 한미 동맹과 더불어 남한 내 상당한 미군의 주둔 등은 북한의 취약성을 더욱 가중시킬 따름이다.

## 중국

1949년 국민당의 패퇴 이후 중국은 중국공산당의 지도하에 잠재적인 반대세력을 숙청하고 토지개혁을 시작했으며 경제에 대한 국가통제를 실시하였다.

마오쩌둥과 공산당 지도부가 추진한 혁명적 '대중노선'은 기반시설과 통신, 교육, 농업 생산성 증가, 불균등하지만 상당한 산업 발전, 보건시설 개선, 기대 수명 증가, 1949년부터 1982년 사이의 인구의 배증 등의 측면에서 본다면 주목할 만한 성과를 거두었다. 그러나 이러한 성과의 이면에는 기근과 수백만 명의 사망을 초래한 대약진 운동(1958-1964)에 의해 시작된 재앙적 정책과 그 뒤를 이은 문화대혁명의 파괴적인 10년(1966-1976) 등이 존재했다(Dikotter, 2011). 이 같은 혼란된 국면은 1981년 덩샤오핑의 실용주의적 노선에 이르러서야 질서를 회복하였다.

시장자유화가 도입된 이후 중국은 글로벌 제조강국으로 부상했으며 연평균 10%에 육박하는 성장률을 유지하고 있다. 하지만 국가 전반의 경제발전 상황은 결코 균등하지 못했다. 사회·경제 정책은 농촌보다 도시를 우선시했고 서부지역보다 산업이 발달된 동부지역을 선호했다. 그 결과 도시지역 인구의 생활수준이 훨씬 더 빠르게 향상되었고 지역 간 부의 격차가 커지면서 수백만 명의 이주노동자가 농촌에서 도시로 이동했다. 심지어 현행 호구 제도하에서는 불법임에도 불구하고 수천만 명의 농업 노동자가 도심으로 이주했다. 이들 '유동' 인구는 주택, 교육 그리고 기타 사회 서비스에 대한 접근이 제한되어 있지만 이제는 도시 노동자 계급의 상당 부분을 차지하고 있는 상황이다.

부와 기회의 격차가 확대되면서 민중시위, 공장파업, 정부와 소수민족 간의 대립이 꾸준히 증가하고 있으며 그 강도는 점점 더 심해지고 있다. 중국 정부는 시위를 불법으로 규정하고 있는데 휴먼라이츠워치(Human Rights Watch)의 통계에 의하면 2015년에만 약 280명의 인권변호사와 활동가가 체포된 것으로 추산하고 있다(Human Rights Watch, 2016). 대부분의 시위는 산발적이며 이념적 근거가 부족한데다 제대로 조직되어 있지도 않아

거의 일어나자마자 금방 끝나고 만다. 이와 대조적으로 2014년과 2015년 홍콩에서 발생한 민주화 시위는 중앙정부에 더 큰 도전으로 다가왔다. 실제로 사회 시위에 대한 공식적인 완곡한 표현인 '대규모 사건'은 점점 더 흔하게 발생하고 있으며 주로 부정부패, 불법 토지 몰수 등으로 인해 촉발되고 있다. 평화롭고 통일된 이미지를 보여주려는 중국 정부는 사회불안의 잠재적 불씨를 잠재우기 위해 감시와 통제를 늦추지 않고 있다. 1989년 시위대와 군부 간의 격렬한 충돌로 수백 명의 사망자가 발생했던 천안문광장에는 강력한 경찰이 지속적으로 배치되어 있으며 웨이보와 같은 소셜미디어에서 정부가 원치 않는 게시물은 바로 삭제되고 있다.

중국 헌법은 시민의 권리를 보장하고 있다고 규정하고 있으며 중국 정부 또한 유엔이 주도하는 수많은 인권규약에 가입했지만 중국의 인권 상황은 열악하다. 중국 정부는 정치적·경제적·문화적·종교적 생활 등 모든 측면에서 높은 수준의 통제권을 행사하고 있다. 독립적인 노동조합은 금지되어 있고 교육내용은 신중하게 규제되며 종교행위는 국가의 통제를 받는다. 야당은 존재하지 않으며 언론은 국유화되어 있고 인권단체는 금지되어 있으며 인터넷 활동은 신중하게 감시되고 있다. 1979년에 도입된 '한 자녀' 정책을 통해 국가의 개입은 재생산권리의 영역으로 확대되었다. 한 자녀 정책은 남아에 대한 전통적인 선호와 결합되어 수십만 건의 강제 낙태, 여성 영아의 살해와 유기를 초래했다.

국가가 후원하는 한족의 서부 및 북서부 국경지역으로의 이주도 기존의 긴장상태를 악화시켰다. 중앙정부의 통치에 대한 논란이 여전한 티베트에서는 2011년 이후 100명 이상의 티베트인이 점령에 항의하며 분신하였다. 신장 지역에서 한족과 무슬림 간의 폭력사태는 그 수와 강도가 증가하고 있으며 2009년 우루무치와 2014년 카슈가르에서 최악의 충돌이 발생했다.

# 왜 동아시아인가?

'동아시아'는 개념적으로는 아주 매력적이지만 분석단위로서는 문제가 있다. 역사적으로 이는 국가 내부와 국가들 사이에 존재하는 다양한 형태의 통치구조와 문화를 모호하게 할 뿐 아니라 구성요소의 특정한 경험들 또한 모호하게 만든다. 또한 현대적 맥락에서 우리는 동아시아의 국가주권이 여전히 불완전하다는 점도 염두에 두어야 한다. 한반도의 분단 상태, 미해결 상태인 대만의 지위, 한국, 중국, 러시아, 일본, 베트남, 필리핀 등이 연루된 복잡한 영토 분쟁, 그리고 중국의 강경 민족주의의 출현은 동아시아를 비롯한 전 세계의 안보 우려를 고조시키고 있다. 동아시아는 세계 3대 경제권의 하나이지만 동남아시아, 유럽, 아프리카, 아메리카 대륙과 비교해 정치적·법적·경제적으로 통합된 형태를 가지지 못하고 있다. 사실 동아시아에 지역적 차원의 국제기구가 결여되어 있다는 점은 주목할 만하다. 이는 동아시아의 다양성뿐만 아니라 이 지역의 과거와 타협하지 못하고 있다는 것의 증거이기도 하다.

## 토론을 위한 질문

• 19세기 중국, 한국, 일본은 유럽 제국주의에 어떻게 대응했는가?
• '소프트파워'란 무엇이며 왜 중요한가?
• 동아시아에 아세안(ASEAN)과 유사한 국제기구가 없는 이유는 무엇인가?

## 심화학습

Asian Development Bank. (2016). *Impact of Gender Inequality on the Republic of Korea's Long-Term Economic Growth*, Working Paper 473, Jan.

Dikotter, Frank. (2011). *Mao's Great Famine: The History of China's Most Devastating Catastrophe*, 1958-1962, Walker Books.

Forbes. (2016). Global 2000: *The World's Biggest Companies*.

Human Rights Watch. (2016). *World Report - China*.

Lipman, Jonathan, Familiar Strangers. (1998). *A History of Muslims in Northwest China*, University of Washington Press.

Marinescu, Valentina, (Ed.). (2014). *The Global Impact of South Korean Popular Culture: Hallyu Unbound*, Lexington Books.

Meisner, Maurice. (1999). *Mao's China and After: A History of the People's Republic*, Free Press.

OECD. (2015). *Building Human Capital through Labor Migration in Asia*.

Tipton, Elise. (2002). *Modern Japan: A Social and Political History*, Routledge.

# 5장 북아메리카의 영향권: 바다에서 빛나는 바다로

존 헤프론(John M. Heffron)

예외주의를 표방함에도 불구하고 북아메리카의 역사와 현대적 양상은 압도적으로 초민족적이다. 북아메리카는 대서양뿐만 아니라 점차적으로 태평양에 이르는 사람들과 자원에 의존함과 동시에 영향을 미치고 있다. 이 장에서는 이제까지 북아메리카에서 가장 강력한 국가인 미국이 대서양에서 출발하여 태평양연안을 향해 서쪽으로 계속해서 진군하며 확장해나간 경로를 주로 살펴본다. 북아메리카의 상상력 속에 여전히 대서양 중심의 시각이 힘을 발휘하고 있음에도 불구하고 미국이 어떻게 태평양 강국으로 부상하였는지를 이 장에서 보여준다.

19세기 미국의 경우 '백인의 의무(White Man's Burden)'또는'명백한 운명(Manifest Destiny)'과 결합된 경제적 필요성이 미국 지도자들의 눈에 '미국의 호수'로 비췄던 태평양으로의 확장을 가져왔다. 19세기 초 미국인들은 확장을 통해 태평양 해안 전체를 병합하는 것에 대해 논의했다. 그러나 브리티시컬럼비아가 캐나다에 가입하고 멕시코가 몇몇 태평양 주(州)를 유지하면서 이 계획은 실현되지 못했다. 미국은 북아메리카의 태평양 해안 전체를 정복하지는 못했지만 서쪽으로 공격적으로 나아가 해안가에 정착하였고 그곳을 거점으로 태평양에 관여하였다. 그러나 태평양에서 미국의 존재는 오세아니아와 아시아로부터의 이주, 특히 북아메리카의 태평양 해안으로의 이주도 촉발하였기 때문에 미국의 태평양에 대한 관여는 쌍방향적인 것이었다. 미국은 태평양 영토를 지배하기 위해 오세아니아와 아시아를 향해 서쪽으로 계속 나아갔고 그중 일부는 오늘날에도 여전히 미국의 지배하에 있다. 태평양에서 미국 제국주의의 예봉은, 국내 그리고 환태평양지역에 걸쳐 다문화적 시각이 확대됨에 따라, 특히 어느 한 강대국도 거대한 태평양을 통제할 수 없다는 점이 분명해짐에 따라 다소 누그러뜨려졌다.

[그림 5.1] 북아메리카 대륙 지도

태평양의 다른 하위지역과 달리 북아메리카는 한눈에 비교적 쉽게 이해된다. 북아메리카에는 캐나다, 미국, 멕시코라는 세 개의 주요 국가가 포함되며 멕시코는 지리적으로는 북아메리카에 있지만 문화적으로는 라틴아메리카다. 때때로 북아메리카를 논할 때 카리브해 국가와 그린란드도 포함되지만 본 장에서는 태평양에 중점을 두고 있으므로 앞으로의 논의는 이들 대륙 3개국에 국한된다.

| 나라 | 수도 | 면적(km²) | 인구(백만) | 인구밀도(km²당) | 1인당 GDP | 지니계수[1] |
|------|------|-----------|-----------|----------------|-----------|-----------|
| 캐나다 | 오타와 | 9,984,670 | 33 | 3.4 | 43,400 | 32 |
| 미국 | 워싱턴DC | 9,629,091 | 311 | 32.7 | 100,324 | 45 |
| 멕시코 | 멕시코시티 | 1,964,375 | 112 | 57 | 15,600 | 48 |

〈표 5.1〉이 보여주듯이 북아메리카 국가들은 중요한 측면에서 상당히 다양하다. 미국은 주변국보다 훨씬 더 많은 인구와 권력을 보유하며 북아메리카 대륙을 지배하고 있다. 이처럼 북아메리카에 대한 미국의 관계는 동아시아의 중국에 해당한다. 말은 이렇지만 멕시코의 인구가 지속적으로 증가하고 있으며 인구밀도는 미국보다 높다. 또한 미국은 지니계수가 멕시코와 비슷한 정도로 불평등이 꾸준히 증가하는 반면 캐나다의 경우 경제규모는 비록 더 작지만 훨씬 더 평등한 사회를 구현해왔다는 점에 주목할 필요가 있다.


## 태평양을 둘러싼 초기 경쟁

17세기 처음 정착한 이후 100여 년의 시기 동안 지속된 영국정부의 북아메리카 식민지에 대한 소위 '선의의 무시(benign neglect)'는 결국 그렇게 호의에 의한 것만은 아니었을 것이다. 우연히 발견된 데다가 식민화 과정이 처음에는 상업적 실패였던 북아메리카보다 항상 아시아와 태평양이 주

---

1 [역자주] 지니계수는 불평등을 측정하는 통상의 수단으로 소득 불평등을 측정한다. 지니계수가 0이면 완전히 평등한 것이고 100은 완전히 불평등한 것이다. 100의 경우 한 사람이 한 나라 전체 소득을 지배한다.

요 관심사였다. 일찍이 1497년, 영국의 헨리 7세는 이탈리아 항해사 존 캐봇(John Cabot)에게 캐세이, 일본, 인도로 가는 전설상의 북서항로를 찾아달라고 의뢰했다. 그러나 수익성이 좋은 아시아 향신료 무역의 지름길을 발견하지 못한 데다 스페인이 태평양으로 향하는 남부항로를 장악하고 프랑스와의 전쟁이 장기화되면서 태평양으로 진출하려는 영국의 야망은 좌절되었다. 영국의 유명한 탐험가 제임스 쿡이 1778년 미국 태평양에 도착했지만 이는 대서양에서 서쪽으로 향한 것이 아니라 아시아에서 동쪽으로 항해한 결과였다. 1776년 미국의 독립에도 불구하고 영국은 아시아와 태평양 중심의 무역과 상업에 기반한 해양제국의 꿈을 결코 포기하지 않았다. 태평양을 가로질러 아시아와 교역하는 것을 통해 나라를 풍요롭게 하고자 하는 이 꿈은 새롭게 독립한 미국이 나눠 가지게 될 것이었다. 태평양에 대한 미국의 관심은 처음에는 몇 가지 장애물에 부딪혔다. 일찍이 태평양 해안은 북쪽의 경우 러시아인이, 보다 남쪽은 스페인인이 지배하였다. 러시아인은 처음에 알래스카 시트카(Sitka)에 거점을 두고 중국 소비자들이 탐내는 수익성 높은 해달 가죽 거래를 장악하였다. 내륙에서는 미국 이민자 존 제이콥 애스터(John Jacob Astor)의 태평양모피 회사(Pacific Fur Company)가 오늘날 오리건주 아스토리아(Astoria)에 교역소를 두고 있었지만 영국령 캐나다의 노스웨스트 및 허드슨베이 회사와는 경쟁이 되지 않았다. 순전히 실용적 이유에서 보스턴에서 라틴아메리카의 혼을 돌아가는 항로가 태평양 북서부와 보다 거대한 태평양연안으로 가는 가장 빠른 경로였다. 이에 굴하지 않고 미국인은 1784년 첫 번째 상업탐험대를 조직하는데 그 유명한 '중국황후호'는 12만 달러 상당의 대규모 미국 인삼 화물(30톤)을 싣고 대서양을 거쳐 희망봉을 돌아 동쪽으로 항해했다. 투자자들은 차, 비단, 도자기 무역을 통해 상당한 이익을 얻었다. 또 다른 상업적 모험이 잇따랐는데 여기에는 세일럼(Salem) 상인과 수마트라 왕자들 사이의 왕성한 후추무역이 포함된다. 그러나 수마트라와의 수익성 높은 후추무역이 쉬운 일만은 아니라는 것이 드러났다. 1831년과 1838년에 재차 불만에 찬 원주민에게 미국 상인들이 공격을 당했다. 이는 그렇지 않았다면 무관심했을 미국 대중의 분노를 샀고 군사적 대응으로 이어졌다.

미국이 태평양 무역에 적극적으로 참여하기를 원한다면 북아메리카 태평양을 따라 영구적 정착지가 필요하다는 사실이 명확해졌다. 대영제국은 1763년 포고선을 설정하는데 이는 애팔래치아산맥을 따라 남북으로 그어진 지리적 경계로 그 너머로는 식민지 개척자들의 정착이 금지되었다. 그러나 그것은 미국의 야망을 일시적으로만 저지할 뿐이었다. 독립전쟁을 종식시킨 파리조약(1783)은 애팔래치아 너머의 광활한 지역을 주권국가인 미국에게 양도하였고 미국은 원주민의 저항을 무시하며 자유로이 이 지역으로 확장하고 개발할 수 있게 되었다. 제퍼슨 대통령은 이 광활한 영토를 도식화하고 아마도 태평양으로 나아가는 육로를 고안하기 위해 메리웨더 루이스(Meriwether Lewis)와 윌리엄 클라크(William Clark)가 이끄는 과학적 · 지질학적 · 상업적 대서부탐험 계획의 윤곽을 제시하였다. 루이스와 클라크는 일리노이를 출발한 지 18개월 만인 1805년 11월 20일에 전설로 전해지던 태평양 해변가의 컬럼비아강 하구에 도착했다. 사실 보스턴에서 라틴아메리카를 돌아 오리건까지 해상으로 이동하는 경로가 시간도 절반으로 줄이고 비용도 훨씬 적게 들었다. 그러나 태평양으로 가는 육로의 발견은 엄청난 상징적 중요성을 지녔다. 그것은 전대미문의 풍요로운 곳이자 유럽의 존재감을 상쇄하기 위해 미국의 도덕적 · 종교적 · 정치적 영향력이 필요한 곳인 태평양 세계로 향하는 '대륙을 가로지르는 고속도로'의 이미지를 구축하였다.

링컨과 존슨 대통령 시절 국무장관이자 러시아와 알래스카 매입을 협상한 관료인 윌리엄 수어드(William H. Seward)에 따르면, 아메리카는 '지쳐 있는 아시아의 문명'에 아메리카 발전의 원동력을 불어넣어 고무하는 것을 통해 아시아 문명을 회복시켜야 할 사명을 가지고 있었다. 이는 그 자체로 프로테스탄트의 선교적 열정, 상업적 야망 그리고 문화적 민족주의의 강렬한 조합이었다(Seward, Perry, 1994, 65쪽에서 인용).

또한 북서태평양 해변에 교두보를 마련하기로 결정한 캐나다의 노스웨스트 회사와 수석탐험가 알렉산더 맥킨지(Alexander Mackenzie)는 목적의식이 보다 뚜렷하고 군사적으로 조직되었지만 번거로웠던 루이스와 클라크 탐험대에 비해 4분의 1의 시간과 적은 인력으로 앨버타주 포트포크에서 태평양까지의 여정을 완수하였다. 캐나다인의 경로는 이동거리가 더 짧았으며 지리적 조건이 유리하여 보다 빠르고 효율적이었다. 그러나 지정학적 요인, 즉 1812년 전쟁과 점점 강력해지는 남쪽의 이웃 나라로 인해 영국령 캐나다의 태평양을 향한 서쪽으로의 확장은 둔화되었다. 허드슨베이 회사가 태평양 북서부 전역에 요새네트워크를 유지하고 있었기 때문에 영국령 캐나다라는 존재는 하나의 기업적 형태를 띠었다. 1846년 오리건 조약으로 현대 캐나다/미국 국경이 확립되었고 브리티시컬럼비아는 북아메리카 태평양 지역에서 영국의 근거지로 남겨진 반면 미국은 현재의 워싱턴과 오리건주를 점령했다.

이 무렵 미국은 태평양 연안으로의 인구 유입에 전념했다. 유명한 오리건 트레일을 포함하여 다양한 트레일을 따라 가족들이 새로운 땅으로 옮겨갔다. 1830년대와 1840년대에 캘리포니아는 멕시코 통치에 반대하는 반란에 참여하였는데 이들의 반란은 1846년 곰깃발반란(Bear Flag Revolt)으로 절정에 달했다. 이때 미국은 멕시코에 전쟁을 선포하였고 그 결과 캘리포니아, 애리조나, 네바다, 콜로라도, 유타 등이 미국에 할양되었다. 하지만 멕시코가 태평양에서 완전히 사라진 것은 아니었다. 멕시코는 바하칼리포르니아와 남쪽으로 오아삭카와 같은 몇몇 태평양 주를 유지하였다. 미국이 태평양의 새로운 주들을 점령한 직후 금이 발견되면서 이 지역으로 미국인 이주의 새로운 물결이 일어났다. 골드러시로 인해 샌프란시스코는 태평양의 첫 번째 대도시가 되었다. 서부 주들을 더 공고화하기 위해 1860년대 미국 정부는 대륙횡단철도의 건설을 지원했다. 이 철도는 수십만 명에 이르는 정착민의 이주를 촉진하는 캘리포니아와 미국의 연결을 가져온 동시에 태평양연안지역을 가로질러 진출할 수 있는 안전한 기반을 제공하며 미국과 태평양을 연결하였다.

## 아시아 이민과 미국화의 딜레마

만일 철도가 미국을 태평양에 연결했다고 한다면 그것은 또한 태평양을 미국에 연결했다. 골드러시와 함께 철도건설에 수만 명의 중국 노동자가 몰려들었다. 실제로 미국과 캐나다의 대륙횡단철도의 서부 구간은 중국 노동자에 힘입어 건설되었다. 수많은 중국인 이민자가 캘리포니아에 도착하기 시작했을 때 중국인과 아시아인에 대한 미국인의 태도는 인종적 증오와 반감에서부터 도덕적·정신적 고양을 목표로 한 일종의 강압적 자선에 이르기까지 다양한 양상을 보였다. 미국 노동자는 저임금 중국 노동자가 임금을 낮춘다고 불평하였으며 중국인 노동제한을 위한 로비를 벌였다. 이러한 흐름은 중국인 이민을 유예하는 악명 높은 1882년 중국인 배제법에서 절정에 달했다. 이후 이 법이 연장되면서 캐나다와 마찬가지로 중국인 이민은 더욱 제한되었다. 중국이 태평양전쟁의 동맹국이 된 1943년에 이르러서야 중국인 배제법은 폐지되었고 중국인의 귀화가 허용되었다.

중국인뿐 아니라 여타 아시아인도 아시아태평양에서 북아메리카태평양으로 이주해왔다. 사실 북아메리카로 이주한 최초의 아시아계 이주민은 스페인 식민지시기 갤리온 무역의 일환으로 멕시코와 캘리포니아에 정착한 필리핀인이었다. 영국식민지 개척자들은 폴리네시아의 '카나카스(Kanakas)', 특히 하와이인을 호주, 피지, 캐나다, 캘리포니아의 노동자로 수입했다. 브리티시컬럼비아주에서는 하와이 노동자가 원주민 가족과 결혼했고 이들의 후손이 오늘날까지 남아 있다. 1850년대 매튜 페리가 이끄는 '흑선'의 등장은 일본에서 봉건통치의 붕괴를 가속화했을 뿐만 아니라 일본인의 태평양 횡단 이주에 간접적으로 기여하였다. 또한 하와이 사탕수수농장이 중국, 한국, 일본 이민자를 끌어모았다. 1870년대부터 더 많은 일본인 이주자가 미국에 도착했지만 1924년 이민법에 의해 일본으로부터의 이민은 사실상 종결되었다.

이민에 있어 아시아인을 배제하고 이후 제2차 세계대전 시기에 일본인들을 강제 수용한 사실은 자유주의적·진보적 관점을 주장한 미국 팽창주의자들의 수사와는 극명한 대조를 이룬다. 이들은 도덕적 · 정신적 · 경제적 측면에서 미국이 태평양으로 흘러들 뿐만 아니라 미국은 전 세계 이민자에게 피난처를 제공하는 나라라고 주장했다. 미국 상원의원들과 여타 사람들은 어쩌면 헛된 희망일지 모르지만, 미국 정부의 자유주의적 원칙이 제국의 정언명령 속에서도 살아남기를 희망했으며 미국과 아시아가 태평양에서 유럽의 우위를 저지하거나 최소한 완화시키는 공동의 노력을 기울이면서 단결하기를 원하였다. 태평양에서 유럽의 우위는 어느 쪽에게도 최선의 이익은 아니라고 믿었다. 이들의 희망은 바다를 사이에 두고 민주 세력과 전제

세력이 공동의 적을 상대로 편의주의적 동맹을 맺는 것이었다. 적어도 이것이 '미국의 명백한 운명(America's Manifest Destiny)'을 옹호하는 가장 이타적이고 가장 순진한 이들이 태평양에서 미국의 영향력에 대한 도전을 해석하는 방식이었다.

## 주저하는 제국주의

범선에서 증기동력으로의 전환, 전선의 발명(그리고 베링해협을 가로지르는 해저 케이블망), 대륙횡단철도 등 모든 미국의 교통 및 통신기술의 발전은 태평양에 대한 미국의 관계에 뚜렷한 영향을 미쳤다. 그 영향은 무역의 속도와 효율성뿐만은 아니었다. 그것은 또한 미국이 대륙 간 통신연결망의 중심에 서 있다는 믿음을 강화하였는데, 이때의 중심은 기술보다는 공동의 미래에 대한 열망이라고 말할 수 있다. 1890년의 인구조사, 아메리카 프런티어의 상징적인 종결과 더불어 이제 태평양은 좀 더 엄격한 새로운 의미를 지니기 시작했다. 서쪽으로의 확장은 아메리카의 태평양 해안가에서 멈추는 것이 아니라 아일랜드 호핑(섬 이동 island-hopping)과 전쟁 및 외교 등의 과정을 통해 나아가는 것을 의미했고 1898년에 하와이 합병, 필리핀의 식민지화가 이루어졌다. 이 지역에서 미국의 이익에 대한 보다 공격적이고 협소한 반외국인 접근 방식이 전개되기 시작했다. 이제 미국의 이익을 보호하기 위한 강력한 해군력이 필요했다.

미서(美西) 전쟁의 종식과 함께 필리핀 군도, 괌, 마리아나 제도에 속한 모든 섬을 포함한 대부분의 스페인령 동인도 제도가 미국의 행정적 통제 아래 놓였다. 그러나 스페인과의 전쟁이 태평양에서 시작되지는 않았다. 전쟁은 미국도 자신의 영유권을 주장하고 있었던 스페인령 서인도 제도, 쿠바, 푸에르토리코 등지에서 시작되었다. 미국 팽창주의의 이러한 새로운 측면, 즉 영토획득, 의사(疑似)식민화 등은 의회와 일반대중 사이에서 시끄럽고도 열띤 논쟁을 불러일으켰다. 한편에서는 예를 들어 1900년 민주당 강령은 "어떤 국가도 반(半)공화국이면서 반(半)제국인 상태로 오래 지속될 수 없다"고 단언하고 "해외에서의 제국주의는 신속하고 필연적으로 국내의 전제주의로 이어질 것"이라고 경고했다(Vignarajah, 2010: 814에서 인용). 반면 영토적 확장을 지지하는 이들은 영토확장이 사회적·경제적·문화적으로 영향력을 행사할 수 있는 지위를 차지하려는 미국의 노력에 대한 정당한 결과라고 여겼다. 따라서 하와이, 괌, 필리핀 등의 영토는 한 저명한 은행가의 표현을 빌리자면 '태평양의 보초병'이었다. 이들 영토는 미국 제조업을 위한 전략적인 석탄공급기지 역할을 수행하며 "중국, 한국, 프랑스령 인도차이나, 말레이반도, 인도네시아 섬에 있는 수백만 명과의 무역을 위한 입구에서 보초를 서고 있다"(Vanderlip, Rosenberg, 1982: 43에서 인용). 마찬가지로 미국령 사모아의 심해항구는 호주와 뉴질랜드 시장으로 가는 항로 도중의 편리한 석탄 공급소 역할을 했다. 태평양에서 미국의 힘은 파나마 운하가 미국의 대서양과 태평양을 연결한 1914년 이후 새로운 단계에 도달했다. 그리고 미국의 번영과 민주적 삶의 방식의 성장과 확산과 관련해서는 목적이 수단을 정당화했다. 설령 그것이 일시적 또는 경우에 따라서는 영구적 점령(푸에르토리코, 괌, 미국령 사모아) 이자 그 영토에 살고 있는 원주민의 권리를 박탈하는 일일지라도 정당화되었다.

그러나 궁극적으로 이 논쟁은 그 본질에 있어 미국이 식민권력으로 변하는 것에 대한 반감보다는 통치라는 문제에 대한 모호성, 도덕적·실용적 태도라는 점을 보여주었다. 새로 획득된 미국의 영토, 특히 주가 될 수 없는 지역(이후 하와이는 예외가 됨)은 어떻게 통치되어야 하는가? 이는 논란이 되는 정치적 문제였고 정부 내의 많은 인사들이 믿었듯이 정치적 수단만으로는 해결될 수 없는 문제였다. 1900년 의회는 이를 대법원에 제출하여 사법적 검토를 받기로 결정했는데, 이는 이른바 '도서(島嶼) 판례(Insular Cases)'[2]에서 그 정점을 찍었다. 이 판례들은 미국의 태평양 확장을 합법화하는 과정에서 정복과 조약을 통해 획득한 영토의 관리와 통제를 위한 공식적인 지침을 확립했다. 하지만 괌, 미국령 사모아, 푸에르토리코를 제외한 모든 영토가 오늘날에는 정치적 독립을 얻었거나 하와이의 경우처럼 주의 지위를 획득(1959년)했다는 사실은 이러한 판례에 지속적으로 담겨 있던 사법적 원칙을 부정하는데, 그 원칙은 해외 영토를 취득함에 있어서의 미국의 자유다.

따라서 "헌법은 국기(國旗)를 따르는가"라는 질문에 대해 영토적 측면(헌법의 원천을 결정함에 있어 중요한 선례로 남아 있는 도서 판례)과 관련된 답변은 조건부 적격이며, 중심적 판례인 다우네스 대 비드웰(Downes v. Bidwell)의 다수 결정을 빌리자면 "헌법의 영토적 조항으로부터 필연적으로 도출되는 것이 아니라 판례의 필요조건들로부터 나오는 것이다." 그리하여 미국과 미국의 도서 영토와의 관계는 '변칙적'이고 전적으로 자의적인 공통

---

2 [역자주] 도서 판례(Insular Cases)는 1901년 미국이 미국-스페인 전쟁에서 승리하고 얻은 새로운 영토의 지위에 대해 미국 연방 대법원이 판결한 내용들을 말한다. 즉, 미국이 새로 획득한 영토의 거주민들이 미국 시민권을 가지고 있는지에 대한 연방 대법원의 입장을 정리한 판결들의 통칭이다. 이에 대해 연방 대법원은 미국 헌법에 의한 권리 보호는 미국의 통제하에 있는 모든 지역으로 자동적으로 확장되지는 않는다고 선언하여 푸에르토리코와 같은 지역의 거주민들은 헌법상의 권리가 결여되어 있다고 해석했다.(위키백과) 도서 판례의 사건 중 하나가 다우네스 대 비드웰 소송 건이다. 이 판례는 푸에르토리코가 미국에 의해 점령되고 획득된 후 발생한 세관 및 관세에 관한 문제에 대한 것이었으며 최고법원은 푸에르토리코를 미국의 '영토'로 간주하였지만 헌법의 적용에 제한을 두었다. 이 소송과 판례는 미국의 해외 영토에 대한 헌법적 지위와 권한을 결정하는 데 영향을 끼쳤다.

된 합의에 의한 것으로 최종적으로는 본토의 최고법원의 승인을 따르는 고도로 정치적인 성격을 띠었다.


## 변화하는 관여의 원칙

아시아와 태평양에 대한 관심에도 불구하고 1914년 미국의 아시아 투자는 1억 2천만 달러로 전체 해외자산의 5% 미만의 미미한 수준에 머물렀다. 1937년까지 대서양을 횡단하는 승객과 태평양을 횡단하는 승객의 비율은 10 대 1이었다. 미국은 결코 태평양에서 우위를 점할 만큼 강력한 국가가 아니었으며 어느 한 국가도 태평양의 무역과 상업을 지배한다고 말할 수 없는 상황이었다. 유럽식민지 세력의 존재, 일본의 부상, 중국의 거대함을 포함한 이 지역의 정치적 현실로 인해 어느 한 세력도 환태평양지역을 지배할 수 없었다. 일종의 적응전략이 각 정부 자체가 그 임무를 감당할 수 없을 때에도(또는 특히) 이 지역의 대외 관계를 지배했다.

전간기(1918-1938년)에는 태평양 양쪽의 학자, 언론인, 성직자, 공무원, 산업자선가 사이의 느슨한 연합이 출현하였다. 이들은 초기 문화적·경제적 식민주의 시기의 맹목적인 애국주의 수사를 삼가면서 새로운 유형의 세계시민적인 초민족주의를 옹호하였다. 이는 수사적 측면에 있어서는 확실히 반제국주의적이었으며 각국 정부와는 구별되는 것이었다. 어쨌든 태평양에서 양자주의를 넘어 무역과 안보쟁점에 관한 다자주의적 합의를 달성하기 위해 1921-1922년 워싱턴회의가 열리는 등 일련의 노력이 있었다. 이러한 노력들은 종종 국제적 볼셰비즘의 무정부주의 세력, 일본의 팽창주의, 중국 민족주의에 기반을 두고 있었다. 1925년 이후 다자주의의 옹호자들은 비공식적 · 비정부적 · 비국가적 행위자와 기관 등 제3섹터에서 점차적으로 증가하였다. 이들은 민족적 자기이해와 동일한 것(national self-interest-synonymous)을 달성하기 위해 누구보다 노력하였으며, 많은 이들이 제1차 세계대전의 참혹함 이후 세계는 평화로울 것이라 믿었다.

이러한 새로운 개입주의의 한 예가 1925년 하와이에 설립된 태평양관계연구소(Institute of Pacific Relations, IPR)의 작업들로서 이는 미국적 영감에 따른 것이다. 그 선구자 중 한 명인 성공한 하와이 사업가이자 윌슨민주주의자인 프랭크 애서튼(Frank Atherton)은 각 국가 간의 경쟁을 모두의 복지를 위해 노력하는 각 나라의 협력으로 대체하는 태평양 '국제연맹'이 필요하다고 역설하였다. 이러한 견해는 아시아와 비아시아 국제주의자들 모두가 공유했으며, 그들이 구상한 태평양공동체는 역내 어느 특정 국가나 '문명'에 중심을 두지 않았고 심지어 각자의 국가나 문명을 중심으로 한 것은 아니었다. 태평양관계연구소를 비롯하여 이와 유사한 임무를 수행하는 조직들이 점차 늘어났으며 이들은 국가 자율성의 한계를 설정하고 한 국가의 관심사를 초월하는 쟁점(이민, 환경, 교육과 기술, 지속 가능한 발전, 인권)을 협상 테이블로 올리는 데 중요한 역할을 해왔고 앞으로도 계속할 것이다.


## 결론


환태평양지역의 거대함과 다양성은 이 지역에 대한 미국의 개입 가능성 못지않게 그 한계를 규정했다. 이 지역의 초기 여행자들은 이를 어렴풋이 인식했다. 이들의 당초 목적은 한 곳 또는 다른 곳과의 배타적 무역관계를 구축하여 자신만의 특별한 이익을 위한 무역양허와 기항지를 확보하는 것이었다. 뒤이어 온 서양 선교사들은 유서 깊은 아시아의 사회·종교적 관습, 고립주의적 전통, 그리고 문화적·사회적 측면에서 이 지역이 지닌 다양한 변이 등 서로 별개이면서도 연관되어 있는 사안에 대해 무지한 상태로 이 지역에 왔다. 한편 태평양과 그 주변에 사는 이들에게 대양은 세계시장으로 나아가는 직통로였는데 1900년대 대중적 지리교과서의 일본인 저자가 말했듯이 '이 거대한 시장'은 "바다가 교통에 개방되지 않으면 기능을 할 수 없다"(Makiguchi, 2002: 23)고 이해되었다. 19세기의 미국인과 다수의 20세기 미국인은 이 진리를 상충되는 방식으로 해석했다. 때로는 다원주의적 관점에서 신이 부여한 자연선택의 과정으로 해석하거나 때로는 덜 수수한 용어로 미국식 발전을 보다 선제적 단계의 시작으로 해석했으며 마지막으로는 적응·변화·수용에 대한 요구 등으로 번갈아가며 해석했다. 유럽계 미국인은 항해용 선박을 타고 이 지역으로 왔을 때조차 바다 중심의 세계에 육지 중심의 사고를 가지고 왔다. 미국인은 그저 정착하기 위해 왔을 따름이다. 그런데 그들은 점차 확산되고 있던 무역 디아스포라 공동체에 정착하였기에 결과적으로 환태평양지역의 독특한 지구물리적·지정학적 특징을 비롯하여 그 부분의 합 이상인 하나의 환태평양을 인식하게 되었다. 역사를 참고한다면 우리는 증대되는 경제적 협력과 함께 이 지역의 국가들과 사람들 사이의 상호 발전의 보다 큰 가능성을 지속해서 볼 것이다.

이러한 이유 또는 이와 유사한 까닭은 미국이 아시아태평양으로 '선회'하는 원동력이 되었다. 2011년 하와이 동서센터에서 개최된 회담에서 당시 국무장관 힐러리 클린턴은 전쟁과 평화 양 측면에서 미국의 역사를 형성함에 큰 영향을 끼친 무역 및 상업의 대서양횡단체제(transatlantic system)를 '보다 역동적이고 지속적인 환태평양 체제의 필요성'과 대조하는 것에 중점을 두었다. 그녀는 21세기가 미국의 태평양 세기라고 선언하며 '역동적이고 복잡하며 중대한 이 지역에서의 전례 없는 확장과 파트너십의 시기'라고 언급하였다. 환태평양경제동반자협정(12장 참고)에 대한 의회의 승인을 둘러싼 충돌은 태평양에 대한 미국의 개입이 종종 상충되는 가치와 관행, 그리고 여타 문제들이 복잡하게 뒤엉킨 혼합물임을 일깨워준다. 여기에는 각국의 안보 및 경제적 사리 추구가 자유롭고 공정한 다자적 무역공동체라고 상정되는 지역에서의 투명성 및 개방성의 문제와 경쟁하는 관계에 있다는 점이 포함된다. 이 쟁점에 대해 양측에서 사용하는 언어로 판단컨대 그 어투와 기질에 있어 양자적인 것과 다자적인 것 사이를 오가지만 전반적으로는 이 지역에서 미국의 '지도력'에 대한 필요성을 강조한다. 그러나 여기에는 19세기부터 오늘날까지 변하지 않는 한 가지 사실이 있다. 그것은 미국이 태평양 강대국으로서의 지위를 매우 적극적으로 추구하는 와중에 담겨 있는 획득욕과 역동성에 대한 미국의 신념이다.

## 토론을 위한 질문

• 북아메리카 태평양을 지배하겠다는 목표를 미국은 어느 정도 달성했는가?

• 환태평양지역에서 미국의 우위를 달성함에 있어서 장애물은 무엇이었고 미국인은 이러한 장애물을 어떻게 극복하였는가?

• 19세기 미국인들은 태평양에서의 팽창주의적 야망과 이에 못지않게 자신들에게 소중한 가치인 자유와 민주주의라는 특권을 어떻게 조화시켰을까?

• 태평양관계연구소와 같은 비국가단체는 이 지역에서 미국의 영향력에 대한 상이한 관점을 형성하는 데 어떤 역할을 하였는가?

## 심화학습

Akami, T. (2002). *Internationalizing the Pacific: The United States, Japan and the Institute of Pacific Relations in War and Peace*, 1919-1945, New York: Routledge.

Clinton, H. (2011). "On America's Pacific Century", East-West Center, Honolulu, HI, November 10, 2011, accessed at http://fpc.state.gov/176998.htm.

Cumings, B. (2009). *Dominion from Sea to Sea: Pacific Power and American Power*, New Haven: Yale University Press.

Dirlik, A., ed. (1998). *What is in a Rim? Critical Perspectives on the Pacific Region Idea*, 2nd edn, New York: Rowan & Littlefield.

Downes v. Bidwell. (1901). 182 US 244. US Supreme Court.

Makiguchi, T. (2002). *A Geography of Human Life*, English edn edited by Dayle Bethel, San Francisco: Cado Gap Press.

Perry, J. C. (1994). *Facing West: Americans and the Opening of the Pacific*, Westport: Praeger.

Rosenberg, E. (1982). *Spreading the American Dream: American Economic and Cultural Expansion*, 1890-1945, New York: Hill and Wang.

Vignarajah, K. (2010). "The Political Roots of Judicial Legitimacy: Explaining the Enduring Validity of the Insular Cases", *The University of Chicago Law Review* 77(2), pp. 781-845.

# 6장 라틴아메리카: 살아 숨쉬며 변화하는 유산

사라 잉글랜드, 이언 리드(Sarah England and Ian Read)

라틴아메리카는 지리적 · 문화적 · 언어적 · 정치적으로 다양한 지역이다. 라틴아메리카는 일반적으로 미국과 멕시코 국경 이남의 모든 국가를 포괄한다. 또한 스페인어, 프랑스어, 포르투갈어와 같은 라틴어 계열 언어를 사용하는 카리브해 지역 국가도 라틴아메리카 지역에 포함된다. '라틴아메리카(*latinoamerica*)'라는 용어는 1800년대에 처음 등장했다. 이 용어는 스페인, 포르투갈과 같은 이베리아반도 국가의 식민지 간에 일체감을 강조하는 라틴아메리카 지식인과 공통의 '라틴' 유산을 통해 멕시코에 대한 제국주의적 야망을 정당화하고자 했던 프랑스인에 의해 사용되었다. 역사적·문화적 특징의 공유라는 측면에서 이러한 범주화는 정당화될 수 있지만, 대부분의 범주와 마찬가지로 '라틴아메리카'는 사회적 · 역사적 구성물이라는 점을 기억해야 한다. 왜냐하면 라틴아메리카라는 범주의 핵심적 특징, 라틴아메리카에 포함되거나 배제되는 것의 기준, 그리고 라틴아메리카의 경계는 끊임없는 논쟁과 협상의 대상이 되기 때문이다. 예를 들어, 중앙아메리카와 라틴아메리카, 카리브해의 몇몇 국가는 영국(벨리즈, 자메이카, 트리니다드, 가이아나 등)과 네덜란드(수리남, 퀴라소 등)의 식민지였기 때문에 라틴어에서 파생된 언어를 사용하지 않으며 북유럽 개신교 사회에서 계승된 문화적 관습과 제도를 가지고 있다. 하지만 이들은 아프리카 노예제도의 역사와 그로 인한 인종적 위계질서, 식민지와 탈식민지 플랜테이션 및 추출

경제의 유산, 미국으로의 노동이주, 원주민들로부터 물려받은 문화적 관행 등 '라틴'아메리카의 많은 특징을 공유하고 있다. 따라서 영어를 사용하는 나라는 종종 '서인도 제도'라고 불리며 상이한 문화권으로 간주되지만, 이러한 나라들 또한 라틴아메리카로 분류될 수 있다.

또 다른 논쟁은 라틴아메리카의 북쪽 경계를 둘러싼 것이다. 이 논쟁은 국경 양쪽에 사는 사람들에게 지대한 영향을 미쳤다. 1848년 이전에는 미국과 멕시코 국경이 존재하지 않았지만 두 나라 간의 전쟁으로 인해 캘리포니아, 애리조나, 뉴멕시코, 유타, 네바다, 콜로라도가 미국으로 강제 편입되었다. 미국 남서부는 거의 300년 동안 스페인-멕시코의 관할권이었다. 이지역은 멕시코-미국 간의 전쟁 이후 미국의 영토로 통합된 지 거의 170년이 지난 지금에도 여전히 라틴 문화의 뿌리가 깊게 남아 있다. 게다가, 20세기 동안 멕시코와 중앙아메리카로부터 수백만 명의 이민자들이 미국 남서부에 정착하여 이곳은 미국에서 가장 많은 라틴계 인구가 거주하게 되었다. 그 밖에 미국의 다른 지역, 뉴욕, 보스턴, 마이애미와 같은 도시도 상당수의 카리브해 출신 라틴계 인구를 수용하고 있으며 최근에는 라틴아메리카로부터 온 사람들도 여기에 포함된다. 가장 최근에는 '구 남쪽(Old South)'이라고 불리는 조지아, 미시시피, 사우스캐롤라이나, 버지니아에도 '새로운 남쪽(El Nuevo South)'에서 더 저렴한 주거와 일자리를 찾는 라틴계 사람들이 유입되고 있다.

라틴아메리카의 역사는 대체로 유럽, 미국, 아프리카 대륙과의 인적·물적·사상적 교류 등 대서양 관계가 특징이었지만 최근에는 일본, 중국, 한국, 인도 등 아시아 지역으로부터의 인구 유입과 환태평양 무역의 증가로 태평양 정체성 또한 점차 중요해지고 있다. 그 결과 라틴과 아시아 문화가 융합되고 있으며 라틴이 의미하는 바는 훨씬 더 다양해지고 있다.

[그림 6.1] 라틴아메리카 지도

〈표 6.1〉 라틴아메리카 국가

| 국가 | 수도 | 면적(㎢) | 인구(백만) | 인종<br>(상위 카테고리)[1] | 1인당<br>국내총생산 | 빈곤선<br>아래 인구 | 국가<br>언어 |
|---|---|---|---|---|---|---|---|
| 멕시코 | 멕시코<br>시티 | 1,964,375 | 121,736,809 | 메스티소[2] 60%<br>원주민 30% | $17,500 | 52.3% | 스페<br>인어 |
| 중앙아메리카 | | | | | | | |
| 과테말라 | 과테<br>말라시티 | 108,889 | 14,918,999 | 메스티소 60%<br>원주민 40% | $7,700 | 59.3% | 스페<br>인어 |
| 벨리즈 | 벨모판 | 22,966 | 347,369 | 메스티소 49%<br>흑인 31% | $8,400 | 41% | 영어 |
| 엘살<br>바도르 | 산살<br>바도르 | 21,041 | 6,141,350 | 메스티소 90%<br>백인 9% | $8,300 | 36.5% | 스페<br>인어 |
| 온두라스 | 테구<br>시갈파 | 112,090 | 8,746,673 | 메스티소 90%<br>원주민 7% | $4,900 | 60% | 스페<br>인어 |
| 니카라과 | 마나과 | 130,370 | 5,907,881 | 메스티소 69%<br>백인 17%<br>흑인 9% | $5,000 | 42.5% | 스페<br>인어 |
| 코스<br>타리카 | 산호세 | 51,100 | 4,418,144 | 메스티소/백인[3]<br>94 %<br>흑인 3% | $15,500 | 24.8% | 스페<br>인어 |
| 파나마 | 파나<br>마시티 | 75,420 | 3,657,024 | 메스티소 70%<br>흑인 14% | $21,800 | 26% | 스페<br>인어 |
| 카리브 (주요 섬나라들) | | | | | | | |

---

1 [역자주] 자료의 출처는 www.nationmaster.com/country-info/stats/People/Ethnic-group. 센서스에 서 보여지는 인종 범주는 시간이 지남에 따라 변화할 수 있다. 또한 인종 범주의 기준은 국가마다 다 르다. 예를 들어, 신체적 외형에 따라 인종 유형을 구분하는 표현형(phenotype)을 따르는 푸에르토 리코에서 백인으로 여겨지는 사람도 조상 중에 흑인이 있다면 유전자형(genotype)을 따르는 다른 국 가에서는 흑인으로 분류될 수도 있다(역자주: 외형적으로는 백인일지라도 유전자를 따져보면 백인 과 흑인의 혼혈인 경우가 있다. 이처럼 인종범주는 신체적 외형에 따라 인종유형을 구분하는 표현 형과 유전자형에 따라 달리 구별될 수 있다). 따라서 센서스에서 드러나는 수치는 인구의 '인종적' 구성에 대한 설명이자 해당 국가에서 사람들이 인종을 문화적으로 어떻게 분류하는지를 반증한다.

2 [역자주] 메스티소는 유럽계 백인과 원주민과의 혼혈인을 일컫는다.

3 [역자주] 백인과 메스티소를 따로 분류하는 경우도 있고 함께 분류하는 경우도 있다.

| 국가 | 수도 | 면적(㎢) | 인구(백만) | 인종<br>(상위 카테고리)¹ | 1인당<br>국내총생산 | 빈곤선<br>아래 인구 | 국가<br>언어 |
| --- | --- | --- | --- | --- | --- | --- | --- |
| 쿠바 | 아바나 | 110,860 | 11,031,433 | 백인 65%<br>물라토⁴/메스티<br>소 25% | $10,200 | N/A | 스페<br>인어 |
| 아이티 | 포르토<br>프랭스 | 27,750 | 10,110,019 | 흑인 95%<br>물라토 5% | $1,800 | 80% | 프랑<br>스어 |
| 도미니카<br>공화국 | 산토도<br>밍고 | 48,670 | 10,478,756 | 물라토/메스티소<br>73%<br>백인 16% | $15,000 | 34.4% | 스페<br>인어 |
| 푸에르토<br>리코 | 산후안 | 13,791 | 3,598,357 | 백인 76%<br>흑인 7% | $38,000 | N/A | 스페<br>인어 |
| 자메이카 | 킹스턴 | 10,991 | 2,950,210 | 흑인 91%<br>물라토 6% | $8,800 | 16.5% | 영어 |
| 트리니<br>다드 | 포트오브<br>스페인 | 5,128 | 1,222,363 | 동인도인 40%<br>흑인 38% | $32,600 | 17% | 영어 |
| 라틴아메리카 | | | | | | | |
| 콜롬비아 | 보고타 | 1,138,910 | 43,736,728 | 메스티소 58%<br>백인 20%<br>물라토 14% | $13,800 | 27.8% | 스페<br>인어 |
| 베네<br>수엘라 | 카라카스 | 912,050 | 29,275,460 | 메스티소 52%<br>백인 44% | $16,700 | 32.1% | 스페<br>인어 |
| 에콰도르 | 키토 | 283,561 | 15,868,396 | 메스티소 65%<br>원주민 25% | $11,300 | 25.6% | 스페<br>인어 |
| 페루 | 리마 | 1,285,216 | 30,444,999 | 원주민 45%<br>메스티소 37% | $12,200 | 25.8% | 스페<br>인어 |
| 볼리비아 | 라파스 | 1,098,581 | 10,800,882 | 원주민 55%<br>메스티소 30% | $6,500 | 45% | 스페<br>인어 |
| 칠레 | 산티아고 | 756,102 | 17,508,260 | 백인/메스티소<br>95%<br>원주민 5% | $23,500 | 14.4% | 스페<br>인어 |
| 파라과이 | 아순시온 | 406,752 | 6,783,272 | 메스티소 95%<br>원주민 5% | $8,700 | 34.7% | 스페<br>인어<br>과라<br>니어 |

---

4 [역자주] 물라토는 유럽계 백인과 흑인과의 혼혈인을 일컫는다.

| 국가 | 수도 | 면적(㎢) | 인구(백만) | 인종 (상위 카테고리)¹ | 1인당 국내총생산 | 빈곤선 아래 인구 | 국가 언어 |
|---|---|---|---|---|---|---|---|
| 우루과이 | 몬테 비데오 | 176,215 | 3,341,893 | 백인 88% 메스티소 8% | $21,500 | 18.6% | 스페인어 |
| 아르헨티나 | 부에노스 아이레스 | 2,780,400 | 43,431,886 | 백인 97% 메스티소 3% | $22,600 | 30% | 스페인어 |
| 브라질 | 브라질 리아 | 8,515,770 | 204,259,812 | 백인 54% 물라토 39% | $15,600 | 21.4% | 포르투 갈어 |
| 가이아나 | 조지타운 | 214,969 | 735,222 | 동인도인 44% 흑인 30% | $7,500 | 35% | 영어 |
| 프랑스령 기아나 | 카옌 | 83,534 | 250,109 | 흑인/물라토 66% 백인 12% | $19,828 | N/A | 프랑스어 |
| 수리남 | 파라 마리보 | 163,820 | 579,633 | 동인도인 37% 물라토 31% | $16,300 | 70% | 독일어 |

## 지리와 초기 역사

만일 라틴아메리카가 미국-멕시코 국경에서 '시작'된다면 라틴아메리카는 리우그란데강에서 칠레의 케이프혼까지 약 11,000km에 달한다. 폭이 가장 넓은 지점은 페루의 태평양 해안에서 브라질의 대서양 해안의 바이아까지로 5,000km에 달한다. 반면 가장 좁은 지점은 파나마 지협을 가로지르는 지역으로 길이가 77km에 불과하다. 라틴아메리카의 주요 산맥은 대륙을 태평양과 대서양 면으로 구분지으면서 북아메리카에서 중남아메리카로 뻗어 있다. 멕시코 북부의 주요 산맥은 건조한 사막 사이에 위치해 있고, 멕시코 남부와 중앙아메리카의 산맥은 상록수로 된 숲에 위치한다. 반면, 페루와 볼리비아에 걸쳐 위치한 안데스산맥은 고도에 따라 생태환경이 다양하게 나타난다. 안데스산맥의 저지대 계곡 지역은 비옥하며, 고지대의 푸나

(*puna*)지역은 나무가 자라지 않는 목초지거나 만년설로 덮여 있다. 안데스 산맥의 태평양 경사면은 활발한 화산 활동으로 인해 화산재 층을 형성해 집약적 농업에 유리한 환경을 조성했다. 이와 대조적으로 중앙아메리카의 대서양 저지대, 카리브해 섬, 안데스산맥 동쪽의 아마존 분지는 울창한 열대 우림 지역이다.

라틴아메리카는 이와 같이 지리적 다양성을 가진 공간으로 이곳에 살고 있는 원주민의 다양한 생계 전략, 인구밀도, 그리고 사회 조직의 형성에 영향을 미쳤다. 이는 다시 유럽인이 정착한 주요 지역, 식민지 정착인이 토지와 노동을 조직하는 방식, 식민지 경제의 자원 추출 전략에 영향을 미쳤다. 추정치에 따라 다르지만, 아마도 유럽의 정복 이전 아메리카 대륙의 인구는 유럽의 인구와 거의 비슷한 5천만에서 7천5백만 명이었을 것으로 추정된다(Eakin, 2007). 최초의 '아메리카인'은 4만 년 전쯤 베링해협을 건너 이주해왔을 가능성이 있으며, 약 1만 년 전에는 북아메리카와 라틴아메리카의 모든 지역에 사람이 거주하게 되었다. 멕시코 북부의 사막과 아르헨티나의 팜파스에 사는 사람들은 주로 수렵과 채집에 의존하여 생계를 유지했다. 카리브해의 열대우림, 중앙아메리카의 대서양 저지대, 아마존 분지에 사는 사람들은 동물을 사냥하는 한편 작은 땅의 초목을 태워 재를 비료로 사용하는 화전농업(swidden agriculture)[5]을 사용하는 반유목의 소농경민(semi-nomadic horticulturalists)[6]이었다. 자급자족 농업은 대규모 인구, 영구적인

---

5 [역자주] 화전농업(slash-and-burn)은 숲이나 삼림 지대에서 식물을 자르고 태워 스위든(swidden)이라는 밭을 만드는 농업 방법이다. 이는 경작지의 지력이 회복될 때까지 다른 경작가능지역에서 농사를 짓는 전환 농업(shifting agriculture)의 일종이다.

6 [역자주] 원예(horticulture)는 처음에는 생계를 위한 작물만을 재배하고 유지하다가 장식적 가치를 위한 식물을 재배하는 것으로 발전하였다. 인류학적 의미에서 원예는 식량을 위한 소규모의 비산업적 재배를 특징으로 하는 생계전략이다. 따라서 여기에서는 원예를 '소규모 농경'으로 번역한다.

구조, 광범위한 사회계층화를 지탱하지는 못했다. 그러나 중앙아메리카 및 멕시코의 태평양 쪽에 위치한 비옥한 경사면, 베네수엘라와 콜롬비아의 해안 평원에서는 원주민들이 관개 및 시비(施肥) 기술과 결합된 화전경작을 통해 더 많은 인구를 부양할 수 있었다. 따라서 상대적으로 농경이 발달한 지역에서는 영구적인 정착지가 형성되었고, 점유와 상속된 권리에 기초해서 더욱 복잡한 사회구조가 형성되기 시작했다.

메소아메리카와 안데스산맥 지역의 사람들은 마침내 대단위 인구를 부양하는 도시를 갖춘 국가 체제와 제국을 발전시켰다. 도시 주민들은 문자체계와 달력, 야금, 수술, 정교한 도자기, 화려한 직물, 기념비적인 석조 건축물을 발전시켰다. 광대한 교역체계는 상이한 미기후(微氣候) 지역과 민족들을 통합하였고 복잡한 사회구조는 극심한 사회적 불평등을 특징으로 하였다. 기원전 1500년 오늘날의 멕시코 베라크루즈에서 올멕(Olmecs)이 처음 등장하였으며, 서기 250년 마야인의 도시국가가, 서기 1250년에는 아즈텍(Aztecs)이 등장하면서 메소아메리카 문명은 절정에 이르렀다(Carmack et al., 2006). 이와 동시에 안데스 지역의 경우, 비옥한 계곡의 수로, 계단식 경작지 등 혁신적인 관개기술을 통해 대규모 인구를 지속적으로 유지하게 됨에 따라 유사한 특징을 지닌 대규모의 제국들이 등장하였다. 잉카 이전 가장 유명한 제국은 티티카카(Titicaca) 호수 기슭에 수도를 건설한 티와나쿠(Tiwanaku)(기원전 200년-서기 1000년)다. 티와나쿠의 종교적 도상학은 1430년 쿠스코 계곡에 제국을 건설한 잉카인에게 영감을 주었다. 마야와 아즈텍과 마찬가지로 잉카인은 이전 문명들로부터 종교적 이념, 사회구조, 기술을 계승하고 차용했다. 잉카 제국은 에콰도르에서 칠레 북부, 아르헨티나까지 뻗어 있었으며 수천 킬로미터의 도로망을 형성했다.

따라서 스페인 그리고 이후 포르투갈과 영국이 도착했을 때, 이미 라틴아메리카에는 다양한 민족들과 사회들이 존재했다. 1492년, 스페인인이 라틴아메리카에서 처음 조우한 사람들은 카리브해 섬의 소규모 농경민들이었다. 스페인인은 이들을 에덴의 순진한 민족이나 짐승 같은 야만인으로 인식하였다. 두 가지 고정관념 모두 원주민의 신체를 왕실의 필요노동력으로 예속시키거나 가톨릭교회에 의한 '구원'의 대상으로 삼는 것을 정당화하였다. 따라서 신대륙과 구대륙이 만난 지 약 50년 만에 원주민 인구의 대대수가 전쟁, 노예제, 생활터전으로부터의 축출, 면역이 없는 구세계의 질병 등으로 인해 사망하였다. 1519년 에르난 코르테스(Hernán Cortés)는 11척의 배와 500명의 사람들을 이끌고 쿠바를 떠나 멕시코로 향했다. 2년 만에 아즈텍 제국은 제국 내 경쟁국과의 군사적 동맹, 불만을 품은 신민, 질병, 수도 테노치티틀란의 마지막 80일간의 포위 등 복합적인 요인으로 인해 정복당하고 말았다. 코르테스의 성공은 뒤따른 정복자들의 모델이 되었다. 1524년 페드로 데 알바라도(Pedro de Alvarado)는 코르테스의 전략을 이용해 과테말라 고원지대의 키체(Kiche)와 칵치켈마야(Kakchikel Maya) 그리고 엘살바도르의 피필(Pipil)을 정복하기 시작했다. 그러나 이러한 정복은 더디게 진행되었고 많은 마야인들은 1800년까지 스페인으로부터 고립된 채로 지냈다. 특히 페텐(Petén) 우림으로 피신한 마야인들은 더욱 그러했다.

1513년 바스코 누네스 데 발보아(Vasco Nuñez de Balboa)는 파나마 지협을 건너 식민지 거점을 마련하였다. 이곳으로부터 정복자들은 코스타리카와 니카라과로 이동하여 그곳의 원주민을 정복하여 노예로 삼았다. 1524년에는 프란시스코 피사로(Francisco Pizarro)가 라틴아메리카의 태평양 해안을 탐험하기 시작했다. 그곳에서 피사로는 아름다운 금, 은, 도자기, 직물을 가진 잉카 제국 변경의 사람들을 마주쳤다. 잉카제국이 내전 중이던 1530년 되돌아온 피사로는 잉카인의 자만심과 내부 분쟁을 이용해 아타우알파

(Atahualpa) 황제를 생포함으로써 잉카제국 정복의 서막을 올렸다. 스페인 정착의 핵심 세 지역(아즈텍, 잉카, 카리브해)에 대한 정복은 비교적 짧은 기간에 극적으로 이루어진(대규모 저항이 없었던 것은 아니지만) 반면, 주변 지역의 정복은 더디고 단편적이었으며 부와 노동력, 종교 개종의 측면에서 훨씬 보상이 적었다. 1850년까지만 해도 아메리카 대륙의 대다수 지역은 공인된 어떤 국가의 공식적인 통제를 받지 않았다.

초기 스페인 정복자들의 주된 목적은 주로 대제국을 약탈하고, 종교적 개종자를 확보하는 것이었다. 하지만 식민지 정착이 시작되면서 정복자들은 식민도시를 건설하고 광산과 농장 개발을 통해 자원 추출을 통한 부를 축적하고자 했다. 그들은 스페인이 요구하는 종류의 농업과 광업에 익숙한 원주민 인구가 밀집해 있으며 기후가 온화한 지역에 정착하는 경향이 있었다. 일반적으로 이러한 지역에는 이미 마을과 도로와 같은 인프라가 잘 구축되어 있었다. 멕시코의 스페인 정착지는 중앙 계곡지역에 집중되는 경향이 있었으며 중앙아메리카의 경우에는 비옥한 태평양 경사면과 고원 계곡지역에 집중되었다. 스페인과의 교역은 대서양/카리브해 연안에서 주로 행해졌지만 스페인인의 정착지는 주로 선교지와 요새로 제한되었다. 열대 저지대는 환경이 열악하다고 여겨졌으며, 원주민들은 적대적이었고, 해안은 영국 해적이 들끓었기 때문이다. 실제로 중앙아메리카의 대서양 해안은 스페인 식민지와 이후 독립국가의 주변부로 여겨졌다. 이는 영국이 쿠나(Kuna)족, 미스키토(Miskito)와 같은 원주민과 동맹을 맺었으며 서인도 제도에서 아프리카 노예를 데려오면서보다 스페인적이고 원주민적인 태평양 쪽과는 구별되는 새로운 문화와 인종적 특성을 형성했기 때문이다. 1900년대 초에 이르러서야 파나마 운하와 철도가 건설되면서 태평양과 대서양 양쪽은 산맥을 가로지르는 사람과 물자의 이동에 의해 통합되기 시작했다(Woodward, 1999).

라틴아메리카의 경우, 안데스산맥은 서쪽의 좁은 태평양연안지역과 동쪽의 광활한 열대우림, 관목림, 팜파스로 대륙을 불균등하게 나눈다. 스페인인과 포르투갈인은 항구, 플렌테이션 농장, 도시를 건설한 태평양과 대서양 연안 지역에 정착하는 경향이 있었으며 상대적으로 내륙 지역에는 정착하지 않았다. 그 결과 라틴아메리카의 많은 국가는 문화적·인구학적·정치적으로 더 도시적이고 유럽적이며 메스티소적인 해안 지역과 더 토착적인 성격의 내륙 지역으로 구분되곤 한다. 광활한 아마존 분지와 안데스 지역을 통합하려는 시도는 1800년대부터 철도 및 아마존 횡단 고속도로와 같은 프로젝트를 통해 시도되었지만 지리적 여건과 자금 부족으로 어려움을 겪었다.

라틴아메리카의 또 다른 주요 인구 집단은 수백만 명의 아프리카계 흑인이다. 이들의 조상은 정복 초기 전염병과 전쟁으로 급감한 원주민 인구를 대체하기 위해 1500년대부터 대서양을 통해 아프리카로부터 이동한 노예들이다. 이들은 주로 설탕 농장과 다른 식민지 추출 활동의 노동력으로 활용되었다. 아프리카계 흑인은 주로 대농장이 위치했던 카리브해 지역과 브라질 북동부에 집중되었지만 라틴아메리카 전역에서 가사노동과 숙련된 장인으로 일하기도 했다. 아프리카인과 이들의 카리브 후예들은 또한 중앙아메리카 대서양 연안의 벌목, 카카오 생산, 바나나 농장, 파나마 운하 건설 현장의 노동력으로 끌려오기도 했다. 그곳에서 그들은 원주민과의 혼혈을 통해 독특한 아프리카-원주민 혼혈 집단을 형성했다. 일부 아프리카 출신 노예들은 대농장을 탈출하여 열대우림이나 산속 깊은 곳에 정착해 '마룬 공동체(maroon societies)'를 형성하기도 하였다. 가장 유명한 공동체 중 하나는 오늘날 브라질의 알라고아스(Alagoas)에서 1600년대 내내 지속된 탈출노예의 팔마레스(Palmares) 공동체다. 팔마레스는 포르투갈 군대에 의해 폭력적으로 진압되었지만, 브라질, 콜롬비아, 자메이카, 가이아나의 다른 마룬 공동체들은 살아남아 오늘날까지도 신앙과 전통을 세대를 걸쳐 전승하고 있다. 아프리카인이 끌려갔던 곳 어디에나 이들의 요리, 종교, 사회적 관습은 현지 문화의 중요한 부분으로 남아 있다(Andrews, 2004).

마지막으로 라틴아메리카 문화에 영향을 미친 인구 집단은 환태평양지역을 가로질러 온 사람들이다. 1800년대에 노예제도가 폐지된 후, 영국은 인도에서 사람들을 데려와 농장에서 계약직 노동자로 일하게 했다(Williams, 1984). 중국인과 일본인도 1900년대 초반 가난한 이주농으로 이주해왔다. 비록 많은 일본인들이 다시 일본으로 되돌아가려는 의도를 가지고 브라질과 멕시코로 이주했지만, 많은 수가 라틴아메리카 국가들에 머물며 중요한 일본인 공동체를 형성하였다. 이 중 가장 주목할 만한 일본인 공동체는 브라질의 상파울루에 위치하고 있다(Masterson, 2003).

이처럼 복잡한 정복과 정착, 이주의 결과, 오늘날 라틴아메리카에는 다양한 민족, 문화, 언어가 존재한다. 라틴아메리카인은 어떤 '인종'도 될 수 있으며, 스페인어와 포르투갈어 이외에도 여러 언어를 구사할 수 있다. 라틴아메리카는 4개의 상이한 대륙에 기원을 둔 문화적 영향을 흡수해왔다.


## 경제 불평등과 정치

라틴아메리카의 지역적 · 인종적 다양성은 계급 내 극단적 편차를 강화하고 또한 역으로 계급 내 극단적 편차가 지역적 · 인종적 다양성을 강화하기도 한다. '계급'은 사람들이 인식하는 또는 실제의 경제적 소득과 지위에 따라 가지게 되는 상이한 기회를 의미한다. 이런 측면에서 라틴아메리카는 오랫동안 세계에서 가장 불평등한 지역이었으며 이러한 불평등은 거리의 가장 일상적 상호작용에서부터 이웃의 인종적 정체성, 도시 건축에 이르기까지 삶의 모든 측면에 스며 있다.

라틴아메리카의 불평등은 식민지 지배의 유산이자 독립 이후 지속되어 온 엘리트 '우월성'의 산물이다. 라틴아메리카에서 불평등이 지속되는 정확한 원인에 대해서는 많은 논의가 있지만, 대부분의 학자는 불평등한 토지 분배와 기존의 불평등한 원주민 체제를 대체한 식민지 억압체제 때문이라는 것에 동의한다. 식민지체제는 인종(유럽인 대 원주민), 종교(기독교인 대 이교도), '문명화'의 정도에 기반한 논리를 통해 원주민을 예속시켰다. 이러한 식민 지배 시기의 구조와 이데올로기는 독립 후에도 오랫동안 유지되었다. 스페인이 '신세계'를 정복하고 정착하기 시작하면서 토지는 스페인 왕실이 정복자에게 수여하는 상품이 되었다. 그 결과 라틴아메리카의 토지는 부재지주를 포함한 엘리트의 차지가 되었고 토지에 대한 원주민의 권리 요구는 대부분 무시되었다. 토지에 대한 법적 상속권이 보장되어 정치적으로 유력한 가문이 토지와 부를 영구적으로 보유할 수 있었다. 많은 경우 불평등한 토지 분배로 인해 개발이 저해되고 특권을 유지하려는 소수의 엘리트들에게 정치 권력이 집중되었다. 한편, 취약한 재정 시스템은 현대 라틴아메리카에서 높은 불평등이 지속되는 원인이다. 라틴아메리카에서 보다 재분배적인 소득세 제도가 도입된다고 하더라도 여전히 불평등한 토지 소유 구조와 부의 집중으로 인해 라틴아메리카의 불평등은 지속될 것이다. 예를 들어 오늘날 브라질에서는 인구의 1%가 토지의 50%를 소유하고 있다.

2012년, 세계에서 가장 불평등한 15개 국가 중 대다수가 라틴아메리카에 위치했다. 라틴아메리카의 수백만 명의 사람들이 매일 겪는 불평등은 통계 수치 그 이상이다. 소수에게 집중된 토지 소유권, 기업식 농업의 확장, 농촌 지역의 교육 및 기타 자원 부족으로 인해 1960년대에 많은 라틴아메리카인이 도시로 이주하기 시작했다. 이주민은 종종 도시 외곽 지역에 비공식 주거지와 판자촌을 만들었다. 예를 들어, 페루의 리마에서는 인구의 약 35퍼센트가 판자촌에 살고 있다. 페루 사람들이 푸에블로 호베네스(pueblos jóvenes)라고 부르는 비야 엘살바도르(Villa El Salvador)나 후아이칸(Huaycán)과 같은 대규모 빈민가는 기초 자원에 대한 접근성 부족, 높은 실업률과 빈곤, 열악한 학교와 의료 서비스, 인구 과밀 등을 주된 특징으로 한다. 라틴아메리카의 몇몇 판자촌은 부유한 지역 바로 옆에 위치하고 있다. 라틴아메리카와 같이 빈민가와 부촌이 그토록 근접한 지역은 전 세계적으로 드물다. 판자촌에는 유색인종이 거주하는 경우가 많은 반면, 가장 부유한 지역에는 스스로를 '블랑코(blancos)' 또는 '브랑코(brancos)'(백인 또는 유럽계라고 주장하는 사람)라고 부르는 사람이 거주할 가능성이 높다.

다양성과 불평등은 또한 라틴아메리카의 독특한 민족주의 및 통치형태와 상호 연결되어 있다. 1700년대에 처음 독립의 움직임이 일어났을 때, 대부분 아메리카 태생의 백인 엘리트(크리오요(criollos) 크레올로(creolos))들은 스페인의 지배를 종식시키겠다는 목표를 달성하기 위해서 그동안 지배당하고 적대적으로 여겼던 다양한 종족들 사이에서 공통의 정체성을 형성해야만 했다. 따라서 국가 상징과 상상된 '조국에 대한 연대감'에 대한 명확한 요구는 더 일찍이 존재해왔지만 크리오요 엘리트들 자체가 분열되어 있었기 때문에 나머지 세계에 비해 상대적으로 공동의 정체성을 형성하기는 쉽지 않았다. 1800년대 초 독립 이후 라틴아메리카의 많은 지역이 불안정했는데, 이는 부분적으로 엘리트들이 민주적인 사회 또는 '공동의 정체성을 가진 사회'를 구축하지 못했기 때문이다. 따라서 국가건설은 부분적으로 무력을 통해 이루어졌는데, 주변부의 '미개한' 사람들이 수출 지향 경제로 점점 더 강력해진 국가에 의해 폭력적으로 통합되었기 때문이다.

20세기에 들어서면서 제툴리오 바르가스(Getúlio Vargas)의 브라질, '제도혁명당(PRI)'의 초대 지도자가 이끌었던 멕시코, 후안 페론(Juan Perón)의 아르헨티나 등 라틴아메리카 국가들은 광활한 영토를 통합할 수 있는 강력한 중앙집권적 정부를 구축하기 시작했다. 이러한 정부들은 종종 자원 재분배, 빈곤 감소, 외국의 경제적 악영향 종식이라는 인민주의적 요구를 통해 자신들의 존재를 정당화했지만, 이러한 목표를 달성한 정부는 거의 없었다. 오히려 이들 국가에서는 권위주의 정권이 급격하게 부상하거나, 온건한 개혁주의자라도 공산주의자로 의심하는 냉전 분위기로 인해 권위주의적 색채는 더욱 강화되었다. 그 결과 아르헨티나, 칠레, 브라질, 파라과이, 우루과이, 온두라스, 도미니카 공화국 등에서는 미국의 지원을 받은 보수 혹은 군사 정권이 정치적 암살, 납치, 고문을 일삼으며 점점 더 폭력적이고 억압적인 성격을 띠었다. 쿠바, 과테말라, 엘살바도르, 니카라과 정권에서는 마르크스주의/좌파 게릴라군과 정부군 간의 내전이 벌어졌다. 쿠바와 니카라과에서는 게릴라군이 권위주의 정권을 무너뜨리고 새로운 정치 및 경제 구조를 수립하는 데 성공한 반면, 엘살바도르와 과테말라에서는 평화 협정이 체결되었지만 내전의 근복적 원인인 불평등 구조를 바꾸는 데는 거의 성공을 거두지 못했다(14장 참고).

냉전 시대와 1990년대 내내 그리고 특히 초인플레이션 기간에 불평등은 심화되었다. 경제 혼란은 외국 국제 금융 기관과 정부가 받아들인 강요된 '개혁(긴축)' 정책과 더불어 권위주의 정권의 역할이 컸다. 라틴아메리카에서는 민주주의로의 이행이 급진전되는 한편 각 국가는 경제적 규제와 식량 및 교통에 대한 보조금 대부분을 철폐했다. 1980년대와 1990년대에 대부분의 권위주의 정권은 '자유 시장'(또는 '신자유주의') 기반 접근법을 옹호하는 중도 우파 정부로 대체되었다. 또한 이들은 세계 최대 규모의 지역 무역블록과 협력하기도 했지만, 이 경우 라틴아메리카 중심이라기보다는 '대륙적' 규모의 협력이었다. 예를 들어, 북미자유무역협정(North American Free Trade Agreement, NAFTA)과 중미자유무역협정에는 북아메리카의 많은 국가가 포함되어 있는 반면, 남미공동시장(Mercado Común del Sur, MERCOSUR)의 회원국은 모두 라틴아메리카 국가다. 태평양에 접한 북아메리카 및 라틴아메리카 국가들이 환태평양경제동반자 협정에 가입함에 따라 이러한 남-북 구분은 새로운 동-서 구분으로 대체될 수도 있다(12장 참고).

지역 무역 블록과 자유무역 정책의 설계자들은 경제 발전과 사회 진보를 약속했지만 지난 40년 동안 라틴아메리카는 제한적인 성장을 경험했을 뿐이다. 경제적 문제는 높은 수준의 부패와 폭력, 정치적 배제, 사법적 취약성 등 정치 및 사회적 문제와 상응한다. 2012년 살인율이 가장 높은 상위 7개국이 라틴아메리카와 카리브해에 위치해 있었다.

불평등과 폭력에 대한 라틴아메리카의 문제에도 불구하고 이 지역 사람들은 종종 국가별 행복도나 애국심 조사에서 가장 높은 순위를 차지하며, 이 지역은 다방면에서 풍부하고 끊임없이 진화하는 문학, 무용, 음악, 영화제작 양식들로 잘 알려져 있다(21장 참고). 촘촘하게 짜인 가족 구조와 공동체는 일종의 연대 책임의 형태를 창출한다. 이는 라틴아메리카인 다수가 존중하는 것이며 자신들이 이주할 경우 재생산하고자 하는 어떤 방식이다. 마지막으로, 라틴아메리카는 이 지역의 토지와 사람에게 잠재된 엄청난 부의 축복을 받고 있다. 세계는 식량, 광물 자원, 혁신이라는 측면에서 영토에 비해 인구가 적은 라틴아메리카에 점점 더 의존하게 될 것이다.

# 결론: 환태평양지역을 향하여?

라틴아메리카는 지난 5세기 동안 대서양과 긴밀하게 연결되어 왔다. 유럽 정복자들과 아프리카 출신 노예들이 원주민과 상호작용한 방식은 이 지역의 다양성과 범주적 경계를 이해하는 데 필수적인 요소다. 최근 몇십 년간 라틴아메리카는 아이디어, 상품, 인적 교류를 위해 태평양연안으로 눈을 돌리기 시작했다. 1963년부터 2010년까지 라틴아메리카와 아시아-태평양 국가 간의 무역 비중은 5% 미만에서 20% 이상으로 증가했다. 2015년 중국 은행들은 라틴아메리카 정부에 약 300억 달러의 대출을 제공했는데, 이는 세계은행과 미주개발은행이 이 지역에 제공한 금액을 합친 것보다 더 많은 금액이었다. 상품과 투자로 인해 아이디어가 생겨나면서 태평양 양측의 다양한 사람들은 더 큰 인식과 관심으로 서로를 계속해서 바라볼 것이다. 이것은 기념비적인 변화를 의미한다. 왜냐하면 이제껏 유럽중심적인 연계가 라틴아메리카적인 것을 규정함에 있어 큰 영향을 미쳤다. 그러나 서반구가 대서양을 횡단하며 사람들을 연결하였듯이 이제 태평양을 가로질러 사람들이 연결된다면 라틴아메리카는 '아메리카(또는 아메리카 대륙)'와 구분 짓기 어려울 수 있다. 라틴아메리카의 일부 사람들이 '*latinoamericanidade*(라틴아메리카 정체성)'에 대해 느끼는 자부심을 부정할 이유는 없지만, 향후 라틴아메리카는 계속해서 진화하고 모양을 바꿔나갈 일종의 살아 있는 유산으로 이해하는 것이 가장 적합하다.

## 토론을 위한 질문

• 라틴아메리카의 다양성과 유사성의 근원은 무엇일까?

• 라틴아메리카에서 불평등이 심한 이유는 무엇인가? 어느 정도까지 지역적 또는 세계
적 요인으로 설명할 수 있을까?

• 라틴아메리카는 어떻게 환태평양지역의 일부가 되고 있나?

## 심화학습

Andrews, George Reid. (2004). *Afro-Latin America*, 1800-2000 (Oxford University Press).

Carmack, Robert, Janine Gasco, and Gary Gossen. (2006). *The Legacy of Mesoamerica: History and Culture of a Native American Civilization* (Routledge).

Chasteen, John. (2016). *Born in Blood and Fire*: A Concise History of Latin America (W.W. Norton and Company).

Eakin, Marshall. (2007). *The History of Latin America: A Collision of Cultures* (Palgrave Macmilla).

McGuinness, Aims. (2003). "Searching for 'Latin America': Race and Sovereignty in the Americas in the 1850s", in Nancy Applebaum, Anne Macpherson, and Karin Alejandra, eds. *Race and Nation in Modern Latin America* (University of North Carolina Press).

Masterson, Daniel. (2003). *The Japanese in Latin America* (University of Illinois Press).

Williams, Eric. (1984). From Columbus to Castro: *The History of the Caribbean* (Vintage Books).

Woodward, Ralph Lee. (1999). *Central America; A Nation Divided* (Oxford University Press).

2부
——

환태평양 지역학의 주제들

# 7장 식민주의(들)의 시대

셰인 J. 바터(Shane J. Barter)

　여러 왕국과 국가는 오랫동안 영토를 두고 서로 경쟁하고 침략하였지만, 유럽의 식민주의는 새로운 형태의 제국주의를 대표하였다. 상대적으로 영토가 작은 유럽 국가들이 훨씬 더 큰 문명들을 지배하게 되면서 처음으로 정치적 확장이 세계적인 규모로 일어났다. 식민주의의 역사는 흔히 대서양의 역사로 알려져 있는데, 이는 유럽 열강이 아프리카 대륙 남쪽을 돌아 항해하고 서쪽으로 나아가 아메리카 대륙을 개척하였기 때문이다. 이 장에서는 태평양연안에 중점을 두고 유럽 식민주의에 대한 개요를 제공한다. 결국, 유럽 열강들이 유럽을 넘어 항해한 것은 아시아 시장으로의 진출과 향신료 확보가 주된 이유였다. 이 장에서는 또한 식민주의의 다양한 의미와 형태를 설명한다. 우리는 유럽 식민주의를 단수형으로 말하는 경향이 있지만 초기식민주의와 후기식민주의, 그리고 정착 또는 지배로서의 식민주의 사이의 차이들 때문에 우리는 복수형의 '식민주의들'이라는 용어를 사용하는 것이 필요하다.

## 기원들

15세기 초의 탐험은 종교적 논리와 경제적 논리가 서로 뒤얽혀 이루어졌다. 포르투갈과 스페인은 자신들의 땅에서 무슬림인들을 성공적으로 그리고 잔인하게 밀어내며, 남쪽으로 계속하여 나아갔다. 이들 가톨릭 국가와 그들의 교회 후원자들에게 있어 아시아는 수백만 명의 잠재적 개종자들과 신화적인 기독교 왕국들이 자리 잡은 곳이었다. 아시아는 또한 비단, 향신료 및 기타 상품을 생산하는 잠재적인 부의 본거지이기도 하였다. 그러나 유럽인들은 무슬림 경쟁자들이 아시아 상품에 대한 접근을 박탈하고 이들 물품을 유럽으로 직수입하기를 원하였기 때문에 금전적 이익에 대한 욕구는 종교적 동기와 분리되지 않았다. 이처럼 신과 돈은 초기 탐험의 동기부여에 있어 동시에 작용했다.

포르투갈 선원들은 1470년대에 아프리카를 탐험하기 시작하였고, 1498년에는 인도로 가는 도중 대륙을 일주하게 되었다. 한편, 스페인 관리들은 서쪽 항로를 통해 아시아를 발견하고자 하는 이탈리아 선원 크리스토퍼 콜럼버스가 이끄는 탐험대를 후원하였다. 콜럼버스는 일본을 찾기 위해 1492년 바하마에 도착하였다. 이때부터 한 세기 동안 포르투갈과 스페인은 교회의 자금지원과 항해술의 획기적인 발전에 힘입어 그들의 영향력을 세계로 뻗어나갔다. 스페인은 1519년 아즈텍 제국으로 진출하기 이전, 초기에는 히스파니올라의 섬들(지금의 도미니카 공화국과 아이티)과 쿠바에 집중했다. 스페인은 중남미 전역으로 영토를 확장하고 계속하여 태평양을 건너 1542년부터 필리핀(스페인 국왕 필립 2세의 이름을 본따서 명명)을 식민지로 삼았다. 스페인은 포르투갈과의 협정으로 인하여 동쪽으로는 항해할 수 없었으며, 아메리카 대륙에서 아시아로만 항해할 수 있었다. 이로 인하여 필리핀은 실질적으로 스페인, 멕시코의 식민지가 되었으며, 중국과의 갤리온무역을 따라 안전한 항구를 제공하게 되었다. 갤리온무역은 스페인이 대규모 선단을 활용하여 아메리카 대륙의 은과 기타 상품을 가져와 중국의 비단, 향신료 상품과 교역하는 것이었다. 이를 통해 스페인은 막대한 이익을 얻었으며 수천 명의 필리핀인들이 일찍이 멕시코로 이주하기를 의도했다. 필리핀의 식민주의는 대규모 토지 소유자와 강력한 가톨릭 수사들이 시골을 지배한 라틴아메리카와 유사하였다. 19세기 초 라틴아메리카 국가들이 독립을 하게 되자 많은 스페인 엘리트가 자신들의 식민지 특권을 되살리기 위해 필리핀으로 이주하였다. 이러한 방식으로 필리핀 제도의 스페인 식민주의는 태평양연안 전체에 걸쳐 있었다.

가톨릭 경쟁자들이 마닐라 갤리온 무역을 통해 이익을 향유하는 것을 본 프랑스는 아시아 시장을 조사하기 위해 동쪽과 서쪽으로 자신들의 탐험가들을 파견하였다. 프랑스는 캐나다에 식민지를 건설하고 아프리카와 인도에 일련의 항구를 건설하였는데, 이는 제1차 프랑스 식민지 제국으로 알려져 있다. 17세기 초, 네덜란드와 영국은 식민지시대에 합류하였는데 식민지 개척자들은 아메리카 대륙으로 향하고 상인은 아프리카를 거쳐 아시아로 항해하였다. 아메리카 대륙에서 네덜란드가 카리브해 일부를 식민화하고 지금의 뉴욕 일대를 차지하는 한편 영국 식민지 개척자들은 본래의 13개 미국 식민지를 건설하였다. 16세기의 식민주의는 스페인과 포르투갈이 주도하였지만, 17세기에는 북유럽 세력이 우위를 차지하였다. 영국은 카리브해, 북아메리카, 아프리카, 인도에 식민지를 건설하였고 그 과정에서 네덜란드, 프랑스와 충돌하게 되었다. 포르투갈은 유럽을 기준으로 동쪽으로 스페인은 서쪽으로 항해하였지만, 영국은 양방향으로 항해하며 대서양과 태평양의 강대국이 되었다.

17세기의 극적인 식민지 확장은 대부분 정부가 아닌 기업을 통해 이루어졌다. 스페인과 포르투갈은 가톨릭교회의 후원을 받았지만, 영국과 네덜란드는 잠재적으로 수익성이 높지만 그만큼 위험 요소도 높은 아시아로의 항해였기 때문에 자금을 확보할 다른 방법이 필요하였다. 그 해결책은 투자자들이 필요한 자본의 상당량을 제공하고 다양한 주주들에게 위험을 분산시키는 기업 설립을 장려하는 것이었다. 1600년에 영국 동인도회사가 설립되었고, 얼마 지나지 않아 1602년에는 네덜란드 동인도회사가 설립되었다. 그 밖에도 영국 북보르네오 회사, 러시아-아메리카 회사, 허드슨 베이 회사, 노스웨스트 회사 등 여러 식민지 회사가 설립되었다. 우리는 기업이 가진 권력을 새로운 발명품으로 생각하는 경향이 있지만, 초기식민주의 시기에는 유한회사(private company)가 실제로 전 세계 영토를 지배하고 있었던 점을 고려하면 새로운 일도 아니라고 할 수 있다.

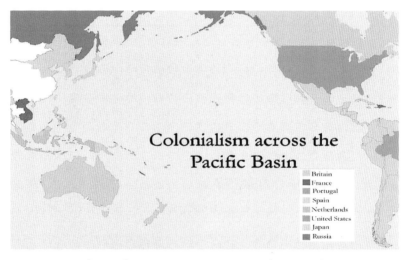

[그림 7.1] 태평양연안에 걸친 식민주의 개요(다양한 시대)

유럽 열강은 식민지 확장에 필요한 자본을 보유하고 있었지만, 어떻게 작은 유럽 세력들이 광대한 영토를 지배할 수 있게 되었던 것일까? 유럽인들은 새로운 기술과 이를 활용할 방법을 창출함으로써 우월한 군사력을 발달시켰다. 유럽인들은 무역이나 정치에서 뛰어나진 않았지만 전쟁에서 두각을 나타냈으며 이는 유럽이 식민지를 지배한 주요인이 되었다. 하지만 다른 수단 없이는 유럽인이 식민통치를 확립할 수는 없었다. 유럽인들은 결코 세계를 직접적으로 제압할 수 없었기 때문에 일반적으로 '분열과 지배' 전략을 활용하였다. 유럽인은 현지 갈등구조에서 한쪽 진영과 동맹을 맺는 한편 현지 통치자와도 결탁하여 자신들의 영향력을 서서히 그리고 간접적으로 확대하였다. 이러한 동맹의 상당수는 현지 소수종족이거나 축출될 왕실 파벌이었는데 이는 식민주의자들이 분열을 조장하였다기보다는 이를 활용해 권력을 확립하였다는 것을 시사한다. 평범한 사람들에게 유럽 통치자가 현지 왕들보다 항상 더 최악이었던 것은 아니었기에 대중은 자신들 지배자의 피부색에 대해서는 때때로 무관심하였다는 점을 인식하는 것 또한 중요하다. 어떻게 생겨났든 간에, 유럽 열강들은 지구 전역의 영토를 통제하였다. [그림 7.1.]은 다양한 시대에 걸쳐 태평양연안에 발생한 주요 식민지 권력의 대략적인 개요를 제공한다.

## 초기식민주의와 후기식민주의

우리는 '식민주의'를 단수로 말하는 경향이 있지만, 이는 다양한 행위와 정책을 한데 묶어 보는 오류를 범할 소지가 있다. 식민주의는 다양한 형태가 존재하였고 지금도 존재한다. 유럽 식민주의를 이해하기 위해서는 먼저 초기식민주의와 후기식민주의를 구분하는 것이 유용하다.

때때로 '대항해시대'라고 불리는 초기식민주의는 15세기 말부터 18세기 초까지 지속되었다. 아메리카 대륙과 오세아니아의 일부 지역에서는 원주민 인구의 희생보다 중요하게 탐험과 정착이 이루어졌다. 나머지 세계에서 유럽인은 작은 항구를 장악하며 이를 통해 무역에 접근하고 독점을 확립하고자 하였다. 아프리카, 인도, 동남아시아에서 유럽인은 선박에 연료를 재주입하고 물품을 보관함에 있어 전략적으로 중요한 항구를 점령하거나 건설하였다. 동남아시아에서는 스페인이 마닐라에 집중한 반면, 포르투갈은 말라카를 네덜란드는 추후 바타비아(Batavia)를 지배하였다. 포르투갈은 또한 1557년 동아시아 최초의 유럽 식민지였던 마카오를 임대하였고 남아시아에서는 '고아(Goa)'를 점령하였다. 포르투갈과 네덜란드 상인들은 곧 일본 남부의 항구에 접근할 수 있었지만 많은 동아시아 국가들이 유럽의 팽창에 저항할 만큼 강력하였다. 특히 아시아의 경우, 초기 유럽 식민지 개척자들은 당시 많은 상인 중 일부에 불과하였다는 점에 유의하는 것이 중요하다. 아시아에는 오랜 역사를 가진 역내 무역과 다양한 방문객이 있었으며 유럽인은 새로운 자본을 들여오고 가격을 인상하며 실제로는 초기 무역을 풍요롭게 만들었다(Reid, 1988). 따라서, 아시아에서 초기식민주의는 탐험과 무역으로 특징지어졌다. 어떤 면에서는 당시 유럽인들이 영토보다는 시장통제에 더욱 관심이 있었기에, 시장에 대한 초기식민지배는 오늘날 우리가 말하는 '신식민주의'와 유사하다.

'고도 식민주의(high colonialism)'로도 알려진 후기식민주의는 대략 1815년 나폴레옹전쟁이 끝날 무렵에 시작되었다. 이 전쟁들은 유럽의 권력 역학을 크게 변화시켜 스페인과 프랑스와 같은 가톨릭 국가들을 약화시켰고, 영국이 부상하는 계기가 되었다. 아메리카 대륙에서는 나폴레옹전쟁이 스페인의 지배를 종식시키며, 여러 라틴아메리카 국가의 독립에 기여하였다. 미국이 수십 년 전에 독립한 상황에서 아메리카 대륙의 후기식민주의 시대는 많은 식민지 인구가 유럽 열강으로부터 독립한 것이 특징이다. 이 시기는 또한 영국이 미국을 잃고 호주와 뉴질랜드를 식민지로 삼는 등 새로운 식민지가 출현하던 때이기도 하다.

아시아에서 후기식민주의는 그 양상이 매우 달랐다. 나폴레옹전쟁으로 식민지 기업들이 파산하고 식민지에서 격변이 일어났다. 다수의 식민지가 유럽에서 일어난 사건에 대응하여 급격하게 입장을 선회하였다. 이 시점부터 국가가 직접 주도하는 식민주의가 새로운 규범이 되었다. 네덜란드는 전쟁으로 폐허가 된 나라를 재건하기 위해 지금의 인도네시아에 대한 지배력을 강화하고자 하였다. 이전에는 일련의 항구와 원주민 왕들을 통한 간접통치에 국한하였던 네덜란드는 내륙으로 이동하여 영토를 지배하는 것을 추구하였다. 이를 통해 네덜란드는 이전에는 무역을 통해 확보하던 물자의 생산을 실제로 확대할 수 있다. 그러나 영토를 확보하기 위해 유럽 열강은 통치 체제를 확립하고 도로를 건설하며 원주민을 감시해야 하였으며 이는 매우 새로운 형태의 식민통치로 이어졌다. 네덜란드가 인도네시아를 지배하는 가운데 영국은 지금의 인도, 미얀마, 싱가포르 및 말레이시아를 지배하기 위해 세력을 확장하였다. 식민지 개척자들은 내륙으로 진출함으로써 항구무역을 통해서는 얻을 수 없었던 귀금속 채굴과 같은 새로운 유형의 자원을 활용할 수 있는 기회를 얻었지만, 그 대가로 유럽인들은 더 많은 투자 비용을 치러야 하였고 원주민들은 문화적 자율성을 상실하였다. 초기식민주의가 무역을 장악하는 것이었다면, 후기식민주의는 생산을 장악하고 확대하는 것이었고, 이를 위해서는 영토에 대한 직접적인 통제가 요구되었다.

중국에서 유럽인들은 일련의 불평등조약을 통해 청나라 황제에게 토지를 임대하고 유럽인에게 항구를 개방하도록 강요하는 등 자신들의 영향력을 확대해갔다. 초기식민주의 시대에는 유럽 상인들이 실제로 역내 시장에 기여하였지만 이제는 유럽 상인들은 무역을 성공적으로 통제하며 비유럽 상인들을 밀어냈으며 역내 경제의 쇠퇴를 가져왔다. 19세기에 이르러 식민지 개척자들은 단지 거기에 무엇이 존재하는지 의문을 두는 것이 아니라 대신에 남아 있는 것이 무엇인지에 관심을 집중함으로써 세계지도를 식민지배로 가득 채우고자 하였다. 부활한 프랑스 제국과 더불어 후발주자였던 독일, 벨기에, 이탈리아가 식민지를 확대함에 따라 영국은 종종 단지 경쟁국을 배제하기 위해 식민화를 추진하였다. 이는 공식적으로는 식민화되지 않았던 태국, 일본, 중국과 같은 소수의 왕국들에 엄청난 압박으로 다가왔고 이들은 생존을 위해 많은 면에서 유럽 국가들처럼 행동해야 하였다.

## 정착 대 지배

시간의 흐름에 따라 식민주의를 구분하는 것과 아울러 두 번째 연관된 구분 방식은 식민주의의 논리에 따른 것이다. '신세계(아메리카, 호주, 뉴질랜드)'의 정착을 위한 식민주의와 '구세계(아프리카, 중동, 아시아)'의 지배로서의 식민주의에는 근본적 차이가 존재한다. 정착은 토착 사회에 대한 덮어쓰기로 이루어졌는데 많은 원주민의 관점에서 이는 영구적인 식민주의를 나타낸다. 지배는 이익을 추구하기 위한 무역의 독점, 토착 사회에 대한 착취를 통해 구성되지만 아시아 사회는 자신들을 몰아내고 그들의 영토를 영구히 점령하는 유럽인을 결코 두려워하지 않았기 때문에 한시적인 지배만 가능하였다.

특정 지역이 정착의 대상이 될지 지배의 대상이 될지를 결정하는 요인은 무엇인가? 핵심적인 차이는 해당 지역이 유럽 통치 이전 세계무역의 일부였는지에 대한 여부다. 고대무역의 유형에 속하지 않은 지역은 유라시아 전역에서 거래되는 곡물이나 쌀과 같은 주식이 부족한 경우가 많았고 따라서 적은 인구만을 유지할 수 있었기 때문에 매우 불리한 상황에 처해 있었다 (Diamond, 1999). 또한 이들 지역은 지속적인 저항을 가능하게 하는 정부와 전쟁의 기술도 부족하였다. 가장 중요한 점은 역사의 여러 시점에서 유럽과 아시아를 황폐화시킨 주요 질병에 노출되지 않았기 때문에 전염병이 한꺼번에 몰려와 그렇지 않아도 이미 적은 수의 원주민을 몰살시켰다는 것이다(16장 참고). 반면, 세계무역의 일부였던 지역은 보다 다양한 먹거리를 구할 수 있었고 이를 통해 더 큰 인구를 유지하며 더 강력한 국가를 형성할 수 있었다. 또한 여러 차례 질병에 의해 황폐화되었던 덕분에 이 지역의 주민들이 완전히 사라지지 않도록 보장하는 면역력을 지니게 되었다. 종종 아프리카와 아시아인들은 특히 열대성 질병에 취약한 유럽인보다 뛰어난 면역력을 보유하였으며, 이는 아메리카 대륙에서 영구적인 정착을 방해한 것과는 정반대의 현상이었다. 세계무역의 일부가 되는 것은 또한 유럽 식민주의에 대한 문화적 저항을 가능하게 하였다. 세계무역의 일부가 됨으로써 현지 왕국들은 이미 힌두교, 불교, 이슬람교와 같은 세계종교와 연결되어 있었다. 그리고 이러한 종교는 교육 및 문자체계와 함께 전파되어 보다 회복 탄력적인 문화를 창조하는 데 도움이 되었을 뿐만 아니라 많은 사람을 동원할 수 있는 방법도 제공하였다. 사하라사막 이남의 아프리카, 오세아니아, 아메리카 대륙과 같이 이전 세계무역의 영향권 밖에 있던 지역에서는 유럽의 신앙과 언어가 원주민 사회를 지배할 가능성이 높았지만, 중동과 아시아의 식민지에서는 독립 이후 자신들의 언어, 종교, 문자를 그대로 유지하는 경향이 있었다.

로마시대 이래 식민주의의 본래 의미는 식민지를 이식하는 것이다. 이는 정착을 의미하며, 먼 영토에 사람들을 거주시켜 국가의 경계를 확장하는 것을 의미한다. 이러한 식민주의의 본래 의미가 현재 우리가 정착식민주의라 부르는 식민주의다. 스페인, 포르투갈, 잉글랜드, 프랑스, 네덜란드는 원주민 공동체를 유럽 사회로 대체함으로써 그들의 조국을 재창조하고자 하였다. 이는 상대적으로 인구가 적고 면역력이 부족해 원주민의 수가 더욱 줄어든 영토에서만 가능하였다. 원주민 인구가 적었던 아메리카 대륙의 여러 식민지 개척자는 값싼 노동력을 제공하기 위해 아프리카 노예를 수입하기로 결정하였는데, 특히 오늘날에도 끔찍한 노예제도의 유산과 투쟁하고 있는 현재의 미국과 브라질 지역에서 이러한 선택이 이루어졌다. 아메리카 대륙, 호주, 뉴질랜드에서 유럽인들은 원주민의 희생 위에 조약, 전쟁, 강탈을 통해 토지를 점령하고 영토를 확장하였다. 이런 유사한 사례 중에도 접근 방식에 차이가 있었다. 포르투갈, 프랑스, 스페인 식민지 개척자들은 혼혈 공동체(mestiço, mestizo, and métis)[1]를 구축하는 경향이 있는 반면, 영국, 네덜란드 그리고 이후 아메리카의 식민지 개척자들은 인종적 경계를 지키려고 노력하였다(Barter, 2015).

태평양연안의 식민주의를 더욱 잘 이해하려면 정착식민주의의 비교적 후기 단계인 북아메리카의 태평양 해안지역에 초점을 맞추는 것이 유용하다. 18세기 말에는 여러 유럽 열강이 태평양을 지배하기 위해 경쟁하였다. 식민지 세력으로서는 약화되었지만, 프랑스인들은 사냥꾼과 원주민 가족을 다양한 탐험대에 고용해 파견하고 외딴 요새에 거주하게 함으로써 과도한 영향력을 유지하였다. 역사 교과서에서 종종 잊힌 러시아는 북서아메리카의 주요 행위자였는데, 이들은 17세기 중반 유럽으로 모피를 수출할 목적으로

---

1 [역자주] 'Mestiço', 'mestizo' 및 'métis'는 통상 아메리칸 인디오와 백인의 혼혈을 지칭하는 용어이다. 예를 들어, 'mestiço'는 주로 브라질에서 사용되며, 'mestizo'는 주로 라틴아메리카와 스페인에서 사용되고, 'métis'는 주로 캐나다와 미국의 북부 지역에서 사용된다.

알래스카 주변에 식민지를 건설하였다. 러시아는 알래스카 전초기지에서 태평양 해안을 따라 캘리포니아로, 태평양을 건너 하와이로 항해하였다. 그러나 북쪽 전초기지에 자금을 조달하고 식량을 공급하는 데 어려움을 겪은 러시아는 태평양 정착 경쟁에서 철수하기로 하였다. 스페인은 초기 선두주자로, 캘리포니아 해안을 따라 일련의 선교단 시설을 건설하였다. 이들 시설은 영토를 표시하고 원주민을 개종시키며 주둔지로서의 역할을 수행하였다. 스페인 탐험가들은 현대의 브리티시 콜롬비아의 후안 데 푸카(Juan de Fuca) 해협까지 항해하였다. 영국은 허드슨베이 회사를 통해 한편으로는 일련의 요새를 거쳐 육지를 횡단하고 다른 한편으로는 제임스 쿡과 같은 탐험가를 통해서는 바다를 이용하여 서쪽으로 이동하였다. 이 무렵 미국은 루이스 클라크(Lewis and Clark) 탐험대를 통해 육로를 확장하며 새로운 식민지 강대국으로 부상하였다. 1830년대 무렵 미국 정착민들이 멕시코 캘리포니아로 몰려들었고, 1840년대에 이르러서는 멕시코가 바하(Baja)반도의 통제권을 유지하였지만 일련의 반란으로 인해 미국이 캘리포니아를 비롯한 인근 영토를 병합하게 되었다. 19세기 중반, 캘리포니아와 브리티시컬럼비아에서 금이 발견되면서 다양한 부류의 이민자들이 태평양 해안으로 몰려들었다. 1860년대에 이르러 미국은 오리건과 워싱턴에 대한 지배를 확립하였고 영국은 지금의 브리티시컬럼비아 지역을 통치하였다. 브리티시컬럼비아는 미국이 러시아로부터 알래스카를 매입한(명확한 지배권은 없었지만) 1867년 바로 그해 캐나다 연방에 합류하였다. 따라서 모피와 금이 식민지 정착민을 끌어들이며 북아메리카의 태평양 해안지역은 캐나다, 미국, 멕시코의 현대 국경 내로 통합되었다.

원주민들에게 있어 정착/지배 구분의 중요성은 아무리 강조해도 지나치지 않는다. 정착식민주의는 결코 끝나지 않았으며, 이는 장기적 지배의 가장 효과적인 형태를 대표하였다. 아메리카 대륙과 오세아니아의 정착 식민지들이 독립을 선언하였지만, 이는 반식민주의는 아니었다. 대신에 권력이 해외에서 현지에 거주하는 유럽인의 지배로 이동하는 영구적인 식민주의의 표현이었다. 이는 식민주의의 두 번째 형태인 지배로서의 식민주의와 극명한 대조를 이룬다. 유럽의 아시아 식민지배는 아메리카, 호주 및 뉴질랜드의 식민지배와는 근본적 차이가 있었다. 아시아 민족은 인구가 더 많고, 강력하였으며, 면역력을 보유할 만큼 운이 좋았기 때문에 유럽의 지배는 확실히 영구적이지 않았고, 아시아인을 결코 몰아낼 수 없었다. 그렇다고 해서 유럽인의 착취를 경시하는 것은 아니다. 지배로서의 식민주의는 유럽 열강을 위한 값싼 상품을 생산할 영토를 추구하고 유럽인의 소비를 위한 원자재를 생산하기 위해 자원을 약탈하고 식민지경제를 이용하였다.

아시아의 대부분 피식민지 사람들은 유럽인을 거의 보지 못하였다. 식민지영토에는 상대적으로 소수의 유럽인이 현지 지도자와 소수종족 동맹을 통한 통치 체제를 수립하였다. 따라서 이 식민주의는 유럽인과 비유럽인 엘리트 간의 불평등 조약이었으며, 그 주된 목적은 이윤창출을 목표로 하였다. 18세기 말, 유럽의 자유주의자들 사이에서 최악의 식민지 착취 형태에 대한 비판적 시각이 확대됨에 따라 상황은 다소 변화하였다. 이로 인해 도덕주의적 유럽인들이 원주민에게 교육을 제공하고 이들을 '향상'시키려는 일련의 윤리적 개혁이 일어났다. 선의이든 아니든, 유럽인들은 원주민을 유럽의 방식으로 교육하였고, 통상은 원주민문화를 폄하하였다. 이 시대는 문화적으로 부식되어, 피식민지인들 사이에서 유럽인의 우월성과 비유럽인의 열등감이 커져갔다. 어린 시절부터 피식민지 민족인들에게 주입된 유럽 우월주의는 식민통치를 유지함에 있어 중요한 요소였다. 한편, 유럽인들은 점점 더 피식민지 민족을 별개의 인종으로 간주하게 되었고 피식민지 민족의 가정된 열등함이 유럽인의 지배와 지도를 정당화하였다. 이로부터 '오리엔탈리즘'이라는 의식이 발달하게 되었다. 오리엔탈리즘 속에서 유럽인들은 피식민지의 문화를 후진적이고 변하지 않는 것으로 간주하면서 자신들과 원주민 사이의 차이들을 만들어내고 과장하였다. 또한 동시에 유럽인은 피식민지인들이 자신의 문화를 상실한다는 이유로 원주민의 현대화 노력을 비판하였다.

## 쇠퇴

초기식민주의는 군사력을 통해 확립된 반면, 후기식민주의는 정치적·문화적 지배에 기반을 두고 있었다. 태평양연안에서 유럽 식민주의가 쇠퇴하게 된 요인은 무엇인가? 우리가 실제로 탈식민주의 시대에 살고 있는지에 대해 질문하는 것도 중요하다. 20세기 말 홍콩과 마카오가 중국에 반환되면서 유럽 국가들은 더 이상 아시아에서 영토를 지배하지 않지만 서구 국가들은 이전 식민지에서 상당한 경제적·정치적 영향력을 유지하고 있다. 이러한 측면에서 유럽의 권력은 초기 지배 식민주의의 독점 중심의 비영토적 체제와 유사하다. 그리고 정착 식민지에서 독립은 원주민에 대한 유럽의 지배가 끝나는 것이 아니라, 유럽의 후손들에게 정치권력이 이전된 것을 나타낸다. 마지막으로, 심지어 식민주의가 공식적으로 지속되는 곳도 있는데, 특히 많은 소규모 섬들이 서구 국가의 부속물로 남아 있는 오세아니아가 그러하다. 예를 들어, 미국은 사모아, 괌, 마리아나제도 일부, 그리고 혹자에 따라서는 하와이(2장 참고)와 같은 식민지 영토를 보유하고 있다. 하지만 작은 섬들은 식민주의로서 혜택을 보고 있기 때문에 이곳의 원주민들은 독립을 반드시 요구하지는 않는다. 모든 식민지의 주민들이 식민통치에 저항하는 것은 아니며, 식민지통치는 일부 이점을 가져왔고 때로는 현지 왕보다 선호되기도 하였다는 점은 식민지 과정에 대해 중요한 통찰력을 제공한다.

아메리카 대륙에서는 1776년 미국이 영국으로부터 분리 독립하였고, 19세기 초 라틴아메리카 국가들이 스페인의 지배에서 벗어나면서 정착민들이 일찍부터 독립을 선언하였다. 하지만 여전히 유럽인들이 권력을 쥐고 있었기 때문에 원주민들에게 독립은 큰 의미가 없었다. 아시아에서 유럽의 지배를 극복한 최초의 식민지는 필리핀이었다. 1821년 멕시코가 독립하면서, 필리핀에 대한 스페인의 통치는 상당히 약화되었다. 1820년대에 멕시코에서 많은 스페인 지주들이 필리핀에 도착하였지만, 필리핀의 지도자들은 후에 미국 독립 운동에서 영감을 받게 되었다. 수십 년에 걸친 투쟁 끝에 마닐라에서 스페인 세력을 몰아낸 후, 에밀리오 아기날도(Emilio Aguinaldo)[2]는 1898년에 필리핀 독립을 선언하였다. 비록 미국이 곧 필리핀 제도를 재식민화하였지만, 필리핀 민족주의 독립 운동은 아시아 전역에 걸쳐 유사한 반식민주의에 영감을 주었다.

제2차 세계대전 당시 일본의 침략으로 유럽의 식민통치가 치명적으로 약화되었으며, 유럽 식민주의로부터 아시아가 독립한 것은 제2차 세계대전 이후가 되어서야 이루어질 수 있었다. 유럽의 지배로부터 아시아가 해방되어야 한다고 일본은 말했지만 동시에 유럽체제를 모델로 한 새로운 식민 세

---

2 [역자주] 에밀리오 아기날도(Emilio Aguinaldo, 1869-1964)는 필리핀의 독립 운동가 및 정치인이며 필리핀의 제1대 대통령이다. 그는 스페인에 저항한 민족 해방 운동에 동참하며, 혁명조직 카티푸난의 지역 책임자였다. 이후, 1898년 6월 12일 카비테에서 필리핀 독립선언을 하였다. 말로로스에 임시 수도를 설치하고 아시아 최초의 공화주의적 헌법제정을 위한 혁명의회를 소집하였다. 이후, 1901년 미국과의 대항해 전쟁에서 패하고 정계에서 은퇴하게 되었다.

력에 해당했기 때문에 이는 복잡한 주제다. 1940년대 초, 일본은 유럽에서 벌어진 사건들로 어수선해진 유럽 식민지 개척자들을 아시아와 태평양에서 밀어내었다. 일본의 팽창은 백인우월주의 신화와 유럽의 지배라는 현실을 무너뜨리며, 많은 식민지 민족에게 희망을 주었다. 일본은 유럽의 식민주의자들을 몰아내고 아시아의 자유를 선언하였지만, 그 후 독자적인 식민지체제를 구축하였다. 일본의 통치는 가혹한 착취, 죄수, 여성, 화교(ethnic Chinese)에 대한 핍박, 그리고 일본 문화의 우월감을 수반하였다. 일본은 베트남, 필리핀, 말레이시아 미얀마 북부에서 상당한 저항에 직면하였다. 심지어 네덜란드를 물리친 일본을 환영하였던 인도네시아에서도 일본의 점령(무슬림에게 메카 대신 도쿄로 향해 기도할 것을 요구하는 등 당혹스러운 결정이 포함됨)에 대한 저항이 이어졌다. 일본이 1945년 항복을 하자 많은 아시아 국가들이 독립을 선언하였다. 말레이시아와 필리핀처럼 식민지 지배자를 미워하지 않고 독립을 약속한 국가들은 종종 식민지 지배자의 귀환을 허용하기도 하였다. 인도네시아의 네덜란드와 베트남의 프랑스처럼 식민지 제국을 소생시키려는 노력의 일환으로 자신들의 이전 식민지로 돌아간 식민지 개척자들도 있었다. 그러나 전 세계적 규범이 변화하고 지역 민족주의가 저항을 불러일으키면서 태평양연안의 대부분 지역에서 유럽 식민지배의 시대가 막을 내리게 되었다.


## 영향들


유럽 식민주의가 태평양연안지역에 미친 영향은 무엇인가? 실제 식민지, 즉 유럽의 대규모 영구 정착촌이 있었던 식민지의 경우, 원주민 집단은 서구의 법질서 내에서 저항하거나 유럽인 및 비유럽인 정착민의 후손을 수용하는 것 외에 다른 선택의 여지가 없었기 때문에 그 영향력은 변함이 없었다. 말레이시아와 피지와 같은 나라에서는 영국이 인도와 중국으로부터 노동력을 수입하였는데, 이들의 정착은 장기적으로 인종 간 갈등이라는 뚜렷한 결과를 낳았다.

정착의 대상이 되지 않은 식민지에서는 오늘날 원주민에게 미치는 영향이 그다지 심각하지는 않지만, 그럼에도 식민지 이후의 정치를 설명하는 데 중요한 역할을 한다. 이러한 국가의 국경, 경제, 정치는 식민지 지배자들에 의해 어쩌면 돌이킬 수 없을 만큼 형성되었고 현지 문화는 쇠퇴하였다. 그렇다고 식민지 지배를 과장해서는 안 되는데, 이는 정착민과 지배 식민지의 토착문화는 모두 지속적으로 적응하고 저항하였기 때문이다. 확실히 유럽의 식민주의는 현재와 미래에까지 그 영향력을 행사하고 있기에 식민주의는 아직 끝나지 않았다.

## 토론을 위한 질문

• 유럽의 작은 국가들이 어떻게 거의 전 세계를 지배할 수 있었을까?

• 유럽 식민지 통치에서 원주민 동맹의 중요성은 무엇인가?

• 식민주의의 어떤 형태가 다른 형태보다 '더 나은' 식민주의인가?

• 정착 식민지는 어떻게 '탈식민화' 될 수 있었는가?

## 심화학습

Barter, Shane J. (2015). *Explaining the Genetic Footprints of Catholic and Protestant Colonizers* (Basingstoke: Palgrave Macmillan).

Diamong, Jared. (1999). *Guns, Germs, and Steel: The Fates of Human Societies* (New York: W.W.Norton & Co.).

Reid, Anthony. (1988). *Southeast Asia in the Age of Commerce*, 1450-1680 (New Haven, CT: Yale University Press).

# 8장 태평양전쟁: 기억과 망각

마이클 와이너(Michael Weiner)

태평양전쟁은 종종 제2차 세계대전의 전쟁터 중 하나로만 간주되어 왔다. 이는 태평양전쟁을 유럽중심적 서사 내에 위치시키는 것일 뿐 아니라 그것을 영미동맹과 일본제국 간 갈등으로 한정해버린다. 이 장은 이와 다른 대안적 시각을 제시한다. 이 관점은 우리로 하여금 '14년 전쟁'이라고도 알려진 1931-45년의 태평양전쟁이 본질적으로 아시아적 갈등임을 상기시킨다. 실제로 아시아에서 이 전쟁은 그렇게 기억되고 있다. 다만 이 장은 지금도 상당히 논쟁적인 사건들에 주목하기보다 왜 그리고 어떻게 특정 사건들만 국가 역사에 포함되거나 배제되는지에 초점을 맞춘다. 행사, 기념관, 박물관 혹은 기억을 위한 여타 장소들을 통해 태평양전쟁을 국가적으로 기념하는 것은 그 자체로 중요하다. 하지만, 그러한 역사들은 보다 넓은 맥락에 위치한 지역사의 일부이기도 하다. 그리고 그러한 부분적 지역사들은 서로 대립한다. 이에 이 장은 중국, 한국, 일본에서 태평양전쟁이 기억되는 방식에 주목한다. 태평양전쟁을 둘러싼 논쟁이 가장 치열하게 전개되고 있는 곳은, 아울러 그러한 논쟁이 국제관계에 가장 큰 영향을 미치는 곳은 바로 동아시아이기 때문이다. 또한, '사실들' 그리고 여러 역사논쟁이 현재 동아시아 각국의 정체성 정치와 복잡하게 얽혀 있다는 점을 감안하여, 이 장에서는 2014년부터 2016년까지의 사건들도 다뤄진다. 이 사건들은 현재에 대한 과거의 영향력을 보여준다.

## 파편화된 역사들

각국이 역사적 사건들을 선택적으로 활용하는 것은 태평양전쟁에 대한 기억이 분절되어 있다는 점만이 아니라 그러한 기억이 공적 담론이나 국가 행위에 미치는 영향의 정도도 보여준다. 논쟁적 기억들의 목록은 길다. 이 목록에는 동맹국 전쟁 포로에 대한 처우, 난징대학살, 731부대 그리고 중국 인들에 대한 일본의 생물 무기 사용, 100,000명 이상의 일본계 미국인들에 대한 강제수용, 히로시마와 나가사키에서 ― 일본인들만이 아니라 강제징 용된 수만 명의 조선인 노동자들도 포함된 ― 시민들을 대상으로 한 원자폭 탄의 사용(Weiner, 1995), 오키나와 전투에서 주민 4분의 1에서 3분의 1이 사망한 일, 그리고 주로 조선에서 온 수만 명의 성인 여성들과 소녀들을 일 본군 성노예로 착취한 일 등이 포함된다(Soh, 2008).

최근 중국, 한국, 일본 학자들은 '공동의' 역사에 합의하기 위해 여러 시도 를 했지만, 그럼에도 불구하고 공식 교육 내에서 위 사안들을 어떻게 가르 쳐야 하는지에 대해서는 그 어떤 합의도 없다. 특정 기억을 유발하도록 설 계된 한 나라의 박물관, 신사, 그리고 여타 기억관의 건립이나 활용이 옆 나 라의 분노와 반발을 야기하는 경향도 있다. 심지어 모종의 합의에 도달했다 고 하더라도 기억과 정체성의 관계가 계속해서 반향을 일으킨다. 해당 지역 내에서 점점 더 커지고 있는 중국의 야심에 대한 우려 그리고 미국의 압력 으로 인해 2015년 12월 아베 총리는 공식 사과와 함께 생존 위안부 여성들 에게 제공하기 위해 미화 8.3백만 달러에 달하는 기금조성을 약속했다. 이 에 한국의 박근혜 정부는 위안부 문제로 일본을 비판하는 것을 멈추겠다며 응했다. 이 합의는 미국으로부터 환영을 받았지만, 한국과 일본의 민족주의 자들 그리고 몇몇 생존 위안부 여성들로부터는 비판을 받았다. 같은 달 캘리포니아주는 공립학교의 세계사 교육에 대한 일련의 가이드라인을 공표했다. 문제는 위안부 여성을 '제도화된 성노예'의 사례로 가르치는 부분이었다. 한국계 미국단체는 그러한 결정을 환영했지만, 미국 내 몇몇 일본계 단체는 일본을 그렇게 부정적으로 묘사하는 점에 대해 우려했다. 양쪽 모두에게 문제는 기억과 문화적 정체성이었다.


## 누가 역사를 만드는가?


'태평양전쟁 기억'으로 간단한 구글 검색을 해보면 학술단행본이나 학술논문들부터 특수한 목적을 갖는 웹사이트들까지 4만 개 이상의 검색결과가 나온다. 이로부터 여러 가지 결론을 유도할 수 있다. 첫째는 그러한 '기억'이 태평양전쟁 종전 이후 70년 동안 국가들 간, 또한 국가들 내에서 격렬한 쟁점이었다는 점이다. 둘째는 이러한 논쟁들이 과거의 역사적 사건들보다 현재의 정체성 정치와 더 많은 연관을 맺고 있다는 점이다. 셋째는 오늘날의 경우 오직 국가만이 과거와 현재를 잇거나 과거를 해석하는 게 아니라는 점이다. 마지막으로 넷째는 과거에 대한 해석들이 상당히 유동적이라는 점이다. 이는 서로 다른 국민들 간에서만 그러한 게 아니라 같은 국민들 내에서도 그러하다. 아울러, 그것은 지난 수십 년 동안 간과 혹은 억압되었던 다른 목소리들이 부상하고 있음을 보여주기도 한다.

태평양전쟁에 대한 문화적 기억들은 회고록, 문학, 영화 그리고 여타 대중 매체들만이 아니라 박물관, 기념관, 공식교육 등에도 각인되어 왔다. 과거의 전쟁에 대한 공식적 해석들은 특정 사건들만 특권화해 왔는데, 시간이 지나면서 이들이 통합되어 통념을 이루게 되었다. 그러는 동안 당대의 이해관계나 정체성에 도전하는 역사적 사건들이나 기억들은 주의를 끌지 못하거나 부인되었다. 이는 특수한 이해관계를 중심으로 국가적 합의를 창출하려는 바람과 맞물려 있다. 이런 의미에서 과거의 전쟁은 과거 그리고 현재에 대한 특수한 가정들을 옹호하는, 나아가 역사를 국가정체성의 보존 수단으로 간주하는 기억 관리자들에 의해 부당하게 관리되어 왔다. 이에 과거에 전쟁을 했던 국가들이나 그들 내부의 공동체들은 태평양전쟁에 대해 대립적인 해석을 하게 되었는데, 이는 현재 상당한 함의를 갖는다.

## 유리로 만든 집에서 살아가기[1]

2015년 동아시아는 ― 일본과 주변국들 간 영토분쟁, 교과서 내용에 대한 지속되는 우려들, 20세기 역사에 대한 일본의 학교 교육, 전범으로 기소된 혹은 유죄판정을 받은 인물들까지도 포함하여 전쟁영령들을 추모하는 야스쿠니 신사에 대한 일본 공직자들의 참배 논란이 지속되는 상황에서 ― 태평양전쟁 종전 70주년을 맞이했다(13장 참고). 더욱이 일본과 러시아는 캄차카반도의 남단에서 홋카이도 북단에 걸친 일련의 섬들인 쿠릴열도에 대한 영토분쟁 때문에 아직도 제2차 세계대전의 종전평화조약을 체결하지 못한 상황이다.

---

1 [역자주] 유리로 만든 집(glass house)이라는 표현은 영어권 속담인 "유리집에 사는 이들은 돌을 던지지 말아야 한다(People who live in glass houses shouldn't throw stones)"에서 유래한 것으로 보인다. 이는 유리집, 즉 자신의 결점이 그대로 노출되는 집에서 사는 이들은 타인에 대해 비난하지 말아야 한다는 의미다. 때문에, 이 글의 맥락에서 '유리집에서의 삶'이란 과거 역사 문제로 상대를 비판하는 국가들이 내부적으로는 동일한 문제점을 가지고 있다는 점을 비유적으로 표현한 것이다.

지난 수십 년간 일본의 정치지도자들은 중국과 한국에서 전시에 저질렀던 잔혹 행위와 관련하여 과거에 했던 사과를 부인하거나 폄하했다는 이유로 비판을 받아왔는데 이러한 비판은 정당한 것이었다. 그러나 이와 관련해서는 다음의 사안들을 염두에 둘 필요가 있다. 첫째, 과거 일본제국을 정당화하거나 미화하려는 시도들은 종종 ― 오키나와, 히로시마, 나가사키처럼 ― 국가의 공식적 해석과 상충하는 그 나름의 지역적 혹은 지방적 전시 기억에 기반한 대중들의 감정도 무시해왔다. 둘째, '위안부'를 포함하여 전시 식민지 강제징용에 대한 초기 학술연구 중 대부분은 일본이나 서구의 학자들에 의해 수행되었다. 셋째, 국가정체성 고무를 위해 태평양전쟁에 대한 기억을 정치적으로 조작하는 일은 일본만이 아니라 미국 그리고 중국에서도 이뤄진다. 예컨대, 난징대학살기념관에 전시된 이미지들, 즉 고난 그리고 일본의 잔혹성을 보여주는 이미지들은 반일투쟁과 얽힌 포스트-사회주의적 민족주의에 대한 서사와 통합되어 있다. 사실 이 박물관은 태평양전쟁이 끝난 지 40여 년 뒤인 1980년대 중반까지도 건설되지 않았었다. 그사이 사회주의 중국의 과제는 과거의 국치를 되새기는 것보다 통일과 재건이었다. 또한, 일본은 개발원조의 주요 출처였기 때문에 전시 기억을 되살릴 공식적 이해관계도 거의 없었다(Fogel, 2000). 1965년 일본과 평화 조약을 체결한 한국도 유사하다. 1961년부터 1987년까지 한국의 군사정부들은 일제강점기의 친일행위에 대한 실태조사보다 한국전쟁 이후의 재건과 강력한 국가 정체성 구축에 더 많은 관심을 기울였다(Eckert, 2003). 이는 일본군 헌병대에서 장교로 복무했던 박정희의 권위주의 정부(1961-1979)하에서 특히 그러했다. 그 결과 위안부 여성들 및 히로시마 및 나가사키 피폭 생존자들에 대한 기억이나 복지는 대체로 무시되었다.

## '선한 전쟁'

유사한 상황이 미국에서도 발견된다. 태평양전쟁과 관련하여 미국은 주로 진주만, 미국인 전쟁 포로들에 대한 잔혹한 대우, 민주주의의 최종적 승리, 그리고 백만 명의 생명을 살렸다고 알려진 원자폭탄 사용에만 주목한다. 태평양전쟁을 '선한 전쟁'으로 묘사하는 이러한 서사는 만주와 한국 내의 일본점령지역에서 미국의 주요 기업들이 경제개발에 참여했던 점, 나아가 그 악명 높은 생물전 부대 731일, 중국인들을 대상으로 자행했던 행위들에 대한 미국 기업들의 관여를 막는 데 실패했다는 점을 간과한다. 히로시마와 나가사키에서 20만 명 이상이 사망한 데 대해 그 어떤 미국 대통령도 뉘우침을 표한 적이 없었다. 2016년 5월 버락 오바마 대통령은 히로시마에 방문한 첫 번째 현직 미국 대통령이 되었다. 많은 이들에게 환영을 받았지만, 동시에 자국 보수주의자들에게는 비애국적이며 통렬히 비판받기도 했던 연설에서 오바마는 사망자들을 애도했고 핵무기의 파괴력을 언급했으며, 핵무기 없는 미래를 요청했다. 하지만, 일본 관료들은 사죄를 하지도, 그것을 예상하지도 않았다. 더욱이 1988년까지 미국은 1942년 2월 루스벨트 대통령에 의해 공표된 행정명령 9066에 의해 강제로 수감된 일본계 미국인들에게 사과나 보상을 하지 않았다. 예컨대, 프레드 코레마츠(Fred Korematsu), 미노루 야스이(Minoru Yasui), 고든 히라바야시(Gordon Hirabayashi)는 미국 시민으로서 그들이 갖는 권리에 대한 어이없는 침해에 대해 시민불복종으로 저항한 끝에 1944년 대법원에서 유죄판결을 받았다. 하지만, 일본계 미국인 커뮤니티 외부에서 이들을 기억하는 이는 거의 없다. 결국 코레마츠와 히라바야시에 대한 유죄판결은 취소되었다. 그러나 이는 각각 1983년과 1986년에야 이뤄졌다. 야스이의 배상 요청은 1986년 그가 사망할 시점까지 항소법원에 계류 중이었다(Daniels, 2013).

지금까지 본 것처럼 각 나라에서는 오직 특수한 사건들만 선택적으로 기념되었으며, 다른 것들은 국가재건, 민족주의, 국가정체성과 관련된 변화무쌍한 서사들 속에서 무시, 폐기, 혹은 억압되어 왔다. 통치유형과 관계없이 각국은 정밀하게 구축된 전후 국가정체성과 일치하는 방식으로 태평양전쟁에 대한 해석들을 형성하고 강화해왔다. 종전 이후 수십 년 동안 정부들은 국가 역사를 세분화하는 데 상대적으로 성공해왔다. 하지만, 1995년 종전 50주년 기념행사와 관련하여 미국과 일본이 협력하는 데 실패한 데서 확인할 수 있는 것처럼 각각의 국가적 보호막이 제거된 전시 기억들은 논쟁과 분노의 장이 된다(Linenthal and Engelhardt, 1996). '공유된' 전시 기억이 부재한 상황에서, 아울러 인터넷으로 인해 정보와 보도가 거의 즉각적으로 전달되는 상황에서, 정통 역사들은 동아시아 국가 간에, 또한 각국 내부에서 점점 더 비판적 탐구의 대상이 되어 왔다. 대체로 그러한 비판들은 ― 전시 만행과 관련하여 외관상으로는 공식 사과를 계속해왔지만 이전의 회개를 부인하거나 최소한 약화시키는 추가 성명들도 계속해서 발표하는 ― 일본을 대상으로 해왔다.

## 누구의 전쟁 포로들이었나?

2015년 주요 일본 기업들은 태평양전쟁 기간 동안 미국인 포로들을 부당하게 취급한 데 대해 전례 없이 사과했다. 2010년 일본 정부는 미국인 포로였던 이들에게 공식 사과를 한 적이 있지만 미쓰비시 머트리얼(舊 미쓰비시 광산)은 미국인 포로들을 강제노동에 동원한 데 대해 사과한 첫 번째 일본 기업이었다. 대략 12,000명의 미국측 포로가 일본으로 수송되어 50여곳 이상에서 강제노동을 하였고 이 중 10%가 수감기간동안 사망하였다. 각각 2,000명을 수용한 수용소 전체는 미쓰비시 중공업과 관련되었고 수용된 인원의 절반 가량이 미국인이었다. 이들은 미쓰비시 중공업과 관련이 있었다. 사과 장소는 사이먼 위젠탈 센터의 관용박물관이었는데, 세심한 용어로 작성된 사과문에서 미쓰비시 대표는 '우리의 과거 비극적 사건들'에 대해 깊이 반성했다. 행사에 참여할 수 있었던 생존 포로들에게만 환영을 받았던 이 공개 사과는 아베 가문과 미쓰비시 간의 밀접한 연결고리를 반영한 것일 수도 있다. 그리고 미쓰비시는 미국인 포로들에게만 사과함으로써 태평양전쟁을 미-일 갈등으로 한정하는 서사를 강화했다. 그럼으로써 이 사과는 태평양전쟁이 더 넓은 맥락에서 아시아적 갈등의 일면이라는 점을 지워버리거나 최소한 희석시켰다. 사실 로스앤젤레스에서 행해진 공개 사과에서 미쓰비시는 자신들에 대해 과거 중국인 강제징용인들의 가족이 제기한 일련의 소송들, 즉 수백만 달러의 보상을 요구하는 소송들을 언급하지도 언급할 수도 없었다.

## 세계유산 지정을 둘러싼 논란들

또 다른 사례는 전시의 사건들이 오늘날 어떤 그림자를 드리우고 있는지만이 아니라 기억을 둘러싼 갈등에 대한 해결책이 어떻게 그 즉시 상충하는 재해석들을 낳는지, 아울러 그러한 재해석들이 제시된 해결책에 다시 어떤 영향을 미치는지를 명확히 보여준다. 2015년 5월 유네스코 산하 국제 자문단은 일본 산업 유적지 중 총 스물세 곳이 세계문화유산으로 등재될 수 있다고 발표했다. 이 유적지들은 여러 지역에 분산되어 있을 뿐만 아니라 그 중 일부는 여전히 운영되고 있다는 점에서 예외적이었다. 이들 중 열여섯 곳은 규슈에 위치하고 있었는데, 여기에는 나가사키에서 약 14km 떨어진 그리고 공식적으로는 하시마(Hashima)로 알려진 작은 섬 군칸지마(군함도, Gunkanjima)도 포함된다. 19세기까지는 사람이 살지 않았던 하시마는 이후 미쓰비시에 인수되어 1970년대 초까지 석탄 채굴 작업이 진행되었던 곳이다. 하시마 및 기타 유적지들의 세계유산 등재신청은 일본의 초기 산업화와 세계 강대국으로 부상한 메이지시대(1868-1912)로 한정되어 있다. 이런 식으로 시기를 국한했기 때문에 일본의 신청서에는 전쟁 포로만이 아니라 거의 60,000명에 달하는 조선인들이 징용되어 이 유적지의 여러 곳에서 강제노동을 해야 했던 시기, 즉 태평양전쟁 동안 생산량이 정점에 도달했던 시기에 대한 그 어떤 언급도 포함되어 있지 않았다.

그럼에도 불구하고 스물세 곳 모두가 세계유산으로 등재될 가능성이 높아 보였다. 하지만, 후보로 지정된 유적 중 일곱 군데에서 행해진 조선인 강제노동을 다루지 않았다는 이유로 한국은 반대의사를 표했다. 일본은 이를 정치적 간섭이라 주장했다. 하지만, 추가 협상 끝에 일본은 특정 유적지에서 다수의 조선인들이 본인 의사에 반해 징집되었으며, 가혹한 조건하에 강제노동을 했다는 사실을 인정했다. 결국 23개 유적지 모두 유네스코에 등재되었다. 그리고 처음에는 이 합의가 협력과 화해의 상징으로 서울과 도쿄 모두에서 박수를 받았다. 그러나 합의내용에 대한 상반된 해석으로 인해 얼마 지나지도 않아 기억의 문제가 다시 부상했다. 한국은 그러한 진술을 전시 강제노동의 활용에 대한 일본의 공식 인정으로 받아들였지만, 일본 외교부는 'forced to work'가[2] '강제 노동(forced labor)'과 동일하지 않다고 주장했다.

---

2 [역자주] 일본은 이를 "일하게 됐다"는 의미로 번역했고, 이에 그것이 강제노역을 의미하지 않는다

# 태평양전쟁 종전 70주년 기념행사

　세계문화유산 논쟁에 의해 촉발된 외교적 긴장은 일본 정치지도자들의 반복적 부인과 혼란 유발의 맥락 내에 위치될 필요가 있다. 점증하는 지역적 긴장을 감안할 때 이는 과거 어느 때보다 더 큰 중요성을 갖는다. 2015년 8월과 9월 사이 태평양 종전 70주년 기념행사가 동아시아 전역에서 벌어졌지만 그 방식은 매우 다양하였다. 기념과 성찰에서부터 축하와 무력전시까지 국가별 행사는 매우 다양한 특징들을 보였다. 또한, 이 행사들은 일본의 안보정책을 둘러싼 첨예한 논쟁의 맥락 내에서 진행되었다. 2015년 7월 야당 정치인들과 시위대의 도쿄 거리행진에도 불구하고 아베 총리는 자위대의 역할을 확장하기 위한 법제화를 추진했다. 이 법률은 자위대로 하여금 동맹국들, 특히 미국이 공격을 받을 경우 심지어 일본이 아니라고 하더라도 그들을 지원할 수 있도록 허용하는 것이었다. 아베 총리는 '집단적 자기방어'의 확장으로서 군대의 역할을 옹호했는데, 이는 남중국해와 동중국해에서 중국의 군사적 팽창 그리고 지구적 안보환경의 불확실성 증대에 대한 응답이었다. 헌법 수정은 아베가 여러 세대의 보수정치인과 공유하고 있는 목표였다. 이들은 소위 수정헌법, 특히 국제갈등의 해결을 위해 군사력을 확장하는 것을 금지하는 9조가 일본의 주권을 침해하게 만든 장본인들이었다. 대중적 지지가 부재한 상황에서 아베 내각은 개헌을 하기보다 9조가 '집합적 자기방어'를 허용한다고 재해석하는 방식으로 교묘하게 법을 다루었다.

　미국과 몇몇 남아시아 국가들은 이러한 재해석을 환영했지만 동북아시아의 반응은 훨씬 더 미묘했다. 예컨대, 한국에서는 북한지도자인 김정은보

---

고 주장했다.

다 아베에 대한 호감도가 더 낮다. 한국정부의 반응은 북한 그리고 점점 더 독단적으로 변모하는 중국에 대한 우려로 인해 비교적 온건하였다. 과거의 경우 일본의 국방정책 변화는 한국의 비판적 반응을 야기했는데, 이는 한국에 대한 일제의 강점(1910-1945)으로까지 거슬러 올라가는, 그리고 여전히 풀리지 않고 있는, 문제들을 반영한다. 일부는 평화헌법에 대한 일본의 재해석이 지역 내 안정성을 잠식한다고 주장했지만, 다른 이들은 한미일 군사동맹이 북한의 도발을 억지하는 데 결정적이라는 데 대해 동의했다. 베이징의 외교부는 일본에 평화주의적 원칙을 지킬 것을 촉구했으며, 중국 영토와 안보 문제에 개입하는 데 대해 경고하기도 했다.

2015년 8월 15일 몇 주 동안 아베 총리는 전쟁 기간 내 일본의 행위에 대해 유감을 표할 수도 있다고 밝혔다. 하지만, '식민통치'나 '침략'과 같은 표현들이 성명서에 포함될지에 대해서는 알려진 바가 없었다. 20년 전 무라야마 도미이치(Murayama Tomiichi) 총리는 태평양전쟁 50주년을 일본 침략으로 인해 희생당한 사람들과 국가들에 사과할 기회로 활용했다. 2005년 고이즈미 준이치로(Koizumi Junichiro) 총리도 같은 구절을 언급하면서 60주년 행사를 기념했다. 많은 이들은 새로운 세대의 수정주의 정치인들과 결속을 맺고 있는 아베가 위안부를 한국의 조작으로 폄하하고 난징대학살의 존재를 부인할지, 아니면 과거와 유사한 사과를 할지에 대해 궁금해했다. 게다가 일본의 안보정책을 재구축하겠다는 아베 정부의 결정을 감안하면, 일본 항복 70주년을 기리기 위해 8월 15일에 행해진 그의 TV 연설은 각별한 관심을 모았다. 중국과 한국의 외교부는 아베가 전임자들의 사과를 폄하하거나 부인할 가능성에 대해 불편함을 내비쳤다. 미국 또한 태평양에서 가장 중요한 두 동맹인 한국과 일본 간 관계에 대해 우려를 표했다. 2015년 여름 일본에서 열린 기념행사는 "과거와 선을 긋는다"는 아베 내각의 결정만이 아니라 태평양전쟁에 대한 기억들이 지방화되고, 불협화음을 일으키고, 다툼의 대상이 되는 정도를 보여준다.

조심스레 행해진 연설에서 아베는 이전의 정부들에 의해 발화된 '깊은 후회와 가슴 아픈 사과'라는 표현이 "미래에도 흔들림 없이 유지될 것"이며, "아시아 사람들이 겪은 고통의 역사를 가슴에 새길 것"이라는 점을 인정했다. 그는 또한 "우리 나라가 무고한 사람들에게 헤아릴 수 없는 상처를 주었다"는 점도 인정했다. 그리고 대부분 한국에서 온 수만 명의 여성들을 성적 노예로 삼은 것에 대해 완곡히 언급하며 "우리는 전장 이면에 존엄과 위엄이 심각하게 손상받은 여성들이 있었다는 점을 결코 잊어서는 안 된다"고 경고했다. 그는 한국의 식민화와 중국 침략에 대한 언급을 피하면서 "우리가 종전 이후 그 지역의 평화와 번영에 지속적으로 헌신해왔다"는 점 그리고 "우리는 두 번 다시는 국제분쟁의 해결수단으로 위협이나 힘의 사용에 의지하지 않을 것이다"라고 강조했다. 일부 사람들이 예상했던 것보다는 덜 애매모호했지만, 동시에 아베는 그의 이번 연설로 인해 사과에 대한 필요도 중단되었음을 암시했다. 미국은 일본이 "평화, 민주주의, 그리고 법의 지배에 대한 투신"을 재확인한 데 대해 환영했지만, 한국과 중국은 일본의 성명에 만족하지 못했다. 또한, 아베는 6일과 9일 히로시마와 나가사키에서 각각 개최된 별도의 기념행사들에도 참석했다. 미국 대사 캐롤라인 케네디(Caroline Kennedy)가 보는 앞에서 나가사키 시장 타우에 토미히사(Taue Tomihisa)는 모든 핵무기의 폐기를 요청했고 헌법을 재해석하려는 아베 정부의 결정을 비판했다. 두 달 전 오키나와 전투 종료 70주년 기념식은 오키나와 남단에 위치한 작은 도시, 이토만에서 개최되었다. 오키나와 전투에서는 일본군의 명령에 의해 수백 명의 시민들이 죽음에 내몰렸다. 아베는 이 행사에도 참석했는데, '주전론자들'은 이를 열광적으로 환영했다.

한국에서 8월 15일은 민족해방의 날(광복절)로 기념된다. 그리고 박근혜 대통령의 연설은 일본의 식민지배보다 북한의 최근 위협에 좀 더 초점이 맞춰졌다. 전쟁에 대한 연구조차 국가의 탄압을 받은 적이 있는 중국에서는 14년 전쟁에 대한 기억 그리고 특히 난징대학살에 대한 기억이 중국 민족주의의 기반을 이룬다. 이런 분위기 속에서 2015년 9월 3일 중국은 '일본의 침략에 대한 저항 전쟁'에서 승리한 70주년 기념행사를 개최했다. 시진핑 주석은 그러한 승리를 '정의와 악 사이의, 빛과 어둠 사이의 결전'으로 묘사했다. 중국 관료들은 행사의 의도가 평화 진작으로 반복해서 주장했지만, 기념식의 절정은 군사력의 과시였다.

## 결론

이 장에서는 동아시아 국가들이 부인, 검열, 그리고 선택적 기억을 통해 과거 전쟁에 대해 상충하는 서사를 만들어내는 방식을 소개했다. 이는 역사란 단일하고 불변의 실체가 아니라 이데올로기적 조작에 의해 영향을 받기 쉽다는 점을 상기시킨다. 각국에서 국가 역사와 그에 대한 무비판적 수용은 조국에 대한 소속감을 형성하고 국가 정체성을 확립하려는 관점과 함께 검토되고 [재]공식화되었으며 유포되어 왔다. 재무장을 위해 일본제국의 역사를 다시 구성하려는 수정주의적 학자들이나 정치인들이든, 과거에 대한 조작을 통해 점점 더 강건한 민족주의를 강화하려는 중국의 국가 기억 관리자들이든, 아니면 원자탄 사용이 백만 명의 생명을 살렸다는 미국적 통념이든, 모두가 태평양전쟁사 그리고 그러한 전쟁의 원인과 결과를 비판적으로 검토하는 데 실패했다. 때문에, 종종 '일본의 역사문제'로 개념화되고 있지만,

기억과 망각, 국가적 서사, 그리고 화해의 장벽과 같은 사안들은 과거 전쟁에 참여했던 모든 국가 공통의 문제다.

## 토론을 위한 질문

• 동아시아 전시 과거의 지속적인 현재성을 설명하는 요인들은 무엇인가?
• 전시 만행들에 대한 분쟁은 어떻게 해소될 수 있는가?
• '역사'가 유동적이라면 역사가와 학생들의 역할은 무엇인가?

## 심화학습[3]

Daniels, Roger. (2013). *The Japanese American Cases: The Rule of Law in Time of War*, University Press of Kansas.

Eckert, Carter J. (2003). *Offspring of Empire: The Koch'ang Kims and the Colonial Origins of Korean Capitalism* 1876-1945, University of Washington Press.

Fogel, Joshua (ed.). (2000). *The Nanjing Massacre in History and Historiography*, University of California Press.

Hashimoto Akiko. (2015). *The Long Defeat, Cultural Trauma, Memory, and Identity in Japan*, Oxford University Press.

Linenthal, Edward T. and Engelhardt, Tom (eds.). (1996). *History Wars: The Enola Gay and Other Battles for the American Past*, Holt Paperbacks.

Roy, Denny. (2009). *The Pacific War and its Political Legacies*, Praeger.

Soh, Sarah, C. (2008). The Comfort Women, University of Chicago Press.

Weiner, Michael. (1995). "*Out of the Very Stone: Korean hibakusha*", Immigrants and Minorities 14:1; pp. 1-25.

---

3 [역자주] 이 장은 다음과 같은 신문 자료에 상당 부분 의존하고 있다: 이 장은 워싱턴포스트, 뉴욕타임스, 가디언, 로스앤젤레스타임스, 코리아헤럴드, 차이나데일리, 신화통신, 인민일보, 마닐라타임스, 싱가폴스트레이츠타임스, 아사히신문, 요미우리신문, 니혼게이지신문과 같은 오늘날 신문 자료에도 상당 부분 의존하고 있다.

# 9장 환태평양 이주와 이민 그리고 정착

사라 잉글랜드, 마이클 와이너(Sarah England and Michael Weiner)

국제이주는 21세기 사회와 경제 변화의 주요 요인 중 하나다. 2013년 약 2억 3,150만 명의 이주자가 국경을 넘었다(UN DESA, 2013). 이러한 이동의 상당 부분은 태평양연안에서 발생하며, 이주의 주된 이유는 고용에 있지만 정치불안, 폭력, 자연재해, 결혼, 가족 재결합 등도 중요한 역할을 한다. 노동이주는 저소득 국가의 노동자들이 고소득 국가로 이동하는 전통적 유형을 반영한다. 그러나 그 밖에 개발도상국 사이에서도 노동이주가 발생한다. 게다가 필리핀 같은 일부 국가는 주로 노동력을 수출하는 역할을 하는 반면 최근에 말레이시아 같은 나라들에서는 노동력의 수출과 수입 경향이 모두 증가하는 추세다.

현재 태평양연안의 많은 이주 유형은 15세기 유럽인들이 정복을 통해 세계경제에 진입하면서 시작된 사람과 상품의 이동에서 유래한다(7장 참고). 식민제국은 유럽에서 아시아와 북아메리카로 사람들의 이주를 유도했고, 태평양을 가로질러 아시아와 북아메리카를 오가는 사람들의 이주를 촉진했다. 과거의 식민지들은 종종 독립 이후에도 이전 식민권력을 위한 값싼 노동력 공급원으로서 종속적 관계를 유지했다. 고용은 종종 일시적인 것을 의미했지만 많은 경우 영구적인 정착과 이민자 공동체의 형성으로 전환되었다.

오늘날 태평양연안 내 이주는 자발적 이주와 비자발적 이주 형태, 남성과 여성, 망명신청자와 난민, 가족 재결합, 영구 정착, 학생, 그리고 비숙련 노동자와 고숙련 노동자 등을 모두 포함한다. 국가 간 소득 격차와 국내 인구 변화의 결과로 노동에 대한 수요와 공급은 계속 증가한다. 이주는 종종 수용국의 경제에 본질적으로 중요한 역할을 하지만, 이주자의 국제송금과 새로운 기술 습득과 같은 형태로 송출국에도 혜택을 제공한다. 이주는 이주자의 사회 자본, 국적·법적 지위, 그리고 성별과 같은 요소에 의해 복잡하게 결정된다(UN ESCAP, 2016). 이 장은 태평양연안의 진화에서 이주가 맡은 역할을 이해하기 위한 기본적인 틀을 제공한다. 대서양 연구와 비교할 때 태평양 이주는 상대적으로 주목을 받지 못했지만, 그 영향은 결코 덜 중요하지 않다. 우리의 접근 방식은 아시아 내에서, 아시아와 아메리카 대륙 사이에서, 그리고 아메리카 대륙 내에서 이주 유형들의 공통점과 차이점을 파악하는 것이다.

## 아시아 내 이주

우리의 분석은 15세기 말부터 유럽인들이 북아메리카 대륙을 탐험하고 이주한 '대항해시대'로 알려진 세계화 초기 시기에서 시작한다. 전통적으로 대서양 이주 역사를 우선시하지만, 그 시기 세계경제에서는 중국이 동남아시아, 인도, 이슬람 세계를 연결하는 교역로의 중심이었다. 중국으로 가는 대안적인 경로가 없었기 때문에 유럽인들은 '동양'의 예상되는 부를 향해 서쪽 통로를 모색했다. 결국 북아메리카와 태평양에 대한 유럽인들의 '발견'은 우연한 것이었지만, 궁극적으로는 양자를 연결시켰다.

유럽의 태평양연안 진출은 다양한 형태로 진행되었다. 초기에 스페인과 포르투갈은 광물자원 추출에 중점을 두었고, 프랑스와 영국은 북아메리카와 오스트레일리아에 각각 정착지와 유형지를 만들었다. 반면 네덜란드와 영국의 동인도회사는 남아시아와 동남아시아의 지방 통치자들과 무역 협상을 벌였다. 유럽의 통제가 확대되고 자원 추출이 강화됨에 따라 원주민 노동력의 부재로 인해 아시아 내에서 대체 노동력이 모집되기 시작했다. 19세기 중반 대영제국은 수백만 명의 인도인과 중국인을 다른 식민지로 이주시켜 말레이시아, 버마, 싱가포르, 피지에 민족 공동체와 다문화 사회의 기초를 마련했다. 동남아시아에서 중국인 이주자들은 종종 사업체를 설립하거나 식민지 권력의 대리인으로 활동하며 특히 영국이 채택한 분열과 지배 정책을 강화했다.

세기말에는 일본과 미국이 식민제국으로 부상함에 따라 태평양연안 전체에서 새로운 이주가 발생했다. 일본이 태평양 권력으로 성장한 것은 갑작스럽고 예상치 못한 일이었다. 1868년 메이지 유신으로 일본은 급속한 근대화의 시기를 맞이했으며, 한 세대 만에 아시아 주변부의 약체 국가에서 강력한 제국으로 변모했다. 급속한 산업화와 영토의 확장은 제국 내외로 상당한 인구이동을 야기했다. 이는 정책적으로 추진된 홋카이도, 대만, 조선, 미크로네시아 이주도 포함했다. 경제적·사회적 변화로 수천 명의 일본인이 하와이, 필리핀, 북아메리카, 라틴아메리카로 이주했다. 많은 이들이 일본으로 귀국할 의도로 떠났고 궁극적으로 그리하였으나, 다른 이들은 결국 수용국에 정착했다.

또한 산업화는 일본의 식민지였던 조선에서 일본으로의 이주를 발생시켰다. 제1차 세계 대전은 섬유와 건설 그리고 탄광 산업에서 노동력에 대한 수요를 증가시켰고, 이는 토지를 잃은 조선인 소작농의 모집을 통해 충족되었다. 조선에서의 빈곤으로 인해 일본에 정착한 공동체들이 형성되었는데, 1938년 조선인 이주자 인구는 80만 명으로 추산된다. 태평양전쟁 기간에 노동 수요가 급증하면서 자발적이든 징용으로든 일본으로 들어온 조선인의 수도 증가했다. 1944년 말에는 그 수가 250만 명으로 증가했다. 많은 조선 인이 전쟁의 마지막 몇 달에 귀국하였고, 1945년 말까지 자발적으로 송환 되었다. 남아 있는 사람들은 1952년 일본 국적을 박탈당했다. 1965년 체결 된 한일기본협정(Japan-South Korea Peace Treaty)은 남한 시민권을 선택한 사람들에게 영주권의 가능성을 제공했으나, 북한과 관련된 사람들은 무국 적 상태로 내버려뒀다. 현재 재일교포(자이니치) 인구는 국적과 법적 지위 면에서 구분된다. 약 50만 명이 영주권을 가지고 있고 약 30만 명이 일본으 로 귀화했다. 여전히 차별은 존재하지만, 대다수 재일교포는 일본어를 모국 어로 사용하고 많은 사람들이 한국과 일본의 성을 가지고 있으며 국제결혼 비율은 계속해서 증가하고 있다(Weiner, 2009).

일본이 난민과 망명 신청자들을 받아들인 기록은 경제개발협력기구 (OECD) 국가 중에서 가장 낮다. 수십 년 동안 '기적'이라고 불릴 만큼 일본 의 노동 수요는 국내 이주를 통해 충족되었으며, 다종족적인 과거를 무시한 일본의 이민 정책은 단일민족의 신화를 유지하려는 목적으로 고안되었다. 1980년대 동안 부유하지만 노령화된 일본이 특히 내국인이 기피하는 부문 을 중심으로 세계 각지에서 미등록 이주노동자들을 끌어들이면서 과거의 이민 정책을 유지하기 어려워졌다. 일본 정부는 종족적 거주지의 형성을 막 기 위해 미등록 노동자의 입국 통제를 강화하고, 미숙련 임시 외국인 노동 자를 모집하는 수단으로 연수생 제도들 도입했으며, 문화적 공통성이 있다 는 가정에 기초해서 일본계 외국인의 이주를 장려했다. 주요 수혜자는 브라 질로 이주했던 일본인의 후예(니케이)들이었지만, 일본계 브라질인과 그들 가족의 동화는 어려웠다(Roth, 2002). 일본 내에서 일본계 브라질인 인구는 2008년을 정점으로 32만 명에서 이후 약 17만 명으로 감소했다. 오늘날 일본은 고급 인력 부족과 인구감소로 인해 심각한 경제적·사회적 도전에 직면하고 있으며 고도의 숙련된 노동력을 유입하기 위해 태평양연안의 여타 OECD 국가들과 경쟁하고 있다.

현재 태평양 아시아 지역 내 인구이동은 본성상 전례 없는 규모로 매우 복잡하며 점차 도시화되는 양상을 보인다. 매일 최대 12만 명에 달하는 사람들이 홍콩, 도쿄, 싱가포르, 상하이, 서울과 같은 소위 '세계 관문도시(global gateway cities)'로 이동하거나 거주한다. 많은 이주자는 합법적인 경로가 가능하더라도 대체로 비공식 네트워크를 통해 이동하는 것을 선택한다(IOM, 2016). 대부분은 일시적인 고용 이주지만 인구이동은 매우 다양한 양상을 보인다. 이주자들이 여러 범주를 가로질러 이동할 수 있다는 사실은 복잡성을 더욱 가중시킨다. 2013년 인도, 중국, 방글라데시, 필리핀, 인도네시아가 주요 송출국 중 하나였으며, 인도, 파키스탄, 태국, 중국, 말레이시아, 일본이 주요 수용국 중 하나였다(UN ESCAP, 2016).

자료가 불완전하지만, 이주자들의 밀입국은 광범위하다. 밀입국은 자발적이든 비자발적이든 이주자를 불법으로 운송하는 밀매업자들이 관여하기 때문에 문제가 될 수 있다. 국제연합(UN)은 매년 50만 명 이상의 이주자가 라오스, 캄보디아, 미얀마에서 태국으로 밀매되는 것으로 추정하고 있다. 매년 수십만 명의 이주노동자가 인도네시아에서 말레이시아로 밀매되며, 중국, 일본, 한국, 홍콩은 동아시아에서 밀매되는 이주자들의 주요 목적지다. 다수는 공장, 농업, 어업, 성노동 등에 강제노동으로 밀매된다. 밀매업자나 이주자 자신이 밝히기를 꺼리기 때문에, 또는 이주자의 직업이 조사를 어렵게 만들기 때문에 밀매의 희생자를 파악하는 일은 어렵다.

이주노동자의 권리는 국제연합(UN)과 국제노동기구(International Labor Organization, ILO) 협약 및 권고안에 의해 보호되고 있음에도 불구하고, 비준과 집행에는 문제가 있다. 이에 대응하여 필리핀과 인도네시아 같은 일부 송출국은 자국민에게 일정한 보호를 제공하는 수용국과 양자간 협정을 체결한다. 2030년 지속가능개발의제(Agenda for Sustainable Development)도 ASEAN과 마찬가지로 이주노동자의 역할과 권리를 다루고 있지만, 아직 포괄적인 지역적 협정은 출현하지 않았다. 임시직 노동자의 이주도 성별에 따라 다른데, 남성은 주로 건설업이나 농업에 고용되는 반면, 여성은 가사 노동, 보건 분야, 섬유 산업, 성 산업을 포함한 서비스 부문 등에 고용되는 경우가 가장 많다. 환태평양 여성 이주자의 수는 증가하고 있다. 2013년에 여성이 이 지역으로 이주한 이들의 거의 절반(48%)과 지역으로부터 이주한 이들의 44%를 차지한다. 가사 노동자와 성 산업 노동자는 고용 통계에 포함되지 않기 때문에, 이러한 추정치는 노동 이주의 '여성화'를 과소평가하는 경향이 있다.

이러한 복잡성으로 인해 이주 결과는 매우 다양하다. 노동 이주자의 고용은 일자리 창출을 촉진하거나 특정 부문에서 임금을 억제할 수 있다. 마찬가지로 이주는 실업률 감소, 새로운 기술 접근 촉진, 해외송금을 통해 송출국에 혜택을 줄 수 있다. 그러나 이주가 송출국의 발전에 필요한 인적 자본을 박탈할 수도 있다. 교육, 목적지, 근무 조건 등에서 차이가 있지만, 태평양연안은 다른 지역보다 더 많은 고숙련 이주노동자를 공급하며 그 대부분은 경제협력개발기구(OECD) 국가에서 찾아볼 수 있다. 이러한 유형의 이주 노동력의 주요 송출국은 중국, 인도, 필리핀이며, 태평양연안 내 주요 목적지로는 미국, 싱가포르, 한국, 호주, 뉴질랜드, 일본 등이 있다. 이 범주는 주로 남성이지만, 고숙련 여성 이주노동자의 수도 증가하고 있다(UN ESCAP, 2016).

## 아시아와 아메리카 대륙 사이의 이주

아시아와 아메리카 대륙 사이의 이주는 아시아에서 북아메리카 및 라틴아메리카로의 이주와 더 최근에 증가하고 있는 라틴아메리카에서 아시아로의 이주를 포함한다. 가장 초기의 아시아인 이주 중에는 19세기 하와이를 향한 이주가 있다. 이는 미국이 통제하는 플랜테이션 경제의 발전으로 인한 농업 노동력 수요에 의해 야기된 것이었다. 1893년 미국 정부의 지원을 받은 농장 소유주들이 하와이 군주제를 무너뜨렸고 하와이는 1900년에 미국의 영토로 합병되었다. 20세기 초반에 미국 태평양 제국의 윤곽이 완성되었다. 필리핀은 스페인-미국 전쟁(1898년)으로 괌 및 푸에르토리코와 함께 미국으로 양도되었고, 1902년 필리핀 기본법(Organic Act)에 따라 병합되었다.

농장 소유주들은 처음에 중국에서 노동자를 모집했으며, 이후 급속한 사회·경제적 변화로 이동 가능한 남성 노동력이 형성된 일본에서 노동력을 모집했다. 필리핀과 조선은 그 수는 적지만 계약 노동의 추가적인 원천이 되었다. 농장 노동자들은 자신의 이름이 아닌 번호로 식별되었으며, 임금은 성별과 인종에 따라 차등을 두어 상이한 종족집단 사이의 경쟁을 촉진시켰다. 이러한 계급구조 내에서 미국 국적을 가진 필리핀 출신 노동자들은 특정한 특혜를 누렸지만, 모든 아시아인은 출신 국가와 상관없이 차별을 경험했다. 하와이에서는 아시아인을 플랜테이션 노동자로 길들이는 수단으로 가족 단위 정착이 장려되었다. 이와 함께 하와이 원주민을 포함해서 다양한 종족집단들 사이의 교차혼인이 이루어졌으며, 그 결과로 수십 년 내에 아시아인이 하와이 인구의 다수를 차지하게 되었다(Takaki, 1998).

1849년 캘리포니아에서 금광이 발견되면서 아시아인들이 미국 본토로 이주하게 되었다. '마닐라 남자(필리핀 출신)'들은 최초의 광부 중 하나였지만, 1850년대 초까지 중국인들이 캘리포니아 금광 채굴자의 약 20%를 차지했다. 금은 또한 대륙횡단철도망 건설의 추동력이 되었다. 그것은 믿을 수 있는 대규모의 노동력을 필요로 했지만, 백인 노동자들은 위험을 감수하는 것을 꺼리는 경우가 많았다. 1864년부터 1869년 사이 센트럴퍼시픽철도 건설에 고용된 중국인 수는 정확히 알 수 없지만, 일시적으로 고용된 수는 무려 1만 5,000명으로 추정된다. 노동 형태에 따라 급여 수준이 달랐지만, 중국인의 평균 급여는 백인 노동자의 약 3분의 2 수준이었다. 미국과 캐나다 모두 철도건설에 아시아인 노동력을 활용했지만 아시아인 공동체의 정착을 방지하기 위해 여성의 입국은 엄격히 통제했다.

차별과 폭력에도 불구하고 1850년부터 1930년 사이에 약 100만 명의 아시아계 이주자들이 서부 해안에 도착했다. '황화(Yellow Peril)'에 대한 두려움으로 시작된 백인우월주의는 '중국인배척법(1882년)'을 시작으로 전국적 법률을 제정하였고, 1920년대 중반까지 아시아계의 이민은 금지되었다. 이는 일상생활의 모든 측면에 영향을 미치는 제한적인 주법(州法)들로 인해 더욱 강화되었다. 아시아인들을 부패와 질병의 원천으로 묘사하는 것은 백인 노동자 계급에 대한 위협의 틀 안에 포함되었으며, 1930년대까지 서부 해안에서는 반아시아인 폭동이 자주 발생했다. 특히 일본인들이 표적이 된 것은 미국과 일본 간 경쟁이 치열했기 때문이다. 반일 감정은 1942년에 절정에 달했다. 당시에 루스벨트 대통령은 진주만 공격에 대응하여 '행정명령 9066호'를 발동하여 일본계 미국인 13만 명—그들의 다수는 미국 시민권자였다—을 강제로 수용시켰다.

제2차 세계대전 이후 미국은 중국인, 필리핀인, 인도인 이주자들에게 귀화를 허용하는 법안을 도입했다. 유럽 국가로부터의 이주를 우대하는 정책을 종결시킨 1965년 이민법이 그 뒤를 이었다. 이 이민법의 시행으로 주로 아시아와 라틴아메리카 출신의 1,800만 명 이상의 합법적 이민자들이 미국에 입국했다. 이로 인해 많은 주(州)의 인구 구성이 재편되었을 뿐만 아니라 기존의 아시아계 미국인 공동체도 변화했다. 1965년 이전에는 이러한 공동체가 주로 미국 출생 시민들로 구성되어 있었지만, 베트남전쟁을 통해 동남아시아에서 유입된 대규모 인구이동으로 상황이 역전되었다. 현재 아시아 출신 이민자들은 미국으로 유입되는 가장 큰 인구(41%)이며, 외국 출신 인구의 26%를 차지한다(Pew Research Center, 2015). 이주민 공동체는 미국과 캐나다 전역에 형성되어 있지만, 태평양연안은 특히 아시아인의 존재감이 강하다. 아시아계 미국인들을 '모범적 소수자(Model Minority)'로 보는 보편적인 이해는 배제와 차별의 역사뿐만 아니라, 공동체 내외에서 발생하는 경제적 · 사회적 다양성을 모호하게 만든다(Lee, 2015).

또한 미국은 다른 OECD 국가들과 함께 고숙련 이주자와 학생을 놓고 경쟁한다. 필리핀의 숙련 이주는 9 · 11테러 이후로 감소했지만, 보건 관련 필리핀 여성 노동자에 대한 수요는 여전히 높다. 2014-2015년 약 6만 명의 중국과 인도 학생들이 미국 대학에 입학했으며, 이들 중 다수는 고숙련 노동자를 위한 비자를 통해 졸업 후 취업이 가능했다. 같은 기간 인도 이민자들은 연간 고숙련 노동자들을 위한 H-1B 비자 할당의 3분의 2를 획득했으며, 중국인은 8,800개의 EB-5 고용 창출 투자자 비자 중 거의 90%를 취득했다. 이 두 비자는 관리자와 숙련된 직원에게 할당된 15만 건의 L-L 비자 중 3분의 1을 차지하였다(MPI, 2016). 이러한 변화는 숙련된 전문가와 투자자의 입국을 우선시했던 1965년 이민법과 관련이 있다. 또한 1997년 홍콩이 중국으로 반환되면서 수천 명의 숙련된 노동자들이 밴쿠버로 이주했고, 그 결과 현재 아시아인들이 밴쿠버 인구의 50% 이상을 차지하고 있다.

잘 알려지지는 않았지만, 라틴아메리카에서 아시아계 공동체는 무시할 수 없으며 그 수가 증가하고 있다. 16세기 후반부터 스페인 갤리온 무역을 통해 수천 명의 필리핀인이 멕시코와 캘리포니아에 이주하여 정착하였다. 1900년대 초 일본인은 농업 노동자로 브라질과 페루로 이주했다. 대부분은 일본으로 돌아가려는 의도로 이주했지만, 많은 사람이 현지에 정착하였다. 사실 브라질에는 일본 이외의 지역에서 가장 많은 일본계 인구가 정착하고 있다. 1900년대 초 '황화'에 대한 두려움으로 아시아인의 차별이 있었지만, 오늘날 아시아인들은 매우 인종적으로 계층화된 사회에서 명예 '백인' 지위를 가진 '긍정적' 소수자 집단으로 인식된다.

## 아메리카 대륙 내 이주

아메리카 대륙의 국가들은 유럽, 아프리카, 아시아의 인구이동을 통해 형성되었기 때문에 정착과 동화를 강조하는 민족적 서사를 갖고 있다. 그러나 이민은 송출국과 수용국 사이의, 그리고 국내 인종화된 집단들 사이의 불평등한 관계와 밀접하게 연결되어 있다. 따라서 수용과 동화에도 불구하고, 이주는 종종 공공 정책과 비공식적인 차별을 통해 사회적 배제로 이어진다. 아메리카 대륙으로 최초로 이주한 사람들은 유럽의 식민지 개척자들과 그들이 데리고 온 아프리카 노예들이었다. 이후 남유럽과 동유럽, 동아시아와 동남아시아, 중동에서 이주자들이 유입되었다.

아메리카 대륙으로 이주는 초기에 대개 해외에서 유입되었지만, 오늘날에는 라틴아메리카에서 미국과 캐나다로의 이주가 지배적인 추세를 이루고 있다. 예를 들어, 1960년 미국의 외국 출생 인구의 74%가 유럽에서 유입되었고 라틴아메리카 출신은 10%에 불과했으나, 2013년에는 라틴아메리카 출신이 52%였다. 1980년에는 미국 인구의 6.5%만이 히스패닉 출신이었지만, 2014년에는 그 비중이 미국과 외국 출생을 포함하여 17.3%를 차지했다(Pew Research Center, 2015). 라틴계 인구는 1960년대 이후 엄청나게 증가하고 있지만 실제로 미국 내에서 그들의 존재는 상당히 오래된 것이다. 미국 남서부와 서부는 처음에 스페인에 의해 식민지화되었고 이후에 멕시코의 일부가 되었다. 1848년 미국이 멕시코를 물리치고 나서야 국경이 만들어졌고 그 북쪽의 라틴아메리카 사람들이 미국 시민으로서 인정되었으며 종교적 · 인종적 차별은 없었다. 수십 년 동안 이 지역의 국경은 극도로 투과성이 커서 사람들이 비교적 자유롭게 이동할 수 있었다. 1900년대 초반에는 멕시코 남성들이 농업과 광산에서 임시 노동자로 미국으로 이주하였다. 대불황 시기 동안 일시적으로 미국 시민을 포함하여 많은 사람이 추방되었지만, 멕시코인들은 브라세로 프로그램(1942-1964년)을 통해 다시 이주하도록 장려되었다. 이로 인해 순환적 · 계절적 남성 이주 유형이 형성되었다. 그러나 남서부에 이미 존재하던 대규모 멕시코계 미국인 공동체들 덕분에 많은 이주자가 정착하여 새로운 가족을 만들거나 멕시코에서 가족을 데려옴으로써 미국 내 라틴계 인구가 증가하였다(Massey, Durand, and Malone, 2003). 오늘날 멕시코 이민자는 미국의 해외 출생 인구(foreign-born population) 중에서 가장 높은 비율(28%)을 차지하고 있다.

1980년대에 내전과 빈곤으로 고통받는 중앙아메리카 사람들이 대규모로 미국에 입국했다. 엘살바도르, 과테말라, 니카라과는 수십 년 동안 미국이 지지하는 군사정부에 의해 지배되었으며, 이는 높은 수준의 경제적 불평등을 특징으로 했다. 1960년대와 1970년대에 개혁 시도가 좌절되자 무장단체들이 결성되어 1990년대까지 내전이 지속되었다. 수십만 명이 사망하였고, 난민들은 코스타리카, 멕시코, 미국, 캐나다 등으로 망명했다. 일부 난민들은 전쟁이 끝나자 자국으로 돌아갔지만, 다른 난민들은 그대로 남아서 공동체를 형성했다. 캐나다는 많은 난민을 수용했지만, 미국은 난민을 수용하지 않았다. 이들은 미등록 거주자로 높은 빈곤율과 착취, 사회적 배제에 시달렸다. 그럼에도 불구하고 중앙아메리카 사람들은 여전히 대규모로 미국으로 이주하고 있다. 내전으로 멕시코에서 중남미로 마약조직이 확산되었고, 1990년대부터 미국에서 추방된 '범죄 외국인(criminal aliens)' 중 일부가 국제 폭력조직이 되었다. 미국 정부는 이들 이주자를 난민으로 인정하기 않고 있으며 따라서 그들은 가장 높은 수준의 국외추방률을 보유한 이주 인구에 속하게 되었다.

멕시코인, 중앙아메리카인, 그리고 그들의 후손 등은 현재 미국 서부 해안과 남서부의 농촌과 도시 인구의 상당 부분을 차지하고 있다. 최근 입국자들과 미국에서 태어난 몇 세대로 구성된 라틴아메리카 인구는 언어, 사회계층, 교육, 직업, 법적 지위 면에서 다양하다. 그들은 농업과 서비스 부문에서 중요한 노동력을 제공하지만, 다수는 사업체를 소유하거나 전문인력으로 종사하면서 라틴계 공동체에 기여하기도 한다. 어떤 이들은 다종족 지역에 살고 있고, 다른 이들은 출신 국가와의 관계가 여전히 강한 종족적 거주지(ethnic enclaves)에 살고 있다. 종족적 거주지는 최근 입국한 사람들에게 네트워크와 안전을 제공하지만, 동시에 가난에 처한 이주자들을 붙들어 두고 사회적 배제를 강화할 수도 있다. 더 높은 수준의 사회자본을 가진 사람들조차 인종차별을 피하기 위해 종족적 거주지에 남아 있을 수 있다. 사회적·문화적 '동화', 상향이동 기회, 사회적 수용 등은 여전히 불균등하지만, 라틴계는 '아메리카적'이라는 것의 의미를 변화시키고 있다(Gutierrez, 2006). 이는 특히 캘리포니아에서 두드러진다. 거기서는 더 이상 백인(비히

스패닉)이 다수가 아니며 대규모 라틴계와 아시아계 공동체가 성장하면서 새로운 문화적 융합이 이루어지고 있다. 송출국도 송금과 귀환자를 통해 변형되고 있다. 귀환자들은 '낙후된' 사람들의 소비 습관과 사회적 관행에 영향을 미친다. 오늘날 멕시코와 중앙아메리카도 이주자의 대규모 송환에 의해 큰 영향을 받고 있다. 그들 중 일부는 어린이로 미국에 보내졌다가 이제 그들의 '고향' 나라로 송환되고 있다. 거기서 그들은 자신에게는 해외 사회인 곳에 통합되는 법을 배워야만 한다.


## 결론

우리는 특히 환태평양 국가들 사이와 각 국가들 내부에서 전례 없는 수준의 국내 및 국제 이주가 이루어지는 이주의 시대에 살고 있다. 2015년 국제이주자는 2억 4,400만 명으로 2000년 대비 41% 증가하였고, 이주자는 전 세계 인구의 3.3%로 2000년(IOM, 2015) 이후 0.5% 증가하였다. 2015년 기준 국제이주자 3명 중 2명은 유럽이나 아시아에 거주하고 있으며, 전체 국제이주자의 절반 가까이가 아시아에서 출생했다.

노동이주는 비용뿐만 아니라 경제적·사회적 혜택을 수반한다. 수용국은 그들의 생산력의 정점에 있는 상대적으로 교육을 잘 받은 노동자들의 노동으로부터 혜택을 얻지만, 현대 이주의 도시적 특성은 주택과 인프라에 추가적인 압력을 가한다. 송출국으로의 이주자 송금은 가족소득을 증가시키고, 어린 형제자매들의 건강관리와 교육기회를 개선할 수 있으며, 전통적인 가부장적 구조에 도전할 것이다. 반면에 이주는 발전이 필요한 지역에 노동력 부족을 초래할 수 있으며, 부모의 이주는 그들의 자녀에게 부정적인 영향을 미칠 수 있다(MPI, 2015).

오늘날 이주노동자들은 육지의 국경을 가로지르는 것만큼이나 태평양을 가로지를 가능성이 높다. 이는 지역 내 증가하고 있는 경제적 상호 의존성을 반영하는 동시에 고용을 위한 이주가 많은 나라에서 상당한 수준으로 경제의 구조적 특징이 되고 있다는 사실을 반영한다. 남아 있는 과제는 국제적 · 지역적 협약과 선언을 준수하여 이주노동자와 그 가족의 기본권을 보호하는 것이다. 민족적 정부가 이 과정에서 중요한 역할을 담당해야 하지만, 정책과 그것을 실행하는 과정이 모든 수준의 정부들, 이주노동자, 고용주, 노동조합, 비정부기구(NGO) 등의 이해를 반영하는 것을 보장하기 위해서는 거버넌스가 공유되어야 한다. 이주의 규모를 감안할 때 지역적 · 양자적 협력을 강화하는 것도 이주를 관리하고 이주자를 부양하는 데 있어서 마찬가지로 중요한 요소가 되고 있다.

## 토론을 위한 질문

- 이주자와 이민자는 발전에 어떻게 기여하는가?
- 식민주의와 제국주의의 역사적 관계가 현재의 이주 유형에 어떤 영향을 미쳤는가?
- 사회자본은 이주자와 이민자가 수용국 사회에 통합되는 방식에 어떤 영향을 미치는가?
- 모든 이주자는 인권 보호를 받을 자격이 있는가?

## 심화학습

Gonzalez, Juan. (2011). Harvest of Empire: A History of Latinos in America. Penguin Books.

Gutierrez, David. (2006). *The Columbia History of Latinos in the United States since 1960*. Columbia University Press.

Hamilton, Nora and Norma Stolz Chinchilla. (2001). *Seeking Community in a Global City: Guatemalans and Salvadorans in Los Angeles*. Temple University Press.

International Organization for Migration (IOM). (2015). *Global Migration Trends 2015 Factsheet.* Global Migration Data Analysis Centre (GMDAC).

International Organization for Migration (IOM). (2016). *World Migration Report - Migrants and Cities: New Partnerships to Manage Policy.* Global Migration Data Analysis Centre (GM-DAC).

Lee, Erika. (2015). *The Making of Asian America: A History.* Simon & Schuster.

Massey, Douglas S., Jorge Durand, and Nolan J. Malone. (2003). Beyond Smoke and Mirrors: Mexican Immigration in an Era of Economic Integration. Russel Sage Foundation.

Migration Policy Institute (MPI). (2015). *Shortage amid Suolus: Emigration and Human Capital Development In the Philippines.* MPI.

Migration Policy Institute (MPI). (2016). *Asian Immigrants in the United States.* MPI.

Pew Research Center. (2015). *Modern Immigration Wave Brings 59 million to US, Driving Population Growth and Change through 2065: Views of Immigration Impact US Society Mixed.* Washington D.C. http://www.pewhispanic.org/files/ 2015/0912015-09-28_modern-immigration-wave_REPO RT. pdf/

Roth, Joshua. (2002). *Brokered Homeland: Japanese Brazilian Migrants in Japan.* Cornell University Press.

Takaki, Ronald. (1998). *Strangers from a Different Shore: A History of Asian Americans.* Little, Brown and Company.

United Nations Department of Economic and Social Affairs (DESA). (2013). *Population Facts.*

United Nations, Economic and Social Commission for Asia and the Pacific (UNESCAP). (2016). *Asia-Pacific Migration Report 2015, Migration' Contributions to Development.*

Weiner, Michael. (2009). *Japan Minorities: The Illusion of Homogeneity.* Routledge.

# 10장 글로벌 도시, 메가 도시, 일상 도시: 태평양연안의 도시화

디케 피터스(Deike Peters)

서론에서 언급한 바와 같이, 이 교재의 목적은 태평양연안을 일관된 연구 단위로 제시하고 지역연구와 전통적인 주제 기반 학문의 결합을 목표로 '부상하는 태평양 세계에 대해 비교의 관점에서 학제적인 소개'를 제공하는 것이다. 태평양연안의 도시화 유형을 분석하는 이 장은 구조화된 비교에 집중할 것이지만, 나의 핵심 분석단위인 도시가 당연히 장소이자 주제이기 때문에 지역과 주제 사이의 분석적 구분을 다시 모호하게 하는 것에서 시작할 것이다. 실제로 비판적인 도시연구라는 학제적인 학술 분야는 사회학과 지리학 같은 장소기반 지역연구와 분과뿐만 아니라 도시계획, 설계 그리고 건축(경관) 같은 응용 분야에서도 나타난다.

나는 학제적 접근 방식의 고유한 과제를 염두에 두면서 먼저 도시화와 세계화의 일반적 개념과 함께 세계 그리고/또는 글로벌 도시의 위계에 대한 견해를 소개한다. 그런 다음 나는 태평양을 가로지르는 도시들을 하나의 차별적이고 일관된 네트워크를 형성하는 어떤 것으로 다루는 것이 타당한가라는 질문을 제기한다. 널리 알려진 대로 그 대답은 '아니요'다. 도시학자들은 그런 관념을 '해롭고' '혼돈스러운' 개념으로 분명하게 거부했다. 다음으로 나는 태평양연안의 다양한 하위 지역 내 도시들의 위치에 따라 도시를 특성화한다. 나는 북아메리카와 라틴아메리카의 도시들을 명확하게 식별할 수 있는 몇 가지 공통된 특징을 가지고 있는 반면, 아시아나 오세아니아의 도시들 사이에는 공통점이 거의 없다는 점을 제시한다. 마지막으로, 전 세계 도시를 비교하고 연관시키는 데 의미 있는 두 가지 분석적 접근 방식, 즉 마르쿠제(Marcuse)와 반 켐펜(van Kempen)의 '세계화하는 도시들(globalizing cities)'에 대한 논의와 제니 로빈슨(Jenny Robinson)의 '일상 도시'에 대한 보다 최근의 개념을 소개한다. 나는 환태평양 도시화 미래에 대한 몇 가지 시사점을 제시하며 결론을 내린다.

## 도시화되고 세계화된 세계를 향하여

도시화는 농촌 지역에 비해 도시와 도심에 더 많은 사람들이 사는 과정이다. 도시 지역은 정착지의 규모와 밀도가 훨씬 높다는 점에서 농촌 지역 및 마을과 구별된다. 이 장에서는 '도시'와 '대도시'라는 용어가 혼용되며 대도시 지역의 모든 지구, 즉 비즈니스 및 상업 기능이 지배적인 중심 지역뿐만 아니라 대부분 사람들이 실제로 거주하는 작고 멀리 떨어진 많은 타운, 교외, 준교외 등을 포함하여 사람들이 생활하고, 일하고, 먹고, 놀고, 잠자는 곳을 모두 포함한다. 세계화는 전 세계의 시장과 문화가 점점 더 통합되고 상호 연관되는 것을 의미한다.

2008년은 역사상 처음으로 전 세계 인구의 과반수가 도시에 거주한 해였다. 도시는 모든 문명의 발상지이며, 환태평양지역의 일부 대규모 정착지에는 사람이 수천 년 동안 지속적으로 거주해왔다. 태평양연안에는 세계에서 가장 큰 도시(행정적 측면에서)인 상하이(2,400만 명)와 세계에서 가장 큰 두 개의 메가-도시 지역인 광역 도쿄와 주강 삼각주(각각 약 3,800만 명,

4,000만 명 이상)가 있는 것으로도 유명하다.

산업화 이전 시대에는 인구 10만 명 이상으로 성장한 도시가 거의 없었다. 1700년대 고대 로마와 에도(도쿄) 외에 인구 100만 명을 넘은 고대 도시는 극소수에 불과했다. 산업혁명과 교통 및 건축 기술의 발전으로 인해 도시는 전통적인 경계를 훨씬 뛰어넘어 더 높은 수준으로 성장할 수 있었다. 650만 명의 거주자를 보유한 런던은 1900년경 세계에서 가장 큰 도시였지만, 1930년대에 1천만 명에 달한 뉴욕에 이어 1960년대 후반 인구 2,000만 명을 돌파한 도쿄의 규모에 결국 밀려났다.

역사적으로 세계에서 가장 큰 도시는 가장 강력한 도시이기도 했다. 하지만 20세기에 들어서면서 급속한 도시 인구증가는 이에 상응하는 경제적·정치적 힘의 증가와 밀접하게 연관되어 있지 않았다. 세계는 인구 천만 명 이상의 도시군으로 정의되는 새로운 메가 도시들의 부상을 목도하고 있으며 이들 중 상당수는 남반구의 소득이 낮고 정치적으로 불안정한 국가에 위치하고 있다. 이들 도시의 대다수 주민은 적절한 인프라, 위생, 사회서비스가 갖추어지지 않은 임시적이고 비공식적인 거주지에 살고 있다.

세계의 여러 지역은 서로 다른 시기에 급속한 도시화를 경험했다. 따라서 평균적으로 미주 지역에서는 5명 중 4명, 유럽과 오세아니아 지역에서는 3명 중 2명이 현재 도시 지역에 거주하고 있지만, 아시아인과 아프리카인 10명 중 4명만이 도시 거주자다. 하지만 이는 빠르게 변화하고 있다. 최근 추산에 따르면 매일 12만 명의 아시아인이 도시로 이동하고 있다. 지난 수십 년 동안 북아메리카, 유럽, 일본의 많은 도시는 라틴아메리카와 동남아시아의 특정 도시들에 비해 규모와 경제적 생산성이 뒤처졌다. 인도는 20세기 초 도시인구가 10%에 불과했지만 현재는 30% 이상으로 증가했으며, 중국은 1950년 농촌인구가 87%였지만 2015년 도시인구가 55%에 도달하는 등 놀라운 속도로 도시화되었다. 이러한 변화 패턴의 결과는 다음과 같이 요약할 수 있다. 역사적으로 세계에서 가장 크고 강력한 도시들은 대서양과 지중해 주변에 집중되어 있었지만 21세기에는 그 중심이 태평양연안으로 빠르게 이동했다.[1]

## 세계도시들의 글로벌 위계?

그렇다면 학자들이 주요 대도시를 '세계' 또는 '글로벌' 도시라고 부를 때 의미하는 바는 무엇인가? 일부 도시는 왜 그리고 어떻게 다른 도시보다 더 '글로벌'하고 따라서 더 중요하게 간주되는가? 간단히 대답하자면, 무역, 금융, 문화의 세계화가 심화되면서 몇몇 대도시들이 지배적인 글로벌 지휘 및 통제 센터로 부상했기 때문이다. 이들 도시는 그들 또는 그들의 중심 업무지구에 본사를 둔 글로벌기업들이 그들이 위치한 민족경제들보다 서로 더 긴밀하게 연결되어 있다는 점에서 진정한 의미의 글로벌 도시라고 할 수 있다. 존 프리드먼(John Friedmann)의 세계도시 가설(1986)은 로스앤젤레스와 도쿄를 비롯한 소수의 선도적 도시들이 새로운 국제분업에 따라 점점 더 글로벌화되는 세계경제의 지휘 및 통제 센터로 부상하고 있음을 밝혔다 (Frobel et al., 1980). 이 새로운 세계에서 북반구 기업들이 그들의 생산을 값싼 노동력이 위치한 남반구 전역으로 아웃소싱하여 새로운 글로벌 조립라인을 형성하면서, 도시의 생산직 제조업 일자리는 북아메리카에서 라틴아

---

1 [역자주] 여러 온라인 양방향 지도가 이처럼 변화하는 지구 도시화의 역사를 시각화한다. 예를 들어, 다음을 참조하라. http://news.bbc.co.uk/2/shared/spl/hi/world/06/urbanisation/html/urbanisation.stm (accessed 20 July 2016).

메리카의 마킬라도라(maquiladoras)로, 그리고 태평양을 건너 아시아 전역의 새로운 도시 공장으로 이동했다. 반면 고급 관리, 재무 및 통치적 기능은 주로 북반구에 위치한 소수의 핵심적인 중심 업무지구에 집중되었다. 도시를 중심/1차(예: 로스앤젤레스), 반주변/1차(예: 싱가포르), 반주변/2차(예: 마닐라)로 구분한 프리드만의 독창적인 세계도시의 위계는 임마누엘 월러스틴(Immanuel Wallerstein)의 세계체제분석에 상당 부분 빚지고 있다. 1970년대 월러스틴은 고숙련 노동력을 보유한 산업화된 북반구 중심 국가들이 불평등한 세계적 발전을 영속화하기 위해 값싼 노동력과 원료의 지속적인 착취에 의존하고 있다고 주장한 바 있다. 도시학자들은 국가에 대한 이러한 초점이 시대에 뒤떨어지고 오해의 소지가 있다고 비판하면서 이후 세계경제 구조조정의 복잡한 과정에 대한 이해를 증진하는 데 중요한 기여를 제공했다. 1990년 초에 사스키아 사센(Saskia Sassen)의 저서『글로벌 도시』(1991)는 글로벌 또는 세계도시 순위에서 가장 일관되게 상위권을 차지한 세 도시인 뉴욕, 런던, 도쿄의 경제적 성공을 기록했다. '글로벌 도시'라는 용어는 종종 '세계도시(world city)'라는 용어와 같은 의미로 사용되는데, 두 용어 모두 국제기업들의 본사가 다수 소재하고 금융, 무역, 예술과 문화의 국제 교류에 중요한 허브 기능을 수행하는 장소를 의미한다. 그러나 사센은 프리드만보다 더 구체적으로 글로벌 도시를 FIRE(금융, 보험, 부동산) 부문이라는 고급 생산자 서비스의 핵심 노드로 정의하고 식별하여, 본사 위치가 도시 경제의 계층화된 세계적 위계에 어떻게 상응하는지 보여주었다.

현재 연구자들이 만든 여러 글로벌 도시 지수가 있으며, 가장 잘 알려진 것은 세계화와 세계도시 네트워크(Globalization and World Cities Network, GaWC) 지수다. 이 지수는 일반적으로 알파 세계도시가 위계의 최상위에 위치하고 베타 및 감마 세계도시가 뒤따르는 3단계 순위를 사용한다.

현재 알파 레벨에는 Alpha++, Alpha+, Alpha, Alpha- 등으로 세분화된 45개 도시가 포함된다. 현재 태평양연안 도시들은 GaWC 및 기타 목록에서 일정하게 발견되지만, 많은 학자들은 그러한 순위가 여전히 유럽 및 북아메리카 대서양 도시에 편향되어 있다고 생각한다. 하지만 태평양연안 도시들은 시간이 지남에 따라 순위가 상승했다. 1999년 베이버스톡 등(Beaverstock et al.)은 환태평양 알파 도시들로 도쿄, 로스앤젤레스, 싱가포르, 홍콩만 등록했다. 2012년에는 홍콩, 베이징, 상하이가 도쿄, 싱가포르, 시드니와 함께 모두 알파+ 도시로 선정되었다. 다른 10개 태평양연안 도시들도 알파 목록에 이름을 올리면서 중국 도시들의 순위가 급격히 상승했다. 이는 태평양연안의 많은 대규모 도시들이 점점 더 서로 연결될 뿐만 아니라 전 세계의 다른 중요한 도시들과도 연결되고 있음을 의미한다.

## 태평양연안은 도시들(의 일관된 네트워크)에 대한 유용한 분석단위인가?

국가가 아니라 일군의 도시라는 관점에서 태평양연안을 사고하는 것은 원리상 이 연안에 대한 더 엄격한 설명을 제공한다는 고유한 장점이 있다. 태평양연안 도시 목록에는 로스앤젤레스가 포함되지만 뉴욕이나 시카고는 포함되지 않으며, 그리고 상하이와 베이징이 포함되지만 우루무치는 포함되지 않는다(Taylor et al., 2000: 234). 이 책의 다른 장에서 분명하게 알 수 있듯이, 이러한 구조를 언급하는 데에는 다른 전략적 이유가 있다. 미국은 일본과 아시아 호랑이들의 부상을 목도하는 1980년대에 단순히 '태평양 세기'를 선언함으로써 경제적으로나 문화적으로 유럽만큼 뒤처진 것이 아니라 단지 서부 해안으로 관심이 옮겨진 것처럼 보이려고 했다. 태평양 연안 전 지역에서 도시화가 진행되면서 도시 이론가들은 마침내 '서구'와 '비서구'뿐만 아니라 '북반구'와 '남반구' 도시에 대한 낡은 개념을 극복하는 데 성공했다.

세계도시 연구자들이 이전에 제기한 보다 구체적인 질문은 태평양연안 도시들이 일관된 지역 네트워크의 일부임을 보여주는 것이 경험적으로 가능한지 여부였다. 테일러 등(Taylor et al., 2000)은 소위 주성분 분석을 통해 28개 태평양연안 도시들의 기업 서비스 간의 유사성 정도를 연관시켰다. 도시들의 목록은 GaWC 글로벌 도시 순위에서 도출되었다. 이 분석은 해당 지역에 존재하는 기업 서비스 회사들의 조합 및 관계를 비교하여 통상적인 '서부 태평양연안', '구 영연방', '시장 공산주의' 등의 도시 집단을 판별하였다. 또한 이 분석은 미국 도시들을 별도의 집단으로, 도쿄를 글로벌 도시라는 독자적 범주로 분류했다. 이 외에도 연구자들은 이 지역에 대해 일관된 유형을 발견하지 못하여 '환태평양지역은 지리적으로 혼란스러운 구성'이자 '특히 모호한 구조'라고 결론 내렸다(Taylor et al., 2000: 233).

태평양연안 도시들 사이의 가시적인 무역 심화와 이와 관련된 복잡한 이주 유형을 면밀히 조사하고 분류하는 것보다 연안 내부의 지역적 일관성을 조사하는 것이 학문적 노력의 가치가 낮다고 주장할 수도 있다. 이 지역은 놀라울 정도로 다양하기 때문에 '전형적인' 도시를 언급하는 것조차 불가능하고 무의미할 수 있다.

## 태평양연안의 지역적 도시화 유형

비록 태평양연안 전체에 걸쳐 도시들의 명확한 공통점이 없더라도, 태평양연안을 구성하는 지역 내의 도시들을 살펴보는 것은 어느 정도 장점이 있는데, 그 이유는 대부분 다양한 지역들이 다소 다른 시기와 속도로 도시화되었기 때문이다.

### 오세아니아 도시

남태평양에 있는 수천 개의 섬으로 이루어진 오세아니아는 세계에서 유일하게 메가 도시가 없는 정주 지역이다. 그곳의 인구는 매우 불균등하게 분포되어 있다. 영토는 넓고 인구는 적지만 호주는 도시인구가 89%를 차지하며 세계에서 가장 도시화된 국가 중 하나다. 소수의 해안 도시(시드니, 멜버른, 브리즈번, 퍼스, 애들레이드)는 뉴질랜드 오클랜드와 함께 인구가 백만 명이 넘지만 그 외 오세아니아 도시들은 종종 도시형태로 이어져 나가고 있지만 그 규모는 크지 않다. 인구는 상대적으로 적지만 시드니와 멜버른은 세계도시 순위에서 상위 25위 안에 자주 포함되며, 단순한 비유가 아니라 실제로 '서구' 도시의 특징을 가지고 있다. 호주의 광대한 영토, 특히 내륙의 먼 지역은 사실상 사람이 살지 않는 곳이며, 도시 성장은 주로 이민에 의해 촉진된다.

### 동남아시아 도시

동남아시아 국가는 싱가포르, 브루나이, 말레이시아 등과 같은 고소득 국가와 고도로 도시화된 여러 장소를 포함한다(3장 참고). 베트남, 미얀마, 라오스, 심지어 캄보디아처럼 저소득의 전통적 농업국가도 이제 인구의 3분의 1이 도시에 거주하고 있다. 아시아 전역의 1,000개 이상의 집적지에 대한 위성 이미지와 인구 조사 데이터를 사용한 최근 연구에 따르면, 도시 토지가 2000년에서 2010년 사이에 22%, 즉 거의 4분의 1이 증가한 것으로 나타났다(Schneider et al., 2015). 동남아시아의 많은 대도시 지역에서는 마을(desa)과 도시(kota)를 뜻하는 인도네시아어 단어에서 유래한 '데사코타(desakota)' 구역이라 불리는 특정 형태의 도시확장이 나타난다. 이 지역에서는 도시 중심에서 멀리 떨어진 외부에서 농업생산(주로 조방적인 논농사 형태)이 지속되며 도시용지와 공존하고 있다. 그 결과 농촌활동과 도시활동의 불편한 경쟁이 계속되고 있다(McGee, 1991). 많은 학자들은 데사코타를 일시적이고 문제적인 것으로 보는 반면, 다른 학자들은 지속적인 현지 식량생산 가능성과 여타의 환경 및 생물-지역적 장점을 지적하며 더 호의적인 태도를 취한다.

## 동아시아 도시

2050년까지 아시아에는 10억 명의 인구가 추가될 것으로 예상되는데, 그 중 90%가 도시에 거주할 것이다. 아시아의 도시 밀도는 일반적으로 다른 세계 지역들보다 훨씬 높다. 동아시아 전체 도시 인구의 3분의 1이 30개의 대규모 집적지에 살고 있으며, 중국 주강 삼각주의 4천만 명 이상의 인구는 현재 도쿄를 뛰어넘어 지구상 최대 거대 지역이 되었다. 학자들은 아시아 전역, 특히 중국에서 전례 없는 규모의 도시화와 도시 확장이 일어나고 있다는 사실을 여전히 어쩔 수 없이 수용하고 있다. 그리고 도시형태도 매우 다양하다. 중국의 도시화율은 약 55%로 아직 동아시아에서 가장 낮은 수준이지만, 13억 5천만 명이 넘는 전체 인구를 고려하면 도시 거주자가 7억 5천만 명에 달하며, 이들 중 상당수는 10년 전에는 존재하지 않았던 인스턴트 도시(instant cities)²에 살고 있다. 많은 설명에 따르면, 중국의 도시화는 인류 역사상 가장 중요한 이주 사례다. 현재 중국에는 인구 500만 명이 넘는 도시가 13개, 인구가 200만 명이 넘는 도시가 41개 있는데, 이는 전 세계의 20%에 달한다. 한편 일본과 한국은 모두 90% 이상이 도시화되어 있는 반면 북한은 약 60%가 도시화되어 있다. 몽골 인구의 약 3분의 2(250만)가 수도 울란바토르에 살고 있어 광대한 땅이 사실상 사람이 살지 않는 지역으로 남아 있다.

## 북아메리카 도시

규모 면에서 멕시코시티, 뉴욕, 로스앤젤레스는 이 지역에서 유일한 3대 메가 도시이며, 인구 50-500만 명의 도시에 많은 도시 주민이 살고 있다. 미국과 캐나다의 도시들은 자동차에 대한 높은 의존도와 낮은 인구밀도, 넓게 퍼져 있는 도시형태, 그리고 그에 따른 교통과 에너지 소비로 인한 높은 수준의 온실가스 배출 등을 특징으로 한다. 20세기 초 시카고 도시학파의 학자들이 미국 도시의 전형적인 형태를 여러 동심원 지대로 둘러싸인 중심업무지구 또는 부유한 교외로 둘러싸인 제조업 및 노동자계급 구역으로 특징지었다면, 20세기 후반 소위 로스앤젤레스 도시학파의 학자들은 미국뿐만 아니라 전 세계의 도시 성장의 새로운 패러다임으로 다중심 LA 대도시 지역을 변론했다. LA학파 이론가들은 도시를 파편화되고, 이질적이며, 분리되고, 분열적인 방식으로 광활한 지역에 걸쳐 발전하는 것으로 인식한다. 학자들은 이제 도심, 빈민가, 교외 대신에 '엣지 도시(edge cities)',³ '테크

---

2 [역자주] 브라질리아와 호주 캔버라처럼 소외 지역 발전을 위해 의도적으로 건설된 도시다.

3 [역자주] 미국에서 유래한 용어로, 이전에는 교외 주거 지역과 시골 지역이었던 곳에서 전통적인 도심과 중심업무지구 외부에 비즈니스, 쇼핑, 엔터테인먼트 등의 집중이 일어나는 현상을 지칭한다.

노폴(technopoles)', [4] '에스노버브(ethnoburbs)', [5] '담장 처진 지역사회(gated communities)' [6] 및 기타 다양한 유형의 도시 구역으로 구분한다. 북아메리카 도시에 대한 주요 결과 중 일부는 아래에 더 자세히 설명되어 있다.

## 라틴아메리카 도시들

라틴아메리카에는 세계 최대 메가 도시 세 곳인 리우데자네이루, 상파울루, 부에노스아이레스가 있지만, 이 세 도시들은 대륙의 대서양 해안에 위치해 있다. 가장 큰 태평양연안의 대도시는 리마, 보고타, 칠레의 산티아고(각각 약 1,000만 명, 900만 명, 650만 명)다. 라틴아메리카 도시 인구의 약 60%가 인구 100만 명 미만의 도시에 거주한다. 라틴아메리카 도시들은 도시형태와 사회에 중요한 흔적을 남긴 식민주의의 역사를 공유하고 있다. 라틴아메리카의 도시인구 비율은 1950년대 40%에서 1990년에 70%로 증가했으며, 오늘날에는 약 80%로 세계 최고 수준에 속한다. 현재 많은 비공식 거주지가 통합되고 기반시설과 위생시설을 갖추고 있지만, 시설들은 대체로 수준 이하이고 도시 빈곤은 여전히 지속되고 있다. 원주민 인구는 대륙 전체에서 도시화가 가장 덜 되어 있고 가장 빈곤한 집단으로 남아 있다. 도시들은 종종 자동차로 가득 차 있지만 버스에 의존하는 경우가 많은데, 브라질의 쿠리치바와 콜롬비아의 보고타는 지하철보다 훨씬 적은 비용으로 건설하면서도 시간당 2만 명 이상을 한 방향으로 수송할 수 있는 간선급행버

---

4 [역자주] 미국 실리콘밸리와 프랑스 소피아 앙티폴리스같이 연구, 교육기관, 산업체를 한데 모아놓은 도시를 의미한다.

5 [역자주] 교외에 위치한 새로운 종족 중심의 집중 거주지다.

6 [역자주] 자동차와 보행자의 유입을 엄격하게 제한하고 보안성을 향상시킨 주거지역이다. 게이트 및 울타리를 마련하고 있으며 경비원을 고용하고 있는 곳도 있다.

스(BRT) 시스템을 개발 및 개선하여 도시 모빌리티 혁명을 주도하고 있다.

## 지역 위계를 넘어서: 세계화하는 도시에서 일상 도시로?

위의 절들은 과도한 단순화의 함정에 빠지지 않고 태평양연안 전체의 도시화 과정과 패턴을 분류하려는 시도를 나타낸다. 하지만 분류 범주가 정말 필요한가? 도시 순위는 도움이 되는가, 아니면 해로운가? 도시 분석에 대한 대안적 접근 방식은 규모와 경제적 중요성에 따른 도시의 위계와 순위를 단호하게 거부한다. 이러한 접근방식은 처음에는 급진적으로 보일 수 있지만 비판적인 도시연구 내에서 활발히 논의되고 있는 중요한 논쟁이다. 이는 도시학자들이 비평가들의 호평을 받은 비교 연구를 수행한 경우에도 전통적으로 유럽과 북아메리카의 '서구' 그리고/또는 '북반구' 도시에 편향되어 왔으며, 심지어 그 지역 내에서도 대부분의 학문적 관심은 항상 뉴욕, 베를린, 런던, 파리, 시카고 또는 로스앤젤레스와 같은 소수의 '특별한', '전형적인' 또는 '모범적인' 글로벌 도시에 집중되어 왔다는 사실을 반영한다. 태평양연안에 다시 초점을 맞추면 이러한 편견은 극복될 수 있다.

### 세계화하는 도시

2000년에 마르쿠제와 반 켐펜은 세계화가 도시의 규모나 세계 위계 내 순위에 관계없이, 모든 도시에 영향을 미치는 과정이라는 점을 강조하기 위해 '세계화하는 도시'라는 용어를 대중화했다. 세계화가 도시 내의 새로운 공간 질서로 귀결되는지에 대해 질문하면서, 그들은 궁극적으로 국가 간에 볼 수 있는 특정한 공통적인 도시의 추세가 있지만 이는 획일적이거나 균

일하게 존재하지 않는다고 결론지었다. 북아메리카에서 세계화하는 도시들은 제조업의 쇠퇴와 남아 있는 제조업이 도시 내부를 떠나 교외 지역으로 이전하는 것이 특징이다. 도심에서는 서비스 부문 기능이 증가하고, 중산층과 고소득층이 10년 전만 해도 '게토'로 여겨졌던 지역을 포함하여 도시의 중심 지역으로 돌아오는 것이 목격되었다. 일반적으로 '젠트리피케이션(gentrification)'으로 알려진 이 과정은 많은 저소득층과 최근의 이민자 공동체들이 종종 보수가 좋은 제조업 일자리에 가깝고 가격도 적절한 과거의 근린지역을 떠나게 만드는 결과를 초래했다. 그러나 세계화의 도시적 영향은 세계 곳곳에서 매우 다른 방식으로 나타났다. 즉, 시카고나 로스앤젤레스의 변화과정에 대응하여 개발된 도시 이론과 도시계획 및 설계 처방은 농촌과 도시 간 이주가 매우 다른 취업 기회 및 완전히 다른 도시현상—예를 들면 거대한 비공식 슬럼 정착지나 유령도시—과 결합되어 있는 볼리비아, 인도네시아, 중국의 도시에는 적용이 제한될 수밖에 없다.

## 일상 도시

마르쿠제와 반 켐펜의 연구를 바탕으로, 제니퍼 로빈슨은 궁극적으로 도시학에 대한 서구의 편견이 오해의 소지가 있을 뿐만 아니라 매우 해롭다고 비판했다. 그녀는 "도시를 구분하는 범주(서구, 제3세계, 아프리카, 라틴아메리카, 동남아시아, 포스트-사회주의 도시 등)와 위계(글로벌, 알파 또는 세계도시 등)를 넘어서는 새로운 세대의 도시학 의제"를 권하면서 "도시를 분류하고 명칭을 붙이기보다는… 모든 역동적이고 다양한 평범한 도시들의 세계에 대해 생각"할 것을 제안했다(Robinson, 2006: 1-2).

로빈슨의 개념은 태평양연안의 많은 도시에 존재하는 복잡한 식민지 역사를 고려할 때 도시연구에 대한 정교한 포스트-식민주의적 비평을 제공한다. 이는 중요한 타당성과 장점을 가지고 있다. 과거 주류 도시연구는 관행적으로 도시 세계를 경제력과 문화적 중요도에 따라 순위를 매겨서 부유한 서구/제1세계 도시와 단순히 '개발'과 '현대화'가 필요한 것으로 여겨지는 가난한 '제3세계' 도시 영역으로 이분화했다. 태평양연안에 걸쳐 빠르게 변화하는 매우 다양한 도시화 유형은 이러한 시각이 불완전하고 시대에 뒤떨어진 방식이라는 로빈슨의 주장을 분명히 뒷받침한다. 보고타, 쿠알라룸푸르, 광저우의 발전 수준과 현대성을 런던이나 파리와 비교하기보다는 각도시를 그 자체로 이해하고 기업 본사와 생산자 서비스라는 좁은 렌즈를 넘어 이민과 문화교류를 통해 이들 도시가 연결되는 새로운 방식을 발견하려는 더 세계적인 시각이 필요하다. 예를 들어, 로스앤젤레스는 방콕에 이어 세계에서 두 번째로 큰 태국 도시인 반면, 밴쿠버의 일부 지역은 문화적으로 캐나다의 나머지 지역보다 홍콩과 더 연결되어 있다.

## 결론

태평양연안(그리고 세계) 인구 증가의 대부분은 소위 '세계 도시'나 다른 메가 도시들에서 일어나는 것이 아니라 급속한 도시확장의 도전에 대처할 준비가 덜 된 중간 규모의 '일상 도시'에서 일어나고 있다. 이러한 급속한 도시확장이 환경에 미치는 영향은 엄청나며, 지역의 토지 및 상수도 공급뿐만 아니라 지구 기후에도 심각한 영향을 미친다. 따라서 도시학자들은 지나치게 일반화하기 쉬운 분류를 극복하고 태평양연안에서 펼쳐지는 다양하고, 역동적이며, 다면적인 도시화 및 이주 과정에 초점을 맞추는 것이 바람직하다.

## 토론을 위한 질문

• 로스앤젤레스, 보고타, 선전, 자카르타의 도시화 유형은 어떻게 그리고 왜 다른가? 이 도시들의 공통점은 무엇인가?

• '세계 도시'도 동시에 '일상 도시'가 될 수 있는가?

• 세계 인구증가의 대부분은 어디에서 일어나는가?

## 심화학습

Beaverstock, J. V., Smith, R. G., and Taylor, P. J. (1999). *"A Roster of World Cities"*, *Cities*, 16(6), 445-458.

Friedmann, J. (1986). "The World City Hypothesis", *Development and Change*, 17(1), 69-83.

Frobel, F., Heinrichs, and Kreye, O. (1980). *The New International Division of Labour: Structural Unemployment in Industrialised Countries and Industrialisation in Developing Countries*. Cambridge University Press.

McGee, T. G. (1991). "The Emergence of Desakota Regions in Asia: Expanding a Hypothesis." In N. Ginsburg, B. Koppel, and T. G. McGee (Eds.), *The Extended Metropolis: Settlement Transition in Asia*. University of Hawaii Press, pp. 3-25.

Marcuse, P. and van Kempen, R. (Eds.). (2011). *Globalizing Cities*. John Wiley & Sons.

Robinson, J. (2006). *Ordinary Cities: Between Modernity and Development* (Vol.4). Psychology Press.

Sassen, S. (2001). *The Global City: New York, London, Tokyo*. Princeton University Press.

Schneider, A., Mertes, C. M., Tatem, A. J., Tan, B., Sulla-Menashe, D., Graves, S. J., and Schelly, I. H. (2015). "A New Urban Landscape in East-Southeast Asia, 2000-2010", *Environmental Research Letters*, 10(3), 034002.

Scott, A. J. and Soja, E. (1998). *The City: Los Angeles and Urban Theory at the End of the Twentieth Century*. University of California Press.

Taylor, P. J., Doel, M. A., Hoyler, M., Walker, D. R., and Beaverstock, J. V. (2000). "World Cities in the Pacific Rim: *A New Global Test of Regional Coherence*", *Singapore Journal of Tropical Geography*, 21(3), 233-245.

UN-Habitat (Nairobi). (2009). *Global Report on Human Settlements 2009: Planning Sustainable Cities*. Earthscan.

Wallerstein, I. M. (2004). *World-Systems Analysis: An introduction*. Duke University Press.

# 11장  제2차 세계대전 이후 환태평양지역의 경제발전

홍이 첸(Hong-Yi Chen)

제2차 세계대전 이후 많은 이전 식민지들이 독립했고 산업화를 통해 경제를 현대화하기 시작했다. 태평양연안의 개발도상국들도 그중 하나였다. 이 국가들의 경제발전 경험은 두 가지 이유에서 특히 중요하다. 첫째, 대부분 개발도상국들은 아시아, 라틴아메리카, 아프리카에 위치하고 있는데, 그중 두 대륙이 태평양연안에 있다. 둘째, 환태평양 무역과 투자가 이 지역의 발전에 중요한 역할을 하여 태평양연안을 세계경제의 떠오르는 중심지로 만들었다.

태평양연안에 있는 국가들은 일반적으로 두 개의 지리적 집단으로 나눌 수 있는데, 각 집단은 공통점과 독특한 경험을 반영한다. 첫 번째 집단은 한국, 싱가포르, 대만, 홍콩 등의 네 마리의 '아시아 호랑이', 말레이시아, 태국, 인도네시아, 필리핀 등의 '새끼 호랑이', 그리고 이와 더불어 1980년대 이후 시장 체제를 채택한 (이전)사회주의체제의 중국과 베트남 등의 아시아 경제로 구성된다. 지역 경제발전에 있어 주도적인 역할을 감안할 때, 일본은 제2차 세계대전 이전에 산업화되었지만 이 목록에 추가될 수 있다. 또 다른 집단은 대부분 라틴아메리카 국가들로 구성되며, 설령 태평양이 아닌 대서양에 접한 국가들이라 할지라도 대체로 유사한 발전 경험을 공유한다. 제2차 세계대전이 끝날 무렵, 태평양 아시아경제(Pacific Asian economies)는 세계에서 가장 가난한 국가 중 하나였던 반면 대부분 라틴아메리카 국가는 어느 정도의 경제발전과 중위소득국에 도달해 있었다. 제2차 세계대전 이후 두 집단 모두 산업화를 통한 경제발전을 위해 노력했다.

거의 반세기가 지난 후, 두 집단의 발전 경험은 상당히 다르다. 1980년 대 아시아 일부 지역은 '동아시아의 기적'으로 칭송받았지만, 라틴아메리카는 같은 기간 연이은 부채위기에 시달리면서 '풍요로운 땅에 사는 가난한 사람들'로 묘사되었다. 〈표 11.1.〉에서 알 수 있듯이, 1963년 구매력평가(Purchasing Power Parity, PPP)로 측정한 아시아 경제의 1인당 GDP는 라틴아메리카 국가들보다 낮았다. 1963년에서 1988년까지의 25년 동안, 라틴아메리카 경제의 1인당 소득이 18%에서 145% 사이의 성장률을 기록한 데 반해, 네 마리 호랑이들 경제의 1인당 소득은 약 5배 증가했다. 필리핀을 제외한 새끼 호랑이들은 1인당 소득을 거의 3배로 늘린 반면, 라틴아메리카 국가들은 제한된 성장에 머물렀다. 이 기간 동안 소득이 두 배로 늘어난 콜롬비아는 예외였다. 2014년까지 호랑이 경제는 고소득 국가로 자리매김한 반면, 라틴아메리카 국가들은 중위소득국의 지위를 유지했다. 전반적으로, 새끼 호랑이 경제 또한 라틴아메리카 국가들보다 더 나은 성과를 거두었다. 〈표 11.1.〉의 마지막 열을 보면 아시아 국가들의 지니계수도 라틴아메리카 국가들에 비해 상대적으로 낮은 것으로 나타났는데, 이는 아시아가 라틴아메리카 국가들에 비해 소득분배가 더 평등하다는 것을 보여준다.

이러한 차이는 다양한 요인, 특히 두 지역이 채택한 개발 전략에 기인한다고 볼 수 있다. 초기에 두 집단은 모두 기존 수입 공산품을 대체하기 위해 독자적인 산업을 발전시키는 수입대체 산업화 전략을 채택했다. 이는 두 단계로 구성되었다. 1단계는 섬유, 신발, 가공식품 등 비내구 소비재 제조업의 발전을 포함했다. 2단계는 냉장고, 화학, 기계와 같은 내구 소비재, 중간재, 자본재 제조업을 발전시키는 것이다. 두 집단 모두 수입대체 산업화 1

단계에 성공했고, 이후 라틴아메리카는 수입대체 산업화 2단계로 나아갔으나, 아시아는 수출촉진전략으로 전환했다. 후자의 경우, 정부는 내구 소비재, 중간재, 자본재 개발에 초점을 맞추기보다는 비내구 소비재의 국제 시장 수출 촉진 정책을 시행했다. 다음 절에서는 이러한 상이한 전략의 원인과 결과를 논의한다.

〈표 11.1〉 PPP 기준 1인당 GDP(1963–2014)[1]

| | 1963 | 1988 | 1988/1963 | 2014<br>(1인당 GNI) | 2014/1963 | 지니계수<br>(1990–2014) |
|---|---|---|---|---|---|---|
| 홍콩 | 2247 | 11952 | 5.32 | 40320 | 17.94 | 0.434 |
| 한국 | 747 | 4094 | 5.48 | 27090 | 36.27 | 0.306 |
| 싱가포르 | 1777 | 11693 | 6.58 | 55150 | 31.04 | 0.425 |
| 대만 | 980 | 4607 | 4.70 | 37739<br>(2011) | 38.51<br>(2011/1963) | 0.345 |
| 아르헨티나 | 2949 | 3474 | 1.18 | 13480 | 6.92 | 0.51 |
| 브라질 | 1400 | 3424 | 2.45 | 11530 | 8.24 | 0.59 |
| 칠레 | 3231 | 3933 | 1.22 | 14910 | 4.61 | 0.58 |
| 멕시코 | 2312 | 3649 | 1.58 | 9870 | 4.27 | 0.52 |
| 인도네시아 | 463 | 1348 | 2.91 | 3630 | 7.84 | 0.343 |
| 말레이시아 | 1233 | 3643 | 2.95 | 11120 | 9.02 | 0.443 |
| 필리핀 | 965 | 1460 | 1.51 | 3500 | 3.63 | 0.461 |
| 태국 | 537 | 1627 | 3.03 | 5780 | 10.76 | 0.420 |
| 콜롬비아 | 1364 | 2844 | 2.09 | 7970 | 5.84 | 0.57 |
| 자메이카 | 1554 | 1797 | 1.16 | 5150 | 3.31 | 0.42 |
| 페루 | 1973 | 2102 | 1.07 | 6360 | 3.22 | 0.48 |
| 베네수엘라 | 6123 | 3814 | 0.62 | 12500 | 2.04 | 0.49 |

출처: Bla Balassa, Economic Policies in the Pacific Area Developing Countries, World Bank: World Development Indicators(2009, 2015, p. 2)

---

1 [역자주] 세계은행은 현재 발간물에서 GDP(국내총생산) 대신 GNI(국민총소득)를 사용하고 있다. 이 둘은 약간 다르지만 비교 시 혼동을 일으킬 정도는 아닐 것으로 사료된다.

## 동아시아의 기적

아시아 경제(특히 아시아 호랑이들과 새끼 호랑이들)를 '기적'이라고 부르는 이유는 이들의 높고 지속적인 동반성장 때문이다. 아시아 경제는 연간 6% 이상의 성장률을 달성했으며 1960년대 초부터 수십 년 동안 이를 유지했다. 물론 다른 지역에도 높은 성장률의 사례들이 있긴 하지만 시간이 지남에 따라 높은 성장률을 유지한 아시아 경제의 능력은 전례가 없었다. 더욱이, 이러한 경제성장은 경제발전을 위한 자원을 소유하고 통제하는 소수 엘리트에게만 국한되지 않고 대다수의 인구에게 혜택을 안겨준다는 의미에서 '공유'되었다. 그 결과 지난 수십 년 동안 빈곤선 이하로 생활하는 인구 비율이 크게 낮아졌다. 소득 불평등도 다른 개발도상국들에 비해 낮게 유지됐다. 빈곤과 소득 불평등이 많은 개발도상국이 직면한 심각한 문제라는 점을 고려할 때, 아시아 경제의 성공은 학자, 정부 지도자, 국제기구 모두의 찬사를 받았다.

이러한 기적을 이루는 데 기여한 요인은 무엇인가? 가장 자주 인용되는 요인은 국가발전전략의 수립과 실행이다. 아시아 경제의 정부는 저비용 비숙련 노동의 풍부함이라는 공통된 비교우위를 토대로 특정 제조업 부문을 선정하여 재정(면세 또는 감세, 보조금 등)과 금융(신용 및 기타 금융에 대한 용이한 접근) 지원을 제공하였다. 이 국가들은 2단계 수입대체 전략을 추구하기보다는 섬유, 가방 그리고 신발 등을 포함한 노동집약적 비내구성 소비재의 제조 및 수출을 촉진하는 수출촉진전략을 채택했다. 이러한 제조업은 초기 적은 금융 투자와 단순한 기술을 필요로 하며, 실업 또는/그리고 불완전 고용의 도시와 농촌 노동력을 위한 일자리 기회를 창출한다. 국제 시장 확대는 지속적으로 더 많은 일자리를 창출하고 기업이 경쟁을 통해 효율성을 향상하도록 유도했다. 그 결과, 산업화가 더욱 진행되었고, 경제성장이 지속되었으며, 고용 기회가 확대되고, 소득이 증가했으며, 빈곤 감소 및 소득 분배가 더욱 균등해졌다.

어떤 이들은 경제발전에 있어서 아시아 문화가 수행한 역할을 또 다른 요소로 간주한다. 많은 아시아 국가는 질서, 근면, 절약, 교육을 중시하는 유교의 영향을 받았다. 이는 결국 아시아 노동력을 더욱 규율 있게 하고, 국익을 위해 기꺼이 자기 이익을 희생하게 하고, 권위 있는 사람들을 존중하며 순종하는 성향을 갖게 만든다. 이러한 문화는 발전 초기 단계 동안 이들 경제에서 노동 분쟁이 상대적으로 적게 발생한 이유를 설명할 수 있게 해준다. 소득이 증가하면, 노동자들은 소득의 상당 부분(보통 30% 이상)을 저축했는데, 이는 다른 국가들의 평균보다 훨씬 높은 수치다. 높은 저축률은 제조업에 대한 투자와 재투자를 위한 추가 자본을 제공했다. 동시에 자녀 교육은 가족의 최우선 지출이었다. 국가의 교육 투자와 결합된 이러한 지출은 훨씬더 높은 성장률 달성을 위한 기술 향상을 할 수 있는 능력을 갖춘 새로운 세대의 숙련노동자들을 양성했다.

종종 간과되는 것은 아시아의 경제발전에 호의적이었던 국제 정치 환경이다. 제2차 세계대전 이후 세계는 미국이 주도하는 자본주의 진영과 소련이 주도하는 사회주의 진영으로 나뉘었다. 사회주의 확산을 억제하기 위한 시도로서, 자본주의 진영은 특히 소련, 이후 공산주의 중국과 근접한 아시아 동맹국들의 발전을 촉진해야 했다. 자본주의 진영 국가들의 이전 식민지들은 그들의 발전을 지원하기 위한 자본주의 진영 내 시장에 대한 접근뿐만 아니라 풍부한 경제적 지원을 받았다. 이러한 환경에서 이들 경제는 자본주의 진영의 일부가 되었거나 경제발전이라는 목표를 달성하기 위해 적어도 자본주의 진영의 정치적·경제적 지원에 의존했다. 반면, 사회주의 진영에 속했던 중국과 베트남은 냉전 종식 이후부터 높은 성장률을 기록했다.

이 집단 내에 큰 다양성이 존재함에도 불구하고, 수출촉진전략은 일반적으로 아시아 산업화와 발전에 가장 중요한 역할을 해왔다. 무역과 투자를 통한 이 접근법은 아시아와 북아메리카, 그리고 점점 더 많은 라틴아메리카 국가와 견고한 경제적 관계를 구축했으며 환태평양 경제협력과 통합 또한 강화했다.


## 라틴아메리카: 풍요로운 땅에 사는 가난한 사람들

인구밀도가 높은 아시아와 달리, 라틴아메리카는 세계 경작지의 15% 이상을 차지하지만 세계 인구의 약 8%만 부양한다. 라틴아메리카 땅에는 다양한 광물이 풍부하고 세계 산림의 약 25%가 있다. 그러나 라틴아메리카 사람들은 극심한 빈곤과 세계에서 거의 가장 높은 수준의 소득 불평등을 겪고 있다. 따라서 라틴아메리카는 '풍요로운 땅에 사는 가난한 사람들'로 묘사되어 왔다.

동남아시아에서와 마찬가지로, 식민지 시대에 유럽의 식민지 개척자들은 라틴아메리카에서 귀중한 자원을 추출하여 이 대륙을 유럽의 산업화된 자본주의 경제를 위한 1차 재화 공급처와 제조 상품 시장으로 전환시켰다. 라틴아메리카 국가들은 생존을 위해 원자재와 농산물을 유럽으로 수출하는 데 의존했다. 토지는 식민지 지주와 엘리트 가문이 소유한 대규모 농장에 집중되어 있었고 가난한 농부, 특히 원주민은 토지를 거의 또는 전혀 소유하지 않았다.

독립 후, 라틴아메리카 정부는 경제의 재구조화에 착수했다. 이는 라틴아메리카의 새로운 성장동력인 외국인 투자 유입을 가져왔다. 이것이 현대적 자본주의 생산방식의 도입을 가져왔으며, 이로써 라틴아메리카에서도 초기 단계의 산업화가 시작되었다. 그러나 발전은 불균등했고, 1차 상품 수출 기반 경제의 전반적인 환경은 근본적으로 바뀌지 않았다. 많은 지역과 인구는 경제성장의 혜택을 받지 못했고, 증가하는 소득은 불균등하게 분배되었다. 제2차 세계대전 이후 프레비쉬-싱어 정리(Prebisch-Singer Theorem)는 라틴아메리카에 영향을 미쳤다. 이는 1차 재화를 수출하고 공산품을 수입하는 개발도상국의 교역조건(한 국가의 수입품에 대한 수출품의 가격 비율로 정의)이 악화되면서 결과적으로는 개발도상국에서 선진국으로 부가 지속적으로 이전된다는 주장이다. 이 법칙은 라틴아메리카 경제학자들 사이에서 인기를 얻은 '종속이론'의 핵심 구성요소다. 이러한 부의 이전을 막기 위해서는 지역 산업화가 필요했고 라틴아메리카 국가들은 새로운 경제 구조조정을 시작했다.

1차 상품 수출중심의 경제를 산업화된 현대 경제로 전환하고 서구 국가에 대한 경제적 의존을 종식시키기 위해 라틴아메리카 국가들은 아시아 경제와 마찬가지로 수입대체 산업화 발전전략을 채택했다. 국내 유치산업(幼稚産業)은 수입 공산품에 부과된 관세, 할당량 및 기타 제한 정책을 통해 보호되었다. 아시아 국가들이 비내구 소비재 생산을 위한 자체 제조업체를 설립한 것처럼 라틴아메리카 국가들은 1단계 수입대체산업화에 성공했다. 그러나 아시아 경제가 수입대체산업화에서 수출촉진전략으로 전환한 것과는 달리 라틴아메리카 국가는 내구 소비재, 중간재 및 자본재의 자체 생산을 발전시키는 2단계 수입대체산업화로의 이동을 결정했다.

불행하게도, 이 전략은 1단계 수입대체산업화만큼 성공적이지 못해 라틴아메리카 국가들에 장기적인 경제 문제를 야기했다. 2단계에서 필요한 것은 막대한 자본 투자, 더욱 발전된 기술, 정교한 산업 부문이었지만 이 국가들에서는 모든 게 부족했다. 이러한 전략에 따라 자본 집약적 기술을 사용하여 많은 산업 공장이 설립되었지만 일자리 창출은 거의 이루어지지 않았다. 산업 성장으로 인한 소득 증가는 주로 투자 가능한 금융 자원을 소유한 엘리트 집안들이 누렸다. 자신의 노동력 외에는 자원이 없는 가난한 사람들은 성장을 공유하지 못했다. 생산에 있어 첨단 기술과 숙련된 노동력이 부족하여 이러한 공장에서 생산되는 제품은 품질이 낮았고 국내 소비자의 소득이 제한되어 국내 시장도 매우 작았다. 결과적으로 새로 설립된 산업은 비효율적으로 운영되었으며 때로는 역량이 부족한 경우도 있었다.

2단계 수입대체 산업화를 지원하기 위한 수입 기계 및 기타 자본재에 대한 의존도는 외화를 벌기 위해 더 많은 공산품을 수출할 수 있는 능력 부족과 결부되면서 라틴아메리카 국가의 대규모 국제수지 적자를 초래했다. 그 적자를 메우기 위해 이 국가들은 국제 금융시장에서 집중적으로 차입을 해야 했다. 비효율적인 산업 부문은 차입금을 상환하기 위해 제한적이거나 심지어 마이너스 수익을 창출했다. 기존 대출금을 갚기 위해 신규 대출을 확보한 경우가 많았다. 1970년대 산유국들이 연료가격을 크게 인상하면서 세계는 두 차례 오일쇼크를 겪었다. 석유 수출국들이 오일 달러를 국제금융시장에 투입하면 부채가 있는 라틴아메리카 국가들은 상대적으로 유리한 조건으로 훨씬 더 많은 돈을 빌리는 것이 용이했다. 그러나 1980년대 선진국들이 거시경제 안정화를 위해 금리를 인상하면서 흐름이 바뀌었다. 차입비용과 부채상환금(기존 대출금의 이자와 원금)의 극적인 인상은 심각한 부채위기를 겪은 라틴아메리카 개발도상국들에 결국 감당하기 힘든 부담이 되었다. 멕시코는 1982년 8월에 일시적인 부채 상환 유예를 발표했고, 다른 나라들도 그 후 몇 년간 그 뒤를 따랐다. 만기가 돌아온 대출금을 갚거나 상환할 수 없어서, 그 나라들은 IMF와 같은 국제기구들이 제공하는 구제금융 패키지를 받아들여야 했다. 라틴아메리카 국가들은 대부분 선진국 금융기관인 각국의 채권자들과의 재협상을 통해 기존 대출에 대한 이자 상환액을 줄이거나 상환 일정을 재조정했다. 기존 대출을 대체할 수 있는 보다 엄격한 조건의 신규 대출을 제공받은 경우도 있었다. 이러한 구제금융의 조건 중 하나는 자국의 내수시장을 개방하고 보다 외부지향적인 신자유주의적 발전전략을 채택하는 것이었다. 새로운 경제 구조조정 이후, 라틴아메리카 국가들의 경제성장이 재개되었지만 일정 수준의 성장에 그쳤다. 다만, 라틴아메리카 경제의 근본적인 특성, 즉 생산적 자원의 집중에는 변화가 없었다. 소득 분배는 여전히 매우 불평등한 상태에 있었다. 부채위기의 즉각적인 위협은 라틴아메리카 경제의 고질병이 되어 이후 수십 년 동안 주기적으로 표면화 되었다. 상품시장에서 선진국에 대한 종속을 끝내려는 시도는 금융시장에서 선진국에 대한 의존도를 더 높이는 결과를 가져왔다.


## 일본, 중국 그리고 1997년 금융위기

두 개의 가장 큰 아시아 경제인 일본과 중국은 대부분의 태평양연안 국가들과 긴밀한 관계를 맺고 있다. 아시아의 개발도상국 경제가 보다 발전된 역내 이웃 경제와 점점 더 상호 연결 됨에 따라, 일본과 중국의 경제는 다른 국가들에 중대한 영향을 미치거나 심지어 위기를 초래할 수도 있다.

### 아시아 발전에서 일본경제
일본은 19세기 후반 아시아에서 가장 먼저 산업화와 근대화를 위해 노력한 국가였다. 제2차 세계대전 이전에 이미 일본은 근대적인 산업 부문과 더불어 소비재, 자본재, 심지어 국방물자의 생산에 있어서도 유럽 선진국들과 대등한 능력을 갖춘 선진국이었다. 일본의 한국, 대만, 중국 동북부 점령은 영토의 확장뿐만 아니라 새로운 천연자원에 대한 접근성을 부여했다. 일본은 국내 산업화와 해외로의 제국주의적 팽창을 통해 아시아에서 가장 강력한 국가로 변모했다.

일본경제는 태평양전쟁으로 큰 피해를 입었지만, 한국전쟁 당시 금융지원과 미국을 지원하는 상품 수요로 인해 빠르게 회복되었다. 경제적으로 부활한 일본은 아시아 발전의 소위 '기러기편대 모형(Flying Geese Model)'의 시조가 되었다. 일본의 금융지원과 저리 융자는 호랑이와 새끼 호랑이 경제에 대한 산업 투자를 촉진했다. 이들 경제는 일본 모형을 따라 1단계 수입대체 산업화가 완료된 후 수출촉진전략을 채택하였다. 최종적인 소비재 생산이 일본에서 낮은 인건비를 활용한 아시아 경제들로 이전됨에 따라 아시아 전역에서 일본의 기적을 재현하는 데 기여했다.

불행하게도, 1970-80년대 두 차례의 오일쇼크와 미국과의 무역전쟁은 일본경제에 큰 타격을 주었다. 이러한 외부 충격의 부정적 영향을 극복하기 위해 일본 정부는 국내 경기를 부양하기 위해 확장적 정책을 실행했다. 이러한 정책들은 국내 주식 및 부동산 시장 가격의 급등을 야기했고, 이는 현재 '거품경제'로 알려진 것을 초래했다. 1990년대 초 거품이 붕괴되었고 일본경제는 장기 불황에 빠졌다. 일본의 불황은 금융투자 유입 감소와 일본시장에 대한 수출 부진으로 다른 아시아 경제권의 경제성장을 둔화시켰다. 일본의 불황은 1997년 태평양 아시아 경제권이 경험한 금융위기의 원인 중 하나이기도 했다.

21세기 들어 신임 아베 신조 일본 총리는 일본경제를 활성화하고 고속성장을 재개하기 위해 '아베노믹스'라고 불리는 몇몇 경제정책을 제시했다. 그러나 아베노믹스는 단기적으로 유리한 결과를 낳지만 장기적인 문제를 야기할 수 있는 모순된 요소를 포함하고 있다. 그 진면목은 아직 알 수 없다.

## 아시아 발전에서 부상하는 중국경제

제2차 세계대전과 파괴적 내전에 이어 중국은 공산당 통치하의 사회주의 시대로 접어들었다. 중앙계획 경제체제는 일정한 경제성장을 달성했지만 당 지도부가 약속한 수준으로 인민들의 생활수준을 향상시킬 수 없었다. 중공업 중심의 발전전략은 자본생산과 방위산업에 대부분의 자원을 동원하였고 농산물과 소비재는 무시되었으며 그 결과 시장에서의 공급부족을 초래하였다. 또한 중공업의 발전은 특히 농촌 인구에게 충분한 일자리 기회를 창출하지도 못했다. 빈곤은 널리 퍼져 있었고 중국의 경제발전 정책에 대한 대중의 불만은 특히 1976년 마오쩌둥과 저우언라이가 사망한 후 표면화되었다. 이들 지도자의 죽음은 중국의 새로운 지도자 덩샤오핑 아래에서 개혁개방의 시대를 여는 계기가 되었다.

개혁 시대의 주요 정책은 시장의 힘이 자원 배분의 역할을 하도록 하고 경제적 유인이 생산에 동기를 부여하는 시장 제도를 채택하는 것이었다. 또 다른 중요한 정책은 외국인 투자에 경제를 개방하고, 국제 시장으로 수출을 촉진함으로써 이웃 아시아 경제를 따라가는 것이었다. 중국이 개방 정책을 시작할 무렵, 많은 아시아 경제들은 노동 및 토지에서 국내 제조 비용 상승에 직면하여 국제 시장에서 경쟁력을 상실했다. 중국의 극히 낮은 노동 및 토지 비용의 이점을 이용하기 위해 홍콩, 싱가포르, 대만의 비내구성 소비재 제조 기업들은 1980년대에 중국의 해안지역으로 이전했다. 일본과 한국을 포함한 다른 아시아 국가들이 그 뒤를 따랐다. 인근 경제권으로부터의 이전과 투자는 중국에 절실히 필요한 금융자본을 투입했고, 농촌의 잉여 노동력을 위한 일자리를 창출했으며 결과적으로 경제성장과 소득증대의 원동력이 되었다. 이전한 기업들은 또한 중국이 현대적인 제조기술과 경영기술을 배우고 세계로 시장을 넓힐 수 있도록 도왔다. 동시에 중국에 투자한 아시아 경제들은 중국 연안에 신설된 합작기업을 통해 이익을 공유했고 높은 생산비용으로 수익성이 떨어지는 국내 기업들은 이전되었다.

거의 30년간 평균 두 자릿수 성장률을 기록했던 중국은 하위소득국에서 중위소득국으로 탈바꿈했으며, 현재 총 GDP 기준으로 미국에 이어 세계에서 두 번째로 큰 경제대국이 되었다. 1인당 GDP도 크게 증가해 빈곤선 아래 인구도 극적으로 감소했다. 소득불평등 심화, 환경악화 등 중국경제가 직면한 새로운 도전에도 불구하고, 중국은 이른바 '세계의 공장'이자 세계적인 경제강국이 되었다.

## 1997년 아시아 금융위기, 구조조정 그리고 반등

심각한 국내 부패와 함께 부상한 중국경제와 일본의 경제불황은 아시아의 호랑이와 새끼 호랑이 경제에 엄청난 문제를 일으켰다. 1990년대 중반, 노동집약적 상품 제조에 필요한 국내 노동과 토지 비용의 상승, 거품 경제 이후 침체된 일본경제의 주변국으로부터의 수입 감소, 국제 시장에서 점점 더 경쟁력을 갖게 된 중국의 저가 공산품, 그리고 고평가된 국내 통화 등을 포함 여러 가지 이유로 인해 1990년대 중반에 들어 아시아 기적 경제들의 성장이 둔화되었다. 이러한 요인들이 많은 아시아 경제들의 무역수지를 흑자에서 적자로 전환시켰다. 무역적자를 극복하기 위해 아시아 경제는 자본 유입의 증가가 필요했다. 불행하게도, 선진국에서 해당 경제들로 이동하던 외국인 직접투자가 중국과 베트남으로 목적지를 변경했다. 호랑이들은 새로운 해외자본의 새로운 원천이 필요하였고 국내 금융 시장을 외국 포트폴리오 투자에 개방했다. 그러나 아시아 금융시장은 외국 포트폴리오 투자규모에 대한 대비가 취약했고 각국 정부는 금융시장 운영을 관리하고 보호할 수 있는 경험도 부족했다. 설상가상으로, 일부 정부는 정부 지도자 그리고/또는 그 가족의 금융적 이익을 보호하기 위해 자국 통화를 평가절하라는 조언을 받아들이지 않았다. 지속적인 국제수지 악화로 결국 아시아 경제가 고평가된 자국 통화의 가치를 유지할 수 없게 되자 국제 투자자들은 1997년 7월부터 아시아 통화와 주식을 '패대기(dumping)'치기 시작했고, 수 개월간 대규모 매도세가 이어졌다. 호랑이들과 새끼 호랑이들의 경제는 정도는 다르지만 이 금융위기로 타격을 입었다. 인도네시아, 말레이시아, 태국 그리고 한국 경제가 가장 큰 타격을 입었다. 자국 통화 가치는 20-80% 하락했으며, 몇몇 국가에서는 주식 시장도 거의 50% 하락했다.

1997년 위기 이후, 아시아 호랑이들은 더 새롭고 발전된 기술을 채택하고 첨단기술 중심의 제조업과 수출업으로 고도화하여 그들의 경제를 추가적으로 구조조정하는 조치를 취했다. 홍콩과 싱가포르 등 일부 경제는 제조업에서 서비스업, 특히 금융 및 운송업으로 전환했다. 이들 경제는 또한 역내 외환보유고를 늘리는 한편 라틴아메리카 국가들과 투자 및 교역을 촉진하는 등 투자와 무역 파트너를 다변화하기 위한 노력을 기울였다. 새로운 경제 구조를 마련하고 국제 시장에서 경쟁력을 회복한 아시아 국가들은 반등에 성공했다. 국내적으로 새로운 반부패 조치들과 더욱 엄격해진 법률이 호랑이와 새끼 호랑이의 고성장을 회복시키고 아시아 '기적'을 정상궤도로 올려놓았다.

## 결론

태평양연안 개발도상국들의 경제는 제2차 세계대전 이후 현저하게 변화해왔다. 세계화된 21세기 세계경제에는 부상하는 중국, 개선 중인 일본, 그리고 기술적으로 향상 중인 호랑이 경제들을 포함하고 있는 더 역동적이고 더 강건한 아시아 경제들이 새로운 시장, 보다 협력적인 기회들을 찾고 있을 뿐만 아니라 여타 개발도상국과 더 가까운 경제관계를 구축하려 한다. 현재 여러 가지의 문제들이 있지만, 심지어 2016년 베네수엘라에서 발생한 것과 같은 일시적인 경제적 혼란이 발생하더라도 보다 개방적인 라틴아메리카 경제는 아시아가 추구하는 것을 제공하고 있다. 아시아, 특히 중국의 투자 및 기타 금융 자원의 증가는 최근 몇 년 동안 라틴아메리카 경제의 성장을 촉진하는 데 긍정적인 역할을 해왔다. 또한 태평양 횡단 무역과 투자가 강화되면서 태평양연안 국가 간의 경제통합도 가속화되고 있다(12장 참고). 우리가 새로운 태평양 세기의 시작점에 서 있다고 예측할 수 있는 충분한 이유가 있다.

## 토론을 위한 질문

• 아시아와 라틴아메리카 발전 경험의 유사점과 차이점은 무엇인가?
• 라틴아메리카 국가들은 '기러기 편대 모형'을 따라 또 다른 경제적 '기적'을 만들 수 있을까? 왜 그럴까? 또는 왜 안 될까?
• 다른 개발도상국들은 라틴아메리카의 부채위기와 1997년 아시아 금융위기에서 어떤 교훈을 얻을 수 있을까?

## 심화학습

Doraisami, A. (2014). "Macro-Economic Policy Responses to Financial Crises in Malaysia, Indonesia and Thailand", *Journal of Contemporary Asia* 44(4), pp. 581-598.

Islam, I. and Anis Chowdhury eds. (1997). *Asia-Pacific Economies: A Survey*. Routledge.

Knippers Black, J. ed. (2011). *Latin America: Its Problems and Its Promise*, 5th edition, chapters 6 and 7. Westview Press.

Vegh, C. A. and G. Vuletin. (2014). "The Road to Redemption: Policy Response to Crises in Latin America", *IMF Economic Review* 62(4), pp. 526-568.

Weinstein, D. E., A. K. Kashyap, and K. Hamada. (2011). *Japan's Bubble, Deflation*, and Long-Term Stagnation. MIT Press.

# 12장 환태평양경제동반자협정이 갖는 중요성 이해하기

에드워드 피셀(Edward M. Feasel)


2015년 10월 환태평양지역의 12개국 대표는 역사적인 무역협정에 합의했다고 발표했다. 만일 이 협정이 비준된다면 세계화가 상당 부분 진척될 것인데, 왜냐하면 다른 국가들도 이러한 경제통합의 다음 단계에서 낙오되는 것을 피하기 위해 노력할 것이기 때문이다. 호주, 브루나이, 캐나다, 칠레, 일본, 말레이시아, 멕시코, 뉴질랜드, 페루, 싱가포르, 미국, 베트남 등의 회원국은 5년여의 긴 협상 끝에 마침내 이 협정에 합의했다. 환태평양경제동반자협정(The Trans-Pacific Partnership, TPP)[1]은 역사상 가장 큰 무역협정 중 하나다. 관련국의 GDP는 전 세계의 40%를 차지하며 무역규모는 세계무역의 26%로 이는 EU에 이어 두 번째 큰 규모다.

지역적 차원에서 TPP가 갖는 중요성, 그리고 그것이 세계경제에 미치는 함의를 이해하기 위해서는 이러한 역사적 협정을 출현시킨 요인을 파악하는 것이 매우 중요하다. 이 장의 첫째 절에서는 전후 증가한 경제적 상호 의존성의 맥락에서 회원국 간 무역관계의 진화를 살펴본다. 여기서는 글로벌 생산사슬과 연관된 국가 간 연결의 중요성이 합의를 이끌어낸 원동력으로

---

1 [역자주] The Trans-Pacific Partnership은 환태평양동반자협정으로 직역이 가능하나 통상의 관례를 따라 환태평양경제동반자협정으로 번역한다.

강조된다. 두 번째 절에서는 TPP의 긴요함을 높이고 그 전망을 보다 매력적으로 만든 경제적 경쟁자들의 등장에 대해 검토한다. 여기에는 TPP 회원국을 포함하여 점점 더 많은 국가군(群)의 주요한 무역파트너로 등장한 중국이 우선적으로 포함된다. 마지막 절에서는 TPP 이행 앞에 놓인 도전을 살펴보고 잠재적 승자와 패자를 식별한다. 협상은 많은 부분 비공개로 진행되었는데, 이는 종종 논쟁을 일으키는 주고받기식 협상의 정치화를 피하기 위한 것으로 통상적 관행이 되었다. 이제 회원국들에서는 TPP 비준이라는 어려운 절차가 진행 중이다. 일부 국가에서는 TPP로의 이행이 야기할 수 있는 잠재적 악영향으로 인해 비준이 더욱 어려울 것이다.[2] 그럼에도 TPP는 새로운 세기의 세계경제에 있어 환태평양지역의 역동성과 중요성을 구현한다.

---

2 [역자주] 환태평양경제동반자협정은 2016년 공식서명을 마치고 회원국의 의회 비준을 받는 등 순항했으나 2017년 트럼프 대통령이 TPP 탈퇴 행정 서명을 함에 따라 TPP 협정 발효 자체가 불가능해졌다. TPP 협정상 회원국은 GDP의 60%를 차지하는 미국이 비준하지 않으면 발효 자체가 불가능한 구조였기 때문이다. 미국의 탈퇴에도 불구하고 일본의 주도하에 TPP 협상은 진행되었고 포괄적·점진적 환태평양경제동반자협정(Comprehensive and Progressive Agreement for Trans-Pacific Partnership, CPTPP)으로 명칭을 변경하여 2018년 12월 30일 발효되었다. 이 과정에서 기존 협정 중 개도국에 민감한 지식생산권 보호, 정부조달, 서비스 시장개방, 투자자국가분쟁해결 등 22개 분야를 유예시켰다. CPTPP는 TPP에 비해 협정의 발효를 원활하게 하고 신규 회원국의 가입 절차도 간소화되었다. TPP 발효 요인인 '회원국 GDP 85% 이상 비준'을 '50% 이상 혹은 6개국 이상 비준'으로 변경하고 60일 경과 후 협정을 발효하게 하였다. TPP에서는 가입 절차로 아태지역 국가 요건 점검, 가입작업반 설치, 위원회 협의 등을 규정했으나 CPTPP에서는 이러한 절차 규정을 삭제하고 협정 발효 후 기존 회원국과 신규 가입국 간 합의가 이루어지면 가입하는 것으로 수정하여 가입절차를 단순화하였다. 2023년 7월 영국이 추가로 가입함에 따라 현재 일본, 캐나다, 호주, 브루나이, 싱가포르, 멕시코, 베트남, 뉴질랜드, 칠레, 페루, 말레이시아, 영국 등 12개의 회원국으로 구성되어 있다.

## 배경과 중요성

환태평양경제동반자협정은 전후 세계화시대 들어 진행된 국제적 경제결속의 진화에 있어 중요한 진전을 나타낸다. 관세 및 무역에 관한 일반협정(The General Agreement on Tariffs ans Trade, GATT)은 UN 회원국 간 무역을 증진시키기 위한 전후 기제로서 설립되었다. 1947년 23개 회원국이 참여한 제노바 라운드를 시작으로 하여 총 123개국이 참여했던 우루과이 라운드까지 GATT 체제하에서는 8번의 성공적인 라운드가 이어졌다. 1995년에는 세계무역기(World Trade Organization, WTO)가 창설되었다. GATT의 연속적 라운드는 관세 및 비관제 장벽 인하에 대한 합의와 그에 따른 무역 흐름의 증가로 이어졌다. 동시에 GATT는 개별 국가들로 하여금 다른 국가들과 GATT의 성과를 넘어선 특혜무역협정을 맺는 것을 허용했다. 미국, 캐나다, 멕시코로 구성된 북미자유무역협정이 대표적 사례다. 특혜무역협정이 증가하긴 했지만 WTO 이전 시기에는 해를 거듭하면서 점점 더 많은 개발도상국이 GATT에 가입했고 그에 따라 GATT가 제시한 기제하에서 무역자유화도 큰 진전을 보였다.

WTO를 통해 2001년 11월 도하 라운드라는 또 다른 무역협상이 시작되었다. 하지만, 2008년 스위스 제네바에서 열린 각료급 회의에서 도하 라운드 협상의 타결은 결론을 도출하는 데 실패하였고 사실상 결렬되었다. 농업 보호, 산업관세, 수입할당 및 보조금과 같은 비관세 장벽, 서비스 무역 및 기타 분야에 대해 선진국(EU, 미국, 일본 등)과 개발도상국(주로 브라질, 중국, 인도, 남아프리카공화국 등 가장 크고 빠르게 성장하는 신흥 경제들) 사이의 이견이 해결되지 못했다. 최근 들어 일부 진전이 있었으나 도하 라운드 의제의 상당 부분은 타결되지 못했다. 이런 점에서 점점 더 많은 국가가 무역자유화의 진전을 위해 양자간 그리고 소규모 지역 내 다자간 협정으로 눈을 돌리고 있다. WTO 웹사이트(2015년 4월 기준)에는 WTO가 받아들인 612건의 지역무역협정(양자 또는 2개국 이상 참여)이 공지되어 있는데, 이 중 406건이 발효 중이다. 이러한 협정의 대다수는 2000년 이후 이뤄졌으며, 최근 몇 년 동안에는 그 빈도 또한 증가했는데, 이는 WTO의 절차가 무역자유화를 효과적으로 진전시킬 수 없다는 점을 분명히 보여준다. 이런 점에서 참여 국가 수, 협정에 포함되는 생산 및 무역 규모, 회원국들이 극복한 쟁점 분야를 감안할 때, TPP는 이례적인 지역무역협정으로 부각된다. 따라서, 많은 이들은 TPP가 향후 무역협정의 선례와 기본틀을 마련하고 전 세계로 하여금 다음 단계의 무역자유화로 나아가도록 하는 압력을 가할 것이라 믿는다.

〈표 12.1.〉에 열거된 것처럼, TPP 회원국 사이에는 이미 체결된 무역협정이 존재한다. 두 개 이상의 나라가 참여한 협정의 경우 체결된 연도가 괄호 안에 무역협정의 약어와 함께 병기되어 있으며 양자간 협정의 경우에는 체결 연도만 기재되어 있다. 표의 많은 부분이 채워져 있는데, 이는 TPP가 아니더라도 나라들 사이에는 양자 및 다자간 무역의 네트워크가 이미 광범위하게 존재하고 있음을 보여준다. 물론 TPP는 이 표를 완전하게 만들 것이다. 또한, 그것은 기존의 많은 협정이 다루지 않는 무역 분야와 규준들도 포함할 것이다. 〈표 12.1.〉은 가장 초기의 협정들이 WTO 이전인 GATT 시절에 이루어졌으며 그중 대부분이 다자간 지역무역협정이었음을 보여준다. 최초의 협정은 1981년 라틴아메리카통합연합(Latin American Integration Association, LAIA)이었는데, 이 협정은 TPP에 참여한 칠레, 멕시코, 페루 3개국을 포함한 라틴아메리카 11개국 사이에서 특혜무역관계를 구축하였다. 동남아시아 국가연합, 즉 아세안(Association Southeast Asian Nations,

⟨표 12.1⟩ TPP 회원국 간 현존 자유무역협정

| | 호주 | 브루나이 | 캐나다 | 칠레 | 일본 | 말레이시아 | 멕시코 | 뉴질랜드 | 페루 | 싱가포르 | 미국 | 베트남 | 총계 |
|---|---|---|---|---|---|---|---|---|---|---|---|---|---|
| 호주 | | 2010 (*ASEAN) | | 2009 | 2015 | 2013 | | 1983 | | 2003 | 2005 | 2010 (*ASEAN) | 8 |
| 브루나이 | 2010 (*ASEAN) | | | 2006 (TPSEP) | 2008 | 1993 (AFTA) | | 2006 (TPSEP) | | 1993 (AFTA) | | 1993 (AFTA) | 7 |
| 캐나다 | | | | 1997 | | | 1994 (NAFTA) | | 2009 | | 1994 (NAFTA) | | 4 |
| 칠레 | 2009 | 2006 (TPSEP) | 1997 | | 2007 | 2012 | 1981 (LAIA) | 2006 (TPSEP) | 1981 (LAIA) | 2006 (TPSEP) | 2004 | 2012 | 11 |
| 일본 | 2015 | 2008 | | 2007 | | 2006 | 2005 | | 2012 | 2002 | | 2009 | 8 |
| 말레이시아 | 2013 | 1993 (AFTA) | | 2012 | 2006 | | | 2010 (*ASEAN) | | 1993 (AFTA) | | 1993 (AFTA) | 7 |
| 멕시코 | | | 1994 (NAFTA) | 1981 (LAIA) | 2005 | | | | 1981 (LAIA) | | 1994 (NAFTA) | | 5 |
| 뉴질랜드 | 1983 | 2006 (TPSEP) | | 2006 (TPSEP) | | 2010 (*ASEAN) | | | | 2001 | | 2010 (*ASEAN) | 6 |
| 페루 | | | 2009 | 1981 (LAIA) | 2012 | | 1981 (LAIA) | | | 2009 | 2009 | | 6 |
| 싱가포르 | 2003 | 1993 (AFTA) | 2009 | 2006 (TPSEP) | 2002 | 1993 (AFTA) | | 2009 | 2009 | | 2004 | 1993 (AFTA) | 9 |
| 미국 | 2005 | | 1994 (NAFTA) | 2004 | | | 1994 (NAFTA) | | 2009 | 2004 | | | 6 |
| 베트남 | 2010 (*ASEAN) | 1993 (AFTA) | | 2012 | 2009 | 1993 (AFTA) | | 2010 (*ASEAN) | | 1993 (AFTA) | | | 7 |
| 총계 | 8 | 7 | 4 | 11 | 8 | 7 | 5 | 6 | 6 | 9 | 6 | 7 | |

주: 무역블록(지역통합체)이 표시되지 않은 것은 양자간 협정을 의미; 무역블록이 병기된 연도는 무역블록과의 협정을 의미; 별표와 무역협정이 병기된 연도는 무역블록협의체를 통한 협정을 지칭; TPSEP는 환태평양전략경제동반자협정(Trans-Pacific Strategic Economic Partnership); AFTA는 아세안자유무역지대(ASEAN Free Trade Area); NAFTA는 북미자유무역협정(North America Free Trade Agreement); LAIA는 라틴아메리카통합협의회(Latin American Integration Association)

출처: WTO 홈페이지, 특혜무역협정 데이터베이스, ⟨http://ptadb.wto.org/?lang=1⟩

ASEAN)의 자유무역협정은 1993년에 체결되어 회원국 간 자유무역지대를 창출하였다. 여기에는 브루나이, 말레이시아, 싱가포르, 베트남 등의 TPP 회원국들이 포함되어 있었다. 그리고 앞서 언급했듯이, NAFTA는 북아메리카의 TPP 참여 3개국을 위한 자유무역지대를 창출했다. 표에서 나오는 사례 중 GATT 체계하에서 체결되지 않은 유일한 예외는 1983년 호주와 뉴질랜드 사이의 무역협정이다. WTO 시대 들어 이러한 대규모의 다자간 무역협정은 지속적으로 증가한 양자간 협정의 네트워크로 대체되었다. 다른 국가에 비해 늦게 뛰어든 일본의 경우, 여타 TPP 회원국과의 무역협정이 모두 양자간 협정이었다(브루나이와 베트남 협정은 일본이 아세안과 협정을 체결할 때 동시에 체결되었다). 사실, 일본정부가 상품 및 서비스 무역 이상의 실질적 자유무역협정인 경제동반자협정(Economic Partnership Agreement)의 추진을 통해 무역 상대국과의 관계를 강화하는 정책을 승인한 시기는 2004년이었다.

양자간 무역협정을 향한 움직임에서 주목할 만한 예외는 TPP의 전신인 환태평양전략적경제동반자협정(Trans-Pacific Strategic Economic Partnership)이다. 이는 2006년 브루나이, 칠레, 뉴질랜드, 싱가포르 사이에서 체결된 다자간 지역무역협정이다. 2년 뒤인 2008년에는 미국의 부시 대통령이 이 협상에 참여했다. 이 시점부터 미국은 TPP 협상의 주도권을 잡았으며 같은 해 말 호주, 페루, 베트남이 참여하도록 초청하였다. 2010년에는 말레이시아가 초청되었고 2011년 아시아-태평양 경제협력체회의(APEC, Asia Pacific Economic Cooperation)에서는 9개 회원국의 TPP가 공식 발표되었다. APEC은 1989년 아시아태평양 국가들 사이의 경제협력을 증진시키고 지역무역블록의 증가에 대응하기 위해 설립되었다. 실제로 2010년 APEC 회원국은 아시아태평양자유무역지대(Free Trade Area of the Asia-Pacific,

FTAAP)의 창설을 추진하기로 합의했다. 그러나 중국을 포함한 APEC 21개 회원국들의 합의기반 접근방식으로 인해 일의 진전이 더뎠다. 2012년에는 NAFTA 회원국인 캐나다와 멕시코가 관심을 표명하며 TPP 협상에 참여하였다. 마침내 2013년 일본이 TPP에 가입하는 12번째 회원국이 되었고, 이로 인해 TPP의 규모와 중요성이 대폭 증가했다.

TPP의 양대 경제대국인 미국과 일본 정부는 양국의 경제적 미래와 지정학적 활동에 있어 이 협정을 중요한 요소로 간주한다. 2011년 버락 오바마 대통령은 '아시아로의 선회(Asia Pivot)'의 윤곽을 제시했다. 아시아 지역은 세계의 여타 지역과 비교할 때 상대적으로 높은 경제성장과 성공을 거두었으며 이에 기반한 잠재력을 감안하면 아시아는 미국이 환태평양지역에서 유대와 책무의 강화에 힘써야 하는 지역이다. 군사적 책무가 그러한 선회의 한 축이라면 TPP는 경제적 축을 대표한다. 오바마는 TPP를 통해 미국과 협력국들이 앞으로 세계경제의 규칙을 정함에 있어 주요한 행위자가 될 수 있음을 강조해왔다. 일본의 아베 신조 총리에게도 TPP는 경제 그리고 지정학양 측면 모두에서 중요한 가치를 가진다. 이는 일본이 과거에는 꺼려 했던 농업 및 서비스 시장에 대한 외부 접근성을 높일지도 모르는 포괄적 무역협정에 기꺼이 참여하려 한다는 점에서 분명히 드러난다.

TPP 회원국 간 경제결속의 중요성 그리고 협정이 각국 경제에 미칠 잠재적 영향력을 파악하기 위해서는 상호 간 수출의 수요 측면에서 TPP 시장의 상대적 규모를 살펴보면 도움이 된다. 각국의 전체 수출량 중 적어도 30%가 다른 TPP 국가들로 수출된다. 각 회원국의 최대 수출시장은 여타 회원국이 총체적으로 구성하는 시장으로, 이는 중국, 한국, 그리고 EU로의 수출액을 능가한다. 유일한 예외는 호주인데, 호주의 경우에는 중국과의 무역량이 TPP 국가들과의 무역량보다 약간 높다. TPP 국가들에 대한 전체 수출액 비중이 가장 높은 나라는 캐나다와 멕시코로 각각 81%와 85%다. 그러나 이 수치에는 오해의 소지가 있다. 양자 모두 TPP 국가들에 대한 전체 수출량의 94%를 미국이 차지하고 있기 때문이다. 하지만, 이러한 수치들을 감안한다면, 양국의 TPP 가입 의지가 높은 것은 놀라운 일이 아니다. 나아가 심지어 그것은 자신들의 주요 수출시장과의 특별한 관계를 유지하기 위한 것일 수도 있다. 미국의 경우에는 수출품의 45%가 TPP 회원국들을 향한다. 이는 미국의 미래 경제 전망에 있어 TPP의 전략적 긴요성 그리고 특정 국가군과의 유대 강화가 갖는 중요성을 보여준다. 일본의 경우 31%로 훨씬 낮지만, 일본의 TPP 회원국 수출 중 60%를 미국이 차지하는 데서도 알 수 있듯이 미국은 일본의 최대 무역상대국이다. TPP는 또한 마침내 일본이 미국과 자유무역지대를 형성하게 됨을 의미할 뿐만 아니라 향후 무역협정의 표준이 될 가능성이 높은 작업에 동참함을 의미한다. 브루나이, 말레이시아, 뉴질랜드, 베트남 또한 미국과 현재 자유무역협정이 없는 회원국이기 때문에 잠재적으로 큰 수혜를 얻을 수 있는 TPP 국가들이다.

TPP 협상에서 회원국들은 무역자유화의 장애물이었던 사안을 포함하여 여러 민감한 쟁점을 다뤘다. 몇몇 주목할 만한 분야로는 우선 노동표준이 포함된다. TPP 조인국은 작업장 보건과 안전기준, 그리고 최저임금법 및 노조 가입권리를 포함하는 국제노동기구의 규칙을 받아들여야 한다. 환경과 관련해서는 친환경상품 및 서비스에 관한 조항들, 환경을 훼손하는 불법행위를 해결하기 위한 합의, 그리고 생태보호를 목적으로 한 여타 조항들이 있다. 이 협정의 주요 특징 중 하나는 외국인 투자자가 국가 행위로 인해 입은 손실에 대해 해당국을 고소할 수 있는 투자자-국가 분쟁해결(Investor-State Dispute Settlement, ISDS)에 대한 조항이다. ISDS는 NAFTA에도 포함되어 있지만 이번에는 TPP의 모든 참가국으로 확대될 것이다. 비판론자들은

ISDS가 환경보호를 후퇴시킬 것이라고 주장한다. 기업이 자칫 고소할 수도 있는 환경보호 관련법안을 만드는 일에 정부가 주저할 수 있기 때문이다. 그에 반해 기업들은 재산, 소유권 그리고 전반적 권리에 대한 보호와 자본의 자유로운 이동을 위해 ISDS가 중요하다고 생각한다. 이들은 ISDS가 TPP 회원국들 간 외국인직접투자(Foreign Direct Investment, FDI)에 있어 주요한 자극제가 될 것이라 생각한다. FDI와 관련하여 TPP는 또한 국가 간 자금 유출입에 대한 자본 통제를 어렵게 한다. 그뿐만 아니라, 저작권 보호와 집행강제요건을 포함하는 지적재산권 관련 조항도 있다. 이번에 진전을 보인 주요 사안 중 하나는 국유기업과 관련이 있다. 개발도상국에서 국유기업은 국가경제발전과 국내기업보호에 있어 중요한 역할을 수행할 수 있는데, 이는 종종 외국기업 및 외국인투자자의 희생을 대가로 한다. TPP는 일정 금액 이상의 정부조달계약의 경우 국내 기업만이 아니라 해당국 내에서 활동하는 모든 외국기업도 동등하게 접근할 수 있어야 한다는 점을 요구한다. TPP는 나라 간 서비스 무역에 대해서도 상당한 정도의 접근성을 제공한다. TPP 협정의 여러 측면에 대한 비판이 있지만, 그것이 모든 회원국으로 하여금 현재보다 훨씬 유사한 일련의 규칙과 표준에 행동할 것을 요구한다는 점만은 부인할 수 없다. 따라서 많은 국가가 이미 상호간 무역협정을 체결했지만 TPP가 이룬 진전은 단순한 관세인하를 넘어선다. 이는 무역블록을 모든 회원이 더 쉽게 사업하고 거래하며 경제적 결속을 확장시키는 장소로 만들 것이다.

생산과정에서 글로벌가치사슬(Global Value Chains, GVCs)이 점점 더 큰 부분을 차지하게 됨에 따라 공통 규준의 마련은 국제무역에서 중요한 사안이 되었다. GVCs는 서로 다른 나라에 위치하고 있는, 하지만 상호 결속된 생산단계들의 연결망이다. GVCs의 문제 중 하나는 나라별로 상이한 규준들 때문에 기업의 자원 중 많은 부분이 이를 탐색하는 데 사용된다는 점이다. 많은 이들이 TPP를 수십 년 만에 대단위 국가군에서 이뤄진 가장 의미심장한 무역규칙의 조율로 보고 있는 이유는 그것이 상품 및 서비스 시장에 보다 용이하게 접근할 수 있게 할 뿐만 아니라 회원국들을 가로질러 생산이 뻗어나갈 수 있도록 함으로써 기업, 노동, 그리고 투자자에게 더 큰 이익을 창출할 수 있도록 하기 때문이다. 이는 기존의 GVCs의 중요 연결고리인 국가군 내에서 특히 개발도상국들, 예컨대 멕시코, 말레이시아, 베트남 등에 도움이 될 것이다. 동시에 일부 국가, 특히 미국의 잠재적 생산손실은 TPP의 실현에 있어 가장 큰 도전 중 하나가 될 것이다.

## TPP와 중국 요인

많은 이들은 TPP가 대체로 중국을 봉쇄한다고 주장한다. 중국은 거의 모든 TPP 회원국들이 상품을 수입하는 최대 단일국가(EU 포함)다. 멕시코와 캐나다에게 있어 중국은 두 번째로 큰 수입국이고 브루나이의 경우, 네 번째다. 달리 보면, 이는 개별 TPP 회원국들에 대한 중국의 수출이 앞서 언급된 3개국을 제외한 모든 경우에서 다른 모든 TPP 회원국들의 수출을 능가한다는 것을 의미한다. 중국이 무역경쟁에서 확실히 승리함에 따라 TPP 회원국은 이에 대응해야 한다는 압박감을 느껴왔다. TPP는 환태평양지역에서 중국의 무역 우위에 도전하기 위한 공동의 노력을 보여준다. 미국을 포함한 TPP 회원국은 광범위한 지침들을 포함한 협정을 수용할 의향이 있다면 다른 나라도 TPP에 가입할 수 있다고 밝혔다. 중국이 결국 TPP에 가입할지는 미지수다. 전체적으로 중국 수출의 36%가 TPP 회원국들로 향하는

데, 이들은 중국 상품의 가장 큰 목적지다. 그 양은 EU에 대한 중국 수출액의 두 배가 넘는다. 일각에서는 중국이 결국에는 TPP에 가입하여 2001년 WTO에 가입할 때와 마찬가지로 TPP를 자국의 경제발전과 개혁을 위한 장으로 활용할 것으로 보고 있다. 동시에 중국은 노동표준, 지적재산권보호, 국유기업의 구조조정 등을 포함한 TPP가 다루는 규칙과 표준의 자유화에 대해 큰 거부감을 보인다. 중국은 16개국이 참여하는 역내포괄적경제동반자협정(Regional Comprehensive Economic Parnership, RCEP)이라는 지역 자유무역지대를 위한 자체 협상에 참여하고 있다. 이 협상은 2012년 아세안 정상회의에서 공식적으로 시작되었는데, 여기에는 아세안 내 10개국 그리고 아세안이 자유무역협정을 맺은 6개국(호주, 중국, 인도, 일본, 뉴질랜드, 한국)이 참여했다. 12차 협상은 2016년 4월 호주에서 개최되었다. TPP 체결 이후 중국으로서는 RCEP에 속하지만 TPP에는 참여하지 않는 국가들과 성공적인 협정을 긴급히 마무리할 필요성이 높아지고 있으며, 이를 중국 역시 잘 인지하고 있다. 인도는 RCEP를 마무리짓는 데 있어 주요 걸림돌 중 하나였는데, 이는 그러한 협정이 인도의 국내산업에 미치는 영향에 대한 자국 내 우려가 컸기 때문이다. 협상국들은 인도에게 관세인하에 필요한 양보를 하거나 아니면 무역협상에서 탈퇴하라고 요구하기까지 했다. 이 협정이 TPP만큼 광범위하지는 않겠지만, 그것은 중요한 진척이며 자유무역지대로서 TPP의 명백한 경쟁자가 될 것이다.

한국은 RCEP 협상에는 참여하는 반면 2010년 TPP 협상에 참여해달라는 요청을 거절하였다. 한국은 TPP 회원국에 대한 경쟁자이자 TPP 회원국에 대한 수출시장의 의존도가 높은 국가로서 이 지역의 지배적인 행위자 중 하나다. 예를 들어 한국 수출의 32%가 TPP 회원국에 수출된다. 이러한 점에도 불구하고 한국이 TPP 협상에 참여하지 않은 데에는 몇 가지 요인이 있다. 주요 고려 사항은 중국과의 관계 및 의존도의 중요성인데, 중국은 한국 수출품의 26%를 수입한다. 또한, 일본이 TPP 협상에 참여한 이후 이 문제는 더욱 민감한 문제가 되었는데 많은 이가 TPP를 중국을 견제하려는 미·일의 노력으로 간주하고 있기 때문이다. 한국은 특히 일본 및 그 인접 국과의 긴장 관계를 고려하여 보다 중립적 입장을 유지하기를 원했다. 2013 년과 2014년에 3국 지도자 간에 정상회담이 없었다는 사실은 동아시아의 긴장 증대를 보여주는 증거다. 한중일 정상회담은 2008년과 2012년 사이 5 년 연속으로 열렸는데 여기에는 자유무역협정을 위한 협상이 포함되었다. 2015년 마침내 6번째 한중일 정상회담이 열렸지만 회담은 대체로 관계의 진전을 보여주기 위해 논쟁적이지 않은 사안에 초점이 맞추어졌다. 최근 한국은 대만, 인도네시아, 태국, 필리핀, 콜롬비아, 코스타리카 등과 함께 TPP 에 가입할 의향을 표명했다. 이는 TPP의 중요성과 영향력을 확실히 강화시킬 것이며, 또한 궁극적으로 TPP가 환태평양 전체 지역에 걸친 자유무역의 실현을 이끄는 플랫폼이 될 수 있음을 시사한다.

## 승자, 패자, 그리고 향후의 과제

서명이 이루어졌음에도 불구하고 TPP가 실제로 발효될 수 있을지에 대해서는 결코 확신할 수 없다. 모든 회원국에 TPP를 반대하는 단체들이 있으며 그중 대부분의 나라에서 다양한 규모의 시위가 벌어지고 있다. 세계화가 확대되고 그에 따른 불평등이 빈번하게 발생하는 시대에 비판자들은 TPP가 사람보다 기업의 이익을 우선시한다고 지적한다. 호주, 칠레, 말레이시아, 뉴질랜드, 페루의 시위는 이를 중심으로 진행되었다. 여느 무역협정처럼 승자와 패자가 있을 것이다. 농업, 낙농, 축산업의 규모가 더 큰 국가의 경우 관세와 보호장벽을 낮추면 일본과 같은 대규모 경제에 대한 접근성이 더 높아질 것이다. 이는 호주, 칠레, 뉴질랜드, 페루와 같은 국가의 경우 특히 중요하다. 일본의 농업 부문은 부정적 영향을 받겠지만 일본 시민은 낮아진 식량 가격의 혜택을 누릴 것이다. 제조업 측면에서는 미국 시장의 추가 개방, 특히 일본에 대한 추가 개방이 미국 자동차제조업자의 우려를 낳고 있다. 이들은 자신들은 일본 시장에 진출하지 못하였지만 미국 내 일본의 입지는 더욱 강화될 것이라고 주장한다. 동시에 일부 신흥시장, 특히 말레이시아와 베트남의 경우 미국 자동차제조업체에 개방될 가능성이 높다는 점은 매력적이다. 일본 자동차산업은 이 거래에서 확실한 승자다. 베트남은 주요 승자 중 하나가 될 것으로 예상되는데 베트남은 저임금 경제로서 경쟁력이 높으며 따라서 의류수출이 확대될 것이다. 베트남의 수산업도 혜택을 얻을 것이고 FDI도 상당히 증대될 것이다. 멕시코와 페루 또한 자국의 섬유산업에 대한 투자 확대를 기대하고 있다. 말레이시아의 전자, 화학제품, 팜유 및 고무 수출도 혜택을 받을 것이다. 베트남과 말레이시아는 가장 큰 국유 부문을 가진 회원국으로 TPP로 인한 성장 증대가 예상되지만 TPP의 국유기업에 대한 새로운 규준은 양국 모두에 도전 과제가 될 수 있다.

TPP가 발효되기까지 두 가지 잠재적인 경로가 있다. 첫 번째는 모든 국가가 협정을 비준하는 것이다. 이 장을 작성하는 현재 말레이시아만이 유일한 비준 국가다. 다른 국가들은 점차 비준절차를 밟고 있다. 두 번째 경로는 적어도 6개 회원국이 협정을 비준하는 것인데 이 경우, 이들 회원국의 GDP의 총합이 본래 12개국 회원국 GDP의 85% 이상을 차지해야 한다. 이는 TPP가 존립하기 위해서는 미국과 일본이 반드시 비준해야 함을 의미한다. 이들 국가가 전체 GDP의 80%를 차지하기 때문이다. 일본이 비준을 미루고 있지만 최종 결과에 대해서는 의심의 여지가 없다. TPP 협상을 주도해 온 미국에 대해서는 반드시 그렇다고는 할 수 없다. 미국은 주요 무역상대 국을 실망시킬 가능성이 있다. 최대 회원국인 미국은 서비스 분야의 관세인 하 및 무역장벽 완화를 TPP의 가장 매력적인 부분 중 하나로 간주한다. 그 러나 미국 제조업에 미칠 손실과 세계화에 따른 불평등 심화에 대한 우려로 인해 자유무역에 대한 미국 여론은 그리 좋지 않다. TPP는 2016년 대선에 서 뜨거운 쟁점이 되었으며 파트너십의 운명은 물음표를 남겼다.

결국 TPP와 RCEP은 환태평양 경제권에 무역자유화를 위한 새로운 발걸 음을 성큼 내딛도록 압박하고 있다. 이들 협정, 특히 TPP의 성공은 이에 소 외된 국가에 긴박감을 더하게 되고 전체 환태평양지역에 걸친 자유무역을 보다 촉진시킬 것이다. 좋든 나쁘든, 이것은 광활한 태평양의 국가, 경제 그 리고 사람들을 더욱 하나로 묶을 것이다.

## 토론을 위한 질문

• 여러분이 살고 있는 도시에서 TPP의 승자와 패자는 누가 될 것이라고 생각하는가?
• TPP가 궁극적으로 보다 심화된 경제통합을 가져올 것이라고 생각하는가, 아니면 더 큰 지역적 분열로 이어질 것이라고 생각하는가?
• 이 장에서는 관련 분야별 그리고 경제 전반의 승자와 패자에 대해 논의하였지만 TPP 가 사회 전반적으로 가져올 장단점은 무엇인가?

## 심화학습

Cimino-Isaacs, C. and Schott, J. J. (2016). *Trans-Pacific Partnership: An Assessment*. Washington DC: Peterson Institute for International Economics.

Mercurio, B. (2015). "The Trans-Pacific Partnership: Suddenly a Game Changes", *The World*

<br>*Economy*, 37(11), pp. 1558-74.

Schott, J., Kotschwar, B., and Muir, J. (2013). *Uη derstanding the Trans-Pacific Partnership*. Washington DC: Peterson Institute for International Economics.

World Bank. (2016). "Potential Macroeconomic Implications of the Trans-Pacific Partnership", *Global Economic Prospects: Spillovers and Weak Growth*. Washington DC: World Bank.

# 13장  태평양연안의 국경분쟁

리사 맥레오드(Lisa MacLeod)

국가의 행동을 규율하는 규칙을 만들고 시행할 수 있는 법적 권위를 가진 세계 정부는 존재하지 않는다는 의미에서 국제체제는 무정부적이다. 따라서 주권 국가들은 상호 간의 동의와 협력을 통해서만 국제기구와 국제법을 만들 수 있고 또한 기능할 수 있다. 주권적 권한을 가진 세계정부가 부재한 상황에서 각 국가는 국제협약을 집행하고 안보, 영토적 통일성, 그리고 경제적·사회적 복지를 보장하기 위해 스스로의 힘에 의존할 수밖에 없다. 태평양연안 국가 간의 전쟁은 비교적 드물게 발생하지만(14장 참고) 만일 전쟁이 일어난다면 파괴적인 결과를 초래할 수 있으므로 무력충돌이 발생하는 조건과 국가의 행위에 대한 이해는 주된 관심사이다. 그러나 안보만이 국제적 의제의 유일한 내용은 결코 아니다. 세계화의 부상과 함께 무역, 환경, 인권과 같은 사안도 국제적 의제에 포함되고 있다. 이 장에서는 태평양연안지역의 국경 분쟁이 보다 큰 정치적·안보적·경제적 관계망 속에 배태되어 있는지를 살펴보고자 한다.

국가 간의 국경선은 결코 자연적으로 형성된 것은 아니다. 인간의 활동에 의해 수시로 변화하고 구성되는 구조물이다. 시간이 경과하고 역사가 형성되는 동안 국가 간 경계는 합의 또는 분쟁을 통해 축소되거나 확장되기도 한다. 1867년 미국이 러시아로부터 알래스카를 매입한 경우는 국가 간 합의에 의한 국경의 변화이고, 1848년 멕시코-미국 전쟁의 종결과 함께 멕시코가 미국에 영토를 양도한 경우는 분쟁에 의한 국경선의 변화다. 탈식민지화를 통해 말레이시아와 같은 신생국가 또한 다수 등장하였다. 한편 현대 국가체제의 형성으로 인해 태평양연안 국가 간에는 영토 및 해양 경계를 정확하게 합의하지 못하는 경우가 많이 발생한다. 국가 간 영토분쟁의 존재는 군사화된 국가 간 분쟁과 밀접한 상관관계를 가진다. 군사동맹, 군비경쟁, 또는 기타 쟁점 등과 같은 여타 요인들과 결합될 때 분쟁은 무력 분쟁 심지어는 전쟁으로 확대될 가능성이 크게 증가한다.

1982년 통과된 유엔해양법협약(UN Convention on the Law of the Seas, UNCLOS)은 각국의 안보와 경제적 번영에 미칠 잠재적 영향력으로 인해 섬들의 해양경계와 주권을 둘러싼 갈등이 증가하는 계기가 되었다. 국제법은 각 국가가 자국의 영토에 대해 배타적 사법권을 가지고 있다고 규정하고 있으며 또한 자국 해안에서 최대 12해리까지 확장된 영해에 대해 배타적 관할권을 행사할 수 있다고 규정하고 있다. 특수한 지리적 특징과 다른 대륙과의 근접성에 따라 국가는 해안과 대륙붕으로부터 최대 200해리까지 확장되는 배타적경제수역(Exclusive Economic Zone, EEZ)에 대한 권리도 가지고 있다. 그리고 국가의 섬에 대한 주권은 섬 또는 군도를 중심으로 12마일의 영해를 형성할 뿐만 아니라 배타적경제수역 및 대륙붕에 대한 권리도 생성할 수 있다.

현재 태평양연안에는 50건이 넘는 영토 및 해양 경계 분쟁이 존재한다(Hensel and Mitchell, 2016). 비록 아직까지 이 지역에서 국가 간 전쟁은 발생하지 않았지만 전문가들은 동아시아와 동남아시아 지역에는 전쟁을 촉발할 수 있는 다양한 종류의 경쟁이 지속되고 있다고 우려하고 있다. 대조적으로 라틴아메리카는 영토분쟁이 국가 간 무력충돌로 비화할 우려가 거의 존재하지 않는다. 국경분쟁이 무력충돌로 이어질지 여부는 국가 간의 상대적 힘의 균형, 국내 정치 상황, 분쟁이 야기하는 경제적 영향, 정치적 또는 법적 수단을 이용해 분쟁을 해결하려는 국가의 의지 등 여러 가지 변수에 따라 달라진다.


## 라틴아메리카의 국경 분쟁

라틴아메리카 지역에서 발생했던 많은 영토분쟁은 식민지 시대에 설정된 모호하거나 모순적인 경계 분할에 그 뿌리를 두고 있다. 각 국가가 현대화되고 자국의 영토를 보다 효과적으로 통제하기 시작하면서 국가 간 분쟁이 발생하기 시작했다. 더욱이 천연자원이 발견되면서 전쟁의 위험도 증가했다. 대표적인 사례가 1879-1883년 볼리비아와 칠레 간에 발생한 태평양전쟁이다. 양국은 분쟁 지역에서 광물 매장지를 발견한 후 개발권에 합의하지 못하면서 충돌이 발생했고 이는 간접적으로 1932-1935년의 차코전쟁으로 이어졌다. 태평양전쟁의 시작은 볼리비아와 칠레 간의 분쟁으로 나타났지만 페루도 곧 동맹국인 볼리비아와 함께 전투에 참여하게 된다. 전쟁의 결과 칠레가 승리하면서 1935년 체결된 평화협정에 따라 페루는 칠레에 영토를 양도하게 된다. 동시에 볼리비아는 전쟁에 패하면서 태평양에 접근할 수 있었던 해안 지역을 칠레에 점령당하게 된다. 따라서 내륙국으로 전락한 볼리비아는 다시 수로 이용이 가능하고 귀중한 천연자원에 대한 접근이 보장된 차코 지역의 분쟁 영토에 대한 영유권 주장을 밀어붙였다. 뒤이어 발생한 파라과이와의 전쟁에서 볼리비아는 수만 명이 사망하는 대가를 치르면서 다시 영토를 잃게 된다.

라틴아메리카 지역의 국가 간 전쟁 위험은 1948년 미주기구(Organization of American States, OSA)가 창설된 이후 급격히 감소했다. 주요 원인 은 OSA 회원국은 조약의 규정에 따라 국제분쟁을 평화적으로 해결해야 할 의무가 있기 때문이다. 1948년 체결된 '미주 태평양 평화조약(American Treaty of Pacific Settlement)', 즉 '보고타 조약'은 국제분쟁의 외교적 · 법적 해결을 위한 다양한 메커니즘을 개괄적으로 설명하고 있다. 이 조약에 따라 국가는 다른 분쟁 해결 메커니즘이 실패할 경우 국제사법재판소(International Court of Justice, ICJ)의 관할권을 수락해야 할 법적 의무가 있다. 이후 라틴아메리카에서 국가 간 분쟁은 아주 제한적으로 발생했으며 가장 최근의 심각한 사건은 1995년 에콰도르와 페루 사이에 한 달간 지속된 세네파 전쟁이었다. 미주기구는 2000년에 '평화를 위한 기금: 영토분쟁의 평화적 해석'을 설립해 무력분쟁을 관리하고 예방할 수 있는 역량을 더욱 강화했다. 이 기금은 특히 중앙아메리카에서 발생했던 여러 국경분쟁의 평화적 해결을 촉진하는 역할을 했다.

최근 몇 년 동안 라틴아메리카 국가들은 국경분쟁을 해결하기 위해 국제사법재판소에 의존하는 경우가 점점 더 많아지고 있다. 2008년 페루는 '보고타 조약'에 근거하여 칠레와의 해상 경계 분쟁에 대한 판결을 국제사법재판소에 요청했다. 1954년 페루와 칠레는 남위 18도 21분 선을 양국의 영해 경계로 합의했지만 1982년 새로 제정된 유엔해양법협약에 따라 배타적경제수역의 경계를 확정하기 위한 추가 합의가 필요하게 되었다. 2000년 칠레가 일방적으로 남위 18도 21분 선을 영해와 배타적경제수역의 경계로 확정하자, 2005년 페루 의회는 남위 18도 21분 선 남쪽 지역을 포함하여 양국 사이의 등거리 경계를 주장하는 법률을 채택했다. 2014년 국제사법재판소는 어업 및 기타 해양 이용과 관련한 양국의 실제 관행이 남위 18도 21분 선에서 80해리까지 확장되는 경계를 지지한다는 내용의 판결을 내렸다. 80해리를 넘어설 경우 국제사법재판소는 대체로 페루가 제안한 방안과 유사한 방식으로 등거리선을 획정하였다([그림 13.1.] 참고). 결과적으로 페루와 칠레 양국은 이 판결을 수용하며 분쟁을 종결했다.

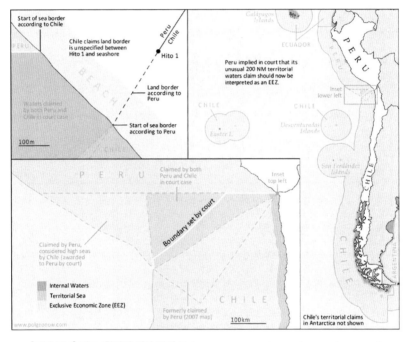

[그림 13.1] 페루-칠레의 해양 분쟁 (출처: Evan Centanni, Political Geography Now, polgeonow.com)

## 아시아의 국경 분쟁

현재 태평양연안에 국가 간 전쟁은 없지만 아시아 지역의 경우 아직 해결되지 않은 분쟁이 지역 정세 긴장의 근원으로 남아 있다. 1953년 한국전쟁에 관한 정전협정이 체결되면서 전쟁은 종식되었지만 이는 결코 한반도에 진정한 평화를 가져다주지 못했다. 남북한의 정기적인 군사력 과시는 이 지역의 긴장을 계속 악화시키고 있다. 또 다른 긴장의 원인은 중국이 독립적 영토로 간주하지 않는 대만이다. 하지만 대만 정부는 오히려 자신의 독립국가 지위를 주장하면서 중국 본토와의 강제적인 재통일을 저지하기 위해 노력하고 있다. 현재 대부분의 아시아 국가가 국경분쟁을 겪고 있지만 그중에서도 동중국해와 남중국해에서 중국과 관련된 여러 분쟁이 가장 우려스러운 상황이다.

## 댜오위다오/센카쿠 열도 분쟁

중국 명 댜오위다오(钓鱼岛, 조어도) 그리고 일본에서는 센카쿠 열도로 칭하는 이 섬(들)은 중국 본토에서 동쪽으로 300km 떨어져 있고 일본 오키나와에서 서쪽으로 400km 거리에 있으며 면적은 6제곱킬로미터에 불과하다([그림 13.2.] 참고).

지리적으로나 전략적으로 그다지 중요하지 않았던 이 섬은 1960년대 후반 대만과 일본 사이의 해저에서 상당한 양의 탄화수소 자원이 발견되면서 급기야 국제적인 분쟁 의제로 떠올랐다. 사실 일본은 1895년부터 이 섬들에 대한 영유권을 주장해왔고 대만의 경우 귀중한 탄화수소 매장이 발견된 이후 자국의 권리를 강력히 주장했다. 한편 중국은 1970년 5월 일본과 한국, 대만이 이 해역에 대한 공동탐사를 논의하기 위해 만난 이후에야 영유권을 주장했다(Council on Foreign Relations, 2016). 중국은 이 섬들에 대한 영유권은 명나라 시기로 거슬러 올라간다고 주장한다. 중국은 일본이 중일전쟁(1894-95) 와중에 이 섬들을 점령하였으며 제2차 세계대전 이후 일본이 점령한 여타 영토와 마찬가지로 이 섬들도 반환되어야 한다고 주장한다.

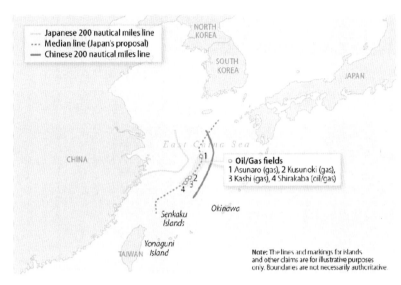

[그림 13.2] 동중국해에서의 중국–일본 분쟁 (출처: Congressional Research Service, CRS)

1945년부터 1971년까지 시기에는 미국이 전략적으로 중요한 댜오위다오/센카쿠 열도를 관리했다. 냉전이 전개됨에 따라 미국은 소련에 대한 봉쇄 정책을 시행하였고 이는 아시아 지역에서 일본과 긴밀히 협력하는 것을 의미했다. 일본에 대한 경제 재건을 지원하는 대신 이 지역에서 강력한 미군의 주둔을 보장하는 미일 간의 제휴로 이어졌다. 1971년 '미일안보조약'이 갱신되면서 미국은 센카쿠 열도에 대한 행정 통제권을 일본에 반환했고 일본은 오키나와에 미군기지가 계속 유지될 수 있도록 양보했다. 당시 미국무부는 대만, 중국, 일본 등의 상호 경쟁적인 영유권 주장을 인정하면서도 미국은 "영유권 분쟁에 대해 어떠한 판단도 내리지 않으며, 이 문제는 관련 당사국들이 직접 해결해야 한다"는 입장을 표했다(Choong, 2014: 69).

1972년 중국과 일본이 국교를 정상화하면서 상호 간 무역과 투자의 길을 열었다. 또한 1978년 '중일 평화 우호 조약'을 체결하기 위해 일본을 방문한 덩샤오핑은 "우리 세대가 이 문제를 해결할 지혜가 충분하지 않다면 일시적으로 보류하는 것도 괜찮다"며 영토분쟁을 다루지 않을 것이라는 입장을 내비쳤다. 그의 주장에 의하면 "다음 세대는 더 많은 지혜를 가질 것이고, 결국 양국이 모두 수용할 수 있는 방법을 찾을 것이라고 확신하기" 때문에 현재는 이 문제를 방치하는 것이 중일 양국에 유리하다는 입장이었다(Choong, 2014, 69쪽에서 인용). 이처럼 양국 최고 지도층의 암묵적인 양해하에 중일 양국은 1980년대까지 비교적 우호적인 관계를 유지할 수 있었다. 또한 979년부터 중국은 일본의 공적개발원조(ODA)를 받기 시작했으며 세계 그 어느 국가보다 더 많은 경제적 지원을 받았다.

1990년대 초에는 냉전의 종식과 세계화의 물결로 인해 국제체제의 권력구조가 극적으로 변화했다. 전후 일본의 '경제 기적'은 갑작스럽게 막을 내렸고 1990년대부터 '잃어버린 10년'이라는 경제불황의 시대가 열렸다. 이와 대조적으로 중국은 괄목할 만한 경제성장의 시대를 맞이했다. 그러나 냉전의 종식은 결코 미군의 아시아 주둔이라는 상황을 변경하지는 못했다. 이시기 필리핀의 미군 기지가 폐쇄된 것을 제외하면 미국의 동아시아 지역에 대한 영향력은 더 강화되었을 뿐이다. 한편 중국은 남중국해와 동중국해에서 다른 국가를 효과적으로 통제하거나 기존질서에 도전할 수 있는 해군 및 기타 역량을 개발하기 위해 노력했다. 최근 30년 동안 중국은 두 자릿수의 국방비 증가 폭을 유지하면서 냉전 이후 이 지역에 나타난 권력의 불균형에 대응했다. 이처럼 경제력과 군사력의 권력분배가 변화하면서 오랫동안 잠잠했던 댜오위다오/센카쿠 열도의 영유권 분쟁도 점점 더 첨예한 논쟁으로 진화되어 가고 있다.

1992년 중국은 '중화인민공화국과 영해 및 인접수역에 관한 법률'을 제정해 댜오위다오를 중국 영토의 일부로 포함시켜 공식적으로 영유권을 재천명하였다. 이후 중일 양국은 각자의 입장을 고수하면서 치열한 여론전을 벌였지만 직접적인 충돌은 발생하지 않았다. 그러나 2004년 일본 당국이 분쟁 중인 섬 한 곳에 상륙한 중국인 활동가 7명을 체포하면서 양국 간 긴장이 고조되었다. 2007년에는 일본 해상보안청이 센카쿠 열도 인근에서 조업 중이던 중국 연구선에 운항 중단을 명령했고 이는 중국의 항의를 불러왔다. 2008년 중일 공동 에너지 개발 협정을 위한 협상이 완료되었지만 양국 간의 불신과 국내의 민족주의 고조로 인해 협력관계가 흔들리기도 했다. 같은 해 일본은 센카쿠 열도 인근의 분쟁 해역에 중국 해양감시선 2척이 출몰한 것에 대해 강력하게 항의했다. 사실 이전에도 중국 민간인과 일본 당국 간의 마찰이 여러 번 발생했지만 이번에는 일본 정부가 중국 관공선의 출현을 사태 확대로 인식했던 것이다. 일본은 또한 분쟁 경계선 인근에서 석유 자원을 개발하려는 중국의 시도에 항의하기도 했다. 결국 2010년에 큰 충돌이 발생하고 말았다. 중국 어선 한 척이 분쟁 해역을 떠나라는 일본의 명령을 무시하였고 일본 해상보안청은 이 선박의 선장과 선원들을 구금했고 이는 중국 내 반일시위를 촉발시켰다. 중국 정부는 일본에 대한 희토류 수출을 일시적으로 중단하고 외교와 문화교류를 연기했다. 희토류는 휴대폰부터 미사일 시스템까지 다양한 첨단 제품에 필수적인 재료이며 중국이 전 세계 희토류 시장의 약 95%를 차지하고 있었기 때문에 이러한 중국의 결정은 전 세계의 주목을 받았다.

2012년 9월 일본 정부가 개인 토지 소유주로부터 댜오위다오를 매입하면서 중국과 일본의 관계는 최악으로 치달았다. 중국의 각 도시에서는 반일 시위가 연달아 발생했고 이러한 상황은 양국의 지도부가 교체된 2012년 말까지도 유지되었다. 아베 신조 일본 신임 총리는 방위비 증액과 평화헌법 개정을 요구하며 더욱 강경한 입장을 표명했다. 시진핑 지도부 역시 국방 예산을 대폭 증액하는 동시에 중국의 해양권 보호를 핵심 국익으로 규정하고 남중국해와 동중국해의 분쟁 지역을 방어하기 위해 무력을 사용할 의향이 있음을 시사했다. 실제로 양국은 분쟁 섬 주변 해역에서 해안경비대와 군사순찰을 강화하기도 했다. 그러나 주지하다시피 많은 선박과 비행기가 근접하여 운항하면 우발적인 사고 발생 가능성이 높아지기 마련이다. 한편 미국은 일본과의 동맹관계가 센카쿠 열도를 침략이나 공격으로부터 보호하는 것도 포함된다는 입장을 거듭 강조해왔다. 최근 미일 합동훈련에는 이러한 시나리오에 대한 가상훈련이 포함되기도 했다. 일부 분석가들은 이러한 조치가 지역의 안보를 강화한다고 주장하지만, 반대입장을 가진 분석가들은 미일동맹의 강화가 이 지역에는 분쟁이 존재하지 않으므로 중국과 협상할 이유 또한 없다는 일본의 공식 입장을 부추기지는 않을까 우려한다. 현재까지 중일 양국 간에는 분쟁을 해결하기 위한 공식적인 기제는 합의된 바 없으며 또한 양국이 국제사법적으로 분쟁을 해결해야 할 법적 의무도 존재하지 않는다.

## 동남아시아의 국경 분쟁

중국은 1950년대부터 자체적으로 제작한 지도에 표시된 '구단선(九段線)'을 경계로 남중국해의 80-90%에 대한 영유권을 주장하고 있다. 이와 같은 주장은 고대로 거슬러 올라가는 중국의 영토 및 해양에 권리를 반영하는 것이다. 따라서 이러한 중국의 광범위한 영토에 대한 주장은 자연스럽게 주변 동남아시아 국가의 반발과 분쟁을 불러왔다. 현재 파라셀 군도는 베트남과 대만이 영유권을 주장하고 있으며, 스프래틀리 군도는 대만과 베트남이 군도 전체에 대한 영유권을 주장하는 동시에 필리핀, 브루나이, 말레이시아가 일부 영유권을 주장하고 있다([그림 13.3.] 참고). 사실 분쟁 중에 있는 '섬'의 대부분은 국제법에서 정의하는 진정한 의미의 섬이 아니다. 바위,

암초, 모래톱, 둑 등으로부터는 배타적경제수역에 대한 권리가 발생하지 않는다. 그러나 각 국가는 자신의 주권이 인정되는 섬, 본토의 배타적경제수역 또는 대륙붕에 속하는 해역과 해저의 천연자원에 대한 권리를 주장할 수 있다. 이 때문에 섬에 대한 주권 또는 '섬'이 아니라는 법적 판단은 상당한 해양 탄화수소가 매장되어 있는 해역의 안보와 경제에 상당한 영향을 미친다.

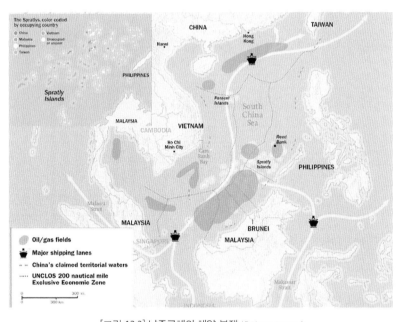

[그림 13.3] 남중국해의 해양 분쟁 (출처: Lon Tweeten)

중국은 1970년대부터 자신보다 약한 남쪽의 인접국에 남중국해에 대한 영유권을 강력하게 주장해왔다. 1974년 베트남전쟁의 마지막 단계에서 중국군은 파라셀(Paracels) 군도의 서쪽 지역을 점령하고 영구 군사시설을 건설하여 영유권 주장을 강화했다. 스프래틀리(Spratly) 군도의 경우 베트남 내전에서 패해 도주한 남베트남 군대가 이 지역에 최초로 영구 주둔지를 건설했다. 중국은 1987년 스프래틀리 군도의 파이어리 크로스 암초에 물리적 주둔지를 구축했다. 이를 계기로 각국은 분쟁 지역에서 가능한 한 많은 섬과 암초를 지배하려는 노력을 기울였다. 이러한 경쟁은 결국 1988년 존슨 암초에서의 충돌로 이어졌는데 베트남 선박 3척이 침몰하고 선원 74명이 사망했다(Council on Foreign Relations, 2016). 중국은 파라셀 군도를 둘러싼 분쟁이 존재한다는 사실 자체를 인정하지 않았고 베트남과 어떠한 논의조차 하지 않았기에 파라셀 군도 분쟁을 해결하기 위한 어떤 노력도 이루어지지 않았다. 반면 스프래틀리 군도의 영유권과 관련해서는 분쟁이 존재하고 있다는 사실을 중국이 인정하고 있지만 분쟁을 해결하기 위한 외교적 절차는 아직 수립되지 않은 상태다.

중국과 동남아시아의 또 다른 중요한 국가 필리핀의 관계도 비슷한 궤적을 나타냈다. 중국은 1995년 미치프(Mischief) 암초를 장악한 이후 이 지역의 풍부한 어족 자원에 대한 필리핀 선박의 접근을 거부하고 있다. 결국 1996년 중국 해군 함정과 필리핀 군함이 미치프 리프 근처에서 90분간 교전을 벌이면서 양국 간 긴장이 최고조에 달했다. 3년 후 양국 간 분쟁은 제2 토마스 숄(Second Thomas Shoal)로 확대되었다. 필리핀은 영유권을 강화하기 위해 암초에 정박해 있는 선박을 이용해 전초 기지를 유지하고 있는데 이에 대응해 중국은 가끔씩 전초 기지의 재보급을 시도하는 필리핀 선박의 접근을 방해하고 있다.

외교적으로 의미를 가지는 첫 번째 돌파구는 2002년에 이루어졌다. 중국은 동남아시아국가연합(ASEAN) 회원국들과 상호 간 자제력을 발휘하고 분쟁을 평화적으로 해결하며 신뢰를 구축하기 위한 공동 프로젝트를 개발하기로 약속했다. 그러나 이 선언은 구속력이 없었다. 비록 구속력 있는 행동강령을 마련하려는 노력은 실패로 돌아갔지만 양측은 일부 형태의 경제협력에는 합의하였다. 이 같은 협약을 기반으로 2004년 중국과 필리핀은 공동으로 석유 개발을 위한 탐사 계획을 체결하기도 했다. 이어서 2005년 3월 베트남이 이 프로젝트에 참여하면서 잠시 분쟁을 잠재우는 역할을 하는 듯했다. 하지만 경제협력을 위한 잠정적인 조치는 이후 더 큰 분쟁 과정에서 거의 영향을 미치지 못했고 곧 폐기되고 말았다.

2008년 이후 중국, 베트남, 필리핀 사이에는 끊임없이 마찰과 충돌이 발생하고 있다. 베트남과 필리핀은 자국의 배타적경제수역에서 어선의 활동을 중국이 괴롭히거나 천연자원을 채취하는 활동을 방해하고 있다고 정기적으로 보고하고 있다. 이에 대해 중국은 오랫동안 역사적으로 보유해온 남중국해의 영유권을 수호하기 위한 행위라고 내세우고 있다. 2012년 필리핀이 스카보러(Scaborough) 군도에서 불법조업을 하고 있던 중국 어부들을 체포하기 위해 군함을 파견하면서 양국 간 긴장이 고조되었다. 중국은 자국 어선과 필리핀 군함 사이에 해상 감시선을 배치해 필리핀의 체포 행위를 저지했고, 이후 보급품이 부족해진 필리핀 군함이 철수하면서 두 달간 지속되었던 대치 상황이 종료되었다. 중국은 이 해역에 대한 통제권을 확보할 수 있었으며 나아가 필리핀 선박의 접근을 거부했다. 또한 중국은 이러한 위기가 지속되는 동안 필리핀으로부터의 농산물 수입에 대해 새로운 검역 조치를 부과하기도 했다. 이는 필리핀에 상당한 경제적 피해를 입혔지만 동시에 중국은 강대한 경제력을 무기로 활용한다는 비난을 받았다. 중국의 군사력이 성장함에 따라 남중국해에서 무력을 과시하고 약소국의 활동을 배척할 수 있는 능력도 증가했다. 2015년 중국은 남중국해에서 항구와 비행장을 갖춘 인공섬을 건설하면서 무력을 과시할 수 있는 능력을 대폭 확대했다. 중국이 군사력을 강화하는 유일한 분쟁국은 아니지만 중국은 베트남이나 필리핀보다 훨씬 강력하다.

중국과의 해양 경계 분쟁이 전혀 외교적으로 해결될 기미가 보이지 않자 2013년 필리핀은 국제해양법재판소(International Tribunal on the Law of the Sea)에 소송을 제기했다. 이에 대해 중국은 이 분쟁이 근본적으로 남사 군도의 주권에 관한 문제이기 때문에 유엔해양법협약이 다룰 수 없는 영역 이라고 주장하면서 재판소의 사법권을 거부했다. 사실 한 지역에 대한 주권 문제는 국제사법재판소에서 소송을 통해 결정할 수 있지만 관할권을 행사 할 수 있는지는 분쟁 당사국의 동의 여부에 따라 달라진다. 중국은 국제사 법재판소의 관할권을 반드시 인정해야 할 사전 법적 의무가 없고 또한 국제 법적 기제를 통해 영유권 분쟁을 해결하려는 의지가 없는 상황에서 국제사 법재판소를 통해 남중국해와 동중국해에서의 분쟁을 평화롭게 해결할 가능 성은 아주 낮은 편이다. 중국의 항의에도 불구하고 국제해양법재판소는 필 리핀이 제기한 권리의 일부 측면에 대해 관할권이 있다고 판단하고 중국 대 표가 궐석한 상태에서 사법절차를 진행했다.

2016년 7월, 재판소는 중국이 유엔해양법협약을 비준할 때 제외하였던 일부 조항, 즉 육지 영토 또는 영해경계에 대한 주권문제는 건드리지 않으며 판결을 발표하였다. 재판소는 유엔해양법협약이 국제법의 일부로서 배타적 경제수역에 근거한 권리를 확립하면서 해양권리의 원천으로서 역사적 권리 를 효과적으로 대체했다고 판단했다. 따라서 9단선에 근거한 중국의 주장은 한 국가의 배타적경제수역이 허용하는 경계를 훨씬 초과하기 때문에 현대 국제법상 무효다. 또한 스프래틀리 군도 중 어느 곳도 유엔해양법협약에서 정의한 섬이 아니라고 판단했다. 그중 일부 섬이 12해리의 영해에 속하는 ' 암초'이기는 하지만 그 어느 국가도 스프래틀리 군도에 대한 영유권 주장을 근거로 자신의 배타적경제수역을 주장할 수 없는 것이다. 중국과 필리핀이 영유권 분쟁을 벌이고 있는 지역과 관련하여 재판소는 "해당 지역이 중국의 영유권과 겹치지 않는다"고 판결했다. 게다가 인공섬을 건설하고 멸종위기에 처한 어류의 남획 등 중국의 행위는 해양환경을 파괴할 뿐만 아니라 배타적경제수역에 대한 필리핀의 주권을 침해할 정도의 불법적인 행위로 밝혀졌다. 하지만 이러한 판결 결과가 양국 간의 분쟁에 어떤 실질적인 영향을 미칠지는 아직 불분명하다. 중국정부는 국제해양법재판소의 판결 결과를 격렬하게 거부한 반면 필리핀은 조심스럽게 환영의 의사를 밝혔다. 이후 양측 모두 분쟁에 대해 논의할 의향이 있다고 밝혔지만 현재까지 외교적 성과는 기대에 미치지 못하고 있다.

미국은 이 지역의 분쟁이 전쟁으로 치닫지 않는 한 중립적인 태도를 유지하고 있지만 동시에 항행의 자유와 태평양의 보편적인 평화에 상당한 관심을 내비치고 있다. 따라서 미국은 중국이 영유권을 주장하는 지역에서 항공 및 해상 통행의 권리를 확고히 하고자 '항행의 자유' 훈련을 정기적으로 실시하고 있다. 국제법에 대해 상이한 해석을 지닌 중국은 이 같은 행동을 주권 침해로 간주하고 있다. 2011년 오바마 행정부는 중국이 점차 강경한 자세를 취하고 있다고 보고 이에 대응했다. 오바마는 미국의 국방비 삭감이 결코 아시아에서의 미국의 이익을 희생시키지 않을 것이라고 약속하는 한편 아시아 태평양 지역의 파트너 국가들과 군사협력을 강화할 것을 촉구했다. 2016년 5월, 미국은 종전 이후 처음으로 베트남에 대한 무기 판매를 재개한다고 발표했다. 또한 일본, 필리핀, 여타 지역의 국가들은 중국의 군사력 증강에 대응하기 위해 양자간 군사협력을 강화하기도 했다.

# 결론

국제관계를 연구하는 전문가들은 미래에 발생할 가능성이 있는 사건을 파악하기 위해 역사에 많은 관심을 기울이고 과거의 패턴을 찾으려고 하지만 과거가 반드시 미래의 사건을 결정하는 것은 아니다. 라틴아메리카 국가들은 무력사용에서 평화적 분쟁 해결로 전환할 수 있는 능력을 보여주었다. 지역 국가 간의 정치 및 경제통합을 지원하고 군사적 경쟁을 줄이며 분쟁 해결을 위한 지역적 차원의 기제를 진전시키기 위한 라틴아메리카의 의지는 국제분쟁이 무력충돌로 이어질 가능성을 크게 줄였다.

한편 태평양연안의 반대쪽 끝에서 아시아 국가들은 모든 잠재적 분쟁 당사국을 포함하는 지역적 차원의 기구와 규범적 구조를 개발하기 위해 고군분투하고 있다. 시간이 흐름에 따라 군사력과 경제력의 변화는 국가 간 관계와 협력적·비협력적 전략에 참여하려는 각 국가의 의지에 상당한 영향을 미쳐왔다. 미래가 어떤 형태로 다가올지는 아무도 단정하지 못한다. 이미 상호 의심과 불신에 시달리는 지역에서는 전쟁이 발생할 가능성이 훨씬 높다. 합리적 계산에 따르면 대규모 무력충돌의 대가가 협력이 가져다줄 수 있는 잠재적 이익보다 비싸고 부정적일 수 있다. 그러나 민족주의와 공포라는 무형의 변수에 의한 오판 또는 상이한 판단의 가능성은 상존한다. 각국이 국제체제의 무정부상태를 헤쳐나가고 막대한 인명 손실을 피할 수 있는 방법을 찾을 수 있는지는 미래만이 알 수 있을 것이다.

## 토론을 위한 질문

• 왜 그렇게 많은 국가가 전쟁을 불사할 정도로 작은 영토를 지배하기 위해 다투는가?
• 아시아 국가가 라틴아메리카에서 볼 수 있는 일종의 평화적 분쟁해결기제를 수립하지 못하는 이유는 무엇인가?


## 심화학습

Council on Foreign Relations (nd). *Global Conflict Tracker*. [Online] Available at:
http://www.cfr.org/global/global-conflict-tracker/p32137#!/ Dominguez, J. I., Mares, D., Orozco, M., Palmer, D. S., Aravena, F. R., and Serbin, A.
(2003). *Boundary Disputes in Latin America*. Peaceworks No. 50 (September 2003) United States Institute of Peace. [Online] Available at: www.usip.org.
Raine, S. and Le Miere, C. (2013). "Regional Disorder: The South China Sea Disputes", *Adelphi Series* 53: 436-437. Available at: http://www.tandf.co.uk/.

## 심화학습

Choong, W. (2014). "The Ties that Divide: History, Honour and Territory in SinoJapanese Relations", *Adelphi Series* 53.
Council on Foreign Relations. (2016). *China's Maritime Disputes*. Available at:
www.cfr.org/asia-and-pacific/chinas-maritime-disputes/p31345#!/?cid=otr-mar  keting_use-china_sea_InfoGuide [Accessed June 7, 2016].
Hensel, P. R. and Mitchell, S. M. (2016). Issue Correlates of War (ICOW) Project.
Available at: www.paulhensel.org/icow.html [Accessed January 27, 2016].
Senese, P. D. and Vasquez, J. A. (2010). *Steps to War: An Empirical Study*. Princeton: Princeton University Press.

# 14장 태평양을 가로지르는 무력분쟁: 다양한 유형과 가능성

셰인 J. 바터(Shane J. Barter)

1521년, 포르투갈 탐험가들은 아시아와 아메리카 대륙 사이의 거대한 수역(水域)을 평화로운 바다라는 뜻에서 태평양이라 명명했다. 안타깝게도 환태평양지역이 항상 그 이름에 걸맞지는 않았는데 광범위하고 폭력적인 무력분쟁이 이 지역에서 목도되었다. 이 장에서는 폭력의 다양한 유형을 강조하며 태평양연안에 걸친 무력분쟁의 개요를 살펴본다. 환태평양지역에서는 동아시아 일부 국가를 제외하고는 제2차 세계대전 이후 국가 간 전쟁이 거의 발생하지 않았다. 그러나 이와 대조적으로 주로 오세아니아, 동남아시아, 라틴아메리카 등지에서 다양한 국가 내 전쟁들이 발생하였다. 오세아니아와 동남아시아에서는 주로 인종 간 폭력이 무력분쟁의 형태로 발발했고, 라틴아메리카에서는 공산주의 반군과 권위주의 국가가 충돌하는 이데올로기적 무력분쟁이 발생하는 등 여기에는 지역별로 뚜렷한 유형이 존재한다. 이 장에서는 이러한 환태평양지역의 무력분쟁에서 나타나는 다양한 지역적 유형을 묘사하고 설명하고자 한다. 또한 태평양을 가로지르는 지역에서 모든 형태의 무력분쟁이 감소하고 있다는 희소식을 강조한다.

# 개념: 무력분쟁

정치적 폭력, 무력분쟁, 전쟁은 그 경계를 구분하기 어렵기 때문에 무력분쟁은 보기보다 복잡한 주제다. 모든 공동체는 특정 형태의 폭력을 내포하고 있으며 폭력을 정치적인 것으로 보는지의 여부에 대해서는 다양한 관점이 존재할 수 있다. 폭력이 개인의 이익을 위해 행해지는 것과 반대로 정치적 권력의 분배에 도전할 경우 이는 명백히 정치적이다. 그러나 취약한 국가에서는 사적인 범죄조직(private gangs)이 정치적 질서를 제공하는 경우가 있는데 이때 그들의 정치적 역할은 논쟁의 대상이 된다. 작게는, 예를 들어 멕시코 카르텔은 공산주의 반란세력보다 덜 정치적이다. 정치적 폭력이 무력분쟁이 되는 지점 역시 논란의 여지가 있다. 무력분쟁은 비대칭 전쟁과 같이 한쪽이 다른 한쪽보다 훨씬 강력하다 할지라도 적어도 두 진영 사이에서 지속적으로 전투가 일어난다는 조건이 충족되어야 한다. 따라서 비무장 시위대에 대한 국가의 탄압은 무력분쟁이 아닌 정치적 폭력이다. 그러나 시위대가 폭력적으로 저항하고 그 저항이 일정 기간 지속되면 반란 세력이 된다. 그리고 이러한 폭력은 무력분쟁이 된다. 전문가들은 일반적으로 한 해에 1,000명의 전투 사망자가 발생하면 대규모 무력분쟁으로 간주하고, 25명의 전투 사망자가 발생하면 소규모 무력분쟁으로 간주한다.[1] 마지막으로 '전쟁'은 전형적으로 국가가 적국에 대해 군사 자원 동원을 선언하는 상황으로 보다 공식적인 면모를 띤다. 또한 전쟁은 때로는 법률적인 개념으로 인식된다. 예를 들어 미국은 제2차 세계대전 이후 전쟁을 선포한 적이 없지만, 의회가

---

1 [역자주] 여기서 'armed conflict'은 원칙적으로 무력분쟁으로 번역하였으며 경우에 따라 무력충돌 또는 무장충돌로 번역하였다.

여러 차례 '군사적 교전을 승인'하였으며 더 많은 경우에 있어 단순히 그렇게 행위하였다. '전쟁'이라는 용어는 때때로 법적인 의미로 사용되며 국가 간의 분쟁에 국한되기 때문에, 저술가들이 기술하는 무력분쟁은 특히 국가 내 전투를 중심으로 이루어지는 경우가 보다 일반적이다.

전쟁을 생각하면 사람들은 주로 국가 간의 폭력을 떠올리며, 영토를 넘어 적과 충돌하는 군의 모습을 시각화하기도 한다. 그러나 대부분의 무력분쟁은 국가 내에서 발생하며, 누가 전투원인지 민간인인지, 누가 어느 편에 속해 있는지 불분명할 수 있기 때문에 그 경계가 훨씬 더 불투명하다. 무력분쟁은 영토나 자원을 차지하기 위한 대립보다는 정치·경제 체제의 전환, 국가 지배, 국경의 재정립, 자신의 종족집단의 안녕을 보장하기 위해 발생한다. 때때로 '내전(civil war)'이라고도 하는 국가 내 분쟁은 국가 간 전쟁보다 훨씬 더 치명적일 수 있으며, 이전의 적대적인 교전상대가 동일한 국가 내에 남아 있어야만 할 경우에는 분쟁의 영향은 지속적으로 남는다. 국가 간 무력분쟁과 국가 내 무력분쟁의 경계는 때때로 모호한데, 특히 국가 내 전쟁에 외부세력이 개입할 경우에는 거의 대부분 그러하다. 하지만 국가 간 무력분쟁과 국가 내부의 무력분쟁은 상이한 동역학을 따르기 때문에 이 구분은 여전히 유용하다. 결정적으로 국가 간 전쟁은 점점 더 드물어지고 있는 반면, 국가 내부의 전쟁은 큰 피해를 낳으며 환태평양지역을 포함한 전 세계에서 지속되고 있다.

## 국가 간 전쟁

제2차 세계대전 이후 환태평양지역에서 국가 간 전쟁의 발발 횟수는 감소해왔다. 중동과 같은 지역에서는 오세아니아, 아시아, 아메리카 대륙보다 더 많은 전쟁이 발생하고 있지만 보다 일반적으로 전 세계에서 국가 간 전쟁이 감소하는 추세다. 환태평양지역은 지난 30년 동안 국가 간 전쟁이 단 한 번도 발생하지 않는 등 지속적인 감소세를 보인다.

환태평양지역은 역사적으로 다양한 국가간 분쟁이 있었기 때문에 간 전쟁이 드물다는 것은 자연스러운 현상은 아니다. 태평양연안 국가들은 다양한 유럽 전쟁에 휘말려 왔고 환태평양지역 내에서 상당수의 전쟁이 발생해왔다. 미국과 영국령 캐나다의 경우 1812년 전쟁을 치렀고 이후 자신들의 태평양 경계를 두고 충돌하기도 하였다. 또한 19세기 중반 미국은 멕시코 영토의 일부를 미국 영토로 병합하였으며 라틴아메리카 국가 사이에서는 다양한 국경분쟁이 있었다. 1879년부터 1883년까지 칠레와 볼리비아-페루 사이에 발생한 태평양전쟁이 그 예다(13장 참고). 동아시아에서 일본과 중국은 특히 20세기 초 잔인한 일본 점령기 동안 극심한 폭력을 경험하였다. 동남아시아는 태국과 버마, 베트남과 그 이웃 국가가 그러하듯이 오랜 전쟁의 역사를 가지고 있다. 이러한 전쟁들과 여타 역사적 전쟁들은 국가 간 전쟁의 감소를 당연하게 받아들일 수 없다는 것을 시사하며 예외적인 사례들을 그만큼 더 중요하게 만들고 있다.

모든 태평양연안지역 가운데에서도 동아시아 지역은 유독 많은 국가 간 전쟁을 경험하였으며, 여전히 가장 심각한 긴장이 지속되고 있다. 한국전쟁(1950-1953)은 아시아에서 냉전의 시작을 알렸다. 이는 북한 동맹국인 중국과 러시아가 남한과 유엔 동맹국, 즉 미국과 대립한 전쟁이었다. 한국전쟁은 100만 명이 넘는 사상자를 내고 수백만 명 이상의 난민이 발생하는 등 극심한 폭력으로 특징지어진다. 특히 미국과 한국 간의 긴밀한 관계와 이에 따른 미국과 한국 사이의 이주를 고려하면 한국전쟁은 더욱 큰 중요성을 지닌 환태평양지역의 사건이었다. 그리고 한국전쟁은 결코 진정으로 종식된 것이 아닌데, 분단된 한국의 현실은 오늘날 지속해서 평화를 위협하는 요인으로 작용하고 있다. 남한은 권위주의 통치에서 벗어나 활기찬 민주주의 국가로 변모한 반면 북한은 권위주의하에서 유일한 권력의 원천인 군사력에 집착하며 지속적으로 쇠퇴하고 있다.

제2차 세계대전 이후 국가 간 전쟁이 부재했던 가운데 이에 대한 또 다른 예외는 베트남의 사례다. 베트남이 일본의 점령, 중국의 짧은 침략, 반식민지 전쟁인 제1차 인도차이나전쟁(1946-1954)에서 벗어나자마자 미국이 반공세력을 지원하기 위해 개입하였다. 그 결과 발발한 수십 년에 걸친 전쟁은 미국에서는 베트남전쟁으로, 다른 지역에서는 제2차 인도차이나전쟁(1955-1975)으로 알려져 있다. 전쟁은 크게 두 단계에 걸쳐 진행되었는데, 1964년 해전(통킹만 사건) 이후 미국의 군사적 지원은 보다 직접적인 개입의 형태로 발전하였다. 엄밀히 말하면, 미국은 이 전쟁을 국가 간 전쟁이 아닌 내전으로 간주하였고 북베트남의 공격에 맞서 남베트남을 지원하고 있다고 주장했다. 그러나 혹자는 미국이 사실상 남베트남이라는 나라를 만들어 통치자를 임명하였던 지역에서 베트남과 전쟁 중이라고 보았다. 1960년대 후반, 이 국가 간 분쟁은 캄보디아와 라오스까지 확산되었는데 미군은 이 지역에 수천 톤의 폭탄을 투하했다. 베트남전쟁의 피해자 추정치는 매우 정치적이지만 미군 6만 명을 포함해 최소 100만 명의 사망자가 발생하였고, 대부분의 피해자는 베트남 민간인이었다. 네이팜탄과 에이전트 오렌지와 같은 화학 무기를 사용하여 수천 에이커의 정글을 황폐화시킨 것은 미군에게 책임이 있으며 그 영향은 오늘날에도 여전히 느낄 수 있다. 미국이 철수하고 베트남은 재통일되었으며 이후 베트남은 캄보디아를 침공하였다. 베트남의 캄보디아 침공은 부분적으로는 극악무도한 크메르 루주의 주도로 발생한 전례 없는 대량 학살을 막기 위함이었지만 자신의 공산주의 경쟁자를 제압하려는 의도 역시 존재했다. 이로 인해 1979년 베트남은 중국의 공격을 잠시 받기도 하였다.

국가 간 전쟁의 일반적 감소 속에 나타난 이상의 예외적 사례는 아시아에서의 냉전갈등이었다. 오늘날 동아시아는 심각한 전쟁의 위협으로 특정 지어진다. 남·북한, 대만, 남중국해는 환태평양지역에서 국가 간 전쟁이 촉발될 수 있는 잠재적 지역을 대표하며 이는 세계 평화를 위협한다(13장 참고).

동아시아 지역이 여러 차례 국가 간 분쟁을 겪은 것과는 대조적으로 아메리카 대륙과 오세아니아, 그리고 동남아시아의 대부분은 국가 간 전쟁의 위협이 적었다. 동남아시아에서는 1960년대 말레이시아와 인도네시아, 그리고 태국과 인접국 사이의 간헐적 긴장이 존재했지만 전쟁으로 이어지지는 않았다. 유일한 국가 간 전쟁은 포르투갈 제국의 붕괴[2] 이후 1975년 인도네시아가 반쪽짜리 작은 섬 동티모르를 침공한 것이다. 오세아니아에서 이와 가장 비슷한 사례는 이후 논의할 솔로몬 제도의 국가 내 전쟁에 호주가 개입한 경우다. 아메리카 대륙의 예로는 1969년 엘살바도르와 온두라스의 축구 전쟁(Football War)[3]으로 약 3,000명의 사상자가 발생한 사례가 있다. 아메리카 대륙에서 발생한 국가 간 폭력 사건의 주요 사례들에는 미국이 연관되어 있다. 국가 간 분쟁에 이르지는 않았지만 미국은 쿠바, 니카라과, 칠레 등 다양한 경우에서 정치적 폭력 행위를 저질렀으며 동맹국을 지원하였다.

---

2  [역자주] 1974년 포르투갈의 리스본에서 쿠데타가 발생했고 그 여파로 모잠비크, 앙골라 등 포르투갈령 식민지가 잇따라 독립한 것을 말한다.

3  [역자주] 축구 전쟁(La guerra del futbol)은 1969년 7월에 엘살바도르와 온두라스 사이에 벌어진 5일간(혹은 100시간)의 전쟁으로 두 나라 간 쌓여 있던 악감정이 1970년 월드컵 북중미 예선 준결승전을 계기로 폭발해 국가 간 전쟁으로 발전했다.

라틴아메리카에서 미국이 국가 간 전쟁을 일으킨 가장 명확한 사례는 짧은 전쟁이었지만 수백 명이 사망한 1983년의 그라나다 침공이다.[4]

환태평양지역에서 국가 간 전쟁이 감소한 이유는 무엇일까? 정치학에서 가장 중요한 이론 가운데 하나인 '민주적 평화론(Democratic Peace)'은 민주주의가 국가 간 분쟁의 가능성을 감소시킨다고 설명한다(Russet, 1993). 그것은 민주주의 국가들이 평화롭다는 의미는 아니다. 여타 국가와 마찬가지로 민주주의 국가도 비민주적인 적과는 전쟁을 벌일 가능성이 있다. 대신에 민주주의 국가는 서로에게 더 합리적인 경향이 있기 때문에 다른 민주주의 국가와 싸우지 않는다. 더 많은 나라가 민주화될수록 두 국가 사이의 전쟁 가능성은 줄어든다. 이는 라틴아메리카에서 국가 간 평화를 설명하는 데 도움이 되는데 이전에는 서로 전쟁을 벌였던 나라들이 이제는 서로의 고충을 논의할 가능성이 높아졌기 때문이다. 또한 전쟁의 가능성조차 고려하지 않는 '안보공동체'로 진화한 캐나다와 미국이 위치한 북아메리카에도 이 이론은 적용된다. 그렇지만 민주주의가 동남아시아에서의 국가 간 전쟁의 부재를 설명할 수는 없다. 동남아시아에는 민주주의 국가가 거의 없음에도 불구하고 국가 간 평화가 지배적이다. 민주적 평화에 대한 보완적 설명은 경제적 상호 의존과 관련이 있는데 무역을 함께 하는 나라 사이에는 전쟁이 발생할 가능성이 낮기 때문이다. 또 상이한 요인은 유엔과 같은 세계적 차원의 기구나 아세안과 같은 지역적 차원의 지역기구 형성 등 여러 제도의 부상이다. 이러한 제도들은 문제를 평화적으로 해결하고 무력분쟁의 가능성을 줄일 수 있는 장을 제공한다.

---

4 [역자주] 1983년 10월 25일부터 12월 15일까지 미국, 카리브해 평화 유지군(Caribbean Peace Force, CPF) 동맹군과 쿠바, 그라나다 사이에 벌어진 전쟁으로 미국은 그라나다의 공산화를 막기 위해 일으킨 전쟁이라고 명분을 내세웠다.

## 국가 내 전쟁

일반적으로 환태평양지역에서는 국가 간 전쟁이 감소하고 있으며 제2차 세계대전 이후 수십 년 동안 전쟁이 일어나지 않았고 손에 꼽을 정도의 전쟁만이 있었다. 이것이 태평양연안이 폭력적 갈등으로부터 자유롭다는 의미는 아니다. 국가 내 분쟁은 최근에 감소하고 있지만 여전히 지속되고 있다. 흥미로운 점은 동아시아에서는 국가 사이에 몇몇 전쟁이 발생하기도 하고 상당한 국가 간 긴장이 있었음에도 불구하고 국가 내 전쟁은 찾아보기 힘들다. 티베트나 무슬림 신장(Muslim Xinjiang)의 소요가 계속해서 중국을 곤란하게 하고 있지만 어느 지역도 본격적인 반란으로 이어지지는 않는다. 북아메리카의 경우에도 미국이 국가간 전쟁에 있어서는 적극적인 면모를 보이고 있지만 국가 내 전쟁을 찾아볼 수 없다. 환태평양지역의 국가 가운데 국가 간 전쟁에 연루된 국가와 국가 내 전쟁에 연관된 국가는 차이점을 보이는데 이유는 아래에서 다시 설명할 것이다.

오세아니아, 동남아시아, 라틴아메리카에서는 다양한 국가 내 분쟁이 일어났으며 수많은 사상자가 발생하고 해당 지역의 경제가 파괴되었다. 태평양연안의 상이한 지역에서 뚜렷히 구별되는 형태의 국가 내 분쟁이 일어나고 있다는 점은 흥미롭다. 오세아니아와 동남아시아의 분쟁은 다양한 종족집단 간의 싸움으로 일어나는 경향이 있는 반면 라틴아메리카의 분쟁은 혁명적이고 이데올로기적인 경향이 있다.

종족분쟁은 다양한 형태를 취할 수 있지만 최소한 종족 정체성으로 규정된 전투원을 포함한다. 이는 특정 종족집단의 모든 구성원이 어느 한쪽을 지지한다거나 어떤 분쟁이 종족적 동학에서 자유롭다는 의미는 아니다. 대신에 일부 분쟁은 목표, 모집, 종족적 특성이 뚜렷한 전투원 등의 특징을 지닌다는 것을 의미한다. 종족분쟁은 공동체 갈등(국가가 직접적인 전투 당사자로 참여하지 않는 종족-종교 집단 간의 충돌), 국가 폭력(국가가 특정 집단을 지원하고 다른 집단을 표적으로 삼는 것), 분리주의 분쟁(특정 영토에 집중된 소수종족이 독자적인 국가를 건설하려는 것)이 포함될 수 있다. 안타깝게도 환태평양지역에는 무수한 사례가 있다.

오세아니아와 동남아시아는 공동체 폭력의 수많은 사례로 특징지어진다. 오세아니아에서 솔로몬 제도의 긴장은 1990년대 원주민과 이주민 커뮤니티 사이의 공동체 충돌로 터져나왔으며 2003년 호주의 개입으로 종식되었다. 피지(Fiji)에서는 폴리네시아 원주민과 영국 식민주의자에 의해 피지에 정주하게 된 인도계 종족의 후손들이 산발적인 폭력사태에 연루되어 왔다. 원주민 기독교군 지도자들은 힌두교 이민자들에 맞서 원주민의 권력을 유지하려고 노력해왔으며 인도계-피지인 일색인 선출직 정부에 대한 일련의 쿠데타를 일으켰다. 동남아시아에서는 훨씬 많은 종족분쟁을 찾아볼 수 있다. 1950년대와 1960년대 싱가포르와 말레이시아는 무슬림 말레이계와 중국계 사이에 일련의 폭동을 경험하였고, 이 갈등은 오늘날까지도 두 나라에 상처로 남아 있다. 말레이시아에서는 여전히 종족적 긴장이 정치를 지배하며 때로는 정부가 권위주의 정책을 정당화하기 위해 이를 이용하기도 한다. 1990년대 후반 인도네시아 전역에서 공동체 폭력이 분출되었다. 술라웨시 (Sulawesi)와 암본(Ambon)에서 무슬림/기독교인 폭동이 확산되었고, 칼리만탄(Kalimantan)[5]에서는 원주민이 이주민 종족인 마두라인(Madurese)[6]을

---

5 [역자주] 인도네시아에 속한 보르네오섬(Borneo)의 남쪽 부분을 부르는 말로, 인도네시아에서는 보르네오섬 전체를 칼리만탄섬이라고 부른다(두산백과).

6 [역자주] 인도네시아 마두라섬과 자바섬(Java)의 동북 해안에 거주하는 주민으로 마두라어를 사용하며 대체로 이슬람교를 믿는다. 현재 인도네시아에서 5번째로 인구가 많은 민족이다.

표적으로 삼았다. 동시에 자바에서는 폭도들이 화교의 경제력에 분개하여 이들을 공격했다. 이러한 공동체 충돌의 주요 특징은 폭력이 사라진 후에도 민족적 긴장이 남아 있다는 점이다. 신뢰를 바탕으로 한 역사가 때로는 교통사고나 축구 경기처럼 단순한 사건으로 인해 하루아침에 무너질 수 있다. 종족집단이 설령 서로를 표적으로 삼을지라도 삼을지라도 국가는 항상 어떤 식으로든 개입된다. 예를 들어 보안군이 어느 한편을 선택하거나 분쟁 지도자들이 정치적 지위를 얻기 위해 자신의 집단을 결집하는 방식으로 국가는 사태에 연루된다. 미얀마 남부에서는 국가가 무슬림에 대한 불교도의 종족 폭력을 조장하고 있으며, 2010년대 내내 공동체 폭력이 지속되고 있다.

동남아시아에서 가장 극심한 폭력 사태 중 일부는 자국민을 표적으로 삼는 국가 폭력과 관련이 있다. 공동체 충돌이 산발적 폭력의 양태를 보이며 매우 국지적 사안의 형태로 발생하는 경향이 있는 반면, 국가 주도의 종족적 폭력은 보다 조직적이고 지속적인 형태로 나타난다. 현대 국가는 여러 면에서 전쟁을 수행하도록 설계되었으며 그 자체로 대규모 폭력을 수행할 수 있는 능력을 지니고 있다. 인도네시아에서는 1960년대 후반 군부와 공산주의 세력 간의 오랜 긴장이 쿠데타로 이어져 수십만 명이 학살당하는 사건이 발생했다. 인도네시아 군대, 갱단, 종교적 학생 모두가 공산주의자로 의심되는 사람들을 표적으로 삼아 인도네시아가 아직도 극복하지 못한 폭력의 광풍을 일으켰다. 인류 역사상 가장 잔인한 폭력은 캄보디아에서 발생했는데, 마오주의를 따르는 크메르 루주(Khmer Rouge)가 자국민을 학살한 이 사건은 흔히 '킬링필드(1975-1979년)'로 알려져 있다. 크메르 루주는 지식인과 외국에서 공부한 이들을 살해했으며 피해자들은 캄보디아 전역에 있는 수십 개의 집단 무덤에 묻혔다. 또한 공산주의자들이 도시를 소개(疏開)하고 농촌으로 이주시켰으나 식량 생산에 차질이 생기면서 훨씬 많은 사람이 기근으로 사망했다. 4년 만에 전체 인구의 4분의 1에 해당하는 약 200만 명이 사망했다. 인명과 문화의 손실은 오늘날까지 작은 나라에 큰 부담으로 남아 있다.

동남아시아는 불균형적일 정도로 많은 분리주의적 분쟁이 발생한다(Barter, 2014). 오세아니아의 유일한 사례는 1988년에서 1998년 사이에 파푸아뉴기니에서 발생하였으며, 부건빌섬(Bougainville)의 주민들이 독립을 요구한 것이다. 지리적으로 솔로몬 제도의 일부인 부건빌의 반군은 파괴적인 채굴 관행에 분개하여 수천 명의 목숨을 앗아간 반란을 일으켰고, 이후 이 분쟁은 정치적 자치를 통해 해결되었다. 동남아시아에서 미얀마는 특히 북부 고산지대의 고산족 공동체(hill communities)를 중심으로 분리주의 분쟁이 끊이지 않고 있다. 이러한 갈등에는 잔인한 군사정권 그리고 영국으로부터 독립한 이후 만족스럽지 못하면 나라를 떠날 수 있다는 약속의 실패로 인해 악화된 오랜 역사적 뿌리를 가지고 있다. 특히 카렌족 반군이 주도하는 이러한 분쟁은 오늘날에도 계속되고 있지만, 미얀마 지도자들이 종족 엘리트를 매수하면서 줄어들고 있다. 태국과 필리핀은 각각 남부 지방의 무슬림 공동체의 분리주의 위협에 직면해 있다. 태국의 빠따니(Patani) 분쟁은 1970년대에는 반군 세력을 중심으로 독립을 요구하는 전통적인 분리주의 분쟁의 면모를 보였지만, 2000년대 중반 이후에는 익명의 테러리스트를 중심으로 끝이 보이지 않는 폭력으로 변질되었다. 필리핀의 민다나오(Mindanao)분쟁에는 다양한 종족 반군이 연루되어 왔는데 2012년 평화 협정을 통해 남아 있던 가장 큰 분리주의 위협이 종식되었다. 인도네시아에서는 다양한 분리주의 위협이 있었고, 그로 인한 결과도 다양했다. 1975년, 인도네시아에 강제로 편입된 동티모르는 1999년 독립국민투표로 작은 영토가 독립을 획득할 때까지 극심한 폭력 사태를 견뎌냈다. 이 나라의 반대편 끝에서는 1976년 아체(Aceh) 반군이 독립을 선언했고, 1990년대 후반 분쟁이 대규모 전쟁으로 확대되었다. 일련의 평화 회담과 파괴적인 쓰나미를 경험한 이후, 아체 반군은 2005년 마침내 인도네시아 내 자치주가 되는 것에 합의했다. 한편, 인도네시아에서는 세 번째 주요 분리주의 분쟁이 지속되고 있다. 상당한 수의 인도네시아인 이주와 자원추출에 직면한 서파푸아(West Papua)는 매우 파편화된 반군단체의 저항을 받고 있다.

혁명적 공산주의자에 의한 분쟁 또한 동남아시아 전역에서 발견된다. 필리핀은 오늘날에도 활발한 공산주의 반군의 본거지로 남아 있다. 베트남, 라오스, 캄보디아는 혁명에 성공했으며 태국, 말레이시아, 인도네시아에는 한때 대규모 공산당이 존재했다. 즉, 많은 동남아시아 공산주의 세력은 민족적 차원에서 형성되었다. 말레이시아의 공산주의자들은 대부분 화교였으며 인도네시아에서는 공산주의의 지원과 이데올로기가 종족 동원의 자원을 제공하였기에 중국계와 자바계가 많았다.

라틴아메리카는 좌파 세력과 국가권력 간의 이념적 갈등이 많고, 다른 지역에 비해 종족분쟁은 적다는 점이 눈에 띈다. 그렇다고 좌파에 의한 분쟁에 종족적 동학이 없다는 의미는 아니다. 교육수준이 높은 백인 대항엘리트가 주도하는 경우가 많지만, 라틴아메리카 공산주의 단체에 대한 상당한 지지는 원주민과 가난한 흑인 농부들로부터 나왔다. 그러나 대부분의 라틴아메리카 분쟁의 목표와 상징은 계급과 마르크스주의 이데올로기에 기반을 두고 있다. 좌파혁명가들은 쿠바(1959년)와 니카라과(1979년)의 권위주의 지도자들을 전복시키는 데 성공했다. 각 사례에서 좌파는 미국의 지원을 받는 권위주의 체제를 무너뜨렸고 혁명 이후 미국은 새로운 정부에 저항하는 우익 민병대를 계속 지원했다. 레이건 행정부는 니카라과에 대항하여 콘트라 반군에 자금을 지원했고 유혈 내전으로 이어진 사태는 1980년대 후반에 일련의 선거와 평화 협정으로 종식되었다.

라틴아메리카에서는 혁명으로 끝나지 않은 이념적 반란이 훨씬 더 많이 발생했다. 중앙아메리카의 엘살바도르(1979-1992년)와 과테말라(1960년대-1996년)에서 주요한 이데올로기적 반란이 발생하였다. 엘살바도르 내전에서는 반공 민병대에 대한 미국의 지원과 양측의 인권 유린이 다시 한번 등장했다. 좌파세력은 토지개혁을 약속하면서 지지를 얻기도 했지만 활동가로 활동하던 가톨릭교회 지도자의 살해에 책임이 있는 부패하고 학대적인 통치자들에 반대하는 것을 통해서도 지지를 얻었다. 과테말라에서는 1950년대에 미국이 개입하여 선출된 좌파 지도자를 전복시켰고, 1980년대 미국의 동맹들이 공산주의 반군과 충돌했다. 과테말라 내전으로 인해 15만 명 이상이 사망하였는데 대부분은 친정부 준군사 세력에 의해 살해되었으며 4만 명이 '실종'되었다. 라틴아메리카에서는 1980년 한 교수[7]가 '빛나는 길(Shinning Path, *Sendero Luminoso*)'을 조직하면서 페루 내전이 시작되었다. 폭력적인 성향의 '빛나는 길'은 중국 혁명에서 영감과 지지를 얻으려 했고 자신들의 반란을 마오주의 운동으로 칭했다. 이는 태평양연안을 가로지르는 연계의 어두운 사례일 것이다. '빛나는 길'은 또한 많은 페루 농민들의 저항에 직면했다. 1990년대 중반 일련의 군사공격과 지도자의 다수가 체포된 후 반군은 상당한 정도로 쇠퇴했으며 범죄 행위를 통해 활동을 유지했다. 콜롬비아의 분쟁은 두 단체, 콜롬비아무장혁명군(Fuerzas Armadas Revolucionarias de Colombia-Ejército del Pueblo, FARC)과 콜롬비아민족해방군(Ejército de Liberación Nacional, ELN)이 국가권력에 도전하고, 최

---

7  [역자주] 아비마엘 구스만(Abimael Guzman)은 페루 국적의 철학교수로 마르크스-레닌-마오주의 이론가였다. 빛나는 길을 이끌며 페루의 알베르토 후지모리 정권에 체포된 1992년까지 무장투쟁을 주도했다.

근 수십 년 동안 준군사조직과 좌파 세력이 코카인 생산의 일부를 장악하면서 더욱 복잡해지고 있음이 틀림없다. 2012년 협상을 통해 적대 행위가 줄어들었으며, 2015년 콜롬비아 정부는 콜롬비아무장혁명군과 평화 협정을 체결했다.

마지막으로, 무력 분쟁으로 이어지지 않는 정치적 폭력 사례를 주목해야 한다. 필리핀 남부에서는 씨족 집단 간 불화가 선거 경쟁과 결합하여 고질적인 저강도 폭력이 발생하고 있으며 지방 정치가들은 상당 규모의 개인 민병대를 보유하고 있다. 라틴아메리카 전역에서 도시 범죄조직 간의 전쟁(특히 엘살바도르, 과테말라 등 분쟁 이후 국가)과 폭력적인 마약 카르텔로 인해 사상자가 지속적으로 발생하고 있다. 고질적인 정치적 폭력은 많은 라틴아메리카 지역의 국가를 약화시키고 있으며, 카르텔은 지방정부와 경찰을 장악하고 있다. 갱단의 일부는 미국에 뿌리를 두고 있다. 이 경우, 조직원은 처음에는 불안정한 이민자 사이에서 조직되었고 마약 카르텔은 미국 시장에 마약을 공급한다. 이는 미국의 고질적인 폭력과도 연계된다. 미국은 국가 내 분쟁으로부터는 자유로움에도 불구하고 개발도상국에서 흔히 발견되는 경찰 폭력, 갱단 활동 및 기타 형태의 폭력이 심각한 수준이며 이는 증대되는 불평등과 인종적 긴장이 지속된 결과라고 할 수 있다.


## 분석

이 장에서는 상이한 형태의 폭력을 개념화하고 선별된 사례를 요약하는 과정에서 환태평양지역에서 일어나는 무력분쟁의 몇 가지 광범위한 유형을 설명했다. 예외적 경우를 언급하면서도 국가 간 전쟁이 상대적으로 감소하고 있음을 강조하였다. 또한 동아시아는 여전히 국가 간 전쟁의 주요 위협에 직면한 유일한 지역이라는 점을 언급했다. 다른 한편으로 비록 미국이 전 세계의 많은 전쟁에 참전했지만 북아메리카는 역사적 전쟁을 극복하고 대체로 평화로운 상태를 유지하고 있다. 오세아니아, 동남아시아, 라틴아메리카는 국가 간 전쟁 위협이 감소하고 있지만 여전히 국가 내 전쟁으로 고통 받고 있다. 오세아니아와 동남아시아는 여러 종족분쟁이 자리 잡고 있으며, 반면 라틴아메리카는 보다 이념적 분쟁이라는 점이 특징이다.

국가 간 분쟁이 일어나는 태평양연안지역에서는 전형적으로 국가 내 분쟁이 발생하지 않으며 그 역도 그러한데 그 이유는 무엇인가? 이는 해당 국가의 힘에 많은 부분 좌우된다. 국가 내 폭력을 극복할 수 있을 만큼 합법적이고 강력한 국가는 전형적으로 무력을 외부로 투사할 수 있는 힘을 가지고 있어 국가 간 전쟁을 일으킬 수 있다. 이 경우 인근 국가도 비슷한 행동을 취하지 않으면 멸망할 수밖에 없기 때문에 지역적 차원에서 강력한 군대들의 결집을 초래한다. 한편, 국가 내부의 분쟁에 파괴된 국가는 내전으로 인해 전투 능력이 약화되어 자신들이 설령 원할지라도 지속적인 국가 간 전쟁에 참여할 위치에 있지 않다(Ahram, 2011). 그 결과 세계 일부 지역에서는 국가 간 전쟁 혹은 내전이 발생하지만, 양자 모두 일어나는 경우는 드물다.

환태평양지역의 다양한 내전 유형을 설명하는 것은 무엇인가? 오세아니아와 동남아시아의 종족분쟁은 많은 요인의 결과다. 동남아시아는 상당한 정도의 종족적 다양성이 있으며 사람들은 종종 계급이라는 수직적 측면보다는 종족이라는 수평적 측면에서 자기 동일시를 한다. 이는 종족 엘리트가 같은 종족에게 더 많은 기회를 제공하는 후견주의(clientelist) 네트워크를 강화한다. 식민주의는 여기서 중요한 역할을 수행하는데 일부 종족집단이 상이한 종족집단보다 우대받는 경우가 생기거나, 일부 종족집단은 노동력을 위해 수입되어 독립국가에 곤란한 유산을 남기기 때문이다. 한편 라틴아메리카 식민주의는 고도로 집중된 토지 소유와 심각한 불평등이라는 과제를 남겼으며 이는 반란의 명확한 원인를 제공하였다. 또한 스페인 식민주의는 원주민의 언어와 종교 위에 자신들의 문화를 덮어씌움으로써 더욱 동질적인 인구집단을 남겼다. 그 결과, 분개한 집단이 동원될 때 이들은 종족성이 아닌 계급에 따라 행동하는 경향이 있다.

곤혹스러운 주제에 대한 개요를 제시하였으니 긍정적 언급으로 마무리하는 것이 유용하겠다. 국가 간 분쟁은 현저하게 감소하고 있을 뿐만 아니라, 일반적으로 무력 분쟁이 지속적으로 감소함에 따라 국가 내 전쟁도 줄어들고 있다(Goldstein, 2011; Pinker, 2011). 아체, 동티모르, 민다나오, 솔로몬제도, 콜롬비아, 니카라과, 엘살바도르, 페루 등의 사례에서 보듯이 태평양연안의 여러 국가 내 분쟁은 대부분 해결되었다. 말레이시아, 싱가포르, 인도네시아에서는 종족적 긴장이 상당 정도 감소하였고 미얀마의 반란도 마찬가지다. 바라건대 이러한 추세가 지속되어 환태평양지역이 영감을 얻었던 그 이름에 걸맞기를.


## 토론을 위한 질문

• 태평양연안 국가에 대한 미군의 개입은 안정의 원천인가, 불안정의 원천인가?
• 범죄와 정치적 폭력 사이를 구분짓는 것은 유용한가?
• 태평양연안이라는 개념은 국지화된 분쟁처럼 보이는 현상을 이해하는 데 어떤 방식으로 도움을 주는가?
• 공식적인 무력 분쟁은 없지만 심각한 빈곤과 불평등이 존재하는 것이 평화를 의미하는가?

## 심화학습

Ahram, Ariel. (2011). *Proxy Warriors: The Rise and Fall of State-Sponsored Militias* (Stanford University Press).

Barter, Shane Joshua. (2014). *Civilian Strategy in Civil War: Insights from Indonesia, Thailand, and the Philippines* (Palgrave Macmillan).

Goldstein, Joshua S. (2011). *Winning the War on War: The Decline of Armed Conflict Worldwide* (Penguin).

Pinker, Steven. (2011). *The Better Angels of our Nature: Why Violence Has Declined* (Penguin).

Russet, Bruce. (1993). *Grasping the Democratic Peace* (Princeton University Press).

# 15장 환태평양지역의 환경보호


조지 J. 버센버그(George J. Busenberg)


환태평양지역은 환경정책 연구에서 매우 중요한 지역이다. 태평양 지역은 지구상에서 가장 넓은 대양, 놀랍도록 다양한 자연지역과 야생동물, 그리고 이 지역의 인간 공동체와 생태계 양측에 심각한 위협을 가하는 환경적 도전에 직면한 여러 국가를 망라한다. 이 장에서는 이러한 환경적 도전 및 환경보호를 위해 효과적인 정책을 개발하려는 태평양 국가의 노력을 살펴본다. 국경을 초월하는 많은 환경적 이슈의 특성으로 인해 광활한 태평양연안은 초민족적 환경문제와 정책 대응을 연구하는 데 유용한 장을 형성한다. 태평양연안의 환경문제는 급속한 인구성장, 공격적인 개발, 경제적 생산의 추구 속에서 막대한 양의 오염 물질을 배출하면서 천연자원의 대규모 추출을 가능하게 하는 광범위한 기술 적용의 결합에 의해 발생된다. 이 장에서는 먼저 태평양연안의 환경문제에서 인구성장의 역할을 살펴본 후 오염, 기후변화, 자연지역 및 야생동물 보호 이슈를 고찰한다.


## 환태평양지역의 인구


급속한 인구성장은 태평양에서 환경문제를 발생시키는 주요한 사회적 힘이다. 이 이슈의 규모는 1950년부터 2015년까지 멕시코와 필리핀 인구의 급격한 성장을 통해 예증된다. 멕시코 인구는 1950년 2,800만 명에서 2015년 1억 2,700만 명으로 4배 이상 성장했고, 필리핀 인구는 1950년 1,800만 명에서 2015년 1억 명으로 4배 이상 성장했다(UN, 2015: 20-21). 극단적인 사례이지만 멕시코와 필리핀의 인구 동학은 깨끗한 물과 식량의 공급 개선, 위생 및 의료보건 관행의 개선으로 인한 전 세계적인 인구성장의 일부분이다. 이러한 진전들이 함께 작용해 사망률을 극적으로 감소시켰으며, 특히 출생률이 사망률을 초과하면서 급속한 인구성장 시기가 연장되는 결과를 낳았다. 그러나 이 출생률과 사망률 간의 불균형은 가족계획 장려를 위해 설계된 정책들, 여성을 위한 교육 및 취업 기회의 진전들, 그 밖의 가족규모 축소를 위한 인센티브 개발 과정 등으로 인해 시간이 지나면서 흔히 줄어들기도 한다(Raven et al., 2015: 157-167). 따라서 가족계획과 사회경제적 발전을 촉진하기 위한 정책은 급격한 인구성장에 점진적으로 대응할 수 있는 가능성을 보여준다. 실제로 이전에 인구성장의 역사가 있던 국가에서의 출산율 감소는 상당할 정도의 인구감소를 초래하기까지 한다. 이 과정은 2015년에서 2100년까지 중국과 일본 같은 일부 태평양 국가들의 장기적인 인구감소 패턴을 낳을 것으로 예상된다. 중국 인구는 2015년 13억 8천만 명에서 2100년 10억 1천만 명으로 4분의 1 이상 감소할 것으로 예상되고, 일본 인구는 2015년 1억 2,600만 명에서 2100년 8,300만 명으로 3분의 1 이상 감소할 것으로 예상된다. 그러나 21세기에 모든 태평양 국가가 인구감소 패턴을 보일 것으로 예상되진 않는다. 예를 들어, 필리핀 인구는 2015년 1억 명에서 2100년 1억 6,800만 명으로 증가할 것으로 예상된다(UN, 2015: 21). 전반적으로 인구 성장은 일부 태평양연안 국가의 인구 규모를 매우 거대하게 만들고 있다. 이러한 대규모 인구는 태평양연안 전역에 상당한 환경 피해를 야기하는 천연자원 추출과 산업화에 대한 막대한 수요를 창출했다.

## 태평양연안의 오염

산업화로 인해 태평양연안의 대기 및 수질 오염 문제가 심각해졌다. 그러나 오염 문제에 대한 정책적 대응은 태평양지역 전역에서 매우 불균등하게 이뤄졌다. 예를 들어, 미국과 중국을 비교해보면 태평양 경제를 이끄는 이들 두 대국이 오염 관리의 스펙트럼에서 정반대 편의 입장을 취하고 있음이 드러난다. 미국은 수십 년 동안 광범위한 오염 통제 정책을 시행해왔고, 유해한 대기 오염물의 배출을 감소시킨 덕분에 아메리카의 대기질이 개선된 예에서 보듯이 오염 감소에 상당한 진전을 이뤄냈다. 반면, 중국의 급속한 발전은 상당 부분 석탄 연소에서 기인한 극도로 심각한 대기 오염 문제를 동반했다. 실제로 중국에서는 실외 대기 오염으로 인해 2010년 한 해에만 135만 7천 명이 조기 사망한 것으로 추정된다(Lelieveld et al., 2015: 367-369). 본질적으로 중국에서는 경제 발전이 효과적인 오염 통제 정책을 시행하려는 노력보다 우선시되고 있다(Gallagher and Lewis, 2015: 337-339).

많은 환경적 도전처럼 오염은 종종 국경을 넘나든다. 그러나 오염 통제를 위한 국제적 노력은 태평양 지역에서 불균등한 효과를 낳고 있다. 국경을 넘나드는 대기 오염과 해양 유류 오염을 통제하기 위한 정책은 그 효과 면에서 대조적인 연구결과를 보여준다. 태평양지역의 주요 환경문제인 월경(越境)성 대기 오염은 국내 또는 국제적인 오염 통제 노력으로도 여전히 해결되지 않았다. 미해결된 월경성 대기 오염 문제의 대표적인 예는 인도네시아에서 농업 목적으로 토지를 개간하기 위해 의도적으로 일으킨 산불의 광범위한 연기인데, 이 연기는 동남아시아의 국경을 가로지르며 부유한다. 반면, 국제적인 정책적 노력 결과 태평양에서 유조선 유출 사고의 위험은 상당히 감소했다. 현대 경제에서 석유의 중요한 역할 때문에 유조선을 통한 석유 운송은 환태평양지역 경제에서 핵심적이다. 본질적으로 유조선은 태평양연안과 같은 광활한 해양 지역을 가로질러 석유를 운송할 수 있는 핵심 기술이다. 하지만 유조선 사고로 인한 대규모 기름 유출은 태평양 바다와 해안선의 야생동물에 대한 큰 위협 중 하나이기도 하다. 국제적인 개혁은 유조선의 보호설계 기준을 마련하여 해양 유류 오염의 위험을 크게 줄였으며, 이는 오염에 대한 국제적 통제의 분명한 진전 사례를 제공한다(Busenberg, 2013: 80-111). 그에 반해 태평양의 기후변화 이슈는 이 지역에 매우 중요하지만 미해결된 국제적 문제를 구성하고 있다. 다음으로 기후변화로 인한 여러 위협을 고찰한다.

## 태평양연안의 기후변화

기후변화는 태평양의 생태계와 인간 공동체의 미래에 예외적으로 심각한 위협을 야기한다. 기후변화에 대한 인간의 주된 영향은 석탄, 석유, 천연가스와 같은 화석 연료의 연소로 인한 대기 중 이산화탄소 방출이다. 이산화탄소는 대기 중의 적외선을 흡수해 온실가스 역할을 하면서 열을 가두어 지구를 따뜻하게 한다. 1958년 하와이에서 이산화탄소에 대한 정기적인 대기 측정이 시작된 이래로 대기 중 연평균 이산화탄소 농도는 꾸준히 상승하고 있으며, 온도 측정치들은 지구가 온난화되고 있음을 분명하게 가리키고 있다. 기후변화는 태평양 국가에 엄청난 위협을 가한다. 지구 온난화는 열파(熱波)의 위험을 증가시키고, 폭염기는 경우에 따라서 광범위한 인명 손실을 초래할 수 있다. 기후변화로 야기되는 또 다른 거대 위협은 야생동물 개체군과 농업 둘 모두의 건강성에 핵심적 역할을 하는 기온, 강우, 눈의 패턴을 변화시킬 가능성이다. 이처럼 변화하는 기후 조건에 일부 야생동물 종은 적응할 수 없는 것으로 판명될지 모른다. 기후조건의 변화로 인해 농업 생산성이 감소하고 식량 공급이 줄어들 가능성도 있다. 뿐만 아니라, 지구 온난화는 맹렬한 폭풍의 위험을 증가시킨다. 거대한 폭풍이 대량 피해와 인명 손실을 유발할 수 있음을 보여준 필리핀처럼, 폭풍의 강화는 열대성 저기압에 타격받을 위험이 있는 태평양연안의 지역사회에서 특히 우려된다.

기후변화로 인한 가장 큰 위협 중 하나는 해수면 상승으로, 이는 태평양 연안과 같은 해양 지역에 특히 심각한 위협이 되고 있다. 지구 온난화의 두 가지 주요 영향이 해수면 상승을 초래한다. 바닷물은 따뜻해지면서 팽창하며, 지구 온난화로 인해 육지의 얼음이 더 빠른 속도로 녹으면서 육지에서 바다로 가는 해빙수의 흐름이 증가한다. 해수면 상승은 태평양 저지대의 해안 지역사회를 홍수와 수몰로 위협하고, 염수의 침입은 해안 상수도와 농경지 또한 위협한다. 해수면 상승은 저지대의 해안 지역을 침수시켜 태평양의 자연지리적 특징을 다시 쓸 가능성, 그리고 저지대 해안 지역사회의 주민 이주를 촉진해 태평양의 인구 분포를 재조정할 가능성이 있다. 해수면 상승과 그 외의 기후 영향에 의한 대규모의 국내 및 국제 이주의 가능성은 태평양 국가에 매우 벅찬 과제를 제시하고 있으며, 이는 이 지역을 엄청난 사회적·정치적 혼란으로 이끌 수 있다. 각국은 대규모 이주를 적절히 수용할 준비가 되어 있지 않거나 또는 수용할 의지가 없음을 때때로 보여줬고, 이주민의 안전한 이동과 정착에 대한 불충분한 지원으로 인해 태평양의 기후변화로 발생한 대규모 이주가 이주민에게 큰 피해를 입힐 가능성이 제기되고 있다(Piguet et al., 2011). 해수면 상승은 환태평양 경제에 필수적인 해운 및 무역 활동을 지지하는 항구 지역에 홍수와 침수도 초래하여, 중요한 항만 인프라의 재설계나 이전을 강제할 수 있다. 해수면 상승에 대응하는 사람과 인프라의 잠재적 재배치는 태평양연안 국가에 전례 없는 실천적 · 정치적 · 재정적 과제를 제기하고 있다. 그러므로 기후변화는 태평양 지역의 경제적 · 환경적 건강성에 가장 거대한 단일 위협이라 할 수 있다.

유엔기후변화협약에 따른 2015년 파리협정에서 기후변화 과제를 다루기 위한 전 세계적인 노력이 가시화되었고, 태평양연안 국가들은 여기서 중심적 역할을 수행한다. 그러나 화석 연료는 현대 세계경제의 주요 에너지원으로 쉽게 대체될 수 없기 때문에 기후변화를 완화하기 위한 노력은 쉽지 않은 것으로 증명되고 있다. 기후변화를 궁극적으로 완화할 수 있는 가장 유망한 방향은 재생에너지원의 배치 요구 및 보조금 지급 정책을 시행하는 것이다. 태양광과 풍력은 지구 온난화의 주요 원인이 아니므로 태평양 지역 전반에서 재생에너지 정책 및 투자의 중심 요소로 부상했다. 지구 온난화의 주요 원인이 아닌 또 다른 에너지원은 원자력이며, 원자력 발전소는 미국, 일본과 같은 태평양연안 국가에 광범위하게 배치되어 있다. 그렇더라도 2011년 일본 후쿠시마 제1 원자력 발전소 사고는 원자력 발전소 사고에 의한 비상한 위험성을 생생히 보여줬다. 더욱이 원자력 발전소는 위험한 방사성 핵폐기물을 대량으로 생산하는데, 이는 장기간의 폐기물 관리라는 문제를 제기한다. 원자력과 관련 위험에 대한 광범위한 지각은 이 전력원을 정치적 반대의 공동 목표물로 만들었다. 반면에, 태양광과 풍력 발전은 원자력 발전소에 필적할 만한 안전 및 환경적 이슈를 일으키지 않는다. 그러나 간헐적인 태양열 및 풍력 전력원의 효율적 이용은 전력망의 신뢰성을 보장할 재생에너지 생산지, 에너지 전송 인프라, 대용량 에너지 저장 인프라의 대규모 배치를 요한다. 따라서 재생에너지 배치를 통한 기후변화 완화는 태평양연안 국가에 유망하면서도 비용이 많이 들어가는 장기적 경로다. 재생에너지 배치는 궁극적으로 기후변화를 완화하면서 무기한 사용할 수 있는 새로운 전력 공급 확보를 위한 장기투자로써 가장 많이 여겨진다. 한편 그동안의 기후변화는 태평양연안의 인간 공동체와 야생동물 모두에게 중대한 적응 과제를 야기할 것이다.


## 태평양연안의 자연지역 및 야생동물 보호

태평양 지역의 생태계와 야생동물은 수많은 위협에 직면해 있으며, 이 지역은 생태계 파괴의 광범위한 역사를 가지고 있다. 사람들이 태평양 전역에 퍼져감에 따라 이전에 대양 지역을 가로질러 이주하지 않던 외래유입종이 확산되었다. 외래유입종은 태평양의 토종 야생동물에게 큰 손실을 입혔다. 태평양의 야생동물에 대한 또 다른 위협으로는 사냥, 낚시, 야생동물 거래, 기후변화, 자연 서식지를 대규모 농업 지역으로 전환하는 것 등이다. 이러한 다양한 위협을 고려할 때, 생태계 및 야생동물 보호는 태평양연안에서 중요한 정책 우선순위가 되었다.

포경 이슈는 야생동물 남획 위협과 야생동물 보존을 위한 국제적 노력의 발전을 보여주는 중요한 예를 제시한다. 여러 대왕고래종의 북태평양 개체수는 상업적 포경 활동에 의해 대량으로 죽임을 당했다. 전 세계 바다 전역의 지속 불가능한 포경 관행에 의한 고래 개체수 감소에 대응하기 위해 국제적인 고래 보존 노력이 전개되었다. 1946년 국제포경규제협약(International Convention for the Regulation of Whaling)에 따라 포경 관리를 위해 설립된 정부간 기구인 국제포경위원회(International Whaling Commission) 내에 상업적 포경에 반대하는 국제적인 연합이 출현했다. 포경반대 연합은 상업적 포경 중단(moratorium)을 보장하는 데 성공했고 1986년 전면 발효된 후 지금까지 지속되고 있다. 이 모라토리엄은 과학 연구 목적으로 일부 포경을 계속할 수 있도록 허용했는데, 일본은 과학적 허점을 이용해 과학 연구 목적의 데이터 생산뿐만이 아니라 상업시장의 고래 제품을 생산하기 위해 제한적인 포경활동을 계속하려하여 논란을 일으켰다. 그럼에도 불구하고 포경 모라토리엄의 전반적인 효과는 포경의 위협을 크게 감소시켜 태평양의 고래 개체수를 보호한다(Chaseket et al., 2016: 243-252; Raven et al., 2015: 329).

태평양에서 포경의 역사는 야생동물 개체수 감소를 피하기 위해 야생동물 포획을 제한할 필요성을 명백히 보여준다. 뿐만 아니라 자연 서식지 보호는 야생동물 보존에 필수적이다. 많은 태평양 국가는 개발 및 천연자원 채취 활동을 제한 또는 금지하는 자연보호구역을 조성해 서식지 보호에 크게 기여한다. 미국은 태평양의 자연지역 보호에 주도적인 역할을 해왔다. 1980년 미국은 알래스카주에 광범위한 토지보존단위(land conservation units) 체계를 구축하여 북태평양 서식지 및 야생동물 보호에 중추적 기여를 했다(Busenberg, 2013: 64-66). 2006년에서 2016년까지 미국은 태평양의 여러 섬에서 바다로 뻗어나가는 해역에 대규모 해양국가기념물(marine national monuments)을 지정하고, 이 기념물이 있는 지역 대부분에 걸쳐 상업적 어업을 금지했다. 다른 많은 태평양 국가도 자연지역 보호를 통해 보존에 현저히 기여하고 있다. 캐나다에서 대규모로 자연보호구역이 지정되었고, 이들 중 일부는 국경을 초월한 보존의 중요한 사례로서 미국의 보존단위와 연계되어 있다(Busenberg, 2013: 75-78; Dearden and Bennett, 2015: 320). 오세아니아의 호주와 뉴질랜드에는 대규모에 걸친 자연보호구역이 지정되어 있다(de Freitas and Perry, 2012: 145; National Reserve System Task Group, 2009: 2-4). 1975년 호주는 세계에서 가장 큰 산호초 생태계를 보호하기 위해, 호주 해안의 상당 부분을 따라 그레이트 배리어 리프 해양공원(Great Barrier Reef Marine Park)을 조성하여 해안 및 해양 보존에 세계적으로 크게 기여했다(Lawrence et al., 2002). 서식지 보존은 태평양의 선진국에만 국한되지 않는다. 예를 들어 코스타리카에는 중요한 자연 보호 구역들이 지정되어 있다(Steinberg, 2001).

자연지역의 보존이 태평양연안 전반의 주요 정책적 노력임에도 불구하고, 현재 진행 중인 전 세계적 변화는 이 지역의 자연보호지역 일부에서 광범위한 생태계 파괴를 야기하고 있다. 생태 교란의 대표적 사례는 지구 온난화로 인해 북아메리카 서부에서 전례 없이 확산한 산송풍뎅이(mountain pine beetle)로, 풍뎅이 역병은 거대한 풍경으로 펼쳐져 있던 나무를 죽였다. 산송풍뎅이의 확산은 육상 생태계에 가해지는 여러 기후 관련 스트레스 중 하나로 태평양연안 국가에 중요한 생태학적 변화를 초래할 수 있다. 기후변화와 이산화탄소 배출도 태평양연안의 해양 생태계를 위협한다. 바다는 기후변화로 인해 온난화될 뿐만 아니라, 화석 연료 연소로 배출된 이산화탄소의 일부가 대기에서 바닷물로 흡수되면서 산성화되기도 한다. 해양 온난화와 해양 산성화 모두 태평양 전역의 해양 및 해안 생태계에 광범위한 피해를 유발하도록 위협한다. 대체로, 기후변화 및 해양 산성화 문제는 태평양 환경에 대한 거대한 도전이자, 현재 태평양연안에 기반을 둔 인간 공동체와 생태계에 적대적인 여러 방식 속에서 이 지역의 미래를 현재와 달라지게 할 가능성을 제기한다.

## 환경정책과 태평양연안의 미래

이 장에서 검토한 사례에서 볼 수 있듯이, 태평양에서의 환경정책은 상당하지만 여전히 불균등하게 진척되고 있음을 알 수 있다. 태평양연안의 불균형적인 환경보호 상태는 이 광활한 지역의 국가 사이에 존재하는 매우 다양한 역사, 문화, 발전 수준, 거버넌스 스타일을 반영한다. 대조적 측면에 대한 연구로는 미국과 중국의 환경보호 비교를 통해 잘 드러난다. 미국이 제정한 수많은 환경법은 상당한 정책 실행 능력을 갖춘 환경 당국에 의해 시행되고 있다. 미국의 광범위한 환경보호는 미국 환경 운동의 오랜 정치적 노력, 민주주의 국가에서 환경단체와 시민이 제기하는 환경적 관심의 목소리에 대한 선출직 공무원의 대응, 높은 수준의 발전과 전반적 법치를 모두 달성한 국가의 환경 관련 법률 및 기관의 일반적 효율성을 반영한 것이다. 반면, 중국에서 환경적 개선을 증진하기 위한 노력은 개발도상국이자 비민주주의 국가의 제한된 환경정책 시행 능력에 의해 자주 방해받는다. 중국 정부의 최우선 과제는 급속한 경제 발전이며, 이는 빈번하게 환경의 질을 훼손해왔다. 중국은 최근 수년간 재생에너지에 막대한 투자를 하면서 여러 가지 환경 이니셔티브를 추진했으나, 중국의 어마어마한 인구 크기와 개발 열망은 환경보호라는 대의에 지속으로 도전한다(Gallagher and Lewis, 2015). 보다 일반적으로, 태평양연안 전반의 국가에 경제 생산과 환경보호 사이의 균형은 어려운 것으로 입증되고 있다.

요컨대, 환경보호 이슈는 태평양연안에서 상당한 정책적 관심을 받고 있다. 태평양연안의 경제와 생태계는 전 세계적으로 중요하며, 태평양 환경의 미래는 세계 문제의 핵심 이슈다. 그러나 태평양연안 국가마다의 상이한 환경 성과 속에서 환경정책은 극명하게 불균등한 결과를 낳고 있다. 게다가 태평양 지역의 주요 환경 과제는 여전히 해결되지 않고 있다. 태평양의 환경을 보호하기 위해 고안된 수많은 민족적·국제적 정책이 있으나, 이미 시행된 이들 정책이 기후변화와 해양 산성화 같은 초민족적 환경 과제의 규모에 상응할지 아직 입증되지 않았다는 점은 명백하다. 태평양연안 환경정책의 추가적 진전의 필요성은 기후변화가 이 지역의 해안 지역사회와 인프라, 식량공급, 물공급, 야생동물에 미치는 심각한 위협으로 인해 더욱 분명해졌다. 태평양 환경이 직면한 도전의 엄청난 규모를 고려할 때, 환경정책을 지속하고 강화하려는 역내 국가들의 노력이 먼 미래에 펼쳐질 환태평양지역의 서사에서 중심적인 역할을 할 것이다.

## 토론을 위한 질문

• 태평양연안의 저지대 해안 지역사회는 자신들이 직면한 기후변화로 인한 해수면 상승에 어떻게 적응해야 하는가?

• 2011년 일본 후쿠시마 제1원전 사고 이후 환태평양지역 국가의 미래 에너지 공급에서 원자력은 어떤 역할을 해야 한다고 생각하는가?

## 심화학습

Busenberg, G. J. (2013). *Oil and Wilderness in Alaska: Natural Resources, Environmental Protection, and National Policy Dynamics*, Washington DC: Georgetown University Press.

Chasek, P. S., Downie, D. L. and Brown, J. W. (2016). *Global EnvironmentalPolitics*, 7th edn, Boulder: Westview Press.

Dearden, P. and Bennett, N. J. (2015). "Parks and Protected Areas." In B. Mitchell (Ed.), *Resource and Environmental Management in Canada*, 5th edn, Don Mills: Oxford University Press, pp. 318-344.

Freitas, C. R. de, and Perry, M. (2012). *New Environmentalism: Managing New Zealand's Environmental Diversity*, New York: Springer.

Gallagher, K. S. and Lewis, J. I. (2015). "China's Quest for a Green Economy." In N. J. Vig and M. E. Kraft (Eds.), *Environmental Policy: New Directions for the Twenty-First Century*, 9th edn, Thousand Oaks: CQ Press, pp. 333-356.

Lawrence, D., Kenchington, R. and Woodley, S. (2002). *The Great Barrier Reef: Finding the Right Balance*, Carlton South: Melbourne University Press.

Lelieveld, J., Evans, J. S., Fnais, M., Giannadaki, D. and Pozzer, A. (2015). "The Contribution of Outdoor Air Pollution Sources to Premature Mortality on a Global Scale", *Nature*. 525, pp. 367-371.

National Reserve System Task Group. (2009). *Australia's Strategy for the National Reserve System 2009-2030*, Canberra: Australian Government.

Piguet, E., Pecoud, A. and de Guchteneire, P. (Eds.) (2011). *Migration and Climate Change*, Cambridge: Cambridge University Press.

Raven, P. H., Hassenzahl, D. M., Hager, M. C., Gift, N. Y. and Berg, L. R. (2015). *Environment*, 9th edn, Hoboken: Wiley.

Steinberg, P. F. (2001). *Environment, a Leadership in Developing Countries: Transnational Relations and Biodiversity Policy in Costa Rica and Bolivia*, Cambridge: MIT Press.

United Nations. (2015). *World Population Prospects: The 2015 Revision, Key Findings and Advance Tables*, New York: United Nations Department of Economic and Social Affairs, Population Division.

# 16장 국가건설, 질병, 공중보건

이언 리드, 마이클 와이너(Ian Read and Michael Weiner)

여러 측면에서 인류 문명의 역사는 질병의 역사다. 첫 번째 천 년 동안 유라시아와 아프리카에서는 다양한 사회가 등장하면서 무역과 이주의 새로운 대륙 간 네트워크를 만들었고, 이는 새로운 질병 전파 경로를 열었다. 일본은 아시아 대륙과의 접촉이 증가하기 시작한 8세기 초 이후 천연두가 발생한 것으로 보인다. 유라시아와 아프리카 대륙 주변부 여타 지역도 이들 대륙과의 지속적인 접촉으로 인해 생소한 질병의 발생으로 시달렸을 가능성이 높다. 로마 제국의 확장 이후의 영국 제도, 아랍 상인이 도착한 이후의 마다가스카르, 포르투갈과 스페인이 정복한 이후의 대서양 중부 섬처럼 말이다. 세계 다른 지역 사람에 비해, 유럽인, 아프리카인, 아시아인은 더 많이 접촉했으며 대륙을 횡단하는 무역 네트워크를 발전시켰다. 또한 길들여진 수많은 동물과 함께 살면서 질병을 교환할 가능성도 더 높았다. 유럽인과 아프리카 노예가 대서양을 건너 아메리카 대륙으로 건너가면서 옮겼던 질병은 부와 정복이라는 유럽인의 꿈을 실현하는 데 도움을 줬다. 전염병, 전쟁, 노동 착취는 아메리카 원주민 사회의 붕괴에 기여했다(4장 참고). 18세기부터 시작한 무역과 정복, 식민지화는 환태평양지역에 영향을 준 전염병의 전파와 대유행을 가속화했다. 예를 들어 제임스 쿡이 하와이를 '발견'한 지 1세기 만에 하와이 원주민 인구의 약 90%가 '새로운' 질병으로 사망했다.

질병, 또는 질병의 위협은 환태평양지역을 포함한 전 세계의 사회에 지대한 영향을 미쳤으며 그 영향은 지금도 계속되고 있다. 일본과 칠레는 질병과 질병에 대한 인식, 의학, 정치, 무역, 제국주의, 민족주의 그리고 민족 정체성 간의 관계를 이해하는 데 중요한 사례 연구를 제공한다. 과거에는 상대적으로 고립되어 있었지만, 각 사례에서 질병과 그에 대한 정치적 대응은 새로운 세계적 연계를 반영한 변화에 있어 결정적으로 중요한 촉매제였다. 20세기 새로운 '태평양 세계'의 부상에 많은 측면을 축하할 수도 있지만 일본과 칠레는 태평양이 세계적 교류의 관문이 된 순간에 있어 질병의 관련성을 보여준다.

우리는 일본과 칠레를 두 측면에 초점을 맞추어 비교한다. 1) 세계화가 추동하는 역학적 변화, 2) 질병 범주의 의미를 형성하고 공공의료와 법률을 통해 질병을 통제하려고 시도하는 국가의 노력을 살펴본다. 질병의 변화하는 물질성과 은유를 탐구하면서, 현대성, 민족성, 국가 건설에서 공유되는 관념을 밝히고자 한다. 일본과 칠레의 질병과 이를 통제하려는 국가의 시도는 새로운 태평양 세계의 반대편 가장자리에서 대서양 세계의 열강에 의해 간접적으로 연결되고 매개되었던 이들 두 나라의 독특한 경험을 보여준다.


## 일본

도코로자와는 대도시 도쿄의 대표적 숙박 커뮤니티다. 역 플랫폼에는 인근 히가시무라야마에 위치한 박물관을 방문하도록 안내하는 표지판이 있다. 이 박물관은 일본인들도 몰라서 잘 방문하지 않는 곳이다. 1931년 나병(한센병)[1] 진단을 받은 많은 환자가 사망할 때까지 강제로 격리하는 '종신

---

1 [역자주] 나병(leprosy)이란 용어가 편견과 차별적인 의미를 내포하기 때문에 일부 학술적 분야 이외

령 법안'이 통과되었는데, 이 박물관은 당시 격리 수용되었던 수천 명의 환자를 추모하는 공간이다.

일본에서 나병에 대한 언급은 8세기 초에도 찾을 수 있고, 11세기에 이르면 나환자가 사회에서 배척당하는 자들로 분류되어 있었다. 나병은 불교의 영향으로 도덕적 타락이 신체적 기형으로 나타나는 인과응보의 한 형태로 이해되었다. 그러나 불교는 차별을 성역화하면서도 나환자에 대한 연민과 자비를 베풀었다. 도쿠가와 시대(1603-1867)에는 지역적으로 상당한 차이가 있었지만, 자립적인 나환자 커뮤니티가 등장했다. 대부분의 나환자들은 가족과 함께 살면서 가족 구성원을 부양하고 가계 수입에 기여했다. 나병은 종종 부적절한 사회행동과 연관되었지만, 일단 '나쁜 피'가 형성되면 이는 유전적 성격을 띤다는 공감대가 형성되었다. 따라서 나병은 가족 혈통에 따른 질병으로 인식되었다.

초기 메이지 시대(1868-1911)에는 콜레라, 이질, 결핵, 천연두, 장티푸스, 발진티푸스 등의 전염병이 자주 발생했다. 콜레라는 1822년 일본에 처음 들어왔지만 대단위 인구 주거지로 확산되지 않았다. 하지만 1858년 외국과의 무역을 위해 항구를 개방한 지 몇 주 만에 콜레라가 항구도시인 나가사키로 유입되어 약 30,000명이 사망했다. 이듬해에는 두 번째로 훨씬 더 광범위하게 콜레라가 창궐하여 약 300만 명이 사망하였다. 나환자 수는 결코 결핵이나 콜레라 환자 수에 미치지 못했지만 나병에 따라다니는 오명은 단순한 숫자 이상의 공포와 예방 정책을 만들어내었다.

---

사회적 분야에서는 나병 대신 한센병으로 통칭하고 있다. 다만 이 절에서 "엄밀히 말해 나병은 노르웨이 과학자 게르하르트 한센의 이름을 따서 한센병"이라 칭한다는 표현이 있어 나병(leprosy)과 한센병을 구분하기 위해 나병이란 표현을 사용하였다. 번역상 번역이 필요한 일부에서만 나병이란 표현을 사용하고 기타의 경우에는 한센병이라 번역한다.

나병은 엄밀히 말해 1873년 병의 원인균인 마이크로박테리움 레프레 (Micobacterium Leprae)를 발견한 노르웨이 과학자 게르하르트 한센(Ger-hard Hansen)의 이름을 따서 한센병이라 칭한다. 이 시기는 유럽 제국주의 가 절정에 달했던 때 맞물려 있었다. '나병(leprosy)'이라는 용어는 전문가 들 사이에서 점차 선호도가 떨어졌지만 상황은 역사적 오명과 분리되지 않 았다. 한센 자신도 강제격리를 옹호하였으며 '선진국' 지위를 획득하기 위 해서는 질병의 통제가 필수적이라고 생각했다. 1897년 제1차 국제나병회 의에서 제국주의 열강들이 식민지 내 한센병 환자를 체계적으로 격리하는 것을 승인하였다. 이로써 한센병은 의학적 문제이자 정치적 문제라는 것이 확인되었다. 이것은 미신으로 점철된 유럽의 과거와 현대의 한센병 예방 정 책을 구분하였을 뿐만 아니라 또한 한센병을 문화적 열등함의 지표로 인식 하게 하는 역할을 했다(Moran, 2007). 일본의 한센병 확산에 관한 기사가 영문 언론에 보도되면서 정치인, 언론인, 의료계 사이에 긴박감이 고조되었 다. 1895년경까지 공중보건 행정은 주로 일반적인 위생 수준을 개선하거나 콜레라, 천연두와 같은 급성 전염병을 예방하거나 통제하는 데 초점이 맞추 어져 있었다. 반면 한센병의 치료는 주로 선교사들이 운영하는 민간 병원 에 맡겨져 있었다.

### 한센병의 범죄화

이어지는 논의에서는 의학적 '모범 사례'뿐만 아니라 한센병에 대한 기존 의 문화적 이해와 국가 정체성 문제도 포함한다. 이 시기에 형성된 공중보건 시스템은 국가의 건강상태와 지정학적 지위 사이의 연관성이 증가했음을 보여준다. 국가의 적극적인 '인도주의적' 개입이 없다면, 한센병자와 같은 부적절한 사람들의 존재가 일본인의 전반적 역량을 점차 악화시킬 것이라고 주장되었다. 1897년 제정된 전염병예방법(Infectious Diease Prevention Law, IDPL)은 8가지 급성 전염병(콜레라, 이질, 장티푸스, 천연두, 발진티푸스, 성홍열, 디프테리아, 흑사병)을 정부 조치 대상으로 지정했다. IDPL에 따라 감염자는 건강한 일반인으로부터 격리되었다. 그러나 한센병 환자 격리에 대한 요구가 거세지자 정부는 격리가 필요한 급성 전염병(예를 들어 천연두)과 그렇지 않은 한센병 등의 만성 전염병을 구분할 필요가 있다고 주의를 환기했다(Fujino, 2006). 달리 말해 정부는 한센병 환자를 격리할 의학적 근거가 없다는 것을 알고 있었다.

1900년 일본에서는 전국 한센병 환자 실태조사 결과가 발표되었다. 과학적 증거를 대부분 무시한 이 조사의 결론은 가족 혈통의 중요성에 대한 상식적 이해를 강화하고 한센병의 전염 정도를 제시했다. 한센병을 더욱 엄격하게 통제해야 한다는 요구가 각계에서 나왔다. 일부는 '떠돌이' 한센병 환자가 국가 위신을 훼손한다고 주장했고 또 다른 이들은 숨어 있거나 드러나지 않은 한센병 혈통 보균자의 위험성을 강조했다. 한센병 치료의 대명사가 된 미쓰다 켄스케(Mitsuda Kensuke)는 사회적 배제라는 도쿠가와시대의 관행이 본받을 만한 가치가 있다고 언급하였다. 한센병을 전염병에 비유한 미쓰다는 한센병 환자가 대중과 접촉하는 직업에 종사하는 것을 금지할 뿐만 아니라 사실상 모든 공공장소에 출입하는 것도 금지할 것을 권고했다(Fujino, 2001).

진보와 문명이라는 현대적 담론을 과거에 접목시킴으로써 한센병 환자는 오염과 부도덕이라는 낙인이 찍혔다. 그리고 과거 전통적인 태도와 관행을 특징짓던 연민은 사라져버렸다. 1907년 한센병예방법(Leprosy Prevention Law, LPL)에 따라, 의사는 한센병 진단을 할 경우 경찰에 신고할 책임이 있었고, 경찰은 한센병 환자의 격리 및 소독을 감독할 책임이 있었다. 감옥과 같은 체제는 수감자가 환자가 아니라는 이유로 정당화되었다. 1916년에 이르러 한센병 관리소장들은 다음과 같은 권한도 부여받았다. (a) 지시에 저항하는 수감자는 최대 60일 동안 감금하고, (b) 지시에 저항하는 환자의 일일 식량 허용량을 줄이며, (c) 수감자를 최대 30일간 방에 감금할 수 있다. 1922년 내무부 보건국은 한센병 퇴치를 위한 '20년 계획'을 제안했고, 1924년 지방 정부와 자원봉사 단체는 '한센병 퇴치 운동'을 시작했다. 그리고 이후 1931년 개정된 LPL은 모든 한센병 환자를 평생 수감하도록 조치했다. 1940년 국가우생학법은 특정 유전병에 대한 불임수술을 합법화했지만, 한센병은 여기서 제외했다. 그럼에도 불구하고 강제 불임수술은 일상적으로 시행되었다(Fujino, 2001).

### 구제와 보상을 위한 여정

가장 효과적인 한센병 치료제 설폰(sulfone)계 약물 프로민(Promin)은 1946년 일본에 도입되었다. 이 약의 효능은 널리 알려졌지만, 영향력 있는 전문가들은 기존 치료 프로그램과 자신들의 평판을 유지하기 위해 대중의 공포를 계속 이용했다. 이에 대응하여 환자들은 전국한센병환자연맹(Federation of National Leprosarium Patients, FNLP)을 조직하여 한센병예방법 개정을 위한 정치적 지지를 얻기 위해 노력했다. 일본 정부는 결국 국가가 운영하는 한센병환자수용소에 설폰을 구입하고 배포하기 위한 예산을 승인했다.

1953년에 한센병예방법을 개정하는 법안이 정부에 제출되었다. '개정'이라고 불렸지만, 사실 1931년 법의 핵심요소는 그대로 유지되었다. 정부는 이 법안을 옹호하면서 격리만이 감염을 예방할 수 있는 유일하고 효과적 수단이라 주장했다. 환자들은 제안된 법안이 이전의 것보다는 덜 가혹하지만 인권을 희생하면서 한센병으로부터의 사회적 보호를 강조하고 있다고 주장했지만 통하지 않았다. 정부 관리들은 기존 법이 한센병 환자의 강제 격리를 합법화했으며, 이어서 이번 법안은 환자에게 적절한 치료와 쾌적한 생활환경을 제공해야 하는 정부의 책임에 대한 법적 근거를 마련하는 것이라고 주장하였다. 다수가 의존적이면서 제도적인 환경에서 평생을 살아왔다는 점을 고려할 때 환자들은 개정법안이 자신들의 안녕을 위협할 수 있다며 불안감을 표현했다.

전국한센병환자연맹은 일본 내 정신과 치료 개선과 관련한 유엔 인권위원회의 권고에 영감을 받은 1992년 후생노동성에 법 개정 청원서를 제출했다. 많은 환자들이 애매한 입장을 유지한 가운데, 내무성의 노련한 의료관료이자 개혁에 앞장섰던 오타니 후지오(Otani Fujio)는 한센병 환자촌은 유지될 것이라며 안심시켰다. 여전히 만연한 한센병에 대한 상식적 이해에 맞서기 위해 오타니는 도쿄에 다카마쓰 한센병 기념박물관을 설립(1993년)하기 위한 로비를 성공적으로 수행했다. 마침내 1996년에는 한센병이 여전히 공중보건에 위협이 되고 있다는 우려에도 불구하고, 정부는 한센병예방법을 폐지하는 법안을 통과시켰고, 거주지에 관계없이 기존 환자에게 지속적인 의료적·사회적 서비스를 제공해야 한다는 정부의 책임을 명문화했다(Kingstone, 2004). 당시 한센병 환자는 5,413명이었으며, 평균 유병 기간은 40년 이상, 평균 연령은 72세였다.

1948년부터 1996년 사이, 약 1,500건의 불임시술과 약 8,000건의 비자발적 낙태가 이루어졌다. 2001년 구마모토 지방 법원은 한센병예방법이 위헌이라는 판결을 내리고 그 법에 따라 수감된 환자들에게 보상금을 지급하라고 정부에 명령했다. 그 결과 2001년 제정된 '한센병 요양소 수감자 보상금 지급에 관한 법률'에 따라, 정부는 마지못해 2,000명의 원고에게 각각

4만 달러에서 10만 달러 사이의 보상금을 지급하기로 결정했다. 2007년 '다카마쓰노미야 기념 한센병박물관(Prince Takamatsu Memorial Museum of Hansen's Disease)'은 '국립한센병박물관'으로 명칭을 변경하였고, 한센병에 대한 대중 교육과 환자 차별 철폐에 힘쓰고 있다. 2008년에는 환자에 대한 사회복지 서비스를 확대하는 새로운 법이 제정되었다. 법무부는 또한 한센병 환자에 대한 편견 해소를 그해 인권 주간의 최우선 과제로 삼았다. 2009년 일본 정부는 '한센병 관련 문제 진흥에 관한 기본법'을 통과시켰는데, 그 목적은 다음과 같다. (a) 일본 내 한센병 환자의 권리를 보호하고, (b) 한센병 환자가 사회에 완전히 통합될 수 있도록 촉진하며, (c) 일반 대중과의 교육 및 소통을 장려하기 위해 한센병환자촌을 공개할 수 있는 방안을 개발하도록 환자들에게 장려하는 것이다. 하지만 공식적으로 승인된 차별 정책이 100년 넘게 이어졌기에 현재까지의 정황을 보면 재교육과 수용이 쉬운 일이 아님을 알 수 있다. 실제로 한센병에 대한 일본의 어두운 경험을 기억하기 위한 도쿄 외곽의 국립 박물관은 여전히 별로 주목받지 못하고 있다.

## 칠레

칠레는 오랫동안 세계 끝자락에 위치한 일종의 섬이었고 수 세기 동안 유럽 지배에 저항한 원주민들이 거주하는 가장 외진 전초기지였다. 칠레는 아르헨티나와 세계에서 세 번째로 긴 국경을 공유하고 있지만, 두 나라는 아시아 이외 지역에서 가장 높은 산맥으로 나누어져 있다. 또한 세계에서 가장 건조한 비극지(非極地) 사막인 아타카마(Atacama)사막은 칠레를 다른 두 이웃 국가인 볼리비아와 페루로부터 분리한다. 따라서 칠레는 광활한 바다가 가장 중요한 국경이며, 칠레 사람들은 여느 섬나라처럼 바다를 지향한다. 이러한 고립감과 독특함은 특정한 식민화 유형에 의해 더욱 강화되었다. 칠레는 스페인 식민제국 중에서도 가장 가난하고 소외된 지역 중 하나였으며, 국제시장에 판매할 만한 유용한 광물이나 상품이 하나도 없는 것으로 잘못 알려져 있었다. 1818년 독립 이후, 은 채굴 및 영국과의 교역이 성장했지만, 발파라이소에서 유럽으로 가는 여정은 19세기 중반까지 3개월이나 걸렸다. 1849년과 1851년 황금-호황 시기에는 칠레 이민자들과 수출 화물을 실은 배들이 캘리포니아와 호주로 몰려갔다. 하지만 칠레 국내에서 채굴된 은과 멀리 떨어진 황금 광산에서의 부의 약속은 19세기 중반까지 일시적으로 연결되었을 뿐이었다. 독립 초기 칠레는 인접국에 비해 반란과 내전으로 인한 불안정성이 훨씬 적었다. 1833년 헌법은 대통령에게 후계자를 선택하고 대부분 법률을 개정할 수 있는 막대한 권한을 부여했다. 이 헌법은 칠레 엘리트 간의 강한 보수적 연대를 반영하고 제도화하였으며 정치적 안정과 사회질서를 보장하였다.

칠레가 주변국과 구별되는 또 다른 징표가 존재한다. 칠레는 여행객과 칠레 자국 의사에게 특히 '건강한' 나라로 여겨졌다. 칠레는 북대서양 전역에 퍼진 콜레라와 인플루엔자 유행이나 종종 북부 인접국을 황폐화시킨 황열병과 말라리아의 유행에서 벗어나 있었다. 천연두와 발진티푸스는 가끔 문제가 되기도 했지만, 1800년대 대부분 동안 '풍토병'으로 간주되지 않았다. 라틴아메리카의 다른 지역에서 전염병이 악화되는 순간에도 지리와 기후는 질병을 '저지'하는 데 그치지 않고 훨씬 더 멀리까지 억제해주었다. 예를 들어 1860년대 후반 브라질, 아르헨티나, 파라과이 간의 전쟁으로 인해 콜레라가 남아메리카 내륙의 많은 부분에 유입되고 확산되어 볼리비아까지 퍼졌다. 칠레는 전쟁 교전국들과 가까운 위치에 있었지만 무사하였다. 1840년대와 1850년대 황열병이 남아메리카의 태평양과 대서양 연안에서 훨씬 심각한 문제가 되었을 때도, 말라리아가 아르헨티나에 확산되었을 때도 칠레에서는 이러한 질병들로 인한 사망자가 거의 없었다.

칠레는 무역과 질병의 세계적 순환에서 분리되어 있었으나 이러한 단절은 동시에 끝이 났다. 대부분의 라틴아메리카와 마찬가지로 19세기 후반 칠레는 수출 중심의 '진보'의 시대로 휩쓸려 들어갔다. 유럽과 미국의 시장은 라틴아메리카에서 추출된 광물과 농산물에 점점 더 굶주리게 되었다. 칠레는 대부분의 인접국보다 늦게 이 확대된 체제에 참여하였으나, 이러한 진입은 갑작스럽고 극적이었다. 1880년대 초 칠레는 태평양 전쟁(1879-1883) 당시 볼리비아와 페루로부터 점령한 땅에 풍부하게 매장된 질산염을 개발하여 세계 최고의 질산염 외에도 연안선들이 정기적으로 국내 항구 사이를 운항했다. 상인들은 새로운 철도와 고속도로를 이용해 항구로 물건을 운반하여 운송비용을 낮추었으며, 또한 대부분 시골에 살던 칠레 인구가 도심은 물론 더 넓은 세계와 더욱 잘 연결될 수 있었다. 이를 통해 칠레는 수출국으로 급부상하였는데, 1880년에서 1890년 사이 칠레와 무역을 하는 해외 선박 용적 톤수는 17,883톤에서 849,846톤으로 증가했고, 영국이 그중 절반가량을 차지했다. 수출 지향적 성장은 칠레의 기반시설을 대규모로 확장하는 데 필요한 자금과 동기를 부여했다. 국제선을 넘어 연안 선박이 정기적으로 국내 항구를 오갔다. 상인들은 새로운 철도와 고속도로를 통해 항구로 상품을 운반함으로써 운송 비용을 낮추는 동시에 대부분 농촌이었던 칠레의 인구를 도시 및 그 너머의 세계와 훨씬 더 잘 연결되도록 만들었다.

이러한 변화는 상업과 전염병의 오래된 결합을 다시 한번 확인시켜 주었다. 실제로 칠레의 질병 환경은 수출 지향 경제를 지원하도록 기반시설이 변화하면서 극적으로 보다 '비옥한' 환경으로 바뀌었다. 태평양전쟁(1879-

1883) 또한 군대가 전쟁터에서 질병을 운반해옴에 따라 전염병을 확산하는 데 기여했다. 1860년 이전에는 10-20년에 한 번씩 발생하던 천연두가 3년에서 5년 주기로 무서운 속도로 발생하면서 수많은 목숨을 앗아갔다. 수천 명의 이주민이 칠레의 수도 산티아고에 들어오면서 위장병과 결핵이 악화되었다. 이 가난한 이주민들은 신뢰할 수 있는 식수 공급원이나 하수도가 갖추어지지 않은 식수나 하수도가 안정적으로 공급되지 않는 공동주택 (*conventillos*)을 가득 채웠다. 1860년대 콜레라에 대한 효과적 방어벽으로 판명된 안데스산맥은 1886년 아르헨티나에서 발생한 전염병을 피해 피난 온 난민들이 의도치 않게 비브리오 콜레라균을 옮기면서 뚫려버렸다. 마침내 1903년 페루에서 발생한 흑사병이 배를 통해 칠레에 상륙하였다.

한센병은 칠레 본토에서는 결코 문제가 되지 않았지만, 이스터섬 원주민의 주요 사망 원인이었다. 끔찍한 신체 기형을 동반하는 이 질병은 1888년 칠레가 이스터섬을 합병한 직후 생존한 소수의 라파누이[2]족에게 발생했다. 이 모습을 본 칠레 관리들은 "원주민이 국가 안에 있지만 국가에 속하지 않는다"는 인식을 강화하였다. 이스터섬이 외딴섬이자 고립된 섬이었음에도 환자들은 섬의 외딴 곳에 격리되었다. 이러한 예방조치에도 불구하고 한센병의 오명과 이국적인 특성 때문에, 칠레인들은 섬 전체를 한센병 환자로 간주하였다. 1966년까지 라파누이인들은 아프든 아프지 않든 섬을 떠나는 것이 금지되었다. 1920년대와 1930년대에 걸쳐 정부는 정치범을 이스터섬으로 추방했는데, 이는 신체적 질병과 사회적 질병의 상관성을 다시 한번 입증하는 행위였다.

1880년 이후 칠레에서 발생한 전염병의 증가는 중요한 결과들을 가져왔

---

2 [역자주] 라파누이(Rapanui)는 원주민들이 이스텀섬을 칭하는 말이다.

다. 첫째, 주로 어린이들이 전염병에 걸렸기에 인구 증가율이 감소했다. 칠레는 20세기 초까지 라틴아메리카에서 영아 사망률이 가장 높은 국가였다. 둘째, 이러한 새롭거나 혹은 악화된 질병은 칠레 빈곤의 원인과 결과를 탐색하는 비평의 한 장르인 이른바 '사회적 질문'에 대한 관심을 불러일으켰다. 정치적 전통과 보수적 제도에 직면하여, 정부는 필요한 공중보건 조치를 거의 제공하지 않았다. 칠레의 1833년 헌법은 공중보건을 지방자치단체에 위임했지만, 지역 변화를 위한 자원, 조정, 인센티브를 제공하지 못했다.

1890년대까지 칠레 의회는 법률을 제정하거나 변경할 수 있는 권한이 거의 없었지만, 대통령이 제안한 새로운 공중보건 조치를 거부할 정도로 대통령의 권한을 불신했다. 예를 들어 강력하고 의무적인 백신 접종법은 분명히 서유럽과 북아메리카 대부분 지역의 천연두 발병률을 낮췄다. 하지만 칠레에서는 의회의 불신과 개인 권리에 대한 지나친 옹호로 이러한 조치가 승인되지 않았다. 칠레의 엘리트들은 특히 백신접종 의사의 메스와 같이 은밀한 것을 통해 개인의 자유를 '침해'하기보다는 위생(그리고 절제)에 대한 복음을 노래하는 교육적 프로그램을 지지하는 것을 보다 수월하게 여겼다. 칠레인은 질병의 환경적 원인보다는 개인위생, 식습관, 무절제함을 탓하는 데 더 재빠른 것처럼 보였다. 따라서 라틴아메리카 전역의 공중보건 프로그램이 '신히포크라테스'시대, 주로 '미아스마스(miasmas)'[3]나 질병을 유발하는 가난한 지역의 악취 가스를 제거하고 소독하는 데 중점을 두던 시대에도 칠레인은 가난한 이들이 그들 자신의 문제에 책임이 있다는 자유방임주의적 사회체제에 상당히 집착했다. 천연두 예방 접종, 상하수도 시설개선, 식

---

3  [역자주] 미아즈마(Miasma)란 폐기된 의료 학설중 하나로, 콜레라, 클라미디아, 흑사병 등의 질병 발병 원인이'미아즈마'라고 불리는, 물질이 부패하며 발생하는 '나쁜 공기'에 기인한다는 주장이다.

품검사 강화로 질병 발생률을 낮출 수 있다는 공감대가 라틴아메리카 전역의 의사들 사이에서 형성되었음에도 불구하고 칠레에서 질병의 끔찍한 영향은 잘못된 판단과 부실한 교육으로 인한 것으로 이해되었다. 칠레인은 전염병으로 인해 병들게 되면 이들은 재빨리 개인적 권리를 상실하고 때로는 강제로 격리되었다. 칠레는 또한 1800년대 후반에 종종 전염병에 대응하기 위한 비교적 탄탄한 병원 시스템을 구축했으며, 심지어 여성에게는 특이한 치료를 제공하기도 했다.

칠레는 다른 라틴아메리카 국가들에 비해 수십 년이 지난 1918년에야 천연두 예방접종 의무화와 같은 위생 및 예방 보건에 대한 기본적인 공공의 책임을 확립했다. 그 직접적인 결과로 20세기 초반까지 질병은 특히 어린이들에게 매우 큰 피해를 입혔다. 예를 들어 1921년부터 1923년까지 천연두로 인해 칠레에서는 24,000명 이상이 사망했지만, 같은 기간 브라질에서는 단지 219명, 우루과이에서는 776명만 사망했다. 1935년에는 유아 5명 중 1명이 사망했는데 대부분 전염성 질병과 예방 가능한 질병으로 인한 것이었다. 이 수치는 라틴아메리카의 다른 인접국에 비해 두 배나 높은 사망률이다. 정부의 늑장 대응은 집단적 권리보다 개인의 권리를 강조하는 보수적 이데올로기가 반영된 것이다. 공중보건법은 더디게 출현하였지만 1920년대 아르투로 알레산드리(Arturo Alessandri)[4]가 이끄는 새로운 대중 정치시대가 열리면서 변화가 시작되었다. 1924년 칠레는 의무적인 노동자보험기금(Mandatory Workers Insurance Fund)을 통해 사회 보장을 제공하는 최초의 라틴아메리카 국가 중 하나가 되었다. 20세기 중반에는 백신 접종, 식수 공

---

4 [역자주] 아르투로 알레산드리(Arturo Alessandri Palma, 1868-1950)는 칠레의 정치가로서 재무장관 내무장관을 거쳐 대통령이 되었다. 신헌법을 작성하여 칠레 민주정치의 기초를 마련하였고 경제 회복과 번영에 이바지하였다고 평가받는다. 1920년, 1925년, 1932년 세 번 대통령을 역임하였다.

급 개선, 의료 서비스 향상으로 전염병 발생률이 감소했다. 1950년에는 전염병이 칠레 사망자의 약 절반을 차지했지만, 1980년에는 5명 중 1명만이 전염병으로 사망했다. 이 시점 이후로 칠레는 압둘 옴란(Abdul Omran)[5]이 말한 '퇴행성 및 인공 질병의 시대'로 완전히 진입했다.

## 결론

환태평양지역의 역사에서 질병은 무역, 이주, 정복을 통한 새로운 상호 연계성에 항상 동반되었다. 칠레에서 약 1만km, 일본에서 약 6천km 떨어진 광활한 바다 한가운데 위치한 하와이 제도는 1778년 제임스 쿡이 도착한 이래 환태평양지역의 교차로 역할을 해왔다. 한 세기 후 질병에 의한 인구감소로 앵글로계와 아시아계 이민자가 하와이 원주민 인구보다 더 많아졌다. 이민자와 방문객은 종종 증기선을 타고 중국, 일본, 캐나다, 미국의 항구로 매일 또는 매주 여행했다. 1900년 일본의 니폰 마루(*Nippon Maru*) 호로 추정되는 이러한 증기선 중 하나가 흑사병을 최초로 하와이에 가져왔고, 이로 인해 많은 사망자가 발생하면서 호놀룰루의 차이나타운에서 인종

---

5 [역자주] 압둘 옴란(Abdul Omran, 1925-99)은 1971년 '역학적 전환: 인구변화의 역학이론'에서 사망률의 역학적 전환을 세 단계, 즉 역병과 기근의 시기, 전염병이 감소하는 시기, 퇴행성 및 인공 질병의 시기로 구분하였다. 퇴행성 및 인공 질병의 시기 사망의 원인은 퇴행성 질환, 심혈관 질환, 암, 폭력, 사고 및 약물 남용이 원인이며 이들 원인 중 일부는 주로 인간 행동의 유형에 기인한다. 본문의 man-made disease(인공 질병)는 이러한 의미다. 역학적 전환은 건강과 질병의 유형, 그리고 질병의 인구통계학적 · 경제적 · 사회적 결정 요인과 결과에 따른 질병 형태를 탐구하며, 역학적 전환은 한 국가가 개발도상국에서 선진국으로 이행하는 과정에서 발생한다. 영어 원문의 Abdul Omran은 Abdel Omran의 오기로 보인다.

폭동과 화재가 발생하기도 했다. 하와이에서 시작된 전염병은 동쪽인 캘리포니아로 퍼져나갔고, 해안을 따라 페루로, 마침내 1903년 칠레에 도달했다. 전염병만이 문제가 아니었다. 미국 관리들의 압박을 받은 하와이 정부는 1866년 몰로카이 섬에 있는 8,725에이커 규모의 '식민지'에 수천 명의 한센병 환자를 격리 수용하라는 명령을 내렸다. '문둥병자' 사냥이 이어졌고, 아이들은 부모와 헤어졌으며, '저주받은' 반도를 방문하는 이는 거의 없었다. 칼라우파파(Kalaupapa) 한센병원의 비자발적 환자 격리는 의사들이 질병을 효과적으로 관리하고 전염 위험이 거의 없다고 선언하게 된 1969년에 이르러서야 끝났다.

일본, 칠레, 하와이의 전염병과 한센병은 '새로운' 환태평양지역의 상이한 면을 엿볼 수 있게 해준다. 흑사병은 새로운 태평양 무역망을 통해 전파된 최초의 질병 중 하나이고, 태평양이 어떻게 관문이 되었는지를 입증한다. 20세기에는 콜레라, 인플루엔자, 사스, 지카 바이러스 등 또 따른 '태평양 팬데믹'이 이어졌다. 한센병 환자들은 부당하게 낙인찍히고, 격리당하고 경우에 따라서는 심지어 불임수술까지 받았다. 이러한 점들을 생각할 때, 우리는 미생물의 물리적 전파에만 초점을 맞추지 말고 질병의 원인과 위험에 대한 생각을 공유하는 데에도 관심을 기울여야 한다. 이 장에서 살펴본 바와 같이 강제 격리, 차별, 심지어 이들에 대한 범죄화가 일본, 하와이, 칠레 이스터섬의 한센병 역사를 관통하고 있다. 이러한 사례는 주요 질병이 단순히 병리학적인 부분의 합이 아니라는 것을 보여준다. 이는 사회 또는 민족 국가가 실제적이면서도 구성된 질병을 자신들과 타자를 비추는 거울로 활용하는 방식과 인구집단 사이의 관계에 대한 세계적 변화를 말할 수 있게 한다.

## 토론을 위한 질문

• 무엇이 질병의 물리적 특성과 사회적 특성을 구분 짓는가?

• 일본인과 칠레인은 개인의 권리와 집합적 책임 사이의 어디 지점에 선을 그었는가?

• 칠레인과 일본인의 역사적 경험을 통해 21세기에 어떤 교훈을 배울 수 있는가?

## 심화학습

Collier, Simon, and William F. Sater. (1996). A History of Chile, 1808-1994, Cambridge: Cambridge University Press.

Cruz-Coke, Ricardo. (1995). Historia de la Medicina Chilena, Santiago de Chile: Editorial Andres Bello.

Fujino, Yutaka. (2001). 'Inochi' no Kindaishi: Minzoku Joka' no Nan no Moto ni Hakugai - sareta Hansenbyo Kanja, Kyoto: Kamogawa Shuppan.

Fujino, Yutaka. (2006). Hansenbyo to Sengo Minshushugi: Naze kakuri wa Kyoka - sareta no ka, Tokyo: Iwanami Shoten.

Kingston, Jeff. (2004). Japan's Quiet Transformation: Social Change and Civil Society in Twenty-first Century Japan, London and New York: Routledge.

Moran, Michelle T. (2007). Colonizing Leprosy: Imperialism and the Politics of Public Health in the United States, Chapel Hill: The University of North Carolina Press.

Sater, William F. 'The Politics of Public Health: Smallpox in Chile', Journal of Latin American Studies 35(3), 2003: 513-543.

# 17장 환태평양지역의 급속한 사회변동과 정신건강 취약성

에드워드 D. 로우(Edward D. Lowe)

　18세기 후반 산업 자본주의가 등장한 이래 모든 사회가 변화했으며 때로는 놀라운 속도로 변화했다. 자본주의 시대의 사회변동은 불균등하기 때문에 같은 도시나 지역 혹은 국가 내에서도 엄청난 불평등을 초래하는 경우가 많다(Harvey, 2013). 사회의 변화는 또한 시간이 지남에 따라 불규칙적으로 진행되는데 경제적·자유주의적 정치의 확장기가 경제위기/쇠퇴기와 자유주의 정치의 수축기에 의해 중단되며 진행된다. 그렇게 급격하고 불균등하며 불규칙한 사회변동은 도시과밀화, 빈곤, 범죄, 새로운 질병에 대한 취약성, 전염병, 정신건강악화 등의 사회문제를 야기한다. 사회과학은 대체로 이러한 사회문제를 설명하고 실행 가능한 해결책을 제시하기 위해 출현했다.

　21세기 초 환태평양지역의 변화 속도는 19세기 유럽과 북아메리카 못지않게 혁명적이다. 예컨대, 인도에서는 경제성장과 도시화가 전례 없는 속도로 진행되고 있다. 일본처럼 산업경제와 금융시장이 발전한 국가들은 수십 년 동안 경기침체의 늪에 빠져 있기도 하다. 오세아니아에 위치한 작은 나라의 급격한 사회적 변화는 단지 자본주의적 발전의 호황과 불황에만 영향을 받는 것이 아니다. 여기에는 강력한 지역적·세계적 패권에 의한 식민지 또는 후기식민지적 지배의 다양한 영향과 외국계 기업의 이해가 또한 결합되어 있다. 오세아니아, 인도, 그리고 일본 등지에서 이렇게 급격한 사회변동이 진행됨에 따라 발생하고 있는 사회문제 중 하나는 정신건강의 악화이다. 이는 일부 취약 집단의 자살률이 급증하는 데서 확인할 수 있다. 이러한 국가의 정치경제적 변화는 특정 집단의 정신건강에 어떤 영향을 미치기에 이들을 자살에 더 취약하게 만드는 것일까? 만약 우리가 이 질문에 효과적으로 답할 수 있다면, 유용한 해결책도 제시할 수 있을 것이다.

이 장에서는 이러한 환태평양지역 국가들의 사회변동이 어떻게 특정 집단의 정신건강을 악화시켜 자살에 취약하게 만들었는가에 초점을 맞춘다. 이 장에서는 우선, 사회변동이 정신질환 및 자살 취약 인구에 어떻게 그리고 왜 영향을 미치는가라는 문제와 관련하여 가장 널리 수용되고 있는 이론 중 하나인 19세기 프랑스 사회학자 에밀 뒤르켐(Emile Durkheim)의 사상을 소개한다. 그리고 나서 최근 오세아니아, 인도, 일본에서 발견되는 자살 경향의 주요 특징을 검토한다. 마지막으로 이 장에서는 뒤르켐의 이론이 이 세 사례들을 얼마나 잘 설명하는지에 대해 평가한다. 뒤르켐은 19세기 유럽이 경험한 급속한 산업화와 초기의 세계화를 연구한 후 자신의 이론을 개진했는데, 그것은 오늘날에도 여전히 영향력을 발휘하고 있다. 하지만, 뒤르켐의 사유가 21세기 초 환태평양의 사례에 실제로 적용될 수 있는지는 불분명하다. 실현 가능한 해결책을 모색하는 과정에서 뒤르켐의 이론을 활용하기 전에 그의 이론 자체를 다양한 맥락의 동시대 경험에 비추어 비판적으로 평가하는 것이 중요하다.


## 사회변동과 자살에 대한 뒤르켐의 이론

19세기 후반 서구에서 사망률 통계에 대한 체계적인 수집이 시작된 이래 자살률이 대체로 사회적 · 경제적 상황의 변화에 따라 달라진다는 사실은 잘 알려지게 되었다. 또한, 연구자들은 자살률이 단순히 경기침체나 정치적 억압에만 연관된 게 아니라는 사실도 발견했다. 경제적 번영과 기회, 그리고 정치적 자유가 증가하는 시기에도 자살률이 증가할 수 있다. 또한, 사회과학 자들은 자본주의 시대의 사회변동에 수반되는 사회심리적 취약성이 사회적 으로 불균등하게 분포된다는 사실도 꾸준히 관찰해왔다. 어떤 집단은 상이 한 집단보다 자살에 훨씬 더 취약하다.

왜일까? 뒤르켐은 1897년 출간된 저서 『자살론』에서 자신의 해답을 제시 했다(Durkheim, 1951). 그는 자살률이 왜 정치경제적 흐름에 따라 변화하 는지를 이해하려면 먼저 그러한 흐름이 개인과 사회 간의 관계에 어떤 영향 을 미치는지에 대해 이해해야 한다고 주장했다. 가장 중요한 관계는 두 가 지다. 첫째, 개인이 사회제도(예컨대, 가족, 종교, 지역사회단체)에 보다 잘 통합되어 있을수록 자살에 덜 취약하다. 제도적 소속감은 사람들에게 더 큰 사회적 실체에 소속되었다는 일종의 초월적인 목적의식을 부여하기 때문이 다. 사람들은 이러한 집단에서 공통의 이해와 동료의식을 느끼게 되고, 어 려울 때 의지할 수 있는 지원의 원천을 찾는다. 하지만, 급격한 사회변동으 로 인해 사회제도에 대한 개인의 통합수준이 낮아지면, 뒤르켐이 자기중심 주의(*egoism*)라고 불렀던 현상이 보편화된다. 자기중심주의적 상태에서 사 람들은 정신적 스트레스와 자살에 보다 취약하게 된다. 왜냐하면 사람들은 타인의 지원 없이, 또한 삶을 견딜 수 있게 하는 초월적 목적의식에 대한 감 정 없이 삶의 스트레스와 긴장을 견뎌야 하기 때문이다.

둘째, 뒤르켐은 사회가 삶으로부터 기대할 수 있는 규범과 가치를 제공하 며 이를 개인이 적절히 내면화한다면 개인의 무제한적인 욕망을 억제할 수 있다고 주장했다. 사회규범과 가치의 이러한 규제 기능은 지속적인 불행과 좌절로부터 사람들을 보호한다. 하지만, 급격한 경제성장이나 쇠퇴는 사회 규범의 규제적 기능을 뒤흔들며 뒤르켐이 아노미(*anomie*)라 부른 상태를 유발한다. 경제적 번영기에는 낡은 규범 및 가치가 욕망을 효과적으로 규제하는 게 아니라 원치 않는 억압과 구속의 근원이 된다. 번영은 또한 가능성에 대한 사람들의 감각을 자극하고, 종종 자신의 능력을 넘어서는 열망을 실제로 실현할 수 있게도 한다. 그러한 상황에서 이를 억제하는 사회규범이 부재하면 사람들은 충동적이고 조급해지며 쉽게 실망에 빠진다. 반면, 경제가 급격히 쇠퇴하는 시기에는 사람들이 삶으로부터 기대했던 보상을 부당하게 빼앗겼다고 느끼게 되는데, 이것이 좌절감으로 이어진다. 그리고 이러한 좌절감이 취약한 개인들의 집단에서 지속될 때 자살하는 경우가 늘어난다.


## 현대 태평양지역의 세 가지 자살 확산 사례

사회변동과 자살 취약성에 대한 뒤르켐의 설명은 오늘날의 오세아니아, 인도, 일본에 얼마나 잘 적용될 수 있을까? 각 사례에 대한 고찰은 다음과 같다.


### 오세아니아

제2차 세계대전 이후 탈식민화 과정을 거치면서 오세아니아 대부분의 지역에서 새로운 주권국가가 등장했다. 이러한 정치적 전환은 종종 다양한 경제 개발계획의 실행을 동반하였으며 주로 지역경제를 현대화하고 신생 국가의 경제적 자립을 돕는 원조 프로그램을 통해 이루어졌다. 원조 프로그램을 운영하는 자금은 과거의 식민지 세력에 의해 제공되었다(Connell, 2010: 122).

오세아니아에서 경제적 현대화는 불규칙하고 불균등하게 진행되었는데, 이것이 일부 집단의 정신 건강에 대한 취약성을 급격히 증가시킨 것으로 보인다. 정규 교육에 대한 접근성이 극적으로 개선되었고, 오세아니아의 신생 국가들은 세계화 네트워크에 더욱 잘 통합되었다. 하지만, 섬나라의 민간고용은 상당히 부진했고 모든 지역의 정부는 공공 부문 고용을 줄여야 한다는 압박을 받았다. 게다가 대부분의 국가는 외국의 원조에 의존하여 경제를 유지했다. 1970년대 들어 이렇게 불균등한 정치적·경제적 변화가 가속화되면서 사회연구자, 지역사회의 지도자, 그리고 NGO는 지역 내 취약계층, 특히 청소년과 청년의 정신건강에 미칠 수 있는 요인들에 주목하기 시작했다. 특히 사모아, 피지, 미크로네시아 군도에서 1970년대와 1980년대 청소년 자살률이 급격히 증가했다는 보고는 우려스러운 일이었다(Hezel, 1987).

이러한 정치경제적 변화가 자살 위기로 이어졌던 이유는 무엇일까? 10대 후반과 청년층이 가장 큰 위험에 처했던 이유는 무엇일까? 가장 널리 알려진 설명은 1945년 직후 태어난 당시 10대 후반과 청년층이 1960년대 후반이 되어 성년기 초기에 진입하자 스스로를 두 세계 사이에 갇혀 있다고 보았기 때문이라는 것이다. 즉 한편으로 이들은 전통에 뿌리내린 공동체에서 부모나 전통적 지도자의 지시와 지도 아래에서 성장하였다. 하지만, 다른 한편으로는 새로운 미디어 기술, 공식적인 학교 교육, 민주화, 지역 내 대도시로의 순환적인 이동이 가져온 새로운 열망의 가능성이 그러한 뿌리를 뒤흔들었다. 그 결과 많은 사람들이 지역의 일상생활에 불만을 품게 되었고, 보다 글로벌한 열망을 실현할 수 없다는 사실에 좌절하게 되었다(MacPherson and MacPherson, 1987; Booth, 1999). 불만과 좌절감의 증가는 가족 갈등의 증가로 이어져 많은 청소년이 정신적 고통과 자살에 취약하게 되었다.

또 다른 견해는 현금 소득 및 소규모 핵가족 가구의 증가로 인해 대가족적 지원망이 축소됨에 따라 해당 기간 동안 10대 후반의 청소년 및 청년층을 지원할 수 있는 중요한 사회적 자원을 상실했다는 것이다(Hezel, 1987; Rubinstein, 1983). 새로운 통신 기술(예를 들어, 당시의 CB 라디오[1])의 광범위한 사용으로 정보에 대한 접근성이 높아진 점, 그리고 군도 내 청년층의 증가된 이동성 등도 하나의 요인이 되었을 것이다. 증대된 이동성과 젊은이들 사이의 정보 유통의 증대는 특히 치명적 자해 수단이 확산된 데 영향을 미쳤을 것이다. 통신 기술의 확산뿐만 아니라 지역 도심을 오가는 젊은이들의 이동 역시 이를 촉진했을 가능성이 높다.

1960년대 후반부터 1980년대까지 많은 태평양 섬에서 발생한 자살 위기는 특히 전후 젊은이 집단의 취약성과 관련이 있을 수 있다(Rubinstein, 1983). 이 위험은 지난 수십 년 동안 개선된 것으로 보이며 사모아와 미크로네시아의 자살률은 1980년대 이후 감소했다(Lowe, 2016).

## 인도

오세아니아의 자살 유행은 상당히 작은 나라에서 벌어진 급격하고도 불균등한 경제성장과 자살취약성 사이의 관계를 보여준다. 그에 반해 인도는 매우 크고 이질적 민족으로 구성된 나라라는 점에서 대조적인 사례다. 역학조사에 의하면, 인도의 두 사례가 급격한 사회변동과 경제성장이 인도 인구의 취약계층의 사회심리적 안녕에 대한 증가된 우려와 관련되어 있음을 보여준다(Mohanty and Shroff, 2004). 세계은행에 따르면, 인도 경제는 1980년대 이후 매년 약 6%의 지속적인 성장을 경험했는데, 이는 세계 기준으

---

1  [역자주] CB 라디오(Citzen Band Radio)는 자동차, 집, 사무실 및 무선전화 통신이 불가능한 장소에서 주로 개인이 이용하는 단거리 무선 통화체계다. 주로 송신기, 수신기가 결합된 트랜시버와 안테나로 이루어져 있다. CB 라디오는 1945년 미국에서 활용되기 시작하였다.

로 볼 때 매우 높은 GDP 성장률이다. 그러나 경제 생산량이 증가하고 다수 주민의 부와 경제적 기회가 개선됨에 따라 사회과학연구 및 언론보도에서 특정 부문의 자살률 증가에 대한 우려가 제기되었다. 가장 유명한 사례는 1980년대와 1990년대에 자살률이 급격히 증가한 남부 안드라프라데시, 마하라슈트라, 케랄라, 카르나타카 주(州)의 여러 농부의 곤경과 관련이 있다 (Mohanty and Shroff, 2004).

농부들의 자살률 증가에 대한 설명에는 여러 가지가 있다. 여기에는 실패한 농작물에 대한 좌절과 부채 증가도 포함된다. 그러나 일부 학자들은 이러한 설명들이 너무 단순하다고 주장한다(Mohanty and Shroff, 2004). 이들은 1980년대 이후 인도의 경제자유화가 최빈곤 지정 카스트와 하층 카스트에게 사회 · 경제적으로 이동할 수 있는 광범위한 수단을 제공했다고 주장한다. 또한, 토지개혁과 신용 활용의 가능성은 이들 계층에게 더 높은 생활 수준에 대한 열망을 실현할 수 있는 방법을 제공했다. 일부는 이러한 전략이 농작물 수확량을 늘리고 소득을 증가시킬 것이라 믿고 막대한 대출을 받아 토지를 구입하고 농업 분야에 대한 투자를 늘렸다. 소득이 증가함에 따라 이들은 더 현대적인 소비생활과 더 나은 자녀교육에 대한 열망을 실현할 수 있었다. 그러나 경험이 부족한 많은 농부들은 지역의 기후 조건 변화나 주요 작물인 면화의 시장 가격 변동을 예상하지 못했다. 결국 이들이 기대했던 소득은 실현되지 않아 감당할 수 없는 수준의 부채를 떠안게 되었다. 이로 인해 많은 사람들이 생활비, 자녀 교육비, 새로운 소비 욕구를 감당할 수 없게 되었다. 이러한 좌절감은 가족 갈등, 알코올 남용, 자살취약성 증가로 이어졌는데, 이는 2010년대까지 지속되었다(Deshpande, 2016).

최근의 지속적인 경제성장기 동안 자살에 취약한 집단은 인도의 농민들만이 아닐 것이다. 1990년대 후반부터는 인도 남부의 도시 전문직 종사자와 여타 엘리트 사이에서도 청소년 자녀의 자살취약성에 대해 상당한 우려가 있었다. 이러한 불안은 인도의 주요 뉴스 매체의 보도와 사설에서 공개적으로 표출되었다(Chua, 2011). 언론 보도가 확산되면서 중산층 부모, 교사, 전문가, 정치인, 서구에서 교육을 받은 심리치료사들이 인도 남부 도시의 부유한 청소년 자살 문제를 해결하기 위해 공개적 토론에 활발히 참여했다.

왜 이러한 젊은이들이 취약했을까? 인도에서 성장하고 있는 심리서비스 사업의 전문가들이 해답을 찾았다. 인도경제가 호황을 누리면서 케랄라와 같은 주에서는 많은 도시민이 잘살게 되었고 부모들은 자녀가 원하는 것이면 무엇이든 사주었다. 그 결과 아이들은 절제하고, 꾸밈없는 소박한 삶에서 즐거움을 찾고, 자연과 근면한 노동이 제공하는 것 이상을 바라지 않는 인도의 전통적 가치를 받아들이지 않게 되었다. 아이들은 더 이상 전통적 규범을 내면화하지 않았기 때문에 아주 사소한 욕망이라도 즉각적으로 충족시키려는 본능을 억제할 방법이 거의 없었다. 이러한 욕망은 항상 가족의 경제적 능력보다 더 컸기 때문에 충동적 젊은이들은 좌절감을 해소하는 수단으로 자살에 이끌렸다. 케랄라주(州) 젊은이에 대한 이러한 시급한 위협에 대응하기 위해 소규모 심리전문가 산업이 출현했다. 불안을 느끼는 중산층 부모들에게 이들이 권고한 내용은 자녀들에게 절제와 자제를 가르침으로써 소비주의의 위해와 자살 위협에 대한 '예방접종'을 할 수 있다는 것이었다.

한편, 중산층과 엘리트 젊은이들의 취약성은 실재하는 위협이라기보다 사회적으로 구성된 위기일 수도 있다. 뉴인디언 익스프레스에 따르면 2015년 마하라슈트라의 자살률은 10만 명당 57명이다(Asian News Service, 2016). 이렇듯 인도 남부의 다수 농민이 자살에 취약하다는 증거가 존재하기도 하지만 자살에 취약하다는 이러한 사례는 드문 현상이다. 예를 들어 2001년 조슬린 추아(Jocelyn Chua)가 민족지적 연구를 수행하던 당시 케랄라주에서는 14세 미만 아동 10만 명당 자살 사례가 한 건에 불과했다. 공식 기록에 따르면 15-29세의 경우 자살률은 10만 명당 약 21명이었다(data.gov.in). 2011년 15세 미만 아동의 경우 10만 명당 1명 미만, 15-19세 아동의 경우 10만 명당 약 19명으로 큰 변화가 없었다. 이 자료들은 인도 남부의 주에서 소수의 어린이와 청소년이 자살에 취약하긴 하지만 해당 지역 청소년 사이에 자살이 광범위하게 퍼져 있지는 않다는 것을 시사한다. 확실히 이 수치가 케랄라의 도시 중산층과 엘리트층 사이의 경계 수준을 해명하지는 못한다. 아마도 그것은 실제 취약성 수준보다는 매체의 선정주의에 더 영향을 받은 것으로 보인다(Chua, 2011).

## 일본

앞의 두 사례는 불균등하며 불규칙한 경제성장 그리고/혹은 정치변화의 급변기를 반영한다. 그렇다면, 갑작스럽고 장기적인 경기침체와 불황의 시기에는 어떠할까? 이를 파악하기 위해 일본의 사례를 살펴보자. 1950년대 후반부터 1990년까지 일본은 20세기 최고의 경제호황을 경험했다. 하지만 1990년 주식 및 부동산 시장이 폭락한 이후 일본경제는 저조한 실적을 기록하고 있다. 일본경제가 침체되면서 자살률은 제2차 세계대전 종전 이후 볼 수 없었던 수준으로 치솟았다. 전체 노동력의 약 25%에 불과하지만 일본 대기업에서 평생 고용의 혜택을 누려온 25세에서 65세 사이의 '사라리만(*sarariman*)'은 특히 취약한 계층이었다.

이 남성 노동자 집단의 취약성을 이해하려면 사라리만이 화이트칼라 근로자로서 전후 수십 년 동안 기업 노동자로 성장했다는 점을 고려해야 한다. 직장에서 일하는 대부분의 기간 동안 이들은 회사에 헌신적으로 봉사하면 종신고용이 보장될 것이라는 암묵적인 기대가 있었다. 따라서, 회사를 위한 업무와 협력적 헌신은 이 남성들의 성인 정체성을 이루는 중요한 특징이었다. 하지만, 1990년 이후 일본경제가 침체되고 기업들이 수익성을 유지하기 위한 방법을 모색하면서 기존의 기대는 더 이상 유효하지 않게 되었다. 화이트칼라 직원들은 가족을 부양할 수 있는 생산적이고 특권적인 남성이라는, 개인적 가치관의 중심을 이루던 직장을 잃게 되었고, 이에 갑자기 취약한 상황에 처하게 되었다. 헌신할 수 있는 회사에서 안정적으로 일할 수 있는 기회를 잃게 되자 많은 이들이 사회심리적으로 큰 충격을 받았고 자살에 취약한 상태에 놓이게 되었다.

일본 기업들은 노동자를 해고했을 뿐만 아니라, 특히 무급 초과근무와 관련하여 노동자에게 더 많은 것을 요구하고 있다. 기업들은 또한 성과에 기반한 직원 평가체제로 전환하고 있으며, 여기에는 종종 업무에 대한 헌신의 신호로서 노동자가 자발적으로 정규 업무를 확장하여 다른 업무를 지원할 의지가 있는지에 대한 평가가 포함되기도 한다. 일각에서는 이러한 노사관계의 변화가 노동착취와 과로로 인한 극심한 스트레스로 이어진다고 주장한다. 부분적으로 이러한 상황은 이제는 널리 알려진 일본의 건강 위험인 '카로시(*karōshi*)', 즉 극도의 스트레스가 심장마비나 뇌졸중을 유발하는 '과로사'와 연관되어 있다. 그러나 *카로시*는 정신 건강의 악화로 인해서도 발생할 수 있는데, 특히 스트레스가 유발하는 임상우울증은 '카로지사츠(*karō-jisatsu*, 과로로 인한 자살)'로 알려진 자살형태로 이어질 수 있다. 일반적으로 1990년대 초반 이후 일본에서 증가한 자살률의 상당 부분이 카로지사츠에 해당한다고 알려져 있다(Kawanishi, 2009).

노동자 착취만으로는 *카로지사츠*의 모든 사례를 적절히 설명할 수 없다. 교사, 간호사, 공무원과 같은 비기업 부문의 직원은 더 큰 위험에 처할 수 있다. 그 이유를 이해하기 위해서는 고용 조건뿐만 아니라 일 자체에 대해 널리 공유된 이상도 살펴볼 필요가 있다. 가와니시(2009)에 의하면, 전문 직장에서의 끊임없는 헌신과 협력을 강조하는 철학은 자신의 목적을 위해 일하는 것이 아니라 정체성의 원천이자 타인과 협력하거나 돕는 수단으로서 일의 가치를 강조한다. 자신의 업무가 다른 사람을 돕고, 가르치고, 돌보는 일과 연관되어 있는 직종에서 일하는 노동자는 종종 팀의 일원으로서 추가적인 도움을 제공하거나 부재중인 동료를 대신하려는 강력한 동기를 가지고 있다. 이는 한편으로 협력적 태도의 징표인 동시에 다른 한편으로는 동료들에 대한 도움을 거부할 때 발생할 수 있는 사회적 배척을 피하기 위한 것이다. 이러한 상황은 과도한 헌신, 스트레스 증가, *카로지사츠*에 대한 취약성으로 이어질 수 있다. 일본에서 일에 대한 전통적인 철학은 변하고 있지만 여전히 고령 노동자들의 사이에서는 이러한 철학이 강하게 자리 잡고 있다. 이들은 젊은 노동자들이 기피하는 부담을 자발적으로 짊어지며 취약한 상태에 놓이게 된다. 현재 일본 노동력은 고령 노동자에서 젊은 노동자로 바뀌고 있다. 이에 따라 일에 대한 태도가 변하고 있으며, 이러한 연령집단의 변화는 2000년대 초반 이후 일본의 자살률 감소의 중요한 이유일 수 있다.


## 환태평양지역에서의 사회심리적 스트레스, 정신건강의 취약성 그리고 사회변동


이렇게 다양한 환태평양지역 국가의 사례는 급격한 사회변동으로 인해 일부 집단이 정신적 고통이나 자살과 같은 문제에 지속적으로 취약한 상태에 놓여 있음을 보여준다. 이러한 취약성은 인도의 경우처럼 급속한 성장과 기회 확대, 일부 태평양 섬나라의 경우처럼 급격하지만 불균등한 경제성장,

그리고 1990년 이후 일본의 경우처럼 경제 침체와 관련이 있다고 할 수 있다. 이러한 사회들 내에서 특정 그룹이 특히 취약했다. 오세아니아에서는 청년층, 인도에서는 남부의 하층 카스트 농부, 그리고 일본에서는 다소 특권층에 속하는 중년 화이트칼라 남성 노동자가 그러했다.

급격한 사회변동에 따른 자살 확산에 대한 이러한 설명은 모두 뒤르켐 (1951)의 연구, 특히 그의 아노미 개념에서 출발했다. 인도와 오세아니아의 학자들은 현대적 생활양식에 대한 열망이 이를 실현할 수 있는 경제적 가능성을 넘어서면서 좌절, 가족 갈등, 알코올 남용, 그리고 자살을 초래하는 경우가 많다고 주장해왔다. 어떤 의미에서 본다면 가장 취약한 이들은 이러한 기회를 처음 접하는 사람들인데, 이들의 취약성은 특정 연령집단에 기반하거나 또는 변화하는 사회구조적 상황을 반영한다. 일본의 경우, 학자들은 고령 노동자의 일과 연관된 가치와 기대치가 1990년 이후 변화된 고용 환경에 더 이상 맞지 않는다고 주장한다. 뒤르켐이 예측한 것처럼 자기중심주의의 측면이 여러 가지 설명에 활용될 수 있다. 특히 오세아니아와 일본의 경우, 친족 집단이나 기업과 같은 주요 사회 제도에 대한 통합이 감소하면서 초월적 목적의식과 사회적 지원이 상실되었고 그로 인해 취약성이 악화되었다.

하지만, 뒤르켐의 이론이 이러한 사례에 완벽하게 들어맞지는 않는다. 뒤르켐의 설명에 포함되지 않은 두 가지 요인이 추가로 존재한다. 첫째, 사회변동의 정치경제적 측면이 특정 집단을 취약하게 만들 수 있다. 예를 들어, 일본에서는 기업과 기타 고용주가 경제위기에 대응하여 노사관계의 규범적 계약을 변경하였는데, 이것이 다수 노동자에게 착취적인 상황을 창출하였다. 인도에서는 성장하는 소액대출산업이 취약하고 경험이 없는 농부를 이용하고 있다고 비난을 받기도 한다. 이들 산업은 농부들의 신용 수준을 확대하고 과도한 이자율을 부과하여 부채를 상환할 수 없는 상황을 초래하기도 한다(Mohanty and Shroff, 2004). 두 번째 요인으로는 사람, 생각, 매체, 기술, 그리고 돈의 이동성이 증가한 것을 들 수 있는데, 이는 또한 사회의 현대화로 인한 변동 그리고 세계화와 연관된다. 이러한 이동성 증가는 오세아니아의 자살 유행과 인도 남부 도심의 청소년 자살 취약성에 대한 대중의 공포에도 영향을 미쳤을 수 있다. 특히 흥미로운 측면 중 하나는 새로운 커뮤니케이션 기술의 급속한 확산으로 인해 증대된 이동성이 자살에 미친 영향이다.

이렇듯 다양한 설명은 이러한 문제들에 대한 상이한 해결책을 제시한다. 뒤르켐은 특정한 경제적 환경 속에서 새로운 세대가 등장함에 따라 사람들은 삶의 변화에 보다 잘 부합하는 새로운 규범과 가치를 학습하고 이를 통해 취약계층의 좌절 정도가 줄어들 것이라고 생각하였다. 그는 시간이 지나면 문제가 저절로 해결될 것이라고 믿었다. 그러나 아마도 이러한 접근 방식으로는 사회 변화가 어떻게 사회 해체를 촉진하는지에 대한 질문이 해결되지 않는다. 사회의 통합 수준을 높이고, 경제적 착취를 줄이고, 지구적 유동성의 악영향을 해결하려면 보다 적극적인 공적 노력이 필요하다. 기업의 경우 제도적 책임, 노동조건, 노동자 권리 개선 등이 중요한 변화의 지표가 될 것이다. 이에 더하여 우리는 미디어가 사람들을 취약하게 만들 뿐만 아니라 존재하지도 않는 취약성에 대해 부당한 경각심을 불러일으키는 것에도 어떤 역할을 하는지 반드시 인식해야 한다. 사회과학자들이 이러한 문제를 적극적으로 연구하고, 타당한 설명을 제공하며, 실행 가능한 해결책을 제시해야 할 필요성은 앞으로도 계속될 것이다. 환태평양지역의 급속한 현대화가 진행 중인 상황에서 우리는 다양한 맥락에서 정신건강의 취약성에 대처하기 위해 최선을 다해야 한다.

## 토론을 위한 질문

• 경제성장과 쇠퇴가 정신건강의 취약성과 자살에 어떻게 영향을 미칠까?

• 이 장에서 설명한 사례들을 어느 정도까지 세계화의 결과라고 받아들일 수 있을까?

• 정신건강 문제와 자살률을 줄일 수 있는 다른 잠재적인 방법에는 어떤 것이 있을까?

## 심화학습

Booth, H. (1999). "Gender, Power and Social Change: Youth Suicide among Fiji Indians and Western Samoans." *The Journal of the Polynesian Society*, 108(1), 39-68.

Chua, J. L. (2011). "Making Time for the Children: Self-Temporalization and the Cultivation of the Antisuicidal Subject in South India." *Cultural Anthropology*, 26(1), 112-137.

Connell, J. (2010). "Pacific Islands in the Global Economy: Paradoxes of Migration and Culture." *Singapore Journal of Tropical Geography*, 31(1), 115-129.

Deshpande, A. (2016). "Maharashtra saw 3,228 farmer suicides in 2015." *The Hindu*, January 14, 2016.

Durkheim, E. (1951). *Suicide: A Study in Sociology* [1897]. Translated by J. A.

Spaulding and G. Simpson (Glencoe, IL: The Free Press, 1951).

Harvey, D. (2013). *Rebel Cities: From the Right to the City to the Urban Revolution*. New York: Verso.

Hezel, F. X. SJ. (1987). "Truk Suicide Epidemic and Social Change." *Human Organization*, 46(4), 283-291.

Indo-Asian News Service, (2016). "Farmer Suicides Averaged 9 a day in Parched Maharashtra." *The New Indian Express*, June 6, 2016. Online Edition.

Kawanishi, Y. (2009). *Mental Health Challenges Facing Contemporary Japanese Society*. Leiden: Brill.

Lowe, E. D. (2016). "Anthropological Engagements of Youths' Mental Health in Contexts of Modernizing Social Change: A Critical Assessment." *Pacific Basin Research Center Working Papers*.

Macpherson, C., and Macpherson, L. A. (1987). "Towards an Explanation of Recent Trends in Suicide in Western Samoa." New series 22(2), *Man*, 305-330.

Mohanty, B. B., and Shroff, S. (2004). "Farmers' Suicides in Maharashtra." *Economic and Political Weekly*, 39(52), 5599-5606.

Rubinstein, D. H. (1983). "Epidemic Suicide among Micronesian Adolescents." *Social Science & Medicine*, 17(10), 657-665.

# 18장 트랜스 정체성: 태평양을 횡단하는 이론, 정치, 정체성

리언 애슐리 캘드웰, 크리스티 윌슨(Ryan Ashly Caldwell and Kristi M. Wilson)

일반적으로 트랜스젠더 정체성은 다양한 정체성과 경험을 통칭하는 포괄적인 용어(umbrella term)다. 특히, 그것은 규범적이고 문화적인 가상의 구성물에 불과한 성/젠더 연계¹와 자신을 동일시하지 않는 이들의 정체성과 경험, 혹은 — 통상적으로 출생 시 공식 기구나 제도에 의해 승인되는 — '남성'과 '여성'처럼 양자택일적으로 구성된 구분이 연상시키는 것들과 자신들을 동일시하지 않는 모든 이들의 정체성과 경험을 통칭한다. 태평양연안에 있는 여러 지역의 사례를 통해 보여줄 것처럼, 트랜스젠더 정체성은 사회적으로 부과된 문화적 경계를 *가로지르는(across)* 혹은 횡단하는(trans) 운동으로도 개념화될 수 있다. 여기서 젠더정체성은 규범적으로 구성된 젠더 범

---

1 [역자주] 성/젠더 연계(sex/gender associations): 여기서 '성/젠더 연계'는 이중적 의미를 갖는다. 첫째는 생물학적 성으로서의 섹스와 사회적 성으로서의 젠더 간 연계다. 즉, 어떤 이들은 특정 사회적 성 역할을 그들의 생물학적 성으로 환원한다. 예컨대, 여성이 특정한 역할을 해야 하는 것은 그들의 생물학적 특징이 그러한 역할 수행에 적합하기 때문이라는 식이다. 둘째, 그것은 성별 그리고/혹은 젠더별로 연계된 혹은 연상시키는 것을 의미할 수 있다. 예컨대, '남성은 파란색, 여성은 핑크색'과 같은 통념에서 파란색과 핑크색이 성별에 따라 연상되는 것들이다. 이러한 연계들은 곧장 규범과 연결되기도 한다. 즉, 남자는 이래야 하고 여자는 저래야 한다는 식이다. 한편, 저자에 의하면 성-젠더 연결이나 성별/젠더별 연계물은 사회적으로 구성된 것이다. 이는 그러한 인식이 자연스러운 것도 처음부터 그냥 주어진 것도 아니라는 의미이다. 그것은 역사적 기원과 발전과정을 갖는다. 말할 필요도 없이, 이는 그러한 인식의 전복 가능성을 함의한다. 이러한 논점은 아래에서 좀 더 명확해질 것이다.

주 내에서 경계들을 관통하며 교차하거나 — 그리하여 젠더정체성의 규범적 경계 내에서 의미를 갖거나 — 아니면 현존하는 젠더 구성 내에서 온전히 규정될 수조차 없어 그러한 범위를 초월하는 개념적 의미를 갖게 된다. 따라서, "트랜스젠더"가 되는 데는 하나의 길만 있는 게 아니다. 그것은 본질화된 경험이 아니기 때문이다. 이 장은 환태평양지역의 맥락, 특히 타이티, 하와이, 사모아, 태국, 그리고 캘리포니아의 맥락에서 경험과 정체성에 대한 트랜스젠더적 사고를 검토한다. 그럼으로써 우리는 권력 및 정체성에 대한 이론을 복잡화할 수 있기를 희망—아울러, 그렇게 될 것이라 예상—한다. 이는 종종 권력과 정체성에 대한 서구이론이 환태평양지역의 비서구지역에서도 잘 들어맞는 것으로 간주되기 때문이다.

## 트랜스젠더 '되기' 그리고 젠더 '하기'

트랜스젠더 되기(being transgender)는 성별에 따라 달리 적용되는 젠더 역할에 대한 기대 및 표현에[2] 의문을 갖거나 불편함을 느끼는 일, 크로스드레싱, 크로스젠더적 삶,[3] 호르몬 치료나 외과수술 같은 의학적 건강관리 절차를 통한 신체의 재구성(SRS, MTF, FTM, 트랜스여성, 트랜스남성),[4] 그리

---

2  [역자주] 이 글에서 등장하는 '표현'이라는 용어는 presentation을 번역한 것이다. 이 용어는 '젠더 표현(gender expression 혹은 gender presentation)'이라는 맥락에서 이해되어야 한다. 이는 젠더, 즉 사회적 성과 관련하여 스스로가 선택한 정체성을 외적으로 표현한다는 의미다. 이 맥락에서 이 글에서 저자는 '트랜스젠더 표현'이라는 용어를 반복해서 사용하고 있다.

3  [역자주] 크로스젠더란 반대의 성 혹은 젠더 역할을 수행하는 이를 말한다. '보이시'한 여성이나 '걸리시'한 남성 혹은 더 나아가 연극이나 영화에서 상대편 성 역할을 하는 경우 등을 말한다.

4  [역자주] 'SRS'는 흔히 성전환수술이라 불려온, 최근에는 성[별]확정수술(sex affirmation surgery)이

고 간단히 말하면 트랜스젠더나 젠더변종(gender variant) 혹은, 좀 더 세부적으로는, 젠더 논바이러리(non-gender binary), 퀴어, 젠더비순응(gender non-conforming), 젠더플루이드(gender fluid), 트랜스섹슈얼, 트랜스베스타잇(transvestite), 젠더퀴어[5] 등의 정체성을 갖는 일을 수반한다.[6] 권력 변화에 따라 트랜스젠더 정체성이 갖는 의미에 대한 새로운 사유가 이뤄지거나 추가적인 정체성이 출현할 가능성도 있다.

정체성이라는 사안과 관련하여 수행성 이론(performative theory)를 따르는 우리는 젠더를 문화적으로 구성된 서사로 이해한다. 사람들은 이러한 서사에 따라 사회화된다. 실제로 젠더적 수행을 명하는 사회규범이 존재한다. 이는 어떤 문화나 집단이 특정한 맥락 내에서 행해진 개인의 문화적 실천을 이해하고자 할 때 활용하는 규칙과 관습를 말한다. 여기서 관습은 신체, 역할, 기대, 그리고 풍습과 관련하여 의미를 제공한다. 시간이 지남에 따라 이 의미체계가 우리의 문화적이고 제도적인 실천에 뿌리내려 사회 내에 단단

---

라 불리는 외과적 절차를 말한다. 'MTF'와 'FTM'은 각각 '남성에서 여성으로(male to female)' 그리고 '여성에서 남성으로(female to male)' 성확정을 한 사람을 말한다. 전자는 트랜스젠더 여성 그리고 후자는 트랜스젠더 남성과 연계된다.

5 [역자주] 젠더 논바이너리(non-gender binary) 이분법적 젠더 개념에 부합하지 않는 이를 말한다. 퀴어는 원래 남성 간 동성애자를 지칭하는 말이었으나 오늘날에는 성소수자 전체, 나아가 레즈비언, 게이, 양성애자, 트랜스젠더만이 아니라 간성(intersex)까지 포함하는 말로 사용되기도 한다. 젠더비순응(gender-nonconforming)은 현존하는 젠더 이해를 따르지 않는 이들을, 젠더 플루이드(gender fluid)는 다양한 젠더를 오가는 것을 말한다. 트랜스섹슈얼은 성전환수술 혹은 성확정수술을 받은 이를 지칭하는 용어이고, 트랜스베스타잇은 반대편 성의 복창도착자를 말하며, 젠더퀴어(gender queer)는 남성도 여성도 아닌 제3의 성을 가진 이들을 말한다.

6 사딘(sadin), 히즈라(hijra), 반툿(banthut), 드래그 킹, 드래그 퀸, 마후, 바클라(bakla), 트라베스티(travesti), 까터이, 래래, 파파피네, 톰, 디, 펫, 와리아(waria), 레이디보이, 투스피릿(two-spirit), 간성(間性, intersex), 자신들을 호명할 이름이 있는 이들과 그렇지 않은 이들, 젠더를 두 개 이상의 선택지로 갖는 것으로 보는 이들 그리고 양자택일적 혹은 그 이상의 선택지들 사이에서 살고 있는 이들은 트랜스젠더 정체성을 구분하는 또 다른 용어들이다.

히 박힌 규범적 명령으로 기능하게 된다.[7] 하지만, 젠더 수행성 이론은 생물학 혹은 여타 자연과학이론에 의존하지 않는다. 그것은 정체성과 관련하여 개인으로 구성된 집단들이 — 상호작용과 문화교류를 통해 물화되는 — 의미체계의 창출 방식에 기반한다. 젠더 '규칙'은 일군의 상징적이고 공유된 실천이다. 이러한 실천이 수행될 때, 그것은 주체를 만들고 정체성을 형성하며 가치를 부여하고 그 의미를 이해하는 데 도움을 준다. 실제로 문화적 인정이란 젠더—그리고 정체성과 관계된 여타의 규범적 범주들—의 코드, 논리, 혹은 규칙과 친화성을 갖는다는 신호다. 이로 인한 젠더 효과는 젠더 그 자체가 규범화되는 것이다. 이는 문화 내에서 젠더의 올바른 수행 혹은 올바른 젠더 '하기'에 어떤 결과—몇 가지 사례만 제시하면, 포섭, 사회적 가치, 기회, 보상, 안전 그리고 공동체—를 가져온다.

젠더는 사회규범에 따라 타인에 의해 강제된다. 이런 점에서 젠더 구성은 실재적인 효과를 갖는다. 그러한 사회규범에 따라 트랜스젠더는 자신의 젠더를 수행했다는 이유로 엄청난 오명과 억압에 직면한다(이 장 후반에서 논의되는 파파피네(fa'afafine) 그리고 여타 장소들을 참고). 게다가 역사적으로, 특히 서구 의학의 지식 패러다임 내에서 트랜스젠더는 정신이 이상한 환자 취급을 받으며 엄청난 차별과 폭력 그리고 죽음에 노출되어 왔다. 실제로 미국에서는 트랜스젠더 여성에 대한 폭력이 범람하고 있다. 특히, 유색인 트랜스젠더 여성의 경우 이는 증오범죄, 성폭력, 그리고 자살로 이어지기도 한다.

---

7 "사회현상이 실재(real)로 정의된다면, 그것은 그 결과에 있어서 실재적이다"라는 토마스의 정리(Thomas theorem)를 참고하라.

## 생물학, 젠더, 정체성, 문화

젠더정체성에 대한 많은 주장은 생물학적 관점에 의존한다. 이는 본질주의를 토대로 한다. 젠더 본질주의는 일군의 고정된 특성들이 젠더와 본질적 관계를 맺고 있다고 주장될 때 형성된다. 이런 패러다임하에서 남자와 남성성 혹은 여자와 여성성 같은 양자택일적 성/젠더 연계는 자연적인 것인 양 간주된다. 젠더로서의 성(sex-as-gender)이라는 사회적 구성물, 즉 성과 젠더가 필연적으로 연결된다는 관점은 염색체를 가진 신체에 대한 생물학적 측정의 차원에서 성을 조망하는 것이다. 하지만, 성은 특정 시기 — 특히, 두개골의 크기나 생식기부터 호르몬 수준, 나아가 염색체까지도 측정하던 시기의 — 사회적 구성물이다. 마찬가지로 그러한 관점은 젠더도 일군의 문화적 행위 혹은 기대로 간주한다. 하지만, 다수의 페미니스트 이론가 그리고 퀴어 이론가는 '성' 범주에 대한 지식이 문화로부터 영향을 받았음을 지적한다. 이에 이들은 성과 젠더 간의 관계만이 아니라 그것의 구성 자체가 문화적 서사에 불과하다고 결론 내린다(Rubin, 2011; Butler, 2004). 일부 페미니스트는 심지어 과학적 설명 자체가 어떻게 문화적으로 젠더화된 언어에 기반하고 있는지를 보여준다(Bartsch, 2000). 트랜스젠더를 비자연적인 정신질환자로 간주하기는 했지만, 트랜스젠더의 신체에 이름을 부여하거나 통제하려는 초기 시도를 밝힌 연구도 있다. 그에 따르면, 트랜스젠더는 성의학적으로 구성된 범주적 선입관과 부합하지 않는다는 이유로 젠더 '무법자들(outlaws)'이라 불렸다(Bornstein, 1995).

젠더를 통제하려는 시도가 있기는 하지만 특정 문화 내에서든 여러 문화에서든 젠더를 규정하는 방식은 다양하다. 따라서 트랜스젠더의 신체는 본질화되지 않아야 한다. 몇몇 트랜스젠더가 자신의 정체성과 관련하여 젠더-성 연계를 경험했을 수는 있다. 하지만, 그렇지 않을 수도 있다. 그러므로 젠더 그 자체는 다양하고 유동적인 그리고 맥락에 따라 역사적으로 수행되는 정체성으로 이해되어야 한다. 이 맥락에서 — 그리고 예를 들어 말하면 — 1970년대 미국 페미니즘에서는 성과 젠더가 연결되어 있다는 생각이 중요했다. 당시 여성들에게 부과된 젠더 역할은 가족재생산이나 집안일과 관련이 있었고, 이는 지불노동에 대한 그들의 접근을 제약했기 때문이다. 이를 감안하면 이 시기 페미니즘은 지불노동에 대한 여성의 접근권과 관련이 있다. 그에 반해 트랜스젠더가 정상적 성-젠더 연결을 구현함으로써 자신들의 정체성을 수행하는 법을 상상하기란 쉽지 않다.

더군다나 여성, 남성, 양성, 젠더퀴어에 대한 사회적 구성은 서로 다른 문화에서 서로 다르게 이뤄질 수 있다. 따라서 젠더를 이해하는 데 있어 다양하고 이질적인 그리고/혹은 심지어 상반되는 접근을 취하는 것도 가능하다. 예컨대, 젠더 역할과 관련하여 특정 맥락에서는 '남성적인' 노동이 다른 맥락에서는 '여성적인' 것도 가능하다(타이히의 마후 *mahu*에 대한 아래의 논의 참고). 까터이(Kathoey)라는 범주(태국의 트랜스젠더들을 지칭하는 용어 중 하나)의 진화에 대한 우리의 논의가 보여줄 것처럼, 젠더 역할에 대한 이해는 심지어 같은 문화 내에서도 시기에 따라 변할 수 있다. 나아가 젠더에 대한 사고는 다른 문화로부터 건너온 것일 수도 있다. 왜냐면, 기술발전에 따른 사회적 결속이 — 한때는 침투 불가능했던 — 경계들도 넘나드는 정보이동을 허용하기 때문이다.

또한, 젠더는 권력을 이해하기 위한 이론적 논리와 관련해서도 이해될 수있다. 이는 젠더가 역사, 원형(불변의 원형, archetypes), 논리체계 혹은 전통에 대한 서사와도 관련을 맺고 있기 때문이다. 예컨대, 어떤 이들에 의하면 젠더 배열(gender arrangements)은 가부장 문화 내에서 이론적으로 양분된 남성성과 여성성이 서로 다른 가치를 부여받는 유형의 배열을 말한다. 그것은 남성적 관점에 기반한 양자 구분이 여성의 입장에 바탕을 둔 구분보다 더 많은 가치를 부여받는 배열을 의미한다(Irigaray, 1985; Rich, 1980). 그 결과는 문화 내 가치의 성차별적 배분이다. 실제로 이는 아래에서 다룰 파파피네의 사례만이 아니라 젠더가 문화적 남성성의 결여나 실패와 연관되어 수행되는 혹은 그런 식으로 명명되는 모든 곳에서 발견된다. 나아가, 서구의 퀴어이론가는 생물학적 성별 구분에 기반한 젠더 이해가 동성애차별적이라고 주장한다. 왜냐면, 그러한 이해는 성 역할에 대한 고정관념만이 아니라 남성과 여성 간 이성애적 결합을 사회의 토대로 간주하는 방식으로 사회를 구분짓기 때문이다(Butler, 2004). 그러한 구분은 성, 젠더, 그리고 섹슈얼리티와 관련된 공간이나 역할을 성차별적이고 동성애차별적인 방식으로 질서화하는 결과를 낳는다. 그러므로 정체성은 문화적 명령이며 이는 규범적 실천에 대한 명령으로 이어진다. 하지만, 이러한 패러다임도 체험된 모든 경험을 반영하지 못한다. 그 규범 자체가 표현에 제약을 가하기 때문이다(Butler, 2004; Rubin, 2011).

젠더와 섹슈얼리티에 대한 서구의 퀴어담론은 그 양자간 구분만 선호하는 경향이 있지만, 태평양연안 여러 지역의 토착담론은 그러한 구분을 더 복잡하게 만든다. 예컨대, 비-이성애규범성(non-heteronormativity)에 기반하여 동성파트너를 선호하는 마후와 래래, 그리고 생물학적 성과 섹슈얼리티 간 연결을 불필요한 것으로 간주하는 까터이의 경험을 떠올려보라. 실제로 일부 연구자들에 의하면 서구 학자는 "세계적 수준에서 성/젠더 변화를 적절히 이해하지 못하고 있다"(Jackson, 2000: 418). 그러므로 우리는 이론적 상호 교차성(theoretical intersectionality)이라는 접근법의 활용을 옹호한다. 이는 정체성의 복합적 구성을 조망—즉, 권력체계와 관련하여 중첩되는 사회적 정체성들을 이해—하는 데 있어, 아울러 젠더가 상호 교차된 — 즉, 복수의 억압 체계들 내에서 상호 연결된 — 정체성의 한 구성요소에 불과한 영역에서 활용할 수 있는 중요한 접근법이다. 어떤 트랜스젠더 개인의 교차된 정체성은 — 권력에 대한 개인의 접근권한을 이해하려 할 때 고려되는 여러 정체성 중에서도 특히 — 인종과 종족성, 계급, 성적 지향, 민족성/국민성, 종교와 같은 것들에 대한 고려에 그 이론적 기반을 두고 있다. 이러한 접근은 어떻게 특정인의 사회적 인식론 혹은 사회적 지식이 통치와 지배라는 관계만이 아니라 맥락화된 경험과 위치 지어진 지식에 의해 구성되는지를 고려한다. 한 사람의 교차된 정체성에 대한 이론적 이해를 통해, 그 사람의 맥락적 관점도 복합적이고 다차원적인 관점 혹은 의식으로 유의미하게 검토될 수 있다.

태평양연안 여러 지역의 트랜스젠더 정체성을 탐구함으로써 우리가 보여주려는 것처럼, 젠더에 대한 개념적 이해는 대체로 문화적 맥락에 따라 달라진다. 그 특수한 맥락 내에서 역사 그리고 문화적 공간은 공동체, 정체성, 실천, 그리고 언어를 끊임없이 재구성하며, 그럼으로써 트랜스젠더를 묘사하는 데 사용되는 용어를 '일시적으로 그리고 맥락적으로 불안정'하게 만든다(Besnier and Alexeyeff, 2014: 8). 나아가, 태평양연안의 수행적 정체성은 서구 이론의 몇몇 이론적 가정에 의문을 제기하기도 한다.


## 태평양연안에서 트랜스젠더 정체성의 표출

트랜스젠더의 정체성 수행은 태평양연안의 여러 공동체에서 발견된다. 하지만, 정체성의 표현 방식은 매우 다양하다. 이에 대한 우리의 이해는 가부장제나 이성애와 같은 이론적 권력관계가 일반적 수준에서 사회적 실천을 형성하는 방식만이 아니라 — 식민주의, 신자유주의(추출경제와 비정부기구에 대한 의존도 함께 고려), 디아스포라(특히, 태평양 섬 공동체에서의 디아스포라), 섹스관광, 그리고 군사주의와 같은 — 세계적 요인이 태평양연안 여러 지역의 트랜스젠더 수행에 미치는 영향에 대한 인식에도 기반해야 한다. 이러한 세계적 요인은 젠더가 수행되는 지역적, 그리고 특정한 맥락을 갖는, 방식들과 분리된 채 이해되지 않는다. 친족 계서제, 토착민의 정체성, 지역 집단 내 종족적 구분, 특정 맥락을 갖는 [비]공식적 장소와 상황은 젠더 수행에 영향을 미치는 지구적 요소만큼이나 중요하다.

예컨대, 타히티와 하와이의 마후 그리고 타히티의 래래라는 트랜스젠더 범주는 젠더화 초기의 징후, 즉 그들이 비-이성애중심적이었다는 점과 관련하여 몇 가지 공통점을 공유한다. 또한, 예외가 없는 것은 아니지만, 그들은 동성 파트너를 선호한다. 하지만, 공통점은 여기까지다. 오세아니아에서 노동은 특히 젠더로 코드화되어 있다. 남성적 신체인 마후와 래래는 유년기에 '여성적 노동(가사노동과 돌봄노동)'으로 간주되는 일에 끌림으로써, 또한 정원관리처럼 '남성적' 젠더코드를 가진 노동을 거부함으로써 자신들의 젠더 유동성을 표출한다(Elliston, 2014). 마후는 자신들을 반은 남자, 반은 여자로 간주한다. 그들은 목소리, 몸짓, 자세, 그리고 스타일에 있어 성적으로 반대인 사람들의 문화정체성을 전형적으로 구현함으로써 그러한 젠더정체성을 수행한다. 공개적 장소에서 마후는 — 사적 공간에서 자신들이 입는 옷의 유형과 관계없이 — 종종 젠더중립적 복장을 착용한다. 마후는 전통, 자연, 그리고 폴리네시아 원주민의 풍습과 관련이 있다. 그러므로 하나의 집단으로서 마후는 섬 주민들 사이에서 문화적 자긍심의 공간을 장악하는 능력을 갖는다. 남성과 여성 둘 다를 좋아하는 마후도 있고, 남성이 아니라 여성을 선호하는 마후도 있지만, 동성 파트너에 대한 남성 마후의 열망은 그들이 가진 절반의 여성성을 표현하는 것으로 이해된다. 이 명백한 성적 회색지대 혹은 애매성은 래래, 즉 자신들의 진짜 섹슈얼리티를 꾸미거나 소심한 방식으로만 표출하는 이들에게 비판을 받는다.

트랜스젠더 정체성을 갖게 되는 과정과 관련해서 이 둘은 유사한 서사를 공유하지만, 래래는 자신들의 젠더를 마후와 다르게 수행할 뿐만 아니라 동일한 현지문화적 유산을 공유하지도 않는다. 마후는 18-19세기 항해자 서사에서 출현한 반면, 래래라는 용어는 1960년대의 태평양 제도에서 처음으로 등장했다. 이 시기는 프랑스가 핵실험에 필요한 기반시설 구축을 위해 타히티의 발전 프로그램에 투자하기 시작하던 때였다(Elliston, 2014). 발전 자금과 함께 수천 명의 프랑스 군인들과 민간인 남성들이 유입되었고, 그에 따라 성노동경제도 번성했다. 남성적 신체의 마후 중 일부가 성노동 시장에 편승하기 위해 자신들의 젠더 수행 중 문화적으로 여성적인 측면들을 부각시킴과 동시에 서구화했다. 래래는 외지인들에게 필요 물품을 제공하는 한편, 문화적으로 규정된 여성미, 특히 백인 취향의 이성애적이고, 근대적인 판타지들에 호소하기 위해 각별히 노력했다. 그러므로 이들의 젠더 수행은 마후의 좀 더 토착적이고 젠더 유동적인 수행과 대비되었다. 마후가 자신들을 반은 남성, 반은 여성이라고 간주했던 데 반해, 래래는 스스로를 남성적 신체 내의 100퍼센트 여성으로 간주했다. 마후는 래래가 자연스럽지도 진실되지도 않은 젠더 수행을 한다는 이유로 비판할 수 있었지만, 래래는 남성으로서도 여성으로서도 젠더 수행에 실패했다는 이유로 마후를 비판할 수 있었다. 이런 점에서 마후의 젠더중립적 복장은 래래의 크로스드레싱과 완전히 상반되었다.

사모아의 파파피네는 남성 신체를 가졌지만 여성으로 코드화된 젠더 표현을 하는 트랜스젠더들의 네트워크로 이뤄졌다. 이들은 스스로를 친족 역할을 하는 여성적 사회 네트워크와 동일시했다. 어떤 연구자들은 파파피네를 사모아의 사회제도로 간주한다. 이들에 따르면, 파파피네는 파파피네가 아닌 소년들의 남성적 성장을 강화하는 특별한 기능을 수행할 뿐만 아니라 소녀와 혼전성관계를 할 수 없는 사회 내에서 성적 대용물의 역할을, 그리고 가족 내 여자아이가 부족한 가구에서는 젠더 대용물 역할을 한다(Schoeffel, 2014). 하지만, 다른 이들의 경우, 태평양연안 내 여러 지역에서 트랜스젠더 남성을 특정 범주의 정체성으로 인정하는 이유에 대한 확실한 설명은 없으며, 사모아도 예외는 아니라고 주장한다. 실제로, 복잡성, 나아가 특정 맥락의 변수들이 그에 대한 설명을 애매하게 한다. 만약 파파피네가 사모아에서 어떤 제도를 이루는 것처럼 보인다면, 그것은 1) 1960년대부터 형성되기 시작한 존중기반의 사회운동에 의해 부분적으로 공동체로서의 연대감이 형성되었고, 2) 1962년 뉴질랜드로부터 사모아가 독립하면서 새로운 사회공간을 점유하고 국제적인 접촉을 늘릴 가능성이 복합적으로 작용한 결과라고 할 수 있다(Schoeffel, 2014).

하지만, 파파피네와 특정 형태의 집단행동—예컨대, 농구와 비슷한 스포츠인 네트볼, 여장 미인대회, 카바레 공연, 전문 재단사 직업(그리고 패션 세계 일반), 그리고 파파피네 친족 체계(가족)에의 참여—을 연결하는 많은 연구가 있다. 파파피네 친족 체계는 사모아 사회관계를 독특하게 관리하는 장로정(長老政, gerontocracy)을 재현한다. 이를 통해 연장자는 가족 내 젊은 구성원들에게 조언을 하고 존경받기를 바란다. 그럼에도 불구하고 사모아 사회구조 내 남녀 간 전통적 젠더 역할과 관련하여 파파피네는 사회적으로 주변화되어 있을 뿐만 아니라 일반적으로는 도덕적 비체(非體)로[8] 간주된다. 파파피네는 조롱과 희롱의 대상이 되기 쉽다. 그 용어는 섹슈얼리티만이 아니라 품행, 행실, 그리고 사회적 역할을 지칭할 수도 있다(Schoeffel, 2014). 만일 어떤 남성이 적절한 남성적 행위코드를 보여주거나 수행하지 않는다면, 예컨대, 결혼을 하지 않거나 과하게 수다스럽거나 혹은 여성이나 소녀를 친구로 둔 경우, 그는 파파피네라고 낙인찍힐 위험을 안게 된다.

태국은 현재 트랜스젠더 의료관광 그리고 섹스관광의 세계적 종착지로 여겨진다. 이로 인해 태국에서는 동성애 혹은 트랜스젠더 정체성이 널리 받아들여지고 있다고 오판하기 쉽다. 하지만, 태국은 동성애자 및 성전환자라 불리는 까터이에게 기껏해야 관용 수준의 인정만 베풀고 있다(Jackson and Sullivan, 1999). 공개적으로 남성성을 드러내거나 규범적 방식으로 행동하는 동성애자는 이성애 패러다임을 따르지 않는 것과 관련된 사회적 제재를 피할 가능성이 더 높다. 출생 시의 성별과 맞지 않는 행동을 하는 간성 또는 비간성인 사람들을 일컫는 까터이는 그러한 행운을 겪지 못할 수도 있다. 까터이라는 용어는 태국어에 기반하고 있으며, 역사적으로 생물학적 남성, 여성 그리고 간성 모두를 지칭해왔다. 하지만, 오늘날에는 남성에서 여성으로 전환한 트랜스젠더를 지칭하는 경향이 있다. 태국어 펫(phet)은 생물학적 성, 젠더, 그리고 섹슈얼리티와 관련된 모든 개념을 포괄하는 용어로, 영어에서 성과 섹슈얼리티의 구분 그리고 동성애자와 이성애자에 대한

---

8 [역자주] 비체(非體, abject): 형용사 abject는 '무엇인가가 극단적으로 안 좋은', '상태나 조건이 불쾌하거나 품격이 떨어지는', '사람이나 행위에 자존이라고는 없는' 정도의 의미다. 프로이트나 라캉의 정신분석학, 나아가 이들의 영향을 받은 포스트구조주의자들은 그러한 것―즉, the abject―을 주체도 객체(인식의 대상)도 아닌 존재, 우리로 하여금 공포나 혐오를 일으키는 존재로 이해한다. 국내에서 이는 흔히 '비체'로 번역된다.

서구의 구분을 무의미하게 만든다(Jackson and Sullivan, 1999). 예컨대, '펫'은 서구의 '게이'에 해당한다. 까터이는 남녀 트랜스젠더를 일컫는 말이며, 1960년대 이후 톰(Tom)은 남자 역할을 하는 레즈비언을, 디(dee)는 그들의 여성 파트너를 지칭하는 말로 사용되었다.

1960년대 이전 까터이라는 용어는 다양한 펫 범주들을 포괄했다. 예컨대, 그것은 게이 '킹'과 '퀸'(각각은 성행위에서 삽입과 수용을 한다), 트랜스젠더, 트랜스섹슈얼, 간성, 남성적 레즈비언과 여성적 레즈비언이라는 용어였다. 1970년 무렵 까터이는 성도착적이거나 남성에서 여성으로의 성확정을 하려는 남성을 지칭하게 되었다. 그러나 생물학적 성이나 젠더 수행의 유형과 관계없이 태국에서 '다중적 위치를 가진 젠더 범주'로서 펫은 특수한 실천보다 남성성과 여성성의 비율에 좀 더 가치를 부여했다. 그리고 에로티시즘은 종종 젠더 혼합과 관련하여 틀 지워졌다(Jackson, 2000). 예컨대, 까터이는 남성성과 여성성이 50 대 50으로 혼합되었다고 간주된 반면, '게이 킹(gay king)'은 좀 더 높은 비율의 남성성을 갖는 것으로 간주되었다.

미국 사례로 돌아오면, 2014년 들어 정신질환 및 진단통계편람 5판(Diagnostic and Statistical Manual of Mental Disorder, DSM-V)에서 트랜스젠더를 진단하는 방식에 변화가 발생했다. 또한, '젠더정체성 장애'가 '젠더 위화감'이라는 명칭으로 변경되었다. 이는 모든 트랜스젠더를 '젠더정체성과의 미부합'으로 진단하여 낙인찍는 게 임상치료사의 혹은 제도의 일이 아님을 의미한다. 이는 — 생물학이 젠더를 규정하며 '진정한 여성'은 특정 군의 호르몬과 질(膣)을 갖는다고 주장하는 — 트랜스배제적 급진 페미니스트들(Trans-Exclusionary Radical Feminists, TERFs)에게 논쟁점이 되었다. 이런 방식으로 생물학적 주장에 기반한 본질주의적이고 젠더-양자택일적 사유는 트랜스젠더에게 매우 협소한 시각의 정체성을 가질 것을 명한다. 대부분의 페미니스트 이론가와 퀴어 이론가는 이런 주장을 지지하지 않는다. 대신 그들은 — 전 세계의 트랜스젠더가 실제로 경험하는 것처럼 — 보다 광범위한 가능성을 가진 트랜스젠더 정체성을 주장한다.

젠더화된 정체성 수행은 루폴(Ru Paul)의 〈드래그 레이스(Drag Race)〉처럼 캘리포니아 남부 할리우드 작품에서도 발견될 수 있다. 여기서 드래그 퀸(drag queens)은[9] 여성성 및 여장 예술 공연과 관련된 여러 정체성에 대해 서로 다른 해석을 수행한다. 몇몇 공연자들은 공연 중/후에 트랜스젠더로 '등장한다.' 그러나 이는 드래그 퀸이 되기 위한 사전적 조건이 아니다. 하지만, 〈드래그 킹의 형성: 드래그 킹 다큐멘터리(The Making of a Drag King: A Drag King Documentary)〉라는 제목의 다큐멘터리는 그러한 공연에 비판적이다. 오직 드래그 퀸의 젠더 표현에만 한정되었다는 이유에서이다(현재 그러한 참여제한이 있다). 그렇다면 드래그 킹의 경우는 어떠한가? 이 영화 그리고 실제의 삶에서 드래그 킹 공연자들은 드래그(여장)와 여성성의 규범적 연결을 비판한다. 이들은 남성성과 연관된 공연자들에 대한 차별적 가치 부여를 시연함으로써 여장을 비판한다. 실제로 드래그 킹은 문화적 수준에서 권력과 재현에 대한 사유를 문제시한다. 여성적 남성성의 구성에 대해 언급하면서 할버스탬(Halberstam, 1998)은 다음과 같이 진술한다. "남성적 남성성이 진정한 것으로 보일 수 있도록 하기 위해 여성적 남성성은 지배적 남성성에서 거부당한 파편에 불과한 것으로 틀 지워지고 있다."

나아가, 할리우드의 문화와 엔터테인먼트 산업에서 〈아이 엠 케이트(I am Cait)〉와 같은 작품은 환태평양지역에서 트랜스젠더 정체성과 규범성을 둘러싼 문제들을 보여준다. 여기서 우리는 — 그 다큐멘터리의 주인공인 캐이

---

9 [역자주] 여장을 하고 성적 관계에서 여성의 역할을 하는 남성 동성애자를 말한다.

틀린 제너가 문화자본 및 인종 및 계급적 특권을 모두 가지고 있는 데서 확인할 수 있는 것처럼 — 개인들이 권력 및 특권에 접근할 수 있는 방식에 따라 스스로의 정체성을 구성한다는 점을 염두에 두어야 한다. 케이틀린 제너는 서구의 이상적 미의 관점에서 스스로를 규정한다. 그녀는 자신의 젠더정체성을 육체로 표현하기 위해 호르몬과 성형수술을 원해왔다. 하지만, 자신이 선택한 젠더를 신체로 구현하려는 이들이 항상 자신이 선택한 외과수술과 호르몬 처방을 통해 그러한 정체성을 구성할 수 있는 것은 아니다. 왜냐면, 그에 대한 접근성 때문이다. 이 작품과 그에 대한 다양한 비평은 이 사안이 논의될 수 있게 했다.

미국의 전역에서 트랜스젠더처럼 권력과 특권이 없는 이들은 젠더에 대한 문화적 기대와 연결된 옹졸함 그리고 편협함으로 인해 심각한 폭력에 직면해 있다. 교산복합체(矯産複合體, prison industry complex) 내에서 트랜스젠더는 훨씬 더 심각한 폭력, 성적 학대 그리고 희롱에 노출된다. 이런 연유로 캘리포니아에서 트랜스젠더 정체성을 둘러싼 행동주의가 중요하다. 매년 대부분의 대도시에서 성소수자의 가시성과 수용성을 높이고 그러한 공동체에 대한 지원을 확대하기 위해 퀴어 퍼레이드(LGBTQI pride march)가[10] 열린다. 그중 샌프란시스코에서는 세계에서 가장 큰 트랜스젠더 행진이 이뤄지고 있다.

---

10 [역자주] LGBTQI는 각각 레즈비언(lesbian), 게이(gay), 양성애자(bisexual), 트랜스젠더(transgender), 퀴어(queer) 혹은 자신의 성적/젠더적 정체성을 의문시(questioning)하는 이, 그리고 간성(intersex)의 약자다. 여기서는 국내에서 흔히 통용되는 퀴어 퍼레이드라 번역했다.

# 결론

우리는 — 트랜스젠더 정체성을 이론화하는 방식만이 아니라 — 트랜스젠더 문제와 경험에 대한 인식이 전 세계의 공동체, 대중매체, 그리고 활동가집단 내에서 발전하고, 그에 따라 정체성을 둘러싼 사유의 지속적 교환도 진화하기를 희망하고 기대한다. 태평양연안 일부 지역에서 트랜스젠더 정체성이 어떻게 표현되는지에 대한 우리의 탐구는 그러한 정체성이 획일적이지 않다는 점을 드러낸다. 트랜스젠더 정체성은 성, 젠더, 섹슈얼리티, 그리고 — 가부장제, 이성애중심주의, 식민주의, 자본주의, 신자유주의, 군사주의, 디아스포라, 친족체계 등과 같은 — 현재와 세계의 다양한 문화적 권력논리와 연계된 신체적 표현 혹은 신체를 통해 구현되는 표현 모두를 포함한다.

## 토론을 위한 질문

• 태평양연안의 다양한 트랜스젠더 표현 중 일부에 대해 배우면서 젠더에 대한 여러분들의 이해는 어떤 영향을 받았는가?

• 태평양연안의 트랜스젠더 역사는 동양문화와 서양문화에 대한 관념을 어떻게 문제시하는가?

• 마후와 래래 간 차이점에 대해 토론하시오. 그러한 차이점은 젠더정체성에 대한 우리의 이해와 관련하여 어떤 의미가 있는가?

## 심화학습

Bartsch, Ingred, and Lederman, Muriel (Eds.). (2000). *The Gender and Science Reader*. Routledge.

Besnier, Niko, and Alexeyeff, Kakissa (Eds.). (2014). *Gender on the Edge: Transgender, Gay, and*

*Other Pacific Islanders.* Hong Kong University Press.

Bornstein, Kate. (1995). *Gender Outlaw: On Men, Women, and the Rest of Us.* Vintage.

Butler, Judith, and Salih, Sara. (2004). *The Judith Butler Reader.* Wiley-Blackwell.

Elliston, Deborah. (2014). "Queer History and its Discontents at Tahiti. The Contested Politics of Modernity and Sexual Subjectivity." In Besnier, Niko, and Alexeyff, Kakissa (Eds.), *Gender on the Edge: Transgender, Gaym and Other Pacific Islander.* Hong Kong University Press.

Halberstanm, J. Jack. (1998). *Female Masculinity.* Duke University Press.

Irigaray, Luce. (1985). *This sex Which is not One.* Cornell University Press.

Jackson, Peter A. (2000). "An Explosion of Thai Identities: Global Queering and Re-Imagining Queer Theory", *Culture, Health & Sexuality* 2(4): 405-424.

Jackson, Peter A., and Sullivan, Gerard. (1999). "A Panoply of Roles: Sexual and Gender Diversity in Contemporary Thailand", *Journal of Gay & Lesbian Social Services* 9(2-3): 1-27

Rich, Adrienne. (1980). "Comulsory Heterosexuality and Lesbian Existence", *Signs* 5(4): 631-660.

Rubin, Gayle. (2011). "The'Political Economy'of sex." *In Deviations: A Gayle Rubin Reader.* Duke University Press.

Schoeffel, Penelope. (2014). "Representing Fa'afafine." In Besnier, Niko, and Alexeyeff, Kakissa (Eds.). *Gender on the Edge: Transgender, Gay, and Other Pacific Islander.* Hong Kong University Press.

# 19장 젠더폭력: 과테말라와 인도의 명예, 치욕, 신체 침해

사라 잉글랜드(Sarah England)

2009년 6월 3일 21세의 민디 로다스는 남편과 함께 과테말라 산타로사의 집 근처 강으로 걸어가고 있었다. 남편은 수년 동안 그녀를 신체적·정서적으로 학대해왔고 최근에는 다른 여자를 만나며 그녀를 혼자 내버려 두었다. 그녀가 어린 아들의 양육비를 요구하자 그는 그녀의 머리를 돌로 내려치고 칼로 그녀의 코, 턱, 입술을 자른 후 죽도록 강에 내버려 두었다. 다행히 농부가 그녀를 발견했다. 병원에 있는 동안 민디는 남편의 변호사와 가족으로부터 고소하지 말라는 위협을 받았다. 그녀의 남편은 체포되었지만 곧 보석으로 풀려났고, 더 중대한 범죄인 여성살해 미수가 아니라 '신체 상해' 혐의로만 기소되었다. 그사이 민디는 얼굴 재건수술을 위해 멕시코로 갔지만 아들이 그리워 다시 과테말라로 돌아왔다. 이후 2010년 12월에 그녀는 실종되었고, 12월 18일 과테말라시티에서 목 졸리고 고문당한 흔적이 있는 시신으로 발견됐다. 그녀는 1970년대부터 1990년대까지 내전으로 인해 실종된 수많은 희생자들이 묻혀 있는 라 버베나 공동묘지에 제인 도(Jane Doe)라는 이름으로 묻혔다. 한 달 후에 그녀의 어머니는 영안실에서 찍은 사진을 통해 그녀의 시신을 확인했지만 그녀의 살인사건은 결코 해결되지 않았다(Hurtado, 2011).

니티는 부모와 형제자매와 함께 인도 방갈로르에서 살고 있었다. 수철의 부모는 니티의 언니 결혼식장에서 니티를 본 후 신붓감으로 점찍고 그녀의 가족에게 아들과의 혼인을 요청하기 시작했다. 그녀의 부모는 아직 먼저 결혼할 아들이 있었기 때문에 망설였지만, 수쉴의 가족이 사회 경제적 지위가 더 높고, 그가 좋은 직업을 가진 '착한 청년'인 것처럼 보였기 때문에 결국 결혼을 승낙했다. 니티는 23세에 수쉴과 결혼하여 뭄바이에 있는 시집에서 살게 되었다. 시어머니는 결혼을 주선한 당사자였지만 수쉴이 아내에게 쏟는 관심에 질투를 느꼈다. 시어머니와 시집 식구들은 니티가 과체중이고 집안일을 충분히 하지 않는다는 이유로 니티를 모욕하기 시작했다. 또한 그들은 지참금(남편의 가족에게 주는 선물)을 충분히 지불하지 않았다는 이유로 그녀의 가족을 모욕했다. 그녀가 임신했을 때 시어머니는 불륜을 저질렀다고 그녀를 비난했다. 이 모든 일로 인해 수쉴은 그녀에게서 멀어졌고, 남편은 그녀와 아기를 신체적으로 학대하기 시작했다. 니티는 두 번 친정으로 돌아갔지만 매번 남편은 그녀에게 돌아오도록 설득했다. 니티는 이혼에 대한 낙인과 수치심, 그리고 자신이 부모에게 경제적 부담이 될 것이라는 두려움 때문에 마지못해 시집으로 돌아갔다. 2002년 5월 12일, 니티의 부모는 시어머니로부터 그녀가 몸에 기름을 퍼붓고 스스로 불을 붙였다는 이야기를 들었다. 니티의 가족이 병원으로 갔지만 며칠 후 그녀는 사망했다. 니티의 가족은 그녀가 학대를 받아 자살했거나 시집 식구에 의해 살해되었다고 보고 '지참금 사망'을 주장했다(Wyatt, Masood, 2010).

이러한 사례는 태평양연안 주변부의 두 다른 환경에서 발생하는 여성에 대한 극단적 폭력(VAW-violence against woman)의 시나리오를 묘사한다. 여성에 대한 폭력(VAW)은 세계적인 문제이지만, 세계보건기구(WHO)에서는 여성의 35%가 주로 친밀한 파트너로부터 어떤 형태로든 폭력을 경험한다고 추정하고 있으며, 과테말라와 인도에서 그 비율이 특히 높다고 보고 있다. 예를 들어 2007년부터 2012년까지 과테말라는 여성 살해율이 세계에서 네 번째로 높았다(인구 10만 명당 9.1명). 인도는 1인당 여성 살해 건수 비율이 낮지만, 자살이나 사고로 기록된 사망의 상당수가 실제로 살인일 가능성이 있으며, 많은 사람들이 여성 태아살해를 (여성이기 때문에 여성을 죽이는) 페미사이드의 한 형태로 간주하기도 한다. 과테말라와 인도 모두 성폭력과 가정폭력 발생률이 매우 높다. 과테말라에서는 27.6%의 여성이 일생 동안 친밀한 파트너로부터 신체적이고(또는) 성적인 폭력을 당했다고 보고한 반면, 인도에서는 37.2%가 그러한 학대를 당했다고 보고했다. 미국과 유럽에서는 이러한 형태의 폭력이 가해자의 심리적 문제와 피해자에 대한 제도적 지원 부족으로 인해 발생하는 것으로 분석되는 경우가 많지만, 과테말라, 인도 등 개발도상국에서는 '후진적' 문화 관행으로 간주되는 경우가 더 많다. 그런 문화 관행은 성평등, '연애' 결혼, 임신의 자유 등 유럽-미국 이데올로기를 채택함으로써 '현대화'될 필요가 있는 것으로 이해된다. 그러나 소위 '전통적' 문화 이데올로기와 사회 구조는 결코 정태적이지 않으며 그것들이 폭력에 기여하는 방식은 식민주의, 폭력, 전쟁, 빈곤, 세계적 자본주의 및 소비주의, 이주, 국가 정책 등에 의해 변용되고 악화되어 왔다는 사실을 이해하는 것이 중요하다. 더불어 여성에 대한 폭력(VAW)은 젠더폭력의 일종이라는 점을 이해하는 것도 중요하다. 여성에 대한 폭력(VAW)은 젠더와 섹슈얼리티에 관한 특정 사회의 이데올로기와 그런 이데올로기에 기반을 두고 상이한 범주의 사람들 사이에서 생성된 불평등이 야기하는 모든 종류의 폭력으로 정의된다. 이러한 이데올로기와 불평등은 소위 전통적 국가뿐만 아니라 태평양연안의 모든 국가에 존재한다. 젠더폭력은 가장 일반적으로 여성과 소녀를 대상으로 하지만, LGBTQIA 커뮤니티(18장 참고)의 구성원과 심지어 이성애자 남성 역시 젠더로서의 남성성과 여성성, 그리고 생물학적 남성과 여성에 대한 관념에서 비롯된 폭력의 희생자가 될 수 있다.

과테말라와 인도는 상이한 문화를 갖고 있고 수천 킬로미터 떨어져 있지만, 이 장에서는 젠더폭력에 영향을 미치는 여성과 남성의 육체, 섹슈얼리티, 성별 역할 등에 대한 특정한 사고방식이 태평양연안 전역에서 얼마나 일반적인지를 탐구한다. 또한 환태평양지역 대다수 나라들이 젠더폭력을 인권침해로 인정하는 국제협약에 서명하고 그것을 범죄로 명시하는 방향으로 현지의 법을 개정했음에도 불구하고, 차별적인 이데올로기, 불평등, 취약한 제도적 대응 등이 지속되어 젠더폭력 발생률이 감소하지 않았음을 보여줄 것이다.


## 과테말라

과테말라는 원주민에 대한 스페인인의 식민지 정복으로 만들어졌다(4장 참고). 과테말라는 건국 이래 극심한 불평등, 인종차별, 폭력으로 특징지어졌다. 원주민은 자신의 토지를 몰수당하고 노동력을 착취당하면서 이러한 불평등과 억압을 감내해야 했다. 1950년대에 가난한 농부, 노동자, 학생, 기타 집단(토착민과 메스티소 모두)이 평화적 수단을 통해 사회 경제적 변화를 불러일으키려 싸우기 시작했지만, 미국이 지원하는 군사독재에 의해 극심한 탄압을 받았다. 이로 인해 군부에 맞서 무장투쟁을 벌이는 혁명 단체가 결성되었다. 그러나 단체의 지도자와 활동가는 암살되었고 마을 전체가 파괴되었으며 수천 명의 사람이 실종되었다. 전쟁은 공식적으로 1996년에 종결되었지만 애초에 투쟁을 야기한 불평등은 하나도 바뀌지 않았다. 전쟁의 결과로 많은 과테말라인이 난민이 되어 미국으로 도피했고 거기서 가난한 라틴계 공동체에 통합되었다. 1990년대 중반 법적 지위가 없던 많은 과테말라인이 '외국인 범죄자'로 간주되어 추방되었다(9장 참고). 미국에서 거리 갱단에 가담했던 일부는 중앙아메리카에서 갱단을 결성했다. 갱단 폭력, 멕시코에서 중앙아메리카로 유입되는 마약 밀매, 극심한 빈곤, 수십 년간 지속된 폭력적 분쟁의 유산 등이 결합되어 세계에서 가장 높은 살인율을 낳았다. 그 숫자는 심지어 내전 기간 발생한 연간 사망자 수의 평균치를 넘어섰다.

여성에 대한 폭력(VAW)의 일부는 폭력 일반의 증가에서 기인하는 것일 수 있다. 그러나 피해자를 지원하는 여성 단체에 따르면, 여성에 대한 폭력(VAW)은 여전히 남성과의 친밀한 관계의 맥락에서 발생하며, 따라서 가정 내 역할, 여성의 섹슈얼리티, 여성의 육체에 대한 남성의 통제 등에 관한 이데올로기와 연관되어 있다. 오늘날 그런 관념을 형성하는 주요 문화적 이데올로기는 인류학자들이 명예/치욕 콤플렉스라고 부르는 것이다. 그런 사회에서 명예는 특정 개인의 사회적 행위에 대한 공개적 평가를 의미하며 무엇이 개인의 명예를 나타내는가는 남성과 여성에 따라 다르다. 일반적으로 남성의 명예는 금전적 성공, 약속 준수, 자신의 평판을 보호하려는 의지, 여성과 어린이를 통제하는 능력에 기반을 둔다. 여성의 명예는 그들이 남자 가장에게 복종하고 그들의 성적 순결과 정절을 유지하는 정도에 따라 측정된다. 이러한 남성적 행동을 수행하지 않거나 아내와 자녀가 적절한 존경심과 성적 정숙함을 보이지 않는 경우 남성의 명예는 실추되거나 적어도 의심받을 수 있지만, 남성은 종종 폭력을 통해 자신의 권위를 다시 주장함으로써 그 명예를 회복할 수도 있다. 이러한 폭력의 피해자인 여성과 어린이는 종종 이를 정당한 것으로 받아들이거나, 그들의 저항이 가장의 명예뿐만 아니라 더 나아가 가족 전체의 명예를 위태롭게 할 것이기 때문에 침묵을 지킨다. 이웃, 친척, 경찰 역시 개입하지 않는 경우가 많으며 심지어 이러한 상황을 벗어나려고 하는 피해 여성에게 가족 통합이라는 명목으로 복귀를 권하기도 한다(Menjivar, 2011).

여성의 명예는 남성 가장에 대한 존경심을 통해 명예를 보여주는 것에 더해서 정숙(*pudor*)을 보여주는 것으로 가정되는 성적 행동을 통해 정의된다. 반대로 남성의 섹슈얼리티는 공격적인 것으로 추정되며, 남성은 여성을 정복(*conquistando*)함으로써 자신의 성적 능력을 과시하도록 권장된다. 이러한 상반된 태도는 '정상적인' 성적 관계가 동의와 강압 사이의 연속체 위에 존재하는 성적 약탈의 문화를 창조했다. 부적절한 성적 행위(즉, 부정)로 간주되는 행위를 한 여성은 순결이 무너졌기 때문에 그녀의 명예는 실추되고 결코 회복될 수 없다. 따라서 여성이 원하든 원치 않든 남성으로부터 성적 접근을 당한 경우 평판이 악화되는 것은 그녀이기 때문에 성적 학대, 근친상간, 강간 등의 피해자들은 침묵을 지키게 된다(Menjivar, 2011; Manderson and Bennett, 2003). 2009년까지도 과테말라 형법에는 여성의 명예에 대한 범죄로서 성폭행이라는 해석이 명시되어 있었다. 피해자는 자신의 저항을 표현하기 위해 해당 행위가 심한 강압이나 폭력으로 수행되었음을 입증해야 했다. 남성이 피해자와 이전에 친밀한 관계를 가졌다는 암시가 있으면 판사와 검사는 성적 접촉을 범죄가 아닌 남성의 특권으로 간주하기 때문에 여성은 신고하기를 주저하게 되고 기소 가능성도 낮아졌다(England, 2014).

이러한 형태의 가정폭력 및 성폭력은 스페인 정복 이후 과테말라에서 흔한 일이었다. 식민지 시대에는 원주민과 가난한 메스티소 여성이 초야권(derecho de pernada)(노예를 강간할 노예소유자의 권리와 유사하게 자신의 토지에 거주하는 여성(*mozas*)들에 대한 지주의 성적 접근의 권리)이라는 통념을 가진 메스티조와 엘리트 남성의 표적이 되었다. 커피 플랜테이션 시대에는 백인과 메스티소 감독자들이 원주민 여성을 임신시켜 혼혈아를 낳는 것이 인종개선(*mejorar la raza*)으로 장려되었다. 과테말라 내전 중에는 특히 끔찍한 형태의 성폭력이 군에 의해 자행되었다. 지역을 점령한 군대는 원주민 여성에게 요리, 세탁, 성적 행위 등을 강요했다. 여성과 심지어 아주 어린 소녀도 강간당했고, 임산부의 태아는 죽임을 당했다. 남자들에게는 종종 성기에 고문을 가하기도 했다. 국제연합(UN)은 과테말라 군부의 행위가 학살이라고 규탄했다. 군부는 유독 마야인을 표적으로 삼아 그들의 생식력에 영향을 미치는 방식으로 공격하고, 그것을 인종차별적 용어로 정당화했다. 이러한 형태의 성폭력은 엘살바도르, 칠레, 아르헨티나 군부에서도 '반란세력'을 고문하는 수단으로 사용되기도 했다.

평화 협정(1996)에 따라 과테말라는 민주적으로 선출된 문민정부와 함께 '분쟁 이후' 시대로 접어들었지만, 살인율은 현재 세계에서 가장 높은 수준이다. 매일 신문에는 가방에서 발견된 토막 난 시신, 고문의 흔적이 있는 시신, 길거리에서 총에 맞은 사람, 집에서 목이 졸려 살해되거나 구타당한 채 발견된 여성 등에 관한 기사가 실리고 있다. 이러한 폭력은 대개 초-폭력적 남성성을 실천하는 갱단이 저지른 것으로 비난받는데, 그런 남성성은 내전의 유산, 미국의 갱 문화, 그리고 종종 남성이 서로에게 극단적 폭력을 행사해서 '존경'을 얻도록 부추기는 학대 가정에서 자란 경험 등에서 유래했다. 실제로 과테말라에서 살인 피해자의 90%가 남성이다. 그러나 여성을 향한 폭력은 여성이라는 사실과 연관되면서 특정한 형태를 취한다. 예를 들어, 여성은 친밀한 파트너에 의해 통제와 질투라는 문제로 살해당할 가능성이 훨씬 더 높다. 피해자와 살인자가 친밀한 관계에 있을수록 잔인한 방법으로 살해당할 가능성이 더 높다. 갱단에 의해 여성이 살해되는 것은 종종 친밀한 관계에서 벌어지거나 혹은 '상대의' 여성을 공격함으로써 지역사회나 경쟁 갱단에게 메시지를 보내기 위해 일어난다. 이런 식으로 여성의 몸은 남성들 사이의 의사소통 수단으로 사용된다(Fregoso and Bejarano, 2010). 폭력의 형태와 가해자의 정체성이 무엇이든, 그 대부분은 남성에 의한 여성 육체에 대한 소유라는 젠더화 된 논리를 따르며 민디 로다스의 사례에서처럼 극단적으로 잔혹할 수 있다.

대중의 관심과 여성 단체의 노력으로 과테말라는 2008년에 페미사이드와 여성에 대한 여타 형태의 폭력에 대항하는 법률을 통과시켰다. 이 법은 처음으로 가정폭력을 여성 폭력의 정의를 확대하여 정서적 · 경제적 학대를 포함시켰다. 또한 이 법은 가정폭력에 대한 최소 형량을 높였고, 보석과 같은 '대체 조치'의 가능성을 없앴다. 그리고 특별조사기관, 법원, 지원센터 등을 설립하고 젠더폭력에 대처하는 방법을 전문적으로 교육받은 인력을 배치하여 피해자에게 관심을 기울이고자 하였다. 이러한 개선에도 불구하고 살인을 포함한 폭력 범죄율은 줄어들지 않고 있다. 이는 폭력을 조장하고 여성의 신고를 막으며 신고한 여성을 가족과 지역사회가 지원하지 못하게 하는 젠더와 섹슈얼리티에 대한 문화적 이데올로기가 지속되고 있는 것과 관련이 있다. 이는 또한 빈곤 및 성별화된 분업과 연관되어 있다. 빈곤과 성별화된 분업으로 인해 많은 여성이 학대를 가하는 남성 파트너와 가족에게 경제적으로 의존하고 있고, 소송을 진행하는 경제적 부담을 감당하기가 어렵다. 마지막으로 피해자를 적절히 보호하고 범죄를 수사할 과테말라 형사 사법체계의 자원과 인력이 부족하다는 문제점도 존재한다. 대다수의 범죄가 기소되지 않는데, 이는 여성을 살해하거나 학대한 사람이 무사히 빠져나갈 수 있다는 메시지를 전달하고 있다.

# 인도

인도는 12억 8천만 명의 인구를 가진 세계 최대의 국가다. 인도는 언어적·문화적·종교적으로 매우 다양하기 때문에 젠더폭력에 대한 설명도 복잡하고 상황에 따라 달라진다. 또한 인도는 계급에 따른 극단적인 불평등과 힌두교의 경우 카스트(신분이 세습되고 고정되는 계층화의 체계)가 특징이다. 인도는 또한 영국 식민주의와 영국법의 영향을 크게 받았다. 영국의 식민주의는 자원추출이라는 이해에 따라 토지 소유권 제도, 정치 구조, 문화 관습 등을 변경시켰고, 영국법은 젠더와 성적 행동방식에 영향을 미쳤다(Oldenburg, 2002). 오늘날 인도는 빠르게 발전하고 있으며, 이로 인해 카스트, 성별, 종교에 기반한 불평등이 더욱 심화되고 있다. 과테말라와 마찬가지로 젠더폭력이 발생하는 현재의 경제적·문화적·정치적 환경은 식민지 이전의 사회 구조, 식민주의, '현대적' 세계화 등의 복합적인 결과다.

명예/치욕 콤플렉스는 인도에서 젠더폭력을 형성하는 주요한 문화적 개념 중 하나다. 여성은 자신의 명예를 유지하기 위해 자신의 섹슈얼리티를 출산을 위한 이성애 결혼의 맥락으로 제한해야 한다. 인도는 신부가 남편의 대가족과 함께 살아야 하는 부계 거주의 관습이 있기 때문에, 신부의 부모는 딸을 경제적으로 뒷받침해 줄 수 있으며 친정과 동등하거나 그 이상의 사회적 지위를 제공할 수 있는 좋은 신랑을 찾는 데 관심을 가진다. 신랑의 가족에게는 가사 노동을 하고 상속인, 특히 남자아이를 낳을 수 있는 좋은 신부를 찾는 것이 중요하다. 이러한 결혼제도는 남편을 잘 알지 못하고 시집(특히 시어머니)을 섬겨야 하며 경제적으로 남편의 가족에 의존해야 하는 외부자로서 결혼 생활을 시작하는 인도 신부들에게 상당한 취약성을 야기한다. 또한 이동성이 증가함에 따라 니티의 경우처럼 친정 가족의 사랑과 지원으로부터 멀리 떨어져 살게 될 수도 있다.

이러한 부계 친족관계와 결혼 후 거주지의 구성을 고려할 때, 여성은 새로운 가정에서 일종의 안전망과 지렛대를 갖는 것이 중요하다. 식민지 이전 인도에서는 여성이 이혼이나 미망인이 되었을 때를 대비해서 아버지의 재산 일부를 상속받을 수 있는 권리가 있는 경우가 많았다. 또한 인도 북부의 가정에서는 딸에게 생활용품, 금 장신구, 때로는 화폐의 형태로 지참금을 주기도 했다. 이 재산은 신부가 남편의 집으로 가져갔지만 신부의 소유로 남아 있었다. 지참금은 신부를 위한 재정적 보험의 원천으로 중요했을 뿐만 아니라 신부 가족의 부와 지위, 딸에 대한 사랑을 나타내는 표식이기도 했다. 지참금 제도는 많은 혜택이 있었지만 신부의 가족에게 재정적 부담을 주기도 했다. 특히 딸이 많은 집안의 경우 재정적 부담이 더욱 컸다. 영국 행정부는 지참금을 빈곤을 가중시키고 여성 영아살해를 조장하는 원시적 관행으로 간주하여 그것을 불법화하기 위해 노력했다. 그러나 식민 정책은 토지를 사유화하고 여성의 토지 소유를 금지하며 남성을 군대에 징집함으로써 기존의 남아 선호 현상을 더욱 강화시켰다. 따라서 영국의 정책은 실제로 여성을 영아 살해에 더욱 취약하게 만들었고, 딸은 식민지 토지 및 노동 정책으로 인해 빈곤해진 친정 가족에게 더 큰 부담이 되었다(Oldenburg, 2002).

인도는 1947년 영국으로부터 독립했다. 1961년에 지도자들은 신랑의 가족이 본인들 몫으로 점점 더 많은 지참금을 받기 위해 여성들을 학대하고 신부 가족을 갈취한다는 이유로 지참금 금지법을 통과시켜 지참금 관행을 금지시켰다. 그러나 지참금 관행은 계속되고 있으며 심지어 지참금이 전통적 관습이 아니었던 지역사회에서도 보편화되었다. 이는 소비주의가 부상하고 가족들이 지참금을 상품구매나 부의 축적을 위한 수단으로 사용하는 상황을 반영하는 것이다. 또한 지참금은 신부의 가족이 자신의 지위를 과시하는 수단이자 신부에 대한 가족의 관심의 표시로서 신부에게 중요한 의미를 지니고 있다. 게다가 점점 더 고학력화되는 신부의 교육 수준에 맞는 '좋은' 신랑을 구해야 한다는 필요성이 지참금을 추동하는 힘이 되기도 한다. 이처럼 영국이 여성 보호라는 명목으로 금지했던 '후진적' 관행은 자본주의의 확산과 소비 사회에 의해 재정의되어 왔다. 지참금은 여성을 위한 보험의 원천이 아니라 시댁 식구들의 잠재적인 갈취 도구가 되고 있다. 1983년 형법에서 '지참금 사망'은 결혼 후에도 시집 식구들이 계속 지참금을 요구하고 여성이 괴롭힘과 학대로 인해 자살로 내몰리거나 시집 식구들이 새 신부를 구하기 위해 실제로 신부를 살해하는 상황으로 정의된다. 여성이 학대를 신고하지 못하게 하는 수치심 문화와 그런 형태의 학대와 살인이 가정 내에서 발생한다는 사실로 인해 지참금 사망을 입증하는 것은 어렵고 기소되는 경우도 드물다. 아이러니하게도 지참금을 불법화하는 것은 오히려 여성과 그녀의 가족 취약성을 증가시킬 수 있다. 양쪽 가족이 모두 처벌을 받을 수 있기 때문에 신부의 가족은 학대 신고를 주저하게 되는 것이다. 또한 법은 '결혼 선물'을 허용하고 있으며 거래는 공식적으로 기록되지 않기 때문에 지참금 요구를 증명하기란 어려운 일이다(Wyatt and Masood, 2010).

지참금 사망 문제에 대한 대중의 관심이 높아지고 있음에도 불구하고 많은 학자들은 지참금 요구가 여성 학대의 주된 이유가 아니라고 주장한다(Oldenburg, 2002). 오히려 남편과 시부모에 의한 여성 육체의 통제에 관한 이데올로기, 남편의 명예를 지키기 위해 여성이 복종해야 할 필요성, 남성이 아내를 훈육할 권리가 있다는 통념, 며느리의 외부인 지위로 인한 긴장, 성격이나 사회적 지위에서 비롯된 기본적인 불화, 남편의 알코올 남용과 외도 등이 신체적·정서적·성적·경제적 학대의 상황을 낳으며, 거기서 지참금 요구는 한 가지 측면에 불과할 수 있다. 진짜 문제는 이러한 형태의 가정폭력이 그 자체로는 불법이 아니며 이혼이 여성과 그 가족에게 큰 낙인이 되어 친정 가족이 여성의 복귀를 지지하지 않을 수 있다는 것이다. 따라서 여성은 학대받는 결혼 생활에서 벗어나기 어렵고 시댁에 사실상 인질로 잡힐 수 있다. 이런 의미에서 오늘날 인도에서의 여성에 대한 폭력(VAW)은 문화적 · 경제적 · 법적 요인의 결합된 결과라고 할 수 있다. 그 요인들은 서로 결합되어 여성을 가정폭력 일반과 특히 지참금 괴롭힘에 취약하게 만들고 있다.

## 결론

과테말라와 인도는 여성에 대한 모든 형태의 차별 철폐에 관한 협약(CE-DAW)에 서명했으며, 이 협약은 여성에 대한 폭력을 인권 침해로 정의한다. 또한 두 국가 모두 여성에 대한 폭력을 유발하는 관행을 금지하는 법안을 통과시켰다. 그러나 이들 법률은 종종 문제의 경제적 · 법적 · 문화적 원천이 아니라 징후만을 다루기 때문에 여성에 대한 폭력은 지속되고 있다. 예를 들어, 여성 살해 금지법이 통과되었음에도 불구하고 과테말라에서 살해된 여성의 수는 2000년부터 2015년 사이에 3배 이상 증가했다. 마찬가지로 인도에서는 2003년부터 2013년까지 여성 폭력에 대한 신고가 134% 증가했다. 젠더폭력의 근절을 목표로 하는 국제인권협약에 서명했음에도 불구하고 현지의 절차는 종종 부패에 물들어 있으며, 피해자를 보호하고 가해자를 기소할 임무를 가진 바로 그 사법기관에 성차별 이데올로기가 지속된 결과로 법을 집행하려는 정치적 의지는 부족하다. 여성에 대한 폭력은 '여성'의 문제로 여겨지지만, 모든 사람에게 영향을 미치며 모두가 거기에 관여하고 있다. 과테말라와 인도 모두에서 가해자는 주로 남성이지만 남성만이 가해자인 것은 아니다. 인도의 시어머니는 새 신부를 괴롭히는 것으로 악명이 높으며, 심지어 여성 가족 구성원조차 학대 관계에서 벗어나려는 여성을 지지하지 않는 경우도 있다. 많은 여성이 성폭행과 갱단 폭력의 피해자 여성을 본인의 행실로 인해 폭력을 당한 '나쁜 여자'로 치부한다. 여성만 젠더폭력의 피해자가 되는 것은 아니라고 할 수 있는데, 남자아이가 학대 가정에서 자라고, 아버지와 형제가 딸과 자매를 잃고, 남성성(또는 마초주의)이 종종 자기 파괴적인 행동을 조장하기 때문이다. 사회적·경제적·법적 구조가 어떤 사람들을 다른 사람들보다 폭력에 더 취약하게 만드는 한편, 우리 모두는 젠더와 섹슈얼리티에 관한 이데올로기의 영향을 받는다. 우리 모두는 불평등과 그로 인해 발생하는 억압의 형태를 해결하는 데 관심을 기울여야 할 필요가 있다.

## 토론을 위한 질문

• 과테말라와 인도에서 주로 발생하는 젠더폭력의 형태는 무엇인가? 당신이 살고 있는 사회에서 흔히 발생하는 젠더폭력의 형태와 유사한가?

• 과테말라와 인도에서 젠더폭력의 원인이 되는 주요 문화적 이데올로기와 관행에는 어떤 것이 있는가?

• 과테말라와 인도에서 젠더폭력을 유발하는 여타의 사회적·역사적·경제적 요인에는 어떤 것이 있는가?

• 젠더폭력을 방지하기 위해 어떤 법률이 통과되었는가? 그것들은 왜 효과가 없는가?

## 심화학습

England, Sarah. (2014). "Protecting a Woman's Honor or Protecting her Sexual Freedom? Challenging the Guatemalan Patriarchal State through reforms to Sexual Violence Legislation."

Latin American Perspectives 41:1; pp. 124-142.

Fregoso, Rosa Linda and Cynthia Bejarano. (2010). *Terrorizing Women: Feminicide in the Americas*. Duke University Press.

Hurtado, Paola. (2011). "Mindy Rojas: The Woman without a Face, was Buried in December as Jane Doe", *El Periodico* (January 21, 2011). Available at www.ghrc-usa.org/Resources/2011 /Mindy.htm.

Manderson, Lenore and Linda Rae Bennett. (2003). *Violence Against Women in Asian Societies*. Routledge.

Menjivar, Cecilia. (2011). *Enduring Violence: Ladina Women's Lives in Guatemala*. University of California Press.

Oldenburg, Veena Talwar. (2002). *Dowry Murder: The Imperial Origins of a Cultural Crime*. Oxford University Press.

Wyatt, Robin and Nazia Masood. (2010). *Broken Mirrors: The "Dowry Problem" in India*. Sage.

# 20장  유배와 망명의 문학

존 케런(John P. Kehlen)

　유가전통은 예로부터 그들의 유학자-관료의 웅변(雄辯)을 존중해왔다. 또한 그들의 정부는 그들의 시와 수필에 담긴 도덕적이고 정치적인 비난을 두려워했다. 이러한 문학적 항의에 대한 일반적인 대응은 비판적 의견을 침묵시키기 위한 시도로서 추방이었다. 이런 대응유형은 동아시아에서 유배 중에 쓰인, 그리고 유배에 관한 광범위한 문학 전통을 창조해냈다. 그런 유배 문학은 계속해서 부패와 불의를 비난했다. 이 장은 그들 비평가-문인의 전 현대적인 맥락과 유학이 사회와 지적 생활의 모형을 확립했던 문화 내에서 그들이 차지한 의미를 살펴볼 것이다. 또한 '*유배의 문학*'이라는 이 같은 전통을 계속해서 이어가고 있는 몇몇 현대의 작가들, 즉 그들의 모국에서 추방되었던 작가들과 정치적·문화적 억압에 대한 대응으로 스스로 망명을 선택한 작가들도 살펴볼 것이다. 망명이 그들 자신의 국가 내에서뿐만 아니라 태평양연안의 여타 국가와 문화의 관점에서도 불의와 억압에도 눈을 뜨게 만들면서, 유배 문학의 전통은 또한 태평양연안지역을 가로지르는 지적 공간에 대한 인식이 증가하고 있다는 것을 보여준다.

## 유배문학의 고전

중국 문학 정전은 유배를 당한 많은 의로운 작가의 이야기를 담고 있는데, 그중에서도 굴원(屈原, BC 340-?)의 사례가 가장 두드러진다. 혼란스러운 전국시대에 초(楚) 왕의 모신(謀臣)이었던 굴원은 높은 도덕적 기준과 주군에 대한 봉사로 이름을 남겼다. 궁정에서 경쟁자들에 의해 반복적으로 중상을 받은 그는 죽음에 가까운 가장 모욕적인 형벌, 즉 자신의 조상들의 고향에서 멀리 떨어진 양자강 이남으로 유배를 당했다. 굴원은 그의 정치적 명성의 추락과 그 후의 방황을 환상적인 시(詩) 이소(離騷)에 기록했다. 이 시는 그의 주군에 대한 충직한 종사자로서의 인생을 상세히 회상하는 부분으로 시작한다. 그는 자신이 "앞선 사람들의 훌륭함을 따랐다"고 말하며, 아첨과 기만을 사용하여 유가적 통치의 기본 원칙인 정의, 신뢰, 그리고 특히 모든 유가적 윤리의 기초인 인(仁)의 이상을 무너뜨리는 사람들을 비난한다. 그는 조정 정치의 비열함을 거부한 결과로 추방을 당하면서도 대담하게 다음과 같이 선언하며 왕국을 떠난다. "나는 미지의 곳을 가는 것을 두려워하지 않는다/ 나의 믿음의 향기를 느끼는 한." 그의 유배는 그를 세속적인 세계를 떠나 신과 영혼의 영역으로 이동시킨다. 거기서 그는 동정을 받지만 안전한 피난처는 없다. 천문(天門)은 열리지 않는다. 굴원은 인간들의 음모가 판치는 부패한 세상으로 돌아간다. 그곳에서 사람들은 '눈부신 착각에 속아 눈이 멀어' 권력을 쟁탈한다. 그는 조상의 고향의 흔적을 쫓아 말이 그를 더 이상 태우려 하지 않을 때까지 세상을 계속해서 방황한다. 그는 시의 마지막 연(聯)에서 나라 사람들이 어느 누구도 그의 덕을 진정으로 이해할 수 없기 때문에 자신의 고국에 대한 모든 애착을 포기한다고 선언하며 다음과 같은 결론을 내린다. "선정에 나와 함께할 수 있는 사람이 없으므로,

어디에 있든 팽함(彭咸)을 따를 것이다." 여기에서 시인은 전설적인 인물인 팽함을 언급한다. 팽함은 불의한 정치에 참여하지 않고 수도에서 멀리 떨어진 곳에 스스로 은거한 것으로 유명한 인물이다. 달리 말해, 굴원은 전통적인 도덕을 일으켜 세운다. 그는 부패와 불경에 참여하는 대신 가족과 고향을 등지고 추방을 받아들인다. 시인이 이소에서 묘사한 서사는 정치 세계의 타락에 저항하는 모든 사람들을 위한 중국적 모형이 된다. 굴원은 사회로부터의 추방을 받아들이며, '믿음의 향기'를 통해 유배를 이기적이고 사악한 것들을 비판하는 수단으로 변형시키고, 문학적 언설 내에서 설득적 힘을 통해 더 인간적인 세계를 창조한다.

후대에 이르러 중국의 사대부(士大夫)는 굴원의 시에 묘사된 덕성 있는 희생에서 영감을 얻었다. 한나라 이후로 그의 고난은 유가적 덕성을 지키기 위해 처벌받거나 배척당한 많은 작가들에게 공유되는 경험이 되었다. 엄격한 학문의 귀감인 가의(賈誼, 기원전 201?-169)도 개혁을 제안했다가 조정의 반대에 직면했으며, 악의적인 험담으로 인해 추방을 당했다. 가의는 유배를 떠나 장강(長江)의 지류인 상강(湘江)을 건널 때 조굴원부(弔屈原賦)라는 시를 지었다. 거기서 그는 자신의 처지를 문학적 선배의 고난과 비교하고 굴원의 정신에 존경을 표하는 형태로 자신의 단어들을 그에게 헌상했다. 그는 자신의 주군의 경멸과 거부를 경험하면서 굴원의 사례가 알려주는 지혜를 완전히 이해할 수 있었다.

> 귀하게 여기는 바는 성인의 신성한 덕이니
> 혼탁한 세상을 멀리하여 스스로 숨었도다…
> 저 작고 더러운 웅덩이에

어찌 배를 삼킬 큰 물고기를 담을 수 있겠는가?[1]

가의(賈誼)는 자신의 은유를 통해 정치적 영역을 상기시키면서 시적 민첩성을 보여주는 동시에 자기보다 앞서간 덕망 있는 사람들에게 경의를 표하면서도 자신이 뒤에 남기고 떠난 조정 관리들의 부도덕함을 비판한다.

수없이 많은 작가들이 전통에 관한 문사의 관심을 통해 모든 유학자가 인류에 대한 의무를 수행하는 과정에서 겪어야 할 위험인 공직 생활에서의 부정(不正)을 상기시키는 사람으로 굴원(屈原)과 가의(賈誼)를 되돌아보았다. 당(唐)나라 시인 유장경(劉長卿, 709-785)은 가의의 유배지에 방문하여 다음과 같은 시를 남겼다. "상수(湘水)는 감정이 없다네. 어떤 이가 나에게 경의를 표할지 누가 알겠는가? 적막산천 속에서 외로운 사람들 속에서 나는 자유롭게 스러지리라!"[2] 조정에서 상쟁하는 세력들 사이에 갇힌 이상은(李商隱, 813?-858)은 과거시험에서 감히 황제의 정책을 비판했다가 유배를 당한 동료 학자에 대해 증언했다. 이상은은 시조를 통해 굴원의 이미지를 소환하면서 자신의 친구에게 이렇게 말한다. "초로 가는 길 위에서, 너는 너 자신의 단어로 크게 노래를 부른다."[3] 이 구절은 묵계에 대한 친구의 도전을 존경받는 과거와 강력하게 연결하며, 유배 중에는 그가 자유롭게 진실을 말할 수 있다는 점을 상기시킨다. 권력의 전당으로부터 멀어질수록 부정과 탐욕을 꾸짖을 수 있는 능력은 커진다.

재야 문사의 전통에 속하는 다른 인물은 송(宋)나라 학자인 소식(蘇軾)

---

1 [역자주] 원문은 다음과 같다. "소귀성인지신덕혜(所貴聖人之神德兮), 원탁세이자장(遠濁世而自藏) … 피심상지오독혜(彼尋常之汗瀆兮), 기능용부탄주지거어(豈能容夫吞舟之巨魚)?"

2 [역자주] 원문은 다음과 같다. "한문유도은유박(漢文有道恩猶薄), 상수무정조기지(湘水無情吊豈知)? 적적강산요락처(寂寂江山搖落處), 연군하사도천애(憐君何事到天涯)!"

3 [역자주] 원문은 다음과 같다. "초로고가자욕번(楚路高歌自慾翻)."

인데, 그는 소동파(蘇東坡, 1037-1101)로도 알려져 있다. 그의 삶은 당대와 후대의 작가들에게 원칙 있는 저항의 모형을 제공했다. 그는 서예에서 미식에 이르는 다양한 분야에서의 뛰어난 업적으로 유명한 다재다능한 인물로 19세에 과거(科擧)에서 장원급제하여 관계(官界)에서 눈에 띄는 경력을 시작했다. 조정의 정책에 비판적인 시로 이미 한번 추방을 당한 후에도 소동파는 계속해서 문인들과 일반인들 사이에서 문필로 인기를 얻었다. 그는 1079년에 반역죄로 체포되어 수도로 호송되었는데, 이때 어사대의 심문과 그의 변명을 담은 기록이 악명 높은 오대시안(烏臺詩案)으로 남아 있다. 여기서 그의 시는 반역의 증거로 제시되었다. 그의 시는 제국 조정에서의 부패와 불의를 비판한 고대 시인들을 언급하고 있을 뿐이었지만, 그는 유죄 판결을 받고 남은 생애의 대부분 동안 유배를 당했다. 그의 재판 이후 수 세기 동안 중국 문인들과 정부를 개혁하려는 그들의 시도에서 우리는 두 가지 추세를 관찰할 수 있다. 그중 하나는 작가들이 국가에 의한 박해를 피하기 위해 자신의 비판을 상상적이고 간접적인 언어로 숨겨할 필요성이 커졌다는 것이고 다른 하나는 동료 학자와 공중의 시선에서는 이들 저항 문학의 인물들이 더욱더 큰 높은 존경을 받았다는 것이다.

전근대(前近代) 일본의 학자들도 마찬가지로 유가 철학과 중국 문화로부터 큰 영향을 받아서 유배의 문학적 형상화에 기여했고, 이미 잘 확립된 비유적 용법에 또 다른 층의 전통을 추가했다. 헤이안 시대의 대신(大臣)인 스가와라노 미치자네(菅原道真, 845-903)는 일본에서 소인배 정치에 패배한 귀족적 정신의 역사에서 가장 탁월한 사례로 꼽힌다. 귀족적 혈통과 학문적 탁월성의 오랜 전통을 가진 가문에서 태어난 미치자네는 중국어와 중국의 경전적 문학에 대한 능력을 인정받아 국가가 세운 대학에서 중국어 교수[문장박사(文章博士): 역자주]로 임명되어 큰 명성을 쌓았고 이후 오랫동안 제국의 조정에서 다양한 직위를 역임했다. 헤이안 정부는 거의 모든 사무를 중국어로 처리했으며, 그의 우아하고 명료한 산문은 많은 동시대인과 경쟁자들의 존경을 받았다. 894년에 그가 견당사(遣唐使)의 직위에 임명된 이후 우다(宇多) 천황의 갑작스러운 퇴위로 새 천황 아래에서 경쟁하는 세력들이 정치적 영향력을 놓고 다툼을 벌였다. 901년에 이르러 미치자네는 공식적인 승진을 받은 지 한 달도 채 되지 않은 때에 조정에서 분열을 일으키는 인물이 지목되어 현재의 규슈에 해당하는 지역의 하급 지방 행정기관인 다자이후(太宰府)로 갑작스럽게 좌천을 당했다. 이는 사실상 귀족정의 문화적 · 정치적 궤도로부터의 굴욕적인 추방이었다.

수도를 떠나는 과정에서 그리고 그 이후의 유배 시절에 그는 중국어와 일본어로 시를 썼는데, 그의 시는 체념과 함께 희망, 즉 곧 도래할 청렴한 통치자 아래에서 자신이 다시 돌아가 국가에 봉사할 희망을 표현했다. 그는 굴원의 이소(離騷)로부터 영감을 얻어, 향기만을 남긴 채 갑자기 사라져 버리는 선정(善政)의 미덕에 대한 은유로 꽃을 자주 활용했다. 미치자네는 수도를 떠나면서 이후 천 년 동안 수많은 시인에게 영감을 주게 되는 이미지를 통해 다음과 같이 썼다.

나 늙었지만,
소나무는 여전히 푸르다.
더욱더 빛나고 있는,
나의 검은 머리카락에,
눈의 추위를 느낀다.[4]

신고킨와카슈(新古今和歌集) 1696

---

4 [역자주] 원문은 다음과 같다. "老いぬとて 松は緑ぞ 増さりける 我が黒髪の 雪寒さに"

시인은 자기 자신을 거의 눈에 띄지 않지만 지혜와 다가올 계절에 대한 인내로 여전히 활력에 차 있는 구부러진 늙은 소나무로 상상한다. 그의 정수리는 정치적 날씨의 갑작스러운 변화로 하얗게 될지 모르지만, 그는 권력의 전당에서 멀어져 얼어붙을지라도 소나무처럼 견디며 봄이 다시 오기를 기다릴 것이다. 903년에 여전히 유배 중이었던 미치자네는 수도로의 임박한 귀환을 상상하는 시의 한 구절을 쓴 직후에 숨을 거두었다. 이후 몇 년 동안 천재지변과 국가적 재난이 잇달았는데, 조정의 대신들은 이를 미치자네의 원혼의 소행으로 해석했다. 이후의 천황들은 사후에 그를 전직 관작과 관위로 복권하였으며, 986년에는 이치조(一条) 천황이 공식적으로 그를 기념하는 사찰을 세우고 그를 신도의 교육과 학문의 보호신(保護神)인 텐만텐진(天満天神)으로 봉안했다. 오늘날에도 일본의 대학 입시를 앞둔 학생들은 그의 신사에서 기도와 제물을 바치며 미래의 성공을 희망한다. 그의 예는 열심히 공부하고 덕으로 봉사하는 사람들이 면학으로 인한 고립과 명성의 부족으로 인해 언제나 즉각적인 혜택을 볼 수는 없다고 하더라도 결국에는 정당한 보상을 얻을 것이라는 것을 시사한다.


## 현대의 망명자들


20세기 중국 문학에서의 엄청난 변화는 중국 사회 내에서의 격동과 공명했다. 문학의 언어로 백화문(白話文) 또는 구어체를 사용하는 운동은 2,000년 이상 된 경구들을 사용하는 전통을 변형하려고 했다. 모더니스트 작가들은 그 대신에 경구들의 복잡하고 암시적인 구조를 직접적이고 장식되지 않은 스타일로 대체하여, 유가적 양식의 교양인(教養人)들뿐만 아니라 사회의 모든 구성원과 소통할 수 있는 언어를 재창조하려고 했다. 그럼에도 불구하고 개혁자들은 유배라는 고대적 형상에서 의미를 찾았다. 중국 소설을 현대화시킨 위대한 작가 루쉰(魯迅, 1881-1936)은 고전 양식의 화려한 언어를 무시했지만 기꺼이 권력을 비판했던 굴원(屈原)의 모습에서 작가의 행동에 영감을 주는 전범을 발견했다. 1949년 중화인민공화국(中華人民共和國)의 수립과 함께 유배의 형상은 정치적 과잉에 대한 항의나 그것에 대한 두려움으로 인해 스스로 자신의 고국을 떠나는 것을 선택하는 작가들의 모습으로 새로운 현실적합성을 가지면서 복귀했다.

　스스로 유배된 이들 작가 중에 에일린 창(張愛玲, 장애령, 장아이링, 1920-1995)은 중국 현대 소설에서 특이한 위치를 차지하고 있다. 그녀는 중국과 서양 사이에서 살아가는 최초의 문학인 중 한 명이며, 그녀의 작품은 태평양 연안을 횡단한다. 그녀는 상해(上海)에서 태어나 홍콩에서 대학에 다녔으나 1941년 일본의 점령으로 인해 학업을 중단했다. 그 후 10년 동안 중국에서 지내다가 홍콩, 대만, 그리고 미국으로 이동한 그녀는 결코 중국 본토로 돌아오지 않았다. 중국공산당의 주변부에서 쓰인 그녀의 소설과 단편은 1949년 이전의 중국을 재현하거나 그 이후 중국의 재건을 탐구하려고 시도한다. 독자들은 그녀의 작품들 속에서 은유적인 유배 상태에 처한 복수의 주인공들을 발견할 수 있다. 대학 동기들로부터 인정을 받을 수 없는 남자, 가족이 선택한 남편 후보와 결혼할 것을 거부해서 쇠락한 가족으로부터 의절당한 부잣집 딸 등이 거기에 포함된다. 그녀의 산문은 명예와 행실의 낡은 규범에 대한 의무보다는 자유를 선택한 사람들의 심리 상태에 초점을 맞춘다. 그녀의 등장인물들은 종종 비극적인 결함을 갖고 있지만 비록 자신의 선택이 가족, 부, 재산을 포기하는 것을 의미할지라도 자기 자신을 스스로의 운명의 저자로 재정의하려고 시도한다.

중국공산당 통치의 초기 시기 동안 사랑에 빠진 젊은 커플의 시련을 그린 『적지지련(赤地之戀)』(1956)에서 장애령은 봉건적인 유교적 가치를 포기하는 폭발적 질주와 '개혁'의 무자비함이 혁명적 사회로부터 그렇게 소외된 사람들을 창조한다는 것을 보여준다. 그렇게 해서 그들은 그들 자신에 대해 외국인이 된다. 정치적 대의에 대한 독단적 부담으로 인해 주인공들은 자신들의 신념을 숨기고, 처벌과 공개적 비난을 두려워해서 서로에 대한 애정을 부인한다. 소설의 말미에 이르러서는 정치적 순수성에 대한 집착이 그녀의 등장인물들의 사랑, 양심, 그리고 자유의지를 파괴해버린다. 왜냐하면 혁명적 열정으로 인해 그들은 서로에게 솔직하게 말하거나 행동할 자유를 잃어버렸기 때문이다. 장애령의 동시대인들은 종종 그녀의 청량한 스타일과 스토리텔링을 상찬했지만, 동시에 그녀의 작품이 분명한 정치적 도덕화를 결여하고 있다고 비난하고 그녀가 주로 인간관계와 감정적 위기에 초점을 맞추고 있다고 공격하기도 했다. 그러나 그녀의 글쓰기를 활기차게 만드는 것은 '사회주의적 리얼리즘'에 대한 바로 이와 같은 거부에 있다. 그녀는 현대 시기에 대한 정치적 점령이 어떻게 자아의 내적 반역을 야기하는가에 주목한다. 자아는 이제 자기 주변의 부패를 볼 수 있게 된 개인으로서의 지위에 눈떠서 맹목적으로 따르거나 아니면 비록 외롭고 먼 길이라도 독립하여 자기 자신의 길을 추구해나가는 것을 선택해야 한다.

중국 내에서 망명이라는 주제는 1976년 마오쩌둥(毛澤東)의 사망 이후에 출현한 상대적으로 개방적인 문학 문화에서 새로운 활력을 되찾았으며, 1989년 천안문 시위 이후에는 더욱 급박하게 다시 등장한다. 중화인민공화국(中華人民共和國)의 수립과 함께 성년을 맞았으며 2000년에 중국 작가로는 처음으로 노벨 문학상을 수상한 가오 싱젠(高行健, 1940-)은 그의 작품에서 권위로부터의 거리 두기의 두 가지 형태를 보여준다. 문화혁명의 열광적 시기 동안 그는 자신의 '부르주아적인' 글쓰기가 발각되어 처벌을 받는 것을 피하기 위해 초기 작품을 태워버리고 시골의 은둔 생활로 퇴각했다. 1980년대에 더 개방적인 환경이 출현했을 때, 그의 실험적인 연극은 포스트-마오 사회의 정체상태를 가차 없이 비판했다. 『버스정류장(車站)』(1983)에서는 고향에서 멀리 떨어진 도시에서 자신의 삶을 개선하려는 인물들은 아무런 설명도 없이 버스들이 연이어 그들을 지나쳐 가는 상황에서 무기력하게 기다리고 있다. 그의 작품에 대한 공식적인 불만과 더 큰 비난의 위협으로 인해 가오는 여러 해 동안 스스로 내륙의 농촌을 떠돌았다. 가오는 아득히 먼 곳에서 세계를 관조하며 자기 자신을 정치의 손길이 닿지 않는 자연세계와 다시 연결시켰다.

도시 사회로부터 분리되었던 이 시기의 결과인 『영혼의 산(靈山)』(1990)은 도그마와 정당 교리의 소란을 초월하고자 하는 개인의 상태를 다루고 있다. 이 소설의 이중적 화자는 두 가지 유형의 망명을 상징한다. 하나는 자기 자신의 안락만을 생각하는 시민의 진부한 존재를 거부하면서 결코 도달하기 어려운 신성한 봉우리를 찾고자 하는 것이고, 다른 하나는 치명적인 진단을 받은 후에 국가의 욕망이 아니라 자신의 욕망에 따라 정직하게 살려는 노력의 일환으로 사천(四川)의 산림에서 멀리 떨어진 태평양까지 도보여행을 떠나는 것이다. 이 소설은 종종 전근대 문학에 준거를 두는 생생하고 거의 환각적인 이미지를 통해 사회주의적 리얼리즘을 기각하고, 비록 자유로이 행하기 위해 자신이 그가 속한 세계를 떠나야만 할지라도 개인의 고립된 삶은 언제나 자유롭게 말하고 자유롭게 생각할 권리를 갖는다고 선언한다.

1987년 중국을 떠나 파리로 이주한 후 결국 프랑스 시민이 된 가오는 자신의 작품 대부분이 본토에서 합법적으로 출판이 불가능하다는 사실에도 불구하고 모국의 영적 상태를 계속해서 비판했다. 그의 우화적 연극 『8월의 눈(八月雪)』(2000)에서 저자는 불교의 개조(開祖) 혜능(會能, 633-713)의 삶과 깨달음을 묘사하고 있다.[5] 혜능은 기성 성직자들의 경쟁과 질투에서 멀리 떨어져서 자발적으로 부과된 망명을 실행하기 위해 수도원식 생활을 포기한다. 혜능이 설파하는 급진적 평등성은 권위를 가졌던 이들을 두렵게 하고 대부분의 일반인들을 혼란스럽게 만든다. 그의 메시지를 이해할 수 있는 것은 미친 사람들과 예술가들뿐인 것처럼 보인다. 궁극적 자유는 육체든, 가족이든, 아니면 말 그 자체든 그 어떤 것에 대한 것이든 모든 집착을 끊는 것에서 비롯된다. 우리는 이것을 상업이 공공의 관심을 지배하는 동시대 물질주의에 대한 가오의 거부로 독해할 수 있다. 뿐만 아니라 우리는 이것을 그의 모국 사람에 대한 경고, 즉 양심의 목소리는 중국의 역사에서 과거에 수차례 강력하게 발언을 해왔고 중국의 문화가 지속되는 한 미래에도 발언을 계속할 것이라는 경고로 독해할 수도 있다.

몇몇 작가들도 더 간접적이지만 여전히 날카로운 방식으로 공산주의 사회의 경건함에 도전했다. 이른바 '몽롱시인(朦朧詩人)'의 다수는 중화인민공화국 창건 이후에 태어났으며 문화혁명 기간 동안 학생으로 대학 폐쇄와 재교육을 위한 농촌지역으로의 '하방'을 경험했다. 1980년대의 상대적으로 개방된 시기에 그들은 암시적인 이미지와 종종 단어와 의미의 초현실주의적인 조합을 선호하며 리얼리즘적인 세부 묘사는 회피하는 시를 지어서 공개적으로 유통했다. 그들의 시는 당 관리들로부터 '모호하다'는 비난을 받았지만 종종 사회의 조직화에 대한 의문을 표현했고 여타의 많은 학생과 지식인에게 깊은 공감을 불러일으켰다. 이 작가들 중에서 베이다오(北島, 1949-)는 자신의 독창적인 시『회답(回答)』(1980)에서 독자들의 양심

---

5 [역자주] 혜능은 불교 선종 남종 육조로 한자로는 일반적으로 '慧能' 또는 '惠能'으로 쓰인다.

에 호소했다. 그는 종이, 밧줄, 그리고 자신의 그림자만을 가지고 태어났다고 말하며, 당국의 심판하는 목소리를 '나는-믿지-않는다!'라는 강렬한 선언과 대비시킨다(McDougall, 1990).[6] 그다음으로 시인은 문학적·정치적 통제에 대한 자신의 도전을 끝없는 결투로 구상한다. 그것은 심지어 그 자신의 절멸의 위험을 무릅쓰더라도 다수에게 진실을 전해야 하는 개인의 목소리다. 당국의 억압과 대결하려는 그의 시적 저항은 1980년대 동안 계속해서 시인과 독자들에게 영감을 주었으며, 지적 반대파들의 더 강한 목소리를 고무시켰다.

천안문사태가 펼쳐지는 동안 해외에 있던 베이다오는 거의 20년 동안 중국으로의 재입국을 거부당했다. 1989년 이후 몇십 년 동안 그와 그의 동년배들—작가, 학생, 비평가—다수는 복합적인 유배 상태에서 생활하며 글을 썼다. 몽롱시인들은 그들의 향토에서 추방되어 중국어로 쓰인 문학에는 거의 관심을 갖지 않는 해외문학계에 둘러싸인 상태에서도 전제적 국가에 대한 저항으로서, 그리고 그들 자신의 언어적 생존에 대한 진술로서 글쓰기를 지속했다. 그들의 글쓰기 행위는 중국의 유배지 시의 오랜 전통을 채택하면서 그들 자신과 중국 독자들에게 그들의 말이 죽어 없어지지 않았으며 개인적 자유라는 그들의 꿈이 살아 있다는 상징이 된다. 베이다오는 『영원에 대하여』에서 천안문에서 스러진 이들에게 경의를 표하며, 사랑—자유, 개인성, 심지어 다른 인간 등에 대한—이 진리를 위해 목숨을 바친 이들에 대한 공유되는 비탄을 반드시 극복할 것이라고 쓰고, 민주주의라는 대의를 위한 그들의 희생을 '시간을 응시하는 그들의 눈'으로 묘사한다(Hinton, 1996). 박해, 억압, 심지어 죽음과 같은 그의 세대의 모든 희생에도 불구하고, 시인

---

6 [역자주] 원문은 다음과 같다. "我-不-相-信！"

은 그들의 고통이 무의미하지 않았음을 분명히 한다. 그와 다른 이들은 그가 죽은 자들과 산 자들 사이의 '영원한 동맹'이라고 부른 것 속에서 그들의 기억을 보존하기 위해 그들의 이상을 소중히 여기고 기록할 것이다. 그는 자신이 그 자신의 인민들 내에서 말할 수 없는 것들을 자신의 멀리 떨어진 유배지에서라도 세상에 알릴 것이다.

인터넷의 도래는 중국의 공공 담론과 그 내부에서의 문학의 역할을 변화시켰다. 정부의 검열과 통제 시도에도 불구하고, 익명성과 즉각적 재생산의 힘이 비판의 꾸준한 배경 소음을 가능케 했다. 귀샤오루(郭小櫓, 1974-)의 작품은 그의 사회에서의 변화에 의해 제약되는 동시에 해방되는 저자의 진화하는 사례를 제공하며 또한 유배의 중요성에 대한 새로운 해석을 대표한다. 작가의 첫 번째 소설은 몽롱시인들로부터 독창적인 방식으로 영감을 얻어서 블로그와 문자 메시지의 개인 언어 말투에 가까운 문학적 스타일을 활용한다. 문장은 단락이나 문장부호 없이 서로 섞이며, 주인공의 마음은 외견상 무질서하게 이미지에서 아이디어로, 아이디어에서 성찰로 도약한다. 이후에 작가에 의해『게걸스러운 청춘의 스무 파편』(20 Fragments of a Ravenous Youth, 2008)으로 개정되어 영어로 번역된『분방(芬芳)의 37.2°』(2002)는 점차 세계화되는 베이징에서 자립을 시도하는 젊은 시골 출신 여성의 삶과 내면세계를 탐구한다. 독신여성에 대한 사회의 무거운 기대와 가족으로부터 분리된 주인공 펀팡(芬芳, Fenfang)은 계속해서 반복적으로 그녀의 내면적 현실을 표현하는 수단들을 찾는다. 그녀는 전문 배우가 되려고 노력하고, 미국 교환학생과 데이트하며, 도시에서 길 잃은 방랑자들에 대한 자신의 시나리오를 직접 쓰기도 하면서, 신뢰성보다는 더 많은 돈에 강박적으로 집착하는 사회에 냉소적인 시선을 던진다. 소설의 말미에서 그녀는 실망스러운 도시의 소용돌이를 뒤로하고 가능한 한 베이징에서 멀리 떨어진

곳으로 여행을 떠난다. 그녀는 태평양을 바라보며 다시는 가족이나 남자친구, 국가 같은 타인들의 기대에 의지하지 않겠다고 결심한다. 우리는 이를 작가가 자신이 원하는 개인적이고 예술적인 자유를 찾기 위해 중국 그 자체에 등을 돌리고 중국의 경계를 넘어선 더 큰 세계를 마주하는 것을 은밀하게 진술하고 있다고 독해할 수 있다.

소설의 두 판본 사이에 런던으로 이동한 이후로 귀샤오루는 자신을 '스스로 유배된 소설가'로 묘사하며 계속해서 중국어와 영어로 글을 쓰고 있다. 그녀 작품의 포스트모던적인 표면에도 불구하고, 중국 문필 문화의 심원한 깊이는 그녀가 과거를 인정하는 것에 깊은 영향을 미쳤다는 것이 분명하게 드러난다. 펜팡의 이름에 사용된 한자는 그녀의 뛰어난 문학적 선조에 대한 헌사를 반쯤은 감추고 있는 것으로 2,000여 년 전에 굴원(屈原)이 '그의 신념의 향기'를 나타내기 위해 사용했던 것과 동일한 한자 방(芳)을 사용하고 있다.[7] 우리는 중국 문화의 더 큰 연속성──유가 교리의 넓은 뿌리, 중국 서사 역사의 깊은 틈새, 그리고 국가 권위와 개인적 양심 사이의 반복된 투쟁 등──이 동시대 작가와 비평가들에게 권위에 대항하는 의로운 이견의 잘 확립된 전통을 제공한다는 것을 관찰할 수 있다. 그런 전통에서 그들의 목소리는 스스로 더 큰 공중에게 공표된다. 유배의 생활은 고립될 수도 있고 심지어 위험할 수도 있지만, 예술적 전통의 긴 덩굴은 작가들을 권위에 대한 저항이라는 더 큰 유형에 긴밀하게 접합시킨다. 그런 저항 유형은 그들보다 앞서서 글을 썼던 사람들의 영혼을 통해, 그리고 시와 산문에서 불의를 경고하는 계속된 목소리로 출현한다.

---

7 [역자주] 굴원의 표현은 다음과 같다. "진실로 내 마음의 그 믿음이 향기롭다면(苟余情基信芳)."

## 토론을 위한 질문

- "공자가 네 가지로 가르치니, 문과 행과 충과 신이라."[8] (논어·술이편) 이 말이 유교사회에서 문학의 도덕적 목적에 부여하는 의미는 무엇인가?
- 꽃, 노려보는 눈, 한 장의 종이 등 이 글에서 논의된 이미지들을 고려해보자. 이들 상징과 그것의 비판적 의도는 어떻게 해석될 수 있는가?
- 환태평양지역 내 정치적 반대의 동시대적 표현에서 우리는 '유배 작가' 전통과 어떤 연결점을 찾을 수 있는가? 이 전통은 영화, 텔레비전, 또는 대중음악 같은 동시대의 매체들에서 어떻게 표현되고 있는가?

## 참고문헌

Hinton, David (tr.). (1996). *Bei Dao/At the Sky's Edge: Poems 1991-1996*. New York: New Directions.

McDougall, Bonnie S. (tr.). (1990). *The August Sleepwalker*. New York: New Directions.

## 심화학습

Borgen, Robert. (1986). *Sugawara no Michizane and the Early Heian Court*. Honolulu: University of Hawaii.

Gao Xingjian. (2007). *The Case for Literature*. New Haven: Yale University.

Guo Xiaolu, guoxiaolu.com (author website with written and visual work).

Hawkes, David (tr.). (1985). *The Songs of the South*. London: Penguin Classics.

Murck, Alfreda. (2000). *Poetry and Painting in Song China: The Subtle Art of Dissent*. Harvard University.

---

8  [역자주] 원문은 다음과 같다. "자이사교(子以四敎), 문(文), 행(行), 충(忠), 신(信)."

# 21장 환태평양지역의 다큐멘터리 영화와 트라우마

토마스 크로우더-타라보렐리(Tomas Crowder-Taraborrelli)[1]

제2차 세계대전 중 일어난 민간인 대량 학살로 인해 다큐멘터리 영화는 전쟁의 충격적 사건을 성찰하는 중요한 도구가 되었다. 수십 명의 영화 제작자가 자신의 경력 중 상당 부분을 갈등과 인권침해를 기록하고, 희생자들의 경험을 복원하는 데 바쳤다. 이들 서사의 강렬함으로 인해 다큐멘터리 매체는 그 제작 및 배급방식을 개선해야 하는 과제를 안게 되었다. 이 장에서는 대량학살, 반인도적 범죄, 국가테러리즘의 결과를 다룬 태평양연안의 다큐멘터리 영화를 분석할 것이다. 이는 흔히 '기억 연구'로 알려진 풍부한 이론적 전통을 기반으로 한다. 주요 목적은 1) 태평양연안의 역사에 뚜렷이 남은 몇몇 충격적인 사건을 재검토하며, 2) 미국, 칠레, 중국, 베트남의 여러 다큐멘터리를 식별하여 요약하고, 3) 이러한 사건들이 희생자들과 역사적 기억에 미친 결과를 재사고함에 있어 사용된 서사 및 시각적 기술을 분석하며, 4) 과거의 재현이라는 점에서 다큐멘터리 영화와 시각예술의 중요성을 성찰하고, 5) 이러한 것들이 반영되어 태평양연안지역을 가로질러 진전되고 있는 중요한 문화적·정치적 연대를 고찰하는 것이다.

---

1 [역자주] 저자는 연구 및 번역에 도움을 준 제이크 에델슈타인(Jake Edelstein)에게 감사의 뜻을 전한다.

## 태평양을 가로지르는 다큐멘터리 영화

다양한 사회적 · 문화적 맥락에도 불구하고 태평양 지역의 다큐멘터리 영화는 비참함과 죽음, 그리고 수천 명의 난민을 초래한 파괴적인 갈등의 원인과 결과를 분석할 수 있는 다양한 시각적 기술을 선보인다. 이 장의 과제 중 하나는 최근 수십 년 동안에야 비로소 의미심장한 문화적 · 정치적 교류 및 무역을 시작한 아시아와 라틴아메리카 국가 영화들의 역사기술을 논의의 장으로 끌어내는 것이다 .

안드레아스 후이센(Andreas Huyssen)은 어떤 경우에는 외상적이기도 한 사건의 경험과 그 재현 사이를 벌여놓는 균열에 대해 묘사한다. 후이센은 과거에 접근할 수 없음에 대해 한탄하고 이를 바꿀 수 없는 상황에 직면하는 대신, 이 난관을 예술적 창작을 위한 성찰의 기회로 받아들여야 한다고 제안한다(Sturken, 2001: 35). 다큐멘터리 영화는 과거와 현재의 분할을 다루면서 과거를 재현하고 재사고하는 새로운 방식을 제시했다.

다큐멘터리 영화의 특징 중 하나는 인권침해와 반인도적 범죄를 드러내는 능력이다. 100여 년 전 영화가 발명된 이래로 영화 제작자들은 전장에서의 학살, 포로와 민간인(특히 여성과 어린이)에 대한 학대, 그리고 종족적 · 종교적 또는 민족적 집단에 대한 체계적인 말살을 기록해왔다. 다큐멘터리 비평 분야의 선구자 중 한 명인 에릭 바누우(Eric Barnouw)(1983)는 1940년 독일군이 노르웨이를 침공했을 때 300대 이상의 카메라가 전투를 기록하는 데 사용되었다고 말한다. 폴란드 도시 그디니아(Gdynia)를 공격하는 동안 독일군은 카메라를 배치할 수 있도록 공세를 지연하였다. 또한 다큐멘터리 이미지가 범죄의 증거로 분류되면서 영화의 도덕적 · 윤리적 책임과 가해자 및 공범에 대한 캠페인에서의 영화의 역할에 대한 성찰도 이루어졌다. 여러 영화 학자가 지적했듯이 이러한 풍부한 이론적 전통은 잔학 행위를 추모하고 정의를 추구하는 데 있어 이미지의 중요성에 대한 중요한 역사 기술을 만들어냈다(Insdorf, 1989; Kaplan, 2005; Torchin, 2012; ten Brink and Oppenheimer, 2012).

난징 대학살, 일본 도시에 대한 원폭 투하, 위안부가 겪은 조직적인 학대, 베트남전쟁의 잔혹 행위, 1970년대와 1980년대 라틴아메리카에서 국가가 지원한 테러 등은 태평양연안 국가 간의 관계에 계속 영향을 미치고 있다. 다큐멘터리 영화는 인권침해의 결과에 대한 깊은 성찰을 위한 수단일 뿐만 아니라 역내 문화교류를 촉진하는 역할을 해왔다. 지난 20년 동안 국제영화제를 통해 다큐멘터리 영화가 확산되면서 아시아, 라틴아메리카 등 역사적으로 교류가 적었던 지역의 관객들은 다큐멘터리를 통해 서로의 풍부한 영화적 실천을 발견하고 각자의 정치적·문화적 삶의 측면을 알게 되었다. 전통적으로 아메리카 대륙은 유럽을 자신들의 문화적 유산의 '원천'으로 여겨왔으며, 이는 종종 자신들의 원주민문화와 디아스포라 문화를 훼손시켰다. 1960년대부터 미국의 시민권 투쟁, 베트남 반전 학생운동, 수많은 해방 운동과의 연대 캠페인에 대한 국제적 인식이 높아지면서 라틴아메리카와 아시아 다큐멘터리 영화 제작자 간의 교류가 증대되었음을 확인할 수 있다. 이러한 유대의 원인이 부분적으로는 이데올로기적이었다는 점은 명백한데, 이는 태평양연안 전역에 걸친 냉전 연대를 보여준다.

이러한 연계를 잘 보여주는 다큐멘터리 중 하나는 쿠바의 유명감독 산티아고 알바레스(Santiago Alvarez)[2]가 만든 〈*하노이 13번째 화요일 Hanoi*

---

2 [역자주] 산티아고 알바레스(1919-1998): 쿠바의 영화감독. 기존의 '다이렉트 시네마'라 불리는 기록영화와 달리 빠른 속도감으로 편집리듬을 살려 이미지를 연결한 기록영화를 제작하였다. 대표작으로는 지금(Now, 1965), L.B.J(1968), 79번의 봄(79 primaveras, 1969) 등이 있다.

*Martes 13*〉(1968)이다. 1959년 쿠바 혁명이 승리한 후 쿠바 영화예술산업 연구소(Cuban Institute of Cinematographic Art and Industry)는 예산의 일부를 뉴스릴(기록영화)과 다큐멘터리 제작에 할당했다(알바레스는 700편 이상의 영화에 참여했다). 〈하노이 13번째 화요일〉은 미국에 대항한 베트남 민중의 투쟁에서 라틴아메리카 영화 제작자의 역할을 이해하는 데 필수적인 영화다. 알바레스는 뉴라틴아메리카 시네마 운동의 다른 많은 영화 제작자들과 마찬가지로, 베트남과 캄보디아가 새로운 반제국주의 투쟁의 현장이라는 것을 이해했다. 이 다큐멘터리는 그 당시에는 보기 드문 시각적 아름다움의 이미지를 보여준다. 어느 한 시퀀스에서는 폭격 중에 논에서 일하는 일군의 농부들의 모습이 나오는데 알바레스는 다음과 같은 자막으로 이를 강조한다. "우리는 증오를 에너지로 바꿉니다." 〈*하노이 13번째 화요일*〉을 제작하기 위해 알바레스는 베트남 사람들의 저항을 촬영한 베트남 카메라맨과 협력했고, 나중에 편집작업을 위해 촬영물을 쿠바에 보냈다(Wilson, 2014: 139). 이런 방식으로 알바레스는 태평양연안의 반대편에 있는 국가들 사이에서 전례 없는 냉전 협력을 개시하였다.

## 일본인 강제 수용의 기록

전쟁, 억압, 망명은 신체적 · 정신적 외상을 동시에 유발한다. 일본계 미국인 영화감독인 리 타지리(Rea Tajiri)[3]는 이러한 외상의 지속성이 이미지의

---

3 [역자주] 리 타지리(1958-): 일본계 미국인 비디오 아티스트 및 영화 제작자. 본문 내용에 등장하는 〈역사와 기억: 아키코와 타카시게를 위하여〉(1991)를 통해 다수의 국제영화제에서 수상한 경력이 있다.

현존과 부재 양자 모두와 관련이 있다고 단언한다. 그녀의 다큐멘터리 〈역사와 기억: 아키코와 타카시게를 위하여 History and Memory: For Akiko and Takashige〉(1991)에서 타지리는 1941년 진주만 공습 이후 수용소로 추방된 대다수가 미국 시민이었던 12만 명의 일본계 미국인 중 자신의 어머니를 인터뷰했다. 이 고통스러운 경험에 대해 그녀의 어머니는 '잊기 시작한 순간'만 기억한다고 말했다. 타지리에게 기억의 부재는 분리와 문화적 폭력의 희생양이 된 디아스포라 집단에는 엄청난 결과를 초래한 가족 유산이었다. 타지리는 〈역사와 기억〉에서 일본계 시민의 구금과 이송을 조정한 행정명령 9066호, 가족의 운명에 대한 정보 부족, 수용소에서의 비참한 삶, 강제 동화 프로그램, 집과 사업체의 물리적 소멸 등 여전히 어머니에게 영향을 미치는 트라우마의 핵심적인 부분을 구성하는 사건들을 재구성했다. 줄리 오츠카 (Julie Otsuka)[4](2011)는 소설 〈다락방의 부처 The Buddha in the Attic〉에서 1868년부터 미국 서부 해안 도시(로스앤젤레스, 샌프란시스코, 시애틀)에서 벌어진 일본계 미국인의 참정권 박탈에 대해 쓸쓸하게 묘사하고 있다. 오츠카의 소설과 타지리의 일인칭 다큐멘터리 모두 헌법상의 권리를 박탈당하고 적으로 재분류된 한 세대에 대해 미국 정부가 자행한 범죄를 고발하는 데 전념하고 있다(Sunada Sarasohn, 1983). 오츠카와 타지리는 향수에 젖은 회상을 거부하고, 후이센의 제안처럼 이를 외상적 역사에 대한 자기성찰적 개입의 기회로 삼고 생각을 환기할 수 있는 계기로 삼고 싶어 했다. 타지리는 어머니의 혼란과 기억의 결손을 표현하기 위해 여러 가지 형식적 기법을 활용했다. 또한 영화 예술을 통해 어머니가 기억하는 유일한 이미지를

---

4 [역자주] 줄리 오츠카(1962-): 일본계 미국의 작가. 본문에 등장한 〈다락방의 부처〉를 비롯하여 〈신성했던 천황의 시대〉 등 일본계 미국인을 다룬 역사 소설을 집필하였다.

재구성하여 어머니의 역사에서 중요한 사건을 보존하는 데 성공했다. 소설 말미에 오츠카는 전쟁과 격리의 시대에 이미지와 증언을 복원하는 것이 얼마나 중요한지 암시했다. "사람들이 보게 될 것들이 있을 것입니다… 그리고 사람들이 보지 못할 것들도 있을 것입니다"(2011: 124).

## 중국 내 이주 노동의 기록

미국 내 일본인 이민자 가족의 강제 수용과 마찬가지로, 미디어 기업은 현대 중국 도시에서 농촌 이주민이 직면한 문제를 거의 무시해왔다. 지난 30년 동안 중국의 도시 인구는 두 배로 증가하여 새로운 도시형태가 생겨났다(10장 참고). 로얄카(Loyalka, 2013)가 지적했듯이, 이 도시 인구는 5억 명 이상 증가했다. "이러한 사람들은 가족과 농장을 뒤로하고 중국의 도심으로 몰려들었다. 그곳에서 그들은 값싼 노동력을 풍부하게 제공함으로써 중국의 대규모 도시 건설과 엄청난 경제성장에 동력을 제공한다." 1980년 대부터 영화 제작자들은 대규모 공장에서 일하는 노동자와 반체제활동가의 일상을 기록하면서 국가 검열기제에 도전해왔다. 캐나다 사진작가 에드워드 버틴스키(Edward Burtynsky)[5]가 〈*제조된 풍경들 Manufactured Land-scapes*〉(2006)에서 특색 있게 다룬 주목할 만한 시퀀스에서는 카메라가 끝없이 이동하면서 공장의 작업테이블 전체를 누빈다. 이 시퀀스의 침착함은 보는 이로 하여금 다음과 같은 질문을 던지게 만든다. 이 끝없는 산업적 풍

---

5 [역자주] 에드워드 버틴스키(1955-): 캐나다의 사진작가 및 예술가. 산업화 및 자연과 인간 존재에 대한 작품활동을 하고 있으며, TED Prize for Innovation and Global Thinking의 첫 수상자다(2005).

경 속에서 저 수백 명의 노동자들은 무엇을, 누구를 위해 만들고 있는가? 이러한 유형의 가속화된 생산은 어떤 종류의 불평등을 낳을까? 급속한 산업화와 현대화에 전념하는 국가에서 인적·환경적 비용은 얼마일까?

리신 판(Lixin Fan)[6]은 영화 〈집으로 가는 기차 Last Train Home〉(2009)에서, 중국 춘절 연휴에 1억 3천만 명이 넘는 공장 노동자들이 시골에 있는 자신의 고향으로 극적으로 귀환하는 모습을 포착했다. 쓰촨성의 시골 마을에서 자란 판은 중국 농촌과 도시의 현저한 차이를 기록하고자 했다. 다큐멘터리에서 양창후아 장(Yang Changhua Zhang)과 그의 아내 수친(Suqin)은 할머니의 보살핌을 받고 있는 자녀들을 쓰촨성에 남겨두고 광저우의 수많은 섬유공장 중 한 곳에서 일하기 위해 그곳으로 이주하는 어려운 결정을 내린다. 공장에서 최소한의 잠만 자고 하루 15시간 일하며 양동이에 물을 받아 씻어야 하는 등 그들의 생활환경은 변변찮고 어렵다. 불이 제대로 켜지지 않는 공장의 재봉틀 뒤에서 꼼짝하지 않은 채 하루 종일 일한다. 월급을 받으면 몇 푼 안 되는 생활비를 충당하고 나머지는 할머니와 아들에게 보낸다. 그들이 고향을 방문한 지 몇 년이 지났다. 중국의 수백만 공장 직원들과 마찬가지로 장 씨 부부는 연말연시 휴가를 이용해 고향을 방문하여 자녀들이 학교공부는 잘 따라가고 있는지 확인하고 싶어 한다. 판은 3대에 걸친 좌절과 열망을 담아냄으로써 다큐멘터리에서 이질적인 친밀감을 선사한다. 마오쩌둥의 대약진 운동을 겪은 할머니는 가벼운 원망과 함께 자신이 농사일을 뒤로한 채 교육을 받을 기회가 결코 없었다고 고백한다. 이러한 방

---

6 [역자주] 리신 판(1977-): 중국 출생, 캐나다를 기반으로 활동하는 다큐멘터리 영화감독. 중국의 급속 경제 확장으로 촉발된 사회 문제를 주제로 한 다큐멘터리를 주로 제작하였다. 2010년 〈집으로 가는 기차〉는 아시아태평양 스크린어워드 최우수 다큐멘터리상, 샌프란시스코 국제영화제 금문상 등을 수상하였다.

식으로 관객은 영화에서 부모의 사랑으로 정의되는 가족관계를 보게 된다. 부모는 자신의 희생이 자녀의 교육적 성공을 보장하고 그들에게 더 나은 미래를 제공하기를 희망한다. 절박한 승객들로 가득 찬 역에서의 오랜 기다림, 녹초가 되어버린 기차 여행 이후 친과 양은 고향 침실 한편에서 툭탁거리기 시작한다. 리신 판의 카메라는 이 싸움을 목도하고 있으며 분노에 찬 눈빛으로 카메라를 응시하며 영화제작진을 향해 소리를 지르는 젊은 여성의 비난을 담는다. "내가 여기 있어요, 이게 바로 나예요." 판은 가족의 위기를 시골과 도시의 파노라마 이미지와 병치한다. 그 대조는 끔찍한데, 도시는 회색의 공해 구름으로 뒤덮여 있고 시골은 농촌 세계의 우울한 초상이다. 이는 중국이 포스트 자본주의 시대의 대안적 발전 모델인지에 대한 의문을 제기한다(Jenkins, 2010). 판 자신도 자기 나라의 미래에 대해 의문을 제기한다. "민족적 수준에서 중국은 더 부유한 국가가 되기 위해 돌진하고 있는데, 전통과 도덕성, 인간성이 지칠 줄 모르는 공장의 굉음에 파묻혀버려야 하는가가 우리가 던져야만 할 질문입니다."


## 미국의 베트남전쟁에 대한 저항의 기록


산업화와 개발이 던지는 과제는 특히 그 속에서 삶을 영위하는 이들에게 큰 도전이다. 〈집으로 가는 기차〉와 같은 다큐멘터리는 인권옹호를 위해 부당한 착취시스템에 도전하는 사회운동이 얼마나 중요한 역할을 해왔는지 생각하게 한다. 북아메리카 다큐멘터리는 시민권 운동에 참여하거나 베트남전쟁에 반대하는 시위를 벌인 수백 명의 활동가들을 역동적으로 묘사하는 데 주력해왔다는 측면에서 여타 태평양연안 국가들의 다큐멘터리 중에서도 단연 돋보인다. 마틴 루터 킹 주니어(Martin Luther King, Jr, 1992: 125-134)는 아프리카계 미국인을 억압에 맞서 투쟁하는 선봉대의 일원으로 간주하였다.

오늘날 세계 유색인종의 삶이 처한 냉혹한 현실은 세계 유색인종의 희망이 미국 흑인과 능력에 달려 있음을 시사한다. 여기서 능력이라 함은 인종주의, 제국주의를 내부로부터 개혁하고 그리하여 서구의 기술과 부를 빈곤으로부터 세계를 해방시키는 과업으로 전환시킬 수 있는 것을 말한다.

〈무하마드 알리의 시련 *The Trials of Muhammad Ali*〉(2013)은 전설적인 권투 선수의 정치적 · 종교적 활동에 대한 초상화다. 1964년 알리는 자신의 무슬림 신앙을 존중하는 의미에서 개명하기로 결심하였고 곧이어 자신의 종교적 신념은 부당한 전쟁에 참전하는 것을 금지한다고 주장했다. 알리는 한 시대를 정의하는 한 문장, "어떤 베트콩도 나를 깜둥이라고 부른 적이 없다"라고 선언했다(Loewen, 2000: 150-172). 이 몇 마디로 미국의 태평양에 대한 야욕으로 인해 희생당하는 한 민족과의 전쟁에 노예의 후손을 파견하려는 미국 정부의 위선을 폭로했다. 이러한 입장 때문에 그는 투옥되었고 주류 언론의 혹독한 비판을 감수해야 했다.

〈윈터 솔저(*Winter Soldier*)〉(1972)는 베트남전쟁의 결과를 성찰하는 또 다른 걸출한 다큐멘터리다. 공동제작소 윈터필름이 제작한 〈윈터솔저〉는 전선에서 돌아온 병사들의 일련의 인터뷰를 담고 있는데, 이를 통해 이 다큐멘터리는 미군이 저지른 잔학 행위를 고통스럽게 자세히 묘사하고 있다. 미라이 학살(My Lai Massacre) 당시 여성, 남성, 어린이의 시신 사진을 담은 이 다큐멘터리와 〈돼지의 해 *In the Year of the Pig*〉(1968)와 같은 여타 다큐멘터리는 베트남전쟁에 대한 대중의 지지를 약화시키는 데 일조하였다. 아담 존스(Adam Jones, 2006)는 전쟁 기간 동안 미군이 베트남에 약 700만 톤의 폭탄을 투하했다고 지적하며 다음과 같이 말했다. "이는 제2차 세계대전 무대에서 모든 참전국이 투하한 폭탄의 양을 모두 합친 것보다 많은 양입니다." 또한 〈7월 4일생 *Born on The Fourth of July*〉(1989)과 같은 영화에서 명백히 나타나듯이 극영화는 자신의 드라마에 역사적 권위를 부여하기 위해 다큐멘터리 영화의 재현 방식을 모방해왔다는 사실을 잊지 말아야 한다.


## 라틴아메리카의 억압과 저항 기록

시민권 운동과 베트남전쟁에 반대하는 시위의 이미지는 환태평양지역 전체에 큰 영향을 미쳤지만 특히 라틴아메리카에 큰 영향을 미쳤다. 예를 들어, 앞서 언급한 알바레스와 같은 영화 제작자는 유명한 단편 영화인 〈지금 *Now*〉(1965)에서 북아메리카 운동가들이 제기한 요구가 라틴아메리카의 형제들의 요구, 즉 억압과 제국주의로부터의 해방과 유사하다는 것을 인식했다. 크리스티 윌슨(Kristi Wilson, 2014)은 "홀로코스트, 노예제, 미국 제국주의는 알바레스의 선언적인 *키노 아이*[영화적 시선]가 민주주의의 취약성과 '자유' 사회의 표면 바로 아래에 있는 인종화된 폭력에 대한 주장을 생산하기 위한 주제의 소재로 경쟁했다"라고 주장했다. 1960년대에 신식민주의는 〈불타는 시간의 연대기 *The Hour of the Furnaces*〉(1968)와 같은 고

---

7 [역자주] 이 영화는 260분짜리로 1부 〈신식민주의의 폭력〉, 2부 〈자유를 위한 행동〉, 3부 〈폭력과 자유〉 총 3부로 구성되어 있다. 부제는 '신식민지의 폭력과 해방에 관한 기록과 증거'로 이 작품은 라틴아메리카에서의 정치적 폭력에 대한 증언이자 아르헨티나 페론시대와 노동자들의 저항에 대한 연

전 다큐멘터리 영화에서 정치적 논쟁의 한 범주가 되었다. 이 영화의 감독인 옥타비오 게티노(Octavio Getino)[8]와 페르난도 솔라나스(Fernando 'Pino' Solanas)[9]는 혁신적인 영화적 전략을 통해 청중을 능동적인 관중으로 변화시키는 동시에 이들로 하여금 혁명적 수단을 통해 억압적인 사회현실을 변화시키도록 설득하고자 열망했다. 사망한 지 몇 분 지나지 않아 찍은 혁명 지도자 체 게바라(Ernesto 'Che' Guevara)의 얼굴이 〈불타는 시간의 연대기〉의 마지막 이미지로서, 이 이미지는 몇 분 동안 화면을 가득 채우면서 부유한 소수에게는 유리하지만 대중에게는 존엄성 없는 삶으로 내모는 체제를 어떻게 변혁할 수 있는지를 관객 스스로가 질문하도록 유도한다.[10] 솔라나스, 게티노, 훌리오 가르시아 에스피노사(Julio Garcia Espinosa),[11] 레이문도 글레이세르(Raymundo Gleyzer),[12] 그리고 파트리시오 구스만(Patricio Guzmán)[13] 등 헌신적 영화 제작자들이 지지했던 정치운동은 빠르고 잔인하게 탄압받았다. 1970년대 라틴아메리카의 보수주의자들은 군부와 연합

---

대기다. 1960년대 라틴아메리카 기록영화의 최고봉으로 꼽히며 라틴아메리카의 〈전함 포템킨〉으로 평가되기도 한다.

8 [역자주] 옥타비오 게티노(1935-2012): 아르헨티나의 영화감독이자 작가. 페르난도 솔라나스와 함께 '해방영화집단(Grupo Cine Liberación)'과 '제3영화학교'의 창립자로 유명하다.

9 [역자주] 페르난도 솔라나스(1936-2020): 아르헨티나의 영화감독 겸 정치인이며 아르헨티나 '해방영화집단'의 수장. 1985년 〈가르델의 망명〉으로 베니스영화제 심사위원 대상, 1988년 〈남쪽〉으로 칸영화제 감독상을 수상하였다. 아르헨티나 상원의원, 유네스코 주재 아르헨티나 대사로도 활동하였다.

10 [역자주] 체 게바라의 이미지는 정확히는 〈불타는 시간의 연대기〉 1부 마지막에 3분 30초간 등장한다.

11 [역자주] 홀리오 가르시아 에스피노사(1926-2016): 쿠바의 영화감독이자 시나리오 작가.

12 [역자주] 레이문도 글레이세르(1941-1976?): 아르헨티나의 시나리오 작가이자 영화 제작자. 1976년 군사독재정권에 의해 납치되어 살해된 것으로 추정된다.

13 [역자주] 파트리시오 구스만(1941-): 칠레의 다큐멘터리 영화감독. 3부작 〈칠레전투〉로 유명하다.

하여 폭력적인 탄압의 정치선동을 시작했고 그 결과 라틴아메리카 대륙 전역에서 수백만 명 시민의 목숨을 앗아갔다. 오늘날 콘도르 계획(*el Plan Condonr*)으로 알려진 이 캠페인은 1973년에서 1980년까지 라틴아메리카 대륙 전체의 정보기관이 협력한 전례 없는 규모의 프로젝트였다. 정치 활동가, 노동조합원, 학생들이 준군사조직에 납치되어 비밀센터에서 고문을 당하고 많은 경우 실종되었다. 존 딩게스(John Dinges, 2004)에 따르면 콘도르 계획은 "오랜 경쟁과 적대감의 역사를 가진 라틴아메리카 서던콘들 국가 간에 새로운 전술, 새로운 조직, 전례 없는 비밀 협정을 필요로 하는 전쟁이었다." 강제된 실종(은밀한 납치 및 감금)과 박해라는 전략은 일반 대중에게 공포를 불러일으켰을 뿐만 아니라 사랑하는 이들을 필사적으로 찾아 헤매던 가족과 관계자들에게도 큰 충격을 주었다. 다큐멘터리 제작자들은 사랑하는 이들의 실종과 살인에 대한 정의를 요구하는 변호사와 활동가들이 지원하는 마요 광장의 어머니와 할머니(the Mothers and Grandmothers of Plaza de Mayo)(아르헨티나), 연대의 사제들(Vicariate of Solidarity)(칠레) 등과 같은 인권단체와 가족 성원의 용기에 대해 상세히 전했다. 살바도르 아옌데(Salvador Allende) 대통령의 사회주의 플랫폼을 열렬히 지지했던 구스만은 아옌데 정부 출범 첫해에 칠레의 사회적·경제적 변화를 기록하기 시작했다. 1973년 9월 군사 쿠데타 이후 구스만은 망명길에 올라야 했다. 프랑스에서 그는 오늘날 최고의 다큐멘터리 중 하나로 꼽히는 〈*칠레 전투(La batalla de Chile)*〉(1975, 1976, 1979)를 완성하게 되는데, 이 작품은 사회주의 정부의 부상과 군사 정권에 의한 전복을 극적으로 재구성한 3부작이다.

1980년대 라틴아메리카의 민주화와 함께 다큐멘터리 장르가 대중화되었고, 이후 30년 동안 역사적으로 매우 중요한 일련의 영화가 제작되었다. 아르헨티나의 〈*아베야네다의 땅 Tierra de Avellaneda*〉(1996), 〈*금발 머리*

부부 Los Rubios〉(2003), 칠레의 〈페르난도가 돌아왔다 Fernando ha vuel-
to〉(1998), 〈칠레의 끈질긴 기억 Chile, la Memoria Obstinad〉(1997), 〈피노
체트 사건, El Caso Pinochet〉(2001), 〈어거스틴의 일기 El diario de Agus-
tin〉(2008), 엘살바도르를 다룬 〈금속 황새 La cigüeña metálica〉(2012), 과
테말라를 다룬 〈그라니토: 독재자를 못 박는 방법 Granito: How to Nail a
Dictator〉(2012) 등이 대표적이다.[14] 이 영화 중 다수는 국제영화제에서 상
영되어 여러 상을 받았다. 라틴아메리카의 다큐멘터리 영화는 부분적으로
는 신생 영화대학을 졸업한 수많은 학생으로부터 고무되어 미국 및 유럽 영
화에 필적하는 수준의 작품 완성도를 달성했다. 또한 국가가 후원하는 테
러리즘의 원인과 끔찍한 관행을 기록하고 재사고하는 것에 초점을 맞춘 라
틴아메리카의 젊은 영화 제작자들에게 이론적 접근과 제작 전략을 제공하
는 데에 있어서 북아메리카와 유럽의 다큐멘터리 전통이 끼친 영향을 인식
하는 것도 중요하다.

---

14 [역자주] 〈아베야네다의 땅 Tierra de Avellaneda〉: 다니엘레 인칼카테라(Danièle Incalcaterra, 이탈
   리아) 감독, 1996년 작 / 〈금발 머리 부부 Los Rubios〉: 알베르티나 카리(Albertina Carri, 아르헨티
   나) 감독, 2003년 작 / 〈페르난도가 돌아왔다 Fernando ha vuelto〉: 실비오 카이오시(Silvio Caiozzi,
   칠레) 감독, 1998년 작 / 〈칠레의 끈질긴 기억 Chile, la Memoria Obstinad〉: 파트리시오 구스만
   (Patricio Guzmán, 칠레) 감독, 1997년 작 / 〈피노체트 사건 El Caso Pinochet〉: 파트리시오 구스만
   (Patricio Guzmán, 칠레) 감독, 2001년 작 / 〈어거스틴의 일기 El diario de Agustin〉: 이그나시오 아
   게로(Ignacio Agüero, 칠레) 감독, 2008년 작 / 〈금속 황새 La cigüeña metálica〉: 호안 로페스 요렛
   (Joan López Lloret, 스페인) 감독, 2012년 작 / 〈그라니토: 독재자를 못 박는 방법 Granito: How to
   Nail a Dictator〉: 파멜라 야테스(Pamela Yates, 미국) 감독, 2012년 작.

## 결론: 태평양을 가로지르는 다큐멘터리 영화

최근 라틴아메리카에서 열린 영화제에는 아메리카 대륙의 다큐멘터리 영화 제작자들과 아시아, 특히 일본, 한국, 태국의 제작자들이 함께 모여 태평양연안을 가로지르는 문화적 · 사회적 · 경제적 유대를 강화했다. 디지털 프로덕션, 주문형 비디오, 블로그, 소셜 네트워크 등 근래의 기술 발전은 다큐멘터리 영화를 전 세계 관객이 볼 수 있게 하면서 이 분야에 새로운 활기를 불어넣고 있다. 이제 가상 커뮤니티가 형성되어, 현지 및 글로벌 집단 간의 연결이 강화되고 정치적 행동주의와 개혁의 잠재력이 확인되고 있다. 이 모든 것에도 불구하고 다큐멘터리 영화 제작자들은 마이클 차난(Michael Chanan, 2011)이 제안하듯 능동적인 관객성과 시민의식을 함양하기 위해 현대 관객의 '원자화'와 '파편화'를 극복할 필요가 있다.


## 토론을 위한 질문

• 다큐멘터리 영화가 정치적 억압에 맞서 싸우는 데 어떤 역할을 할 수 있을까?
• 〈하노이 열세 번째 화요일〉과 같은 영화가 아시아–라틴아메리카 관계를 이해함에 있어 가지는 중요성은 무엇인가?
• 다큐멘터리 영화의 초민족적 특성은 세계화에 대한 저항을 어느 정도까지 대표하며, 어느 정도까지 세계화의 일부인가?


## 심화학습

Barnouw, E. (1983). *Documentary: A History of the Non-Fiction Film*. Oxford: Oxford University Press.
*Born on the Fourth of July*. (1989). Directed by Oliver Stone [Film]. USA: Universal Studios.
Chanan, M. (2011). "El Documental Político Después de la Guerra Fria", *Comunicación y Medios*

23: 43-59.

*Chile, la Memoria Obstinada.* (1997). Directed by Patricio Guzmán [Film]. Canada, France: Icarus Films.

Dinges, J. (2004). *The Condor Years: How Pinochet and His Allies Brought Terrorism to Three Continents.* New York: The New Press.

*El Caso Pinochet.* (2001). Directed by Patricio Guzmán [Film]. France, Chile, Belgium, Spain: Icarus Films.

*El Diario de Agustin.* (2008). Directed by Ignacio Agüero [Film]. Chile: Amazonia Films.

*Fernando ha Vuelto.* (1998). Directed by Silvio Caiozzi [Film]. Chile: Andrea Films.

Getino, Octavio, and Fernando Solanas. (1968). La Hora de los Hornos (*The Hour of the Furnaces*), Buenos Aires: Groupo Cine Liberacion.

*Granito: How to Nail a Dictator.* (2012). Directed by Pamela Yates [Film]. USA: Skylight Pictures, Inc.

*Hanoi Martes 13.* (1968). Directed by Santiago Alvarez [Film]. Havana: E.L.F.

*History and Memory: For Akiko and Takashige.* (1991). Directed by Rea Tajiri [Film]. USA: Akiko Productions.

Insdorf, A. (1989). *Indelible Shadows: Film and the Holocaust.* Cambridge: Columbia University Press.

Jenkins, R. (2010). "China's Global Expansion and Latin America", *Journal of Latin American Studies* 42(4): 809-837.

Jones, A. (2006). *Genocide: A Comprehensive Introduction.* London: Routledge.

Kaplan, E. (2005). *Trauma Culture: The Politics of Terror and Loss in Media and Literature.* New Brunswick: Rutgers University Press.

King, M. L., Jr. (1992). *I Have a Dream: Writings and Speeches that Changed the World.* San Francisco: Harper.

*La Batalla de Chile.* (1975-1979). Directed by Patricio Guzmán [Film]. Venezuela, France, Cuba: Icarus Films.

*La Cigüeña Metálica.* (2012). Directed by Joan López [Film]. Spain, El Salvador: Pragda.

*Last Train Home.* (2009). Directed by Lixin Fan [Film]. Canada, China, UK: Zeitgeist Films.

Loewen, J. (2000). "The Vietnam War in High School American History." In Hein, L., and Selden, M. (eds.), *Censoring History: Citizenship and Memory in Japan, Germany, and the United State.* Armonk and New York: M. E. Sharpe, 150-171.

*Los Rubios.* (2003). Directed by Albertina Carri [Film]. Argentina: Msi Music, Super D.

Loyalka, M. D. (2013). *Eating Bitterness: Stories from the Front Lines of China's Great Urban Migra-*

*tion*. Berkeley: University of California Press.

*Manufactured Landscapes*. (2006). Directed by Jennifer Baichwal [Film]. Canada: Produced by Foundry Films, Distributed by Zeitgeist Films.

Otsuka, J. (2011). *The Buddha in the Attic*. New York: Alfred A. Knopf.

Sturken, M. (2001). "Absent Images of Memory: Remembering and Reenacting the Japanese Internment." In Fujitani, T., White, G., and Yoneyama, L. (eds.), *Perilous Memories: The Asia-Pacific War*. Durham and London: Duke University Press, 33–49.

Sunada Sarasohn, Eileen. (1983). *The Issei, Portrait of a Pioneer: An Oral History*. Palo Alto: Pacific Book Publishers.

ten Brink, J., and Oppenheimer, J. (2012). *Killer Images: Documentary Film, Memory and the Performance of Violence*. London: Wallflower Press.

*Tierra de Avellaneda*. (1996). Directed by Daniele Incalcaterra [Film]. Argentina: Daniele Incalcaterra.

*The Trials of Muhammad Ali*. (2013). Directed by Bill Siegel [Film]. USA: Kino Lorber films.

Torchin, L. (2012). *Creating Witness: Documenting Genocide on Film, Video, and the Internet*. Minneapolis: University of Minnesota Press.

Wilson, K. (2014). "Ecce Homo Novus: Snapshots, the 'New Man', and Iconic Montage in the Work of Santiago Alvarez." In Traverso, A., and Wilson, K. (eds.), *Political Documentary Cinema in Latin America*. London: Routledge, 136–148.

*Winter Soldier*. (1972). Directed by Winterfilm Collective [Film]. USA: Oscilloscope Laboratories and Milestone Films.

# (ㄱ)

## (ㄷ)

## (ㄹ)

무라야바 도미이치(Murayama Tomiichi) 150

무력충돌/무력분쟁 214, 217, 229, 232 【'전쟁' 항목 참고】

무슬림 공동체 59, 65, 74, 241

무역/교역 【'해당 국가 항목', '해당 조약 및 정책 항목'들도 참고】

* 19세기 환태평양 무역 46, 104, 184 『'경제 발전' 항목 참고』 • 글로벌 조약 91, 92, 118 • 동남아시아의 초기 역사 56 • 마닐라 갤리온 무역 94, 125, 163 • 북아메리카의 초기역사 89~93 • 오세아니아의 초기 역사 87, 88 • 질병 260, 274

무하마드 알리(Ali, Muhammad) 344

*무하마드 알리의 시련(영화, 2013)* 344

미국

* 기술 진보 95 • 도시화 170, 182 • 무역 90 • 서부확장 90~91, 93 • 아시아-태평양의 개요 89~93 • 이주민과 이주 정책 87, 94 • 일본계 미국인 억류 141, 145, 161, 340 • 전쟁 92, 104, 148, 233 『'해당 전쟁' 항목 참고』• 전후 일본의 복구 77~79 • 태평양 섬분쟁 215, 219, 224 • 태평양전쟁의 전쟁 포로 146, 147 • 트랜스젠더 정체성 31, 290, 303 • 환경보호 31, 248, 257

미국/멕시코 국경 93, 103, 108

미국-스페인전쟁 97, 160

미라이 학살 344

미쓰다 켄스케(Mitsuda Kensuke) 264

미쓰비시 회사 146, 147

미얀마

* 빈곤 55, 68 • 이주노동 158, 159, 167 • 정치 체제 55, 61, 66, 67 • 초기 역사 58, 61

미주개발은행 119

미주기구(OAS) 216, 217

미크로네시아 43, 50, 156, 280

민디 로다스(Rodas, Mindy) 307, 314

민주주의 50, 72, 101, 237, 332

* 아시아 60, 68 • 인종간 폭력 231 • 전쟁 233

밀입국/ 인신매매 158 【'이주노동' 항목 참고】

# (ㅂ)

바스코 누네스 데 발보아(Balboa, Vasco Nunez de) 111

박근혜(Park Geun-hye) 141, 152

박정희(Pak Chung-hee) 144

반 켐펜(Van Kempen, R.) 170, 180, 181

반란 62, 92, 133, 232, 238, 241, 243, 246, 268, 313 【'전쟁' 항목 참고】

반인도적 범죄 336, 337 【'인권침해' 항목 참고】

배타적경제수역(EEZ)) 215, 217, 224, 226, 227

버락 오바마(Obama, Barack) 145, 205

*버스정류장(가오)* 330

버틴스키 에드워드(Burtynsky, Edward) 341

베이다오(Bei Dao) 331, 332

베트남
  • 경제와 정치체제 56, 57, 66, 67, 184, 189, 195 • 다큐멘터리 영화 336, 338, 339, 343~345, 349 • 무역 195, 199, 203, 204, 206, 208, 211 • 영토분쟁 224, 225, 226, 228 • 초기 역사 58, 61, 63, 64 ,65

베트남전쟁(1955-1975) 27, 224, 235, 338, 343-345

보고타선언(1948) 217

볼리비아 107, 181, 216, 234, 267~269

북아메리카 87~102
  • 개요 87, 88, 89 • 국가 87, 88, 89 • 도시화 169, 171, 172, 174, 178, 180, 181 • 식민주의와 제국주의 95-98 • 이주 154, 155, 156, 160 • 이주노동 93, 94, 154, 155, 156, 160 • 지도 88 • 지리 88, 89, 101 • 초기 무역사 89-93 〖'캐나다','멕시코','미국' 항목 참고〗

북한 72, 80, 82, 149, 150, 152, 157, 178, 219, 234 【'남한' 항목 참고】

분리주의적 갈등 7, 239, 241, 242

불교 54~59, 65, 72, 131, 240, 262
  • 동남아시아 54-59, 65 • 동아시아 72, 74 • 무역 131 • 종교 분쟁 240
  • 한센병(leprosy) 262

*불타는 시간의 연대기(영화, 1968)* 345

브라세로 프로그램 164

# (ㅅ)

## (ㅇ)

## (ㅈ)

캐나다

- 무역 199~208 • 서부확장 87~89, 92~93, 125, 133 • 지리 88, 92

캘리포니아(미국)

- 교과서에 실린 위안부 141, 142 • 로스앤젤로스 172~174, 178, 180~182
- 역사 22, 92~94, 133 • 인구 160~161, 163, 165 • 트랜스젠더 정체성 291, 303~304

케이틀린 제너(Jenner, Caitlyn) 304

코스타리카 31, 111, 165, 210, 256

콘도르 계획(1973-1980) 347

콜레라 262~264, 268, 270, 274

콜롬비아 110, 113, 133, 179, 210, 243, 244, 246

쿠바 96, 117, 236, 242, 338~339

퀴어정체성 292, 294~296, 303~304 【'트랜스젠더 정체성' 항목 참고】

크리스토퍼 콜럼버스(Columbus, Christopher) 124

크메르 루주(Khmer Rouge) 235, 240


## (ㅌ)

타이완 12, 72

타히티 45~46, 298~299

태국

- 경제발전 66 • 까터이'정체성(kathoey identity in) 295~296, 301~302 • 분리주의적 갈등 241, 242 • 정치 체제 67, 68 • 초기 역사 58, 59

태평양(용어) 17, 231

태평양문제조사사회 또는 태평양관계연구소(IPR) 12, 99

태평양전쟁(1879-1883, 라틴아메리카) 216, 234, 269

태평양전쟁(1931-1945, 동아시아) 76~78, 140~153, 156, 340 【'제2차세계전쟁(1939-1945)' 항목 참고】

태풍 43

투자자-국가 분쟁해결제도(ISDS) 12, 206, 207

The Pacific Basin

# 환태평양 지역학 입문

초판인쇄  2024년 07월 01일
초판발행  2024년 07월 01일

지은이  셰인 바터, 마이클 와이너
옮긴이  박상현, 문기홍, 현민, 박지훈, 백두주, 전지영, 정현일, 김소현, 김윤경, 김은환, 리웨이밍,
　　　　야마다마린, 왕단단, 이상보, 주명위, 최영돈
펴낸이  채종준
펴낸곳  한국학술정보(주)
주  소  경기도 파주시 회동길 230(문발동)
전  화  031-908-3181(대표)
팩  스  031-908-3189
홈페이지  http://ebook.kstudy.com
E-mail  출판사업부 publish@kstudy.com
등  록  제일산-115호(2000. 6. 19)

ISBN  979-11-7217-175-9 93300

이담북스는 한국학술정보(주)의 출판브랜드입니다
이 책은 한국학술정보(주)와 저작자의 지적 재산으로서 무단 전재와 복제를 금합니다